名主・文書・由緒・争論

―京都近郊山国地域の中世・近世―

坂田　聡　編

小さ子社

目次

第Ⅳ部　執筆者座談会

山国地域関係地図
広河原
広河原
京都市
左京区
杓子屋
（船ヶ原）
原地新田
八舛
片波
小塩
上黒田春日神社
黒田宮
上黒田
右京区
大布施
京都市
左京区
大堰川（桂川）
下黒田
宮春日神社
灰屋
別所
京都市
北区
右京区
芹生
0
1
2km
地図出典：地理院タイル

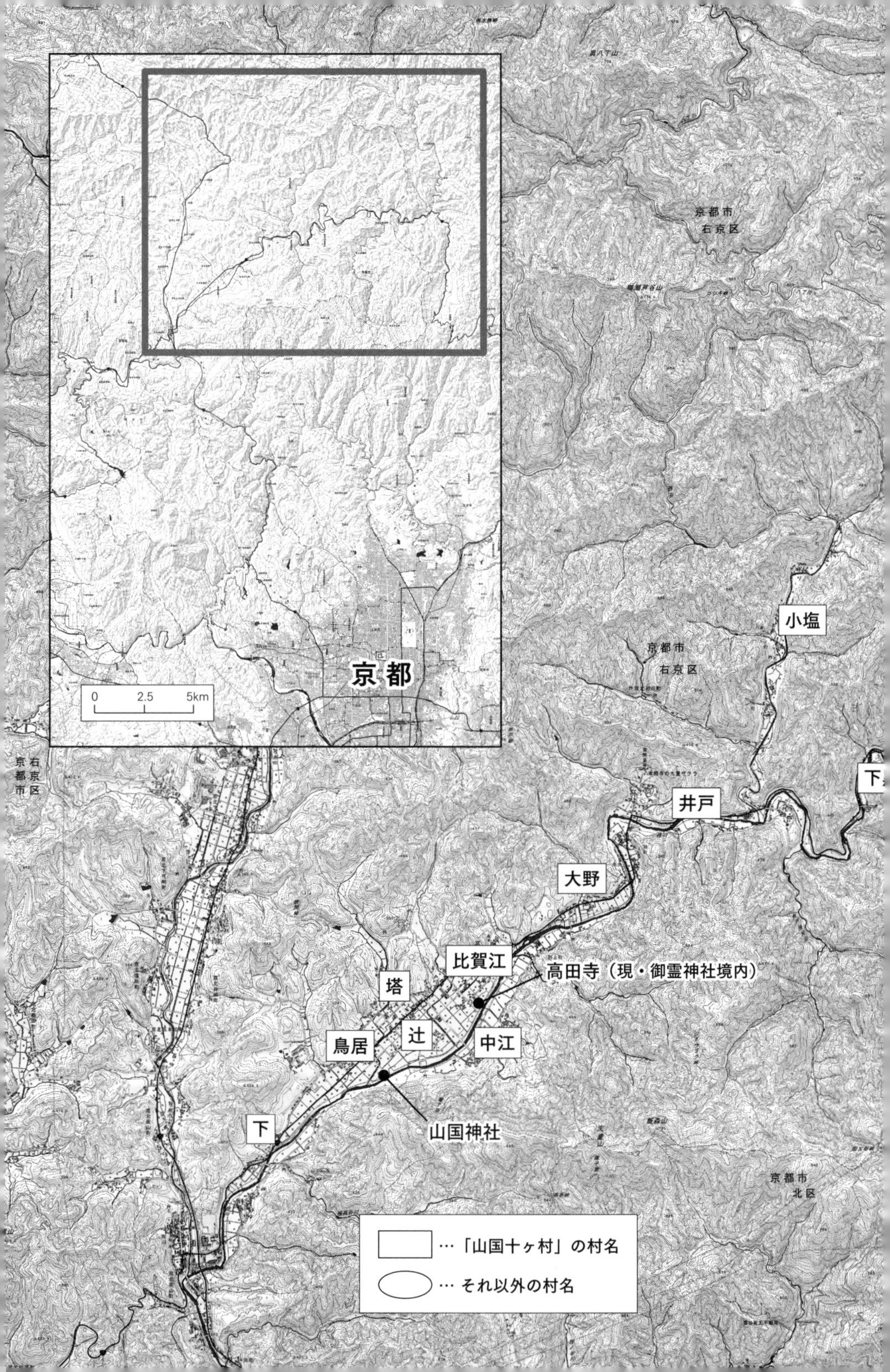

京都市
右京区
京都
0 2.5 5km
小塩
京都市
右京区
京都市
右京区
井戸
大野
比賀江
高田寺（現・御霊神社境内）
塔
辻
鳥居
中江
山国神社
下
京都市
北区
…「山国十ヶ村」の村名
…それ以外の村名

序章　本書の課題・構成・概要

坂田　聡

一　フィールドとしての山国地域

本書は、一九九五年から続けられている、山国荘調査団（代表坂田）による丹波国山国地域[1]の古文書の調査・研究の成果をとりまとめた三冊目の論集で、いわばその集大成に当たる。[2]以下、まずはフィールドとしての山国地域の歴史について、本書の内容と関わる範囲で略述することから始めよう。

丹波山地の山あいを流れる大堰川《おおいがわ》（桂川）の上流域に所在する山国荘は、当初、朝廷関係の建物の造営・修築と、建築用材の調達をつかさどる修理職《しゅりしき》が管轄する杣であった（「山国地域関係地図」参照）。その後、耕地の開発が進んで杣が荘園化しても、山国荘は修理職領であり続けたが、文明十二年（一四八〇）に発生した後土御門天皇による山国奉行（山国荘代官）烏丸資任解任事件を契機に、朝廷の一官司である修理職が天皇家に直属化するに及んで、同荘は実質的に禁裏領荘園となる。[3]

山国地域は、比較的平坦で可耕地に恵まれた「本郷」と、山間部に位置する「枝郷」とに大きく二分されるが、中世後期に至ると、前者の内部に下・鳥居・辻・中江・塔・比賀江・大野・井戸の八ヶ村が、後者の内部に黒田三ヶ村（下黒田・黒田宮・上黒田の各村）及び小塩村が成立した（以下、本郷八ヶ村を本郷地域、黒田三ヶ村を黒田地域と総称する）(4)。

また、中世山国荘の百姓名《ひゃくしょうみょう》は、本郷地域・黒田地域・小塩村を問わず、大杣方《おおそまがた》と棚見方《たなみがた》に分けられ、各々に下司と公文から成る荘官が置かれていたが(5)、一六世紀後半には近隣の神護寺領吉富荘宇津を本拠とする国人領主宇津氏の勢力が山国荘内に及び、永禄七年（一五六四）頃からの数年間は、大杣方の公文鳥居氏らと結んだ宇津氏一族が、在地住民に対して事実上の領主として臨むようになった(6)。

だが、永禄十一年（一五六八）に足利義昭を奉じて入京した織田信長が、翌年、禁裏の要請に応えて、山国荘に対する宇津氏の「違乱停止」の命令を下したため、同氏の勢力は後退せざるをえなくなり、最終的には天正七年（一五七九）に、信長と敵対した宇津氏が丹波の平定を進める明智光秀の攻撃によって滅んだことで、禁裏による山国荘支配は一時的に復活した(7)。

江戸時代を迎えると、山国地域（山国郷）はほぼ全域が幕領となったが、寛文六年（一六六六）には本郷比賀江村の大部分が延暦寺の梶井門跡領に編入され、さらに、元禄十一年（一六九八）には梶井門跡領以外の幕領のうち、本郷塔村と本郷比賀江村の一部を除く村々が旗本杉浦氏・田中氏の知行地となる。そして、元禄十五年（一七〇二）に田中氏の知行地である六ヶ村（本郷地域の鳥居・井戸両村、黒田三ヶ村、小塩村）が幕府によって没収されると、宝永二年（一七〇五）、この六ヶ村に幕領の塔村を加えた計七ヶ村が、将軍綱吉の手によって天皇家に寄進され、以後これらの村々は「禁裏御料」として幕末まで存続した(8)。

慶応四年（一八六八）一月、戊辰戦争が勃発すると、山国郷の本郷地域で農兵隊を結成する動きが起きる。同地の農兵隊は第一陣と第二陣に分かれ、京都に向けて出陣したものの、両者は鳥取藩への帰属問題をめぐって対立し、第二陣は朝廷への直属を果たせずに帰郷せざるをえなくなった。

一方、鳥取藩に帰属した第一陣のうちの一部は、同藩より山国隊《さんごくたい》という隊名を与えられ、藩の指揮下に入って関東・東北地方の各地を転戦する。そして、八十数名の隊員中、七名にのぼる犠牲者を出して、翌明治二年（一八六九）の二月に帰郷した(9)。

二　本書のテーマとコンセプト

さて、本書のテーマとコンセプトを述べる前提作業として、まずは四年前（二〇二〇年）に刊行した第二山国論集の書名が『古文書の伝来と歴史の創造――由緒論から読み解く山国文書の世界――』となったわけについて説明したい。

フィールドとしての山国地域の史料論的な特色としては、中世文書と近世文書、さらには近代文書までもが、土豪クラスの荘官家のみならず、一般の有力百姓家（それも、かなりの数に及ぶ）の家文書として連続して残存している点があげられる。この、他地域に類例を見ない事実を踏まえ、第二山国論集においては、在地社会に残された中世文書と近世文書をトータルに把握した上で、特定の中世文書や近世文書がいかなる理由で伝来したか明らかにすることを、研究目的の柱の一つに据えた。そして、この研究目的の柱をめぐり、特に着目したのが由緒書と、近世に偽作された中世年号を持つ偽文書である（以下、由緒書と偽文書とを合わせて、「由緒関係文書」と総称する）。

一般に、現存する古文書は、歴代の文書所蔵者達が、永続的な効力が期待される重要史料と判断した文書のみを取捨選択して残してきたことの帰結とみなすことができるが、「由緒関係文書」の多くもまた、家の由緒の証拠となる重要史料として廃棄されることなく、今日に至るまで選択保存されてきた。(10)

そもそも、近世を通じて度々作成された「由緒関係文書」に記されている「史実」は、近世の山国郷における有力百姓らが、自らの地位や権益の正当化をはかるために、集団あるいは個々の家で創造した「史実」であり、だからこそ、これらの史料を丹念に分析することによって、山国地域の「歴史」を彼らがいかに物語ろうとしたかを解明することが可能となる。「古文書の伝来と歴史の創造――由緒論から読み解く山国文書の世界」という第二山国論集の書名は、まさにかようなコンセプトから名づけられた書名であった。

ひるがえって第三山国論集、すなわち本書であるが、第二山国論集刊行後、オンライン研究会を数回開催し、まずは同論集に収録されている各論稿の成果と残された課題を洗い出した。そして、その作業を終えたのちに、第二山国論集の残された課題と、現在取得中の科研費「地域における歴史意識の形成過程に関する研究――由緒関係文書の原本調査を踏まえて――」(基盤研究(B))の研究内容を勘案して、本書の執筆者・構成・コンセプト等の大枠を決めた。

具体的には、有力百姓らの歴史意識の形成過程という現科研の研究テーマに迫るに際して、本書においては名主《みょうしゅ》なる語を基軸に据えた上で、現科研のサブタイトルでもあり、かつ、第二山国論集のコンセプトでもあった「由緒関係文書」をめぐる問題、さらには、境界地域をめぐる外部勢力との争論の問題等、関連する諸問題を有機的に結び付けて考察することを目論んだ。

そして、右に記した本書のコンセプトの最大公約数を、「名主・文書・由緒・争論」という四つのキーワードに落とし込み、それをもって、そのまま本書の書名(メインタイトル)としたしだいである。

三　本書の構成と各章の概要

かくのごときコンセプトで編まれた本書の構成は、三部九章からなるが、第Ⅰ部「中世・近世の名主と文書」、第Ⅱ部「由緒と偽文書をめぐって」、第Ⅲ部「領主・境界地域との関係」の各部には、それぞれ三本ずつ論稿を配した（第Ⅰ部は第一章〜第三章、第Ⅱ部は第四章〜第六章、第Ⅲ部は第七章〜第九章）。以下に各章の概要を記すことにする。

第一章「山国名主と文書――口宣案を中心に――」（柳澤誠）は、山国地域の中世名主家や、名主職を所持した荘官家のもとに残された中世文書四百四十点余りについて、[11]地域別・所蔵者別の年代分布、年代別の内容分類等、文書の全体像を俯瞰した上で、これらの文書のうち、十五世紀以降特徴的にみられるようになる口宣案《くぜんあん》について検討を加える。本章は山国地域の中世文書論の、いわば総論に当たる。

第二章「山国荘における地下内部文書の形成と名主座――鳥居家文書を中心に――」（薗部寿樹）は、荘園制的文書行政の影響を受けて作成された地下内部文書（地下社会の内部で作成され、機能し、伝来した文書）として、送状（のもとになった文書）と日記をとりあげる。そして、近世になると、荘園制支配の関係ではなく、地下社会独自の慣行である名主座[12]の神事に関わる地下内部文書としての日記が作成されるようになった事実を、具体的に論じる。

第三章「中世後期山国荘黒田地域の百姓名と名主」（坂田聡）は、これまであまり目が向けられることのなかった中世後期の黒田地域における百姓名の実態を論じる。具体的には、「由緒関係文書」を一切用いず、もっぱら同時代の一次史料のみに依拠して、中世後期の黒田地域に所在した百姓名を確定した上で、これらの百姓名の名主の地位が、黒田地域の有力百姓によって占められるようになる過程や、山国荘の名体制が、本郷地域と黒田地域とに地域分割される過程について明らかにする（以上、第Ⅰ部）。

第四章「近世後期、山国郷における由緒の錯綜と統合」（吉岡拓）は、宝暦期（十八世紀後半）から弘化期（十九世紀半ば）までを対象に、①そこに記されている百姓名の数、②由緒の保存・管理の在り方——の二点に留意しつつ、山国郷で語られた様々な由緒の内容とその時代背景を検討する。そして、最終的にはこれらの由緒が、弘化版の「古家撰伝集」なる由緒書の中に統合されていく過程を丁寧に跡付ける。

第五章「山国郷の偽文書「後小松天皇綸旨」考」（谷戸佑紀）は、山国地域の旧家の多くに伝存する「後小松天皇綸旨」なる偽文書について、宛所があるグループ（ほぼすべて四荘官宛）と、宛所がないグループに分類し、㋐享保年間の帯刀改めを契機に、前者から後者へと移行したこと（及びその理由）、㋑後者のグループは、本郷中江村の有力百姓小畠家の綸旨を写したものであり、十八世紀後半には小畠家の綸旨が正文として認識されるようになったことなどを指摘する。

第六章「椿井家由緒の形成と展開」（馬部隆弘）は、唯一、山国地域を扱った論稿ではないが、いわゆる椿井文書を考察した同論稿を本書に収録した理由としては、「由緒関係文書」について、他地域の事例と比較する必要性ということがあげられる。とはいえ、書名（副題）に「山国地域の中世・近世」と銘打っているにもかかわらず、他地域の事例を収録していることに違和感を抱く読者もおられるかもしれないので、以下、この点に関して少し詳しく説明したい。

椿井文書とは近世後期に椿井政隆によって量産された偽文書の総称であり、それらは椿井家の由緒のみならず、他家の由緒をも証拠づける真正な史料として、頒布・活用されてきた。この椿井文書の実態について分析を行ったのが馬部である[13]。

もとより、椿井政隆が個人で作成した偽文書が、近畿地方をはじめ広範囲に流通している椿井文書の事例と、基本的には地域社会内部に形成された集団が「由緒関係文書」の作成に当たり、それが狭い範囲で効力を発揮している山国地域の事例とでは、大きな違いが存在するが、一方で、「由緒関係文書」が一人の思惑で成立した訳ではなく、時代を超えて何度も改変が加えられて今日の形になった点など、共通点や参考にすべき点も多々あり、両事例を比較することの意義は、思いのほか大きいといえよう[14]。

そこで、馬部には今回の科研の研究分担者と本書の執筆メンバーに加わってもらうことにした。その成果が第六章であるが、同章では、本来は傍系であった政隆流椿井家による自家の由緒に関する主張の変化を追うことにより、椿井家由緒の展開過程を明らかにしている（以上、第Ⅱ部）。

第七章「戦国期山国奉行・雑掌考」（岡野友彦）は、禁裏による山国荘支配を担った山国奉行と、そのもとで働いた雑掌の変遷を検討するとともに、雑掌の名前の下に主人である山国奉行の花押が据えられた請取状の謎についても考察を加える。そして、かかる請取状が発給された背景には、天文四年（一五三五）に発覚した山国奉行（万里小路秀房）による不正事件の再発防止を求める、山国荘の荘官や有力百姓たちからなる集団の強い要望と、彼らによる実力行使が存在したことを指摘する。

第八章と第九章は、いずれも「奥山」と呼ばれる地域をめぐる広河原村との争論を題材とする。第八章「「奥山」における施薬院領の形成と寛文期の争論」（大貫茂紀）は、延宝四年（一六七六）に行政村となった広河原村のうち、広河原・船ヶ原の両集落と、隣接する大布施・八舛[15]・別所の三ヶ村に注目し、これらの地域がいかなる歴史的過程を経て山国十ヶ村[16]と争論となり、延宝二年の裁許に至ったのかを論ずる。その際、①戦国・織豊期以降における「奥山」を含めた大布施地域の状況（特に、施薬院との関わり）、②山国十ヶ村と呼ばれる社会集団が、いつ、いかなる理由で形成されたか――という二点を重視して考察を進める。

第九章「近世中後期の「奥山」争論――山国十ヶ村と枝郷広河原村を事例に――」（冨善一敏）は、これまでほとんど触れられることのなかった近世中・後期における「奥山」争論の実態について、宝暦期、天明～文化期、文政期、天保期、弘化期と、時代を追って検討する。また、京都町奉行所に出入りし、訴訟等の上中文書の代筆を行っていた筆耕が、「奥山」争論においても、山国十ヶ村側の訴訟文書作成にタッチしたり、種々のアドバイスを行ったりしている事実にも論及した（以上、第Ⅲ部）。

なお、本書においては第Ⅰ部～第Ⅲ部に収録した各論稿の執筆者による座談会の概要を、第Ⅳ部としてとりまとめているが、この座談会の模様の活字化は、本書のセールスポイントとして特筆することができる。実のところ、各論稿を第Ⅰ部から第Ⅲ部に分類したものの、本書をご一読いただければわかるように、部の壁を超えて、問題関心や課題が共通する論稿がいくつもあり、本書に収録した論稿を他の論稿が参照・引用しているケースも散見する。それは、これまで積み重ねてきた山国科研の研究会の場での議論によって、本書の前提となる第二山国論集の到達点と課題や、本書に収録された各論稿の内容が、執筆者全員に共有されたことのあらわれだといえるが、さりとて、個々の論点をめぐる各執筆者の見解がすべて一致している訳でもない。

そこで、第Ⅳ部に収録した座談会においては、複数の執筆者がとりあげている個々の論点のうち、山国地域史を理解する上で重要と思われるものをいくつかピックアップし、各自の見解やその根拠等をめぐって議論を交わすことで、本書に対する読者の理解がより深まるようにした。したがって、第Ⅰ部〜第Ⅲ部を読み進める前に、まずは第Ⅳ部から目を通されても、いっこうにかまわない。

以上、本書の構成と各章の概要について論じてきた。現在獲得中の科研費による、山国地域の大規模な史料調査は、ちょうどコロナ禍の期間と重なってしまい予定通り実施しえず、本書の執筆に直接関わる範囲での小規模な史料調査にとどめざるをえなかったが、その分、執筆者はもとよりのこと、山国荘調査団のメンバーの多くが参加した、オンラインによる研究会を連続してかなりの回数実施したことによって、本書の骨格をしっかりと固めることができた。本書をとりまとめるに際して、これらの研究会が果たした役割は、とても大きかったといえる。

ともあれ、この序章を執筆するにあたり、全員の論稿を通読したところ、いずれの論稿も古文書の原本調査に裏付けられた、緻密な実証作業を行っている一方で、中世史・近世史に関わる重要な研究テーマとも切り結ぶような、単なる山国地域史にとどまらない、スケールの大きな議論を展開していることに、改めて気づいた。第一山国論集の段階から目標としながらも、残念ながらかけ声倒れに終わっていた感もなきにしもあらずの課題、すなわち、一九六〇年代に同志社大学人文科学研究所の共同研究をはじめとする一連の研究によって形作られた山国地域史研究の通説[17]が描く歴史像の大胆な書き換え——という課題に対して本書が真正面から挑み、これまでにない成果をあげたことを、編者は確信している[18]。執筆者各位には、この場を借りてお礼の言葉を申し上げるしだいである。

末筆ながら、調査のたびに貴重な古文書の閲覧と写真撮影を許可していただいているだけでなく、長年にわたり山国荘調査団の活動を、陰に日向に支え続けてくださった古文書所蔵者の方々、そして、いつも大人数の宿泊を受け入れ、何かと便宜をはかってくださっている「あうる京北」（京都府立ゼミナールハウス）の職員の方々をはじめとする地元のみなさま方には、これまで大変お世話になった。本書の刊行はこれらの方々のお力添えの賜物と言っても過言ではなく、ここに心からの感謝の気持ちをお伝えしたい。

また、本書の構想段階から刊行に至るまで、それこそ枚挙に暇がないほどのご助力と適確なアドバイスを下さった小さ子社の原宏一氏にも、衷心よりお礼を申し上げる。

註

（1）本書においては、中世の山国荘と近世の山国郷の総称として、山国地域なる語を用いる。山国地域は京都市右京区京北（二〇〇五年に京都市と合併する以前は、京都府北桑田郡京北町）の山国・黒田地区一帯にあたる。なお、山国地域という呼称をめぐる問題については註（4）を参照。

（2）一冊目の論集（以下、第一山国論集と略称する）は坂田聡編『禁裏領山国荘』（高志書院、二〇〇九年）で、「村と支配」、「家と由緒」の二部構成をとり、十七本の論稿と四本のコラムを収録した。二冊目の論集（以下、第二山国論集と略称する）は、坂田聡編『古文書の伝来と歴史の創造―由緒論から読み解く山国文書の世界―』（高志書院、二〇二〇年）で、「名主家の由緒・伝承・系譜」、「山野用益・境界認識と偽文書」、「在地文書の様式の変遷と伝来過程」の三部構成をとり、十三本の論稿を収録した（後掲の「山国地域史関係　主要文献リスト」を参照）。

（3）同事件の詳細と、天皇家による山国荘の直務支配化の過程の詳細については、岡野友彦「修理職領から禁裏領へ」（第一山国論集、二〇〇九年）を参照。山国奉行の職掌は、天皇に代わって山国荘支配の一切を取り仕切るというもので、同荘の住民にとって山国奉行は、事実上の領主に当たる存在であった。なお、山国奉行は山国荘代官とも呼ばれたが、いずれの呼称を用いるかは各章の執筆者に任せている（ただし、初出時のみ両呼称を併記することとした）。

（4）そもそも、「本郷」と「枝郷」という地域区分は、自称「本郷地域」の八ヶ村に居住する有力百姓らによる自己中心的な区分にすぎず、史料中には「本郷」のことを「山国」と記しているものも多いため、彼らの立場を肯定・追認することになる「本郷地域」ではなく、「山国地域」と呼称すべきとの見解も存在する（本書第四章の筆者吉岡はこうした見解の持主）。ただ、そうすると、中世山国荘・近世山国郷の全域を指す広義の「山国地域」と、八ヶ村の所在地を指す狭義の「山国地域」が混在することとなり、読者に無用の混乱や誤解を与えかねないので、本書においては「山国地域」なる呼称をあくまでも広義の意味のみで用い、八ヶ村の所在地については、その呼称自体に問題をはらんでいることを承知の上で、便宜上「本郷地域」という表記に統一する。

したがって、広義の「山国地域」を二分する場合、本来ならば「本郷地域」と「枝郷地域」、あるいは、「山国地域」と「黒田地域」（正確には「黒田地域」プラス小塩村）のいずれかとすべきところ、上記の理由で「本郷地域」と「黒田地域」という「たすき掛け」の地域呼称にせざるをえないことも、あらかじめご了承いただきたい。

（5）大杣方の下司は比果氏で公文は鳥居氏、棚見方の下司は水口氏で公文は窪田氏であった。大杣方と棚見方の区分の根拠に関しては諸説ある。

（6）宇津氏の動向及び同氏の山国荘進出の過程については、柴﨑啓太「宇津氏の動向と鳥居家文書」（第一山国論集、二〇〇九年）、熱田順「中近世移行期における村落と領主の関係―丹波国山国荘を中心に―」（同著『中世後期の村落自治形成と権力』（吉川弘文館、二〇二一年、初出二〇一八年）、飛鳥井拓「戦国期丹波国宇津氏の基礎的考察」（『新潟史学』八七、二〇二四年）等を参照。なお、飛鳥井論文においては、宇津氏をもって戦国領主と規定し、同氏は山国荘を含む桑田郡北部から、船井郡南部にかけての地域を、不安定な面を残しながらも、「領」として実効支配していたとみなしている。

（7）それもつかの間、天正十五年（一五八七）に実施された太閤検地により荘園制が最終的に解体し、その後、山国地域は大坂蔵入地となって禁裏の手を離れることとなる。

（8）秋山国三「近世山国の領主支配と貢租」（同志社大学人文科学研究所編『林業村落の史的研究』ミネルヴァ書房、一九六七年）参照。なお、これら「禁裏御料」の支配は、幕府の京都代官所が代行した。

（9）山国隊に関する代表的研究に仲村研『山国隊』（中公文庫、一九九四年、初出一九六八年）があるが、最新の研究成果としては、坂田聡・吉岡拓『民衆と天皇』（高志書院、二〇一四）の第七章（吉岡執筆部分）、吉岡拓「「山国隊」隊名をめぐるあれこれ」（地方史研究協議会編『日本の歴史を解きほぐす―地域資料からの探求』文学通信、二〇二〇年）があげられる。

（10）公家のケースではあるが、富田正弘は、近世に選択保存がなされた中世文書の多くが、家の由緒に関わる文書群であった事実を指摘している（同著『中世公家政治文書論』吉川弘文館、二〇一二年）。

ただし、由緒書の中にも、後世の人々が不都合な内容だとみなし、廃棄されるものが存在したことは、本書第四章吉岡論文を参照。

（11）もとより、この文書数の中には、近世に偽作された中世年号を持つ偽文書もカウントされている。

（12）薗部によれば、中世前期には荘園体制下の徴税単位であった百姓名が、中世後期に至り、その機能は残しつつも、基本的に祭祀の際の頭役負担の単位に変質を遂げた結果成立した宮座のことを名主座と呼ぶとのことである（同著『中世村落と名主座の研究』高志書院、二〇一一年）。当初薗部は、畿内近国の臈次成功《ろうじじょうごう》制宮座と、中国地方を中心に、臈次成功制宮座の周りをリング状にとりまく名主座とをもって、中世宮座の二形態とみなしていたが、近年の研究では、前者を基軸とする惣村の数よりも、後者を基軸とする名主座村落の数の方がはるかに多く、まさに名主座村落こそが、中世村落の大多数を占める一般的な村落形態であったと断言している（同著『中世村落の文書と宮座』小さ子社、二〇二三年、終章）。

（13）『由緒・偽文書と地域社会―北河内を中心に―』（勉誠出版、二〇一九年）、『椿井文書　日本最大級の偽文書』（中公新書、二〇二〇年）等。

（14）そのあたりのところは、本書の第Ⅳ部に掲載した執筆者による座談会においても議論しているので、ご一読いただきたい。

（15）現在の京都市左京区花脊八桝町。以下、本書では史料上の表記にもとづき八舛とする。

（16）黒田三ヶ村を一村（黒田村）とカウントし、本郷八ヶ村・小塩村に黒田村を加えて山国十ヶ村と総称した。

（17）同研究所編『林業村落の史的研究』（前掲註（8））に収録された諸論稿や、同志社大の研究グループのメンバーであった仲村研、竹田聴洲らの著書、さらには黒川正宏の著書等に結実した研究成果など（後掲の「山国地域史関係　主要文献リスト」を参照）。

（18）一例をあげると、山国荘の事例をもとに仲村研が論じ、峰岸純夫によって定式化された「惣荘（惣郷）と惣村の二重構造」論は、その立論の根拠が改めて検討されることもなく、中世後期の村落史研究者の間では、今日に至るもなお、通説的位置を占め続けている（仲村「中世後期の村落」（同著『荘園支配構造の研究』吉川弘文館、一九七八年、初出一九六七年）、峰岸「村落と土豪」（同著『日本中世の社会構成・階級と身分』校倉書房、二〇一〇年、初出一九七〇年）等）。

だが、本書の内容とも深い関わりを持つ山国荘調査団メンバーの近年の研究成果、たとえば、仲村が「惣荘と惣村の二重構造」の事例として掲げた史料が偽文書であったことをつきとめた上で、この定式の実証的な裏付けに疑問を投げかけた熱田順の研究（「山地領有の秩序と偽文書―中近世移行期の山国地域を題材に―」（第二山国論集、二〇二〇年）、「山国惣荘」という単一の統括組織の存在自体を疑問視する吉岡の研究（「「丹州山国境内之目録」について―丹波国桑田郡山国荘（山国郷）の中近世移行期像再考に向けて―」（明治学院大学教養教育センター紀要『カルチュール』一六―一、二〇二二年）などにより、少なくとも山国地域の事例をもって、この通説の論拠とすることは、もはや困難だといわざるをえない。

本書においても坂田は、熱田が指摘した文書にとどまらず、「惣荘」なる語が記載されている七点の現存文書中の五点までもが偽文書であること、仮に残りの二点が真正な中世文書だったとしても、そこにみえる「惣荘」とはあくまでも山国神社の名主座に結集する本郷地域の名主本家によって構成された社会集団にすぎず、それは山国荘全域（黒田地域や小塩村も含む）を統括する組織ではなかったこと―を明らかにしている（本書第三章坂田論文）。

なお、こうした通説の書き換え作業が進行しつつある裏には、二〇一〇年代以降、山国荘調査団のメンバーによる研究成果が次々と発表されている事実が存在する（後掲の「山国地域史関係　主要文献リスト」を参照）。

［追記］これまでに山国荘調査団による調査・研究に関わる課題で獲得した科研費

①一九九九年四月～二〇〇三年三月「京都近郊山間村落の総合的研究―丹波国山国荘黒田三カ村の民衆生活に関する史料学的アプローチ―」（基盤研究（B）（1）、研究代表者 坂田聡）

②二〇〇五年四月～二〇〇八年三月「中世後期～近世における宮座と同族に関する研究―主に丹波国山国荘地域を例に―」（基盤研究（C）、研究代表者 坂田聡）

③二〇〇八年四月～二〇一二年三月「室町期～明治維新期丹波国山国地域における百姓と天皇の関係に関する研究」（基盤研究（B）、研究代表者 坂田聡）

④二〇一二年四月～二〇一六年三月「一六～一九世紀大堰川上・中流域地域社会の構造と変容に関する研究」（基盤研究（B）、研究代表者 坂田聡）

⑤二〇一七年四月～二〇二一年三月「中世・近世在地文書の様式・機能の変遷と中世文書群の構造的変容に関する研究」（基盤研究（B）、研究代表者 坂田聡）

⑥二〇二一年四月～二〇二四年三月（二〇二四年十二月まで繰り越し）「地域における歴史意識の形成過程に関する研究―由緒関係文書の原本調査を踏まえて―」（基盤研究（B）、研究代表者 坂田聡）

［追記］本書の内容は科学研究費補助金・基盤研究（B）「地域における歴史意識の形成過程に関する研究―由緒関係文書の原本調査を踏まえて―」（⑥）による研究成果の一部にあたる。

第Ⅰ部　中世・近世の名主と文書

第一章　山国名主と文書
――口宣案を中心に――

柳澤　誠

はじめに

山国地域（本郷・黒田地域）の中世文書の多くは既に一九五八年の『丹波国山国荘史料』[1]、一九六六年の『丹波国黒田村史料』[2]で活字紹介されているが、その後、一九六〇年代の同志社大学人文科学研究所の調査等を経て、一九九〇年代後半より本格化した山国荘調査団の現地調査によって、両書に未収録の文書も見出されることになった。現地の中世文書所蔵者の多くは中世において名主職を所有していたり、荘官家であったりしたことが判明している子孫の家である。

山国荘のとくに名体制については、一九七〇～八〇年代の仲村研の研究[3]や、黒川正宏の研究[4]があり、また本郷・黒田地域の中世文書を用いて家の成立を論じた坂田聡の研究[5]がある。二〇〇〇年代以降は西川広平が中近世移行期の環境と開発を研究する中で、おもに下黒田井本正成家文書を用い黒田地域の名体制について改めて論じている。[6]

最近では、社会集団としての中世名主の存在に再度焦点を当てた坂田の研究が出されている。[7]また、岡野友彦は本郷・黒田地域の中世文書について料紙論の視点から「偽文書」が作成される動機に注目すべきであることを提示した。(8) 中世文書に関する新たな知見としては、村上絢一が当地域にも複数伝存する「饗料腰差酒肴」請取状（任官料足請取状）を取り上げ、中世の下級官人が成功（売官）に際して発給した儀礼文書であることを明らかにした。(9) 十四世紀における当地域の官途授受の実態に迫る知見を得たといえよう。また村上は山国荘を京都を中心とする〈供御人帯〉〈京郊荘園帯〉地域のうち、〈京郊荘園帯〉の中に位置付け、「共有文書を伝えなかった地域」として当荘における文書の伝来状況の特性を検討している。(10)

おもに中近世移行期の村落内経済を検討する中で、丹波国衆宇津氏の領主権力と土豪層である荘官鳥居氏との関係を論じた熱田順の研究でも下黒田井本家文書・鳥居家文書が用いられている。(11) 村上論文を除くとおおむね近世初頭を含む十六世紀以降の文書が取り上げられていることが多い。山国荘に独特にみられるともいえる戦国時代における名体制を知る基礎史料としては元亀二年（一五七一）の棚見方・大杣方の公用米算用帳（鳥居剛家文書）が用いられている。

当地域の中世、山国荘の名体制や名職のあり方については論じ尽くされている観があり、筆者の知見の及ばない部分があるため、本稿ではまず本郷・黒田地域の中世名主や、名主職を所持した荘官のもとに蓄積された文書の全体を俯瞰する。そのうえで、とくに十五世紀以降当地域に特徴的にみられるようになる口宣案について検討したい。

なお、本章では江戸時代の井戸・大野・辻・鳥居・塔・比賀江・下の八村を本郷地域、枝郷とも呼称された上黒田・黒田宮・下黒田および小塩を指す場合は黒田地域、両地域を指す場合は本郷・黒田地域と表記する。

一　本郷・黒田地域（山国荘）の中世文書

1　中世の年号がある文書はどれくらいあるか

本郷・黒田地域の文書を活字紹介した『丹波国山国荘史料』（以下『山』）・『丹波国黒田村史料』（以下『黒』）[12]から中世の年号をもつ文書の所蔵者を数えてみると、両書合わせて二十七となる。そのうち黒田地域（上黒田・下黒田・宮〔黒田宮〕）は十、本郷は十三。その他は大徳寺大用庵・同如意庵、京都市七野春日神社文書（『山』所収）、中村直勝所蔵文書（『黒』所収）の四つである。黒田地域のうち『山』三五一天文十九年（一五五〇）五月「郷中名主之事」は「上黒田村吹上家文書」とのみあり、『山』一六〇～一九五、『黒』五一～七五の吹上信太郎（靖太）家か『黒』七六～七九の吹上一夫家のどれに属すかはっきりしない場合もある。また、『山』二〇〇で黒田宮菅河誠一氏所蔵文書として掲載された天文十三年（一五四四）七月二十三日付「明田ゆつり状之事」（「宮村道明禅門名田譲状」[13]）は、山国荘調査団によって黒田宮西逸治家文書として確認されている。[14]下黒田大東家文書は、同調査団によって『山』・『黒』では掲載されていない中世文書の写三点と成立年未詳の系図二点が確認されている。[15]山国荘調査団による確認の段階で『山』・『黒』で提示されている所蔵状況と異なる状況になっている場合もみられ、また『山』・『黒』は複数の家の多数の文書を掲載している一方で、所蔵情報の錯誤も確認される。たとえば『山』七五文明十一年（一四七九）三月七日付［後土御門天皇口宣案］の所蔵者とされる辻家は「山国荘本郷辻村」とあるが、鳥居村が正しい。この文書は東京大学史料編纂所の影写本に基づき活字化されたようだが、同所データベースによれば辻啓太郎所蔵文書を明治二十年（一八八七）

に影写したとある。辻啓太郎は鳥居村の村役人をつとめる家に生まれ、戊辰戦争では山国隊に参加し、後に近代山国村の村長をはじめ府会議員等を歴任した人物であることから鳥居村の辻家文書であったことは確実である。但し、山国荘調査団が辻家文書を調査した際、この口宣案の所在を確認することはできなかった。[16]

下村横田家文書には『山』六七文安二年（一四四五）十二月一日付［後花園天皇口宣案］と『山』六八宝徳三年（一四五一）十一月二十七日付［大西右近屋地替状］の二点が活字化されている。いずれも史料編纂所影写本より翻刻した旨注記されているが、史料編纂所の影写本にあるのは『山』六七のみである。『山』六八には「京都横田五百三氏所蔵文書」と併記されており、あるいは『山』三五〇天文九年（一五四〇）四月付［丹波桑田郡山国名職帳］の所蔵者として注記がある「京都市横田家」が五百三家である可能性もあるが確定できない。[17]

前にも記したとおり、『山』には京都市大徳寺文書（『山』三三一〜三三三は大用庵領丹波山国田地証文、同三三四・三三五は如意庵領丹波国山国御杣証文）、同七野春日神社文書の山国関係の中世文書（『山』三三六・三三七）を収録している。大徳寺文書には「大徳寺文書四巻」と注記があり、『大日本古文書』家わけ十七大徳寺文書之四より転載したとみうけられる。『黒』七一六の中村直勝所蔵文書は天文八年（一五三九）十月二十六日付「永代売渡申田地之事」（［棚見方座中田地売券］）で、『中村直勝博士蒐集古文書』[18]一一四号文書として掲載されている。なお、『山』・『黒』未収録文書として、二〇一九年に中央大学文学部日本史学研究室が購入し同中央図書館が所蔵している永正八年（一五一一）六月六日付高室掃部田地売券がある。[19]

『山』・『黒』に掲載された中世文書と、山国荘調査団による調査によって新たに確認された文書も含めた中世文書の総数はどれくらいになるだろうか。黒田地域十一家、本郷地域十三家、外部五か所を合わせると、およそ四百四十点という数字が出る。紙幅の関係上全リストを掲載することはできないが、ここでいう中世文書は中世の年号が記された文書を対象としている。既に山国荘調査団のメンバーを中心に編まれた論集では、正治二年（一二〇〇）の年号が記された文書は近世に作成された名主家由緒書であると指摘されており、また応永六年（一三九九）の綸旨とその添状に位置付けられる荘官連署状も近世以降に作成された「偽文書」とみなされている。この他、嘉慶元年（一三八七）十二月二十三日付［伊佐波山宛行状］なども近世初頭に惣荘山の由緒を主張するために作成された文書であると指摘されている。これらの議論では単に「偽文書」と断じて意味の無いものとして追いやるのではなく、文書が作成される背景を探ることによって、作成された契機や作成行為そのものに焦点を当て、中世に仮託した文書の機能に注目している。後世、何らかの意図をもって中世の年号で作成された文書を真正な中世文書とともに年代順に並べると、年代分布に不自然な点が見られるはずである。しかしながら、伝来の過程では正しい（真正な）文書とみなされていたのではないか。だからこそ受け継がれ伝えられてきたのではないかと考える一方で、本書第四章吉岡論文では、文化年間に正治二年（一二〇〇）の年紀がある由緒関係文書（宮位次第）の記載内容に疑いの目が向けられていたという事例が紹介されているので、実際はそれほど単純ではなかったようである。ともあれ、ここでは本郷・黒田地域の中世文書を広く集めてみるという考えに基づき、中世文書の写あるいは一紙に複数点の文書が書き写されている場合も、表題もしくは日付別に一点としてカウントした。ゆえにすべてが「真正な」中世文書というわけではない総数である。[20]

2　地域別・所蔵者別の年代分布

本郷・黒田地域を通じて初見文書がある十二世紀後半から十六世紀まで、五十年ごとに分け点数を示したのが【表1】である。本郷地域、黒田地域、その他に分け、点数が多い所蔵者の順に配列した。なお、＊を付した所蔵者は山国荘調査団が調査を実施している。『山』・『黒』編纂にかかる調査以降、確認された所蔵者と中世（の年号がある）文書であり、今後も本郷・黒田地域から中世文書が新たに見出される可能性があるものの、本郷地域二百三十一点、黒田地域百八十八点、その他は二十九点という内訳となっている。

黒田地域では下黒田井本正成家が最も多く、同地域の中世文書の半数以上を占めている。十五世紀後半以降の半世紀ごとに三十点弱から四十点弱確認される。井本正成家に次いで多い三十三点を数える黒田宮菅河仁一家は、本郷・黒田地域を通じて最古の建久七年（一一九六）の年号をもつ文書が伝存している。(21)

本郷地域では荘官（大杣方公文）であった鳥居家の七十二点が最も多いが、半数以上は十六世紀前半以降に属するという傾向がある。鳥居家の十四世紀後半の九点のうち、八点は応永六年の綸旨写と添状写であるから、中世の年号をもつが、年号と同じ時代に作成された文書ではない。もう一点は文和五年（一三五六）三月付「饗料腰差酒肴」請取状（任官料足請取状）である。(22)確実な中世文書であり、かつ江戸時代後期には鳥居家に所蔵されていたことも確認できるが、(23)鳥居氏の姓とされる身人部と異なる釆部（釆女部）を称する人が受取人であるため、後年何らかの理由で別の家から移って来た文書と推測される。これらのことから、鳥居家に同時代の文書が伝存するようになるのは十五世紀からということになる。それ以前に作成された文書が不在である理由ははっきりしないが、鳥居の苗字が確認されるのも十五世紀後半以降であること、それ以前は身人部（身人）の姓を称し、大杣方公文として「清」を通字とする人物が署名する文書が本郷・黒田地域に

【表1】山国・黒田地域の中世文書

年代	黒田												外部				
	＊下黒田・井本(正)	＊黒田宮・菅河(仁)	上黒田・吹上(信)	＊黒田宮・西	＊上黒田春日神社	黒田宮・菅河(嘉)	＊上黒田・坂上谷	上黒田・吹上(一)	＊下黒田・大東	上黒田・吹上	＊下黒田・井本(一)	＊黒田宮・吉田	大徳寺大用庵	大徳寺如意庵	七野春日社	中村直勝	＊中央大図書館
1150～1200		1					1										
1201～1250																	
1251～1300																	
1301～1350	1	5	2										1				
1351～1400	3	5			1				2				1			1	
1401～1450	8	2	2			3		1					1				
1451～1500	27	6	3	3	1		2		1				17	2	1		
1501～1550	38	12	8	2				1		1	1		1			1	1
1551～1600	28	2	11	1	2							1			1		
その他													1				
計	105	33	26	6	4	3	3	2	3	1	1	1	22	2	2	2	1

年代	本郷														計
	＊鳥居・鳥居	＊井戸・江口	＊大野・河原林(成)	中江・西	＊下・水口	中江・小畠	比賀江・岡本	＊鳥居・辻	辻・藤野	比賀江・庄	下・横田	山国神社	京都市横田	辻区有	
1150～1200	3							1				1			7
1201～1250															0
1251～1300			1	2											3
1301～1350	2			3	2										16
1351～1400	9	10	4	7	1			3				1			48
1401～1450		5	7	5	1				1		1				37
1451～1500	2	8	14	2	1	7		1	3		1				102
1501～1550	18	11	5	10	5	2			2	2			1		122
1551～1600	38	7	3	3	3	1	9	1						1	112
その他															1
計	72	41	34	32	13	10	9	6	6	2	2	2	1	1	448

見られることから[24]、文書を蓄積することができない事情があったか、蓄積していた文書を十五世紀以前のある時点で喪失する事態に陥った可能性も想定される。

本郷地域では井戸の江口喜代志家、大野の河原林成吏家、中江の西家に三十点以上伝存している。江口家の十四世紀後半の十点中六点は応永六年の綸旨写と添状写であるため、同時代に作成されたと判断される文書は四点。このうち二点は藤井姓の人物宛（売券と譲状）[25]、二点は紀姓の人物宛の任官料足請取状である[26]。江戸時代、江口家は別の口宣案に基づき橘姓であると主張しているとみられる（江口喜代志家文書C－2）[27]。四点はいずれも中世に作成されたことが確実な文書であるが、十四世紀後半から江口家にあったのではなく、後年何らかの事情で移ってきた可能性がある。中世に作成されたことが確実な文書であっても、関連史料が存在して手継証文であることが判明すれば別であるが、中世から現所蔵者のもとにあった確証が無い場合がある。

大野の河原林家と中江の西家は十三世紀後半の文書を伝えている。西家は弘安六年（一二八三）と同七年の譲状（『黒』六六九・六七〇）で、本郷地域最古の文書[28]を有する。当地域では河原林家の正応元年（一二八八）二月二十日付の譲状[29]がこれに次ぐ。この譲状は「きのひろつね」から「てらたの与一ひやうゑ」に山国荘内の畠十五代を譲渡するという内容であるが、同家にこの文書の受取人や譲渡内容に関係する文書は他に見当たらない。関係文書がないからといって、同家に伝来したことを否定する根拠にもなり得ない。今筆者が思い当たる資料・情報では伝来した理由や背景を詳しく説明できないだけで、今後明らかになる可能性はある。

山国神社は正治二年（一二〇〇）正月付「三十三名八十八家私領田畑配分并官位次第」（官位次第）と応永六

年（一三九九）八月十五日付「後小松天皇綸旨」を所蔵する。いずれも近世のある段階で作成された由緒関係文書であるが、ともに幕末以降、明治十年代前半までに山国神社へ移されたと推測される。[30]

3　年代別内容分類

文書の内容から、売券・譲状・口宣案・荘官（沙汰人）による闕所や名主職、名田の宛行状、成功に関わる「饗料腰差酒肴」請取状（任官料足請取状）等に分類し、【表2】で年代別に多い順に配列した。売券はその対象別に田地・畠・山地・屋敷地、名主職（名職）等に細分類できるが、ここでは売券だけで分類している。四百四十八点中百七十一点を数え、全体の三分の一以上を占める。

譲状は、売券に次ぐ点数であるが、売券の半数を下回る七十一点。初見となる十三世紀後半の三点は山国地域の中江西家の二点と大野河原林成吏家の一点である。前述した同地域最古の三点がこれらにあたる。

口宣案は四十四点確認される。写を多く含むが、本郷・黒田地域の中世文書全体に占める割合が大きく、当地域に伝存する特徴的な文書といってよいだろう。初見は黒田宮菅河仁一家の文和五年（一三五六）二月十五日付「後光厳天皇口宣案」、終見も同家所蔵天正十九年（一五九一）八月二日付「後陽成天皇口宣案写」であるが、『黒』の翻刻によれば、同文書の「奥下書」に「上野氏」とあり、上野氏に伝存した口宣案を写した可能性がある。年代的に孤立している初見と終見の各一点を除くと十五世紀から十六世紀中盤にかけて集中して発給された文書であることがわかる。

同じく官途の授受に関わる「饗料腰差酒肴」請取状（任官料足請取状）は、「成功」と分類した。十四世紀前半に二点、後半に八点見られるが、今のところの終見は永和元年（一三七五）で、それ以降は消滅する。十五

【表2】年代別内容分類

年代	売券	譲状	口宣	宛行	請取	綸旨写	日記	成功	寄進	吉書	由緒	算用	書状	相博	預状
1150～1200											6				
1201～1250															
1251～1300		3													
1301～1350	3	4		4				2			1				
1351～1400	4	6	1	8		18		9			1			1	
1401～1450	21	6	8	1											
1451～1500	48	18	12	10	1		2		4					2	
1501～1550	49	17	22	1	16		5		2	1			2	1	1
1551～1600	46	17	1	2	1		6		2	7		7	4	2	3
その他													1		
計	171	71	44	26	18	18	13	11	8	8	8	7	7	6	4

年代	紛失	送状	補任	検地	遷宮	網	置文	借状	頼母子	免状	高札	婚姻契状	名職帳	名主書上	年代別計
1150～1200			1												7
1201～1250															0
1251～1300															3
1301～1350			2												16
1351～1400															48
1401～1450					2										38
1451～1500	2									1					100
1501～1550	1	2				2		1					1	1	125
1551～1600	1	1		3			2	1	2		1	1			110
その他															1
計	4	3	3	3	2	2	2	2	2	1	1	1	1	1	448

世紀前半以降、入れ替わるように口宣案が増えていることに気付く。

日記は本書第三章坂田論文で取り上げられているが、文書の標題に「日記」とある文書および内容から分類した。『山』・『黒』では「…注文」という文書名を付与されている場合が多い。

荘官（沙汰人）による闕所に関する文書あるいは名主職や名田の宛行状を「宛行」と分類した。十四世紀前半より見られ、十四世紀後半と十五世紀後半にピークがある。初見となる黒田宮菅河仁一家所蔵の嘉元三年（一三〇五）十二月日付宛行状には預所大江の袖判がある。[31] 十四世紀前半の一時期、大江景繁・景実一族が修理職年預を世襲し、山国荘の預所をつとめていた。[32] 中江西家の永和四年（一三七八）十一月日付の荘官連署宛行状[33]には袖判があるが、大江氏の花押かどうかはわからない。下村水口家所蔵貞和四年（一三四八）十二月二十日付の宛行状には袖判ではないものの預所虎夜叉丸の署判がある。荘官連署の宛行状は十五世紀末で姿を消す。

「宛行」に分類した十六世紀後半の二点のうち、一点は永禄五年（一五六二）四月二十七日付「山国書立名主中」宛、宇津長成の「当所追闕所田地之事」[34]、もう一点は元亀二年（一五七一）三月十一日付で山国庄惣中が中江村西治部に宛てた闕所知行に関する文書。[35] 厳密には宛行状に分類され得ない可能性があるが、便宜的にここに分類した。

禁裏に貢納した材木や節供料物等の請取状を「請取」として分類した。十六世紀前半に集中している。禁裏側から発給された文書には三箇条吉書があるが、天文二年（一五三三）正月十日付の一点[36]を除き、すべて十六世紀後半に属する。

送状三点はすべて十六世紀の文書である。一点は大永七年（一五二七）十二月二十三日付御奉行所（山国荘奉行／代官）宛、鳥居河内守康清の大杣方雑器物送状の案文で、(37)飯櫃・台や「むま《（馬）》のひしやく《（柄杓）》」等が書き上げられている。『お湯殿の上の日記』明応五年（一四九六）九月九日条に「山くにへ御からひつ返しつかはさるゝ」とあり、(38)山国荘現地と器物のやり取りの事例がみられるので、禁裏に器物を送った荘官側の控えである可能性もある。ほか二点も鳥居家文書に伝わっているが、差出の荘官二名のうち一名のみ花押が据えられている。(39)これらも控えとして荘官のもとに残されたのかもしれない。

「補任」で分類した三点のうち、黒田宮村菅河仁一家の建久七年（一一九六）四月二十一日付の補任状は、前述のとおり本郷・黒田地域の最古の年号をもつ。(40)番頭二名・祢宜・公文・下司・定使の肩書を持つ六名が連署し、黒田宮野大明神の「宗壱職」を御室氏女に補任した文書である。同家所蔵の延慶三年（一三一〇）十月三日付補任状は祢宜職、(41)もう一点は上黒田吹上信太郎家所蔵、元弘元年（一三三一）十二月九日付高山部重国宛の上総介補任状で、差出人は沙弥蓮深岱・沙弥仏念（略押）とある。(42)

そのほか「免状」「置文」は本文の書き止め文言を採り、便宜分類した。「書状」は書状形式の文書をここに分類したが、書状形式であっても内容が単件の場合はそれぞれ該当する内容で分類した。書状七点中五点は鳥居家文書で、そのうち三点が宇津氏の発給、一点は宇津壱岐守宛である。本来であれば精密な分類のうえで鳥居氏と宇津氏の関係に言及したいところであるが、先行研究を参照されたい。(43)

小括

文書は時代が後になればなるほど当然多く残される。また、連続的に残された文書群であれば、そこから具体的な歴史像を復元することができる。たとえば下黒田の十五～十六世紀の状況を物語る文書群は井本正成家文書を除いて他にないといえ、いくつもの論考が著わされている。[44]中世前期、十四世紀までの文書については、「饗料腰差酒肴」請取状（任官料足請取状）が十四世紀までに姿を消す点、それから十五世紀までに荘官連署宛行状が見られなくなる点は特徴的である。「饗料腰差酒肴」請取状の消滅自体は当地域に特有の現象ではないが、この文書と入れ替わるように出現する口宣案や、十六世紀前半に顕著にみられるようになる禁裏への貢納物の請取状は、当地域の中世前期から後期の変化を示しているといえそうである。

次節以降では本郷・黒田地域の中世文書の中で第三位の点数を占める口宣案を取り上げ、先行研究をふまえたうえで、江戸時代に書写され由緒の主張のために用いられた事例から当地域における口宣案への認識と伝来について検討したい。

二　本郷・黒田地域の口宣案

1　口宣案の概要

第一節3項でみたように、当地域には口宣案およびその写が多く伝来している。口宣案は、天皇の意思が蔵人頭から当日の政務担当者である上卿に口頭で伝達された際の控えであったが、案のまま実効性をもつようになった文書で、鎌倉中期から江戸時代末期まで発給された。口宣案は①授位、②任官・解官、③補任、④身分・待遇といった人事に関する事柄に用いられた。[45]但し、人事関係のすべてが口宣案で伝達されたわけではない。たとえば、授位・任官は叙位儀・除目儀や任大臣儀などの儀式を経ず、臨時に口宣で宣下される場合、多くは四位・五位の授位や参議未満の任官に限定されるという。

【写真】天文19年5月2日後奈良天皇口宣案（下黒田・井本正成家1-73）

口宣案が文書として様式の完成をみるのは、頻繁に発給されるようになる江戸時代といわれている。特徴として(一)料紙に宿紙が用いられる(江戸時代は染紙を用いる)、(二)本文が真名体で職事の自筆で書かれ、一行ずつ行間を取り、料紙全体に行を配っている、(三)本文初めの行の右肩に上卿の名(上卿銘)を真名体で記す、(四)端裏に「口宣案」と本文とほぼ変わらない字の大きさで銘を記し、「宣」の上は一字分闕字にする、という点が指摘されている。口宣案が登場してから江戸時代に至るまで三百年近く経つ間に、行の取り方や書体の変化(行書から真書体へ)、銘の文字の大きさの変化がみられることも指摘されている。

本郷・黒田地域に伝存しているのは官職の授与に関する口宣案で、叙位の口宣案は管見の限り確認されていない。既に坂田聡が山国の口宣案を『山』・『黒』から抽出し、正文と写の内訳を提示している。(46)これによれば、正文とみなされるもの十二点、写は二十五点、計三十七点と集計している。本章第一節3項で集計した四十四点は正文・写を分けていないが、『山』・『黒』刊行後に確認された文書を計上したことをふまえれば、総数は坂田の成果と大きく外れた数字ではない。坂田が正文にカウントした十二点の中で現存を確認し調査できた口宣案は黒田地域の下黒田井本正成家の三点である。(47) 本郷地域では井戸の江口喜代志家に一点新出の正文が見出されるに至っている。(48)

2 先行研究による位置付け

本郷・黒田地域の口宣案については、前近代の皇室経済を明らかにするために禁裏領研究をおこなった奥野高廣が山国荘の「首脳部に対しては官位を授与」されたこと、さらに、このことは他領では類例の少ないことであり、殊遇であると指摘している。(49) 当地域では叙位の口宣案は見当たらないが、他の禁裏領では類例が少ないという点については、禁裏領を網羅的に扱った奥野の著書『皇室御経済史の研究』全編を通じても事例はほとんど見られない。ただ一例、天正四年(一五七六)七月五日に禁裏領常陸国田中荘の荘官が掃部助の口宣案を所望し授与されたことが『言継卿記』同日条から紹介されている。(50) 同じ禁裏領であっても田中荘は東国、山国荘は畿内近国かつ京都に隣接しているという大きな違いがあり、また田中荘の場合は荘官一人が申請しており、複数の名主が集団で申請して口宣案を授与されていたと考えられている山国荘とは異なっている。

筆者は前稿において本郷・黒田地域の由緒関係文書を検討する中で口宣案に注目し、江戸時代以降に写が作成され、また所持者が変わっていく(口宣案が移動する)事例を紹介した。そのうえで、当地域の歴史的特徴として口宣案に注目すべきであると主張した。しかし先行研究では、とくに中近世移行期における家格形成の契機を検討するうえで口宣案が注目されていて、荘民による官職申請（所望）と口宣案授与のあり方まで想定されていた。これら先行研究を見落としたまま口宣案の検討を進めるわけにはいかないので、どのように議論されていたかを取り上げておきたい。

【史料1】

奉　望官職之事宮村長男衆次第不同

西ノ兵衛大良氏ハ采女　名ノリハ清貞　左近将監

す川兵へ次良氏采女　名ノリハ國宗　中務允

坂尻大郎次良氏采女　名ノリハ清宗　右近将監

小西大良次良氏ハ采女　名ノリハ國光　右近将監

江こノ与大良氏ハ采女　名ノリハ清永

上野左衛門尉三良氏ハ采女　名ノリハ貞國　治部允

す川ノ左衛門尉大良○氏ハ采女　名ノリハ貞清　中司允

上江こ大良三良
氏ハ采女　名ノリハ　真清　掃部允
内田大良次良
氏ハ采女　見奉名ノリハ　清國　左近允
上内田大良三良
氏ハ采女　名ノリハ　國真　左近允
江このノ大良次良
○氏ハ采女　名ノリハ　清永　左近允

右官職之付帳如件、

天文十九年卯月廿六日

「官職の事を望み奉る宮村長男衆」と題したこの文書は黒田宮の西家に伝来している。[51] 坂田聡は、これを黒田宮村・下村両村の鎮守であった宮村春日神社の宮座の座衆である長男衆らが希望する官職をリストアップした文書とみて、正文が朝廷に届けられ、申請に基づいて口宣案が出されたのではないかと推測している。この文書の日付天文十九年（一五五〇）四月二十六日の六日後、『言継卿記』五月二日条には、禁裏から「山国衆」の官途口宣（案）について葉室（頼房）に三十通調進するよう指示があり、ほかの職事へも同様に伝えられたこと、また在所より調進するよう要請があったらしいことが記されている。[52] 黒田地域には実際に写も含めて五月二日付が一点、同三日付が三点の口宣案が確認される。また一紙の形で伝来はしていないが、黒田宮西家の留書（西家永代留書）に一点書写されている。[53] 本郷地域では一紙の形ではなく、江戸時代の名主家筋が所持した口宣案等を書写した帳面（後述）に五月二日付が一点確認される。

坂田は【史料1】のような所望状が黒田下村でも作成されたと想定している。そのうえで、口宣案は本郷地域の場合は山国神社、黒田地域の場合は宮村の春日神社と上黒田村の春日神社、それぞれの宮座の場で座衆に対して与えられ、口宣案の所持・非所持が座衆と非座衆の家とを区分する指標となった。ゆえに口宣案は座衆であるという家格を示す証拠文書として、家ごとに大切に伝えられたとする。十六世紀の段階で口宣案による官途成りで得た官職が宮座座衆の固有の官職として世襲されるようになるとも指摘しており、朝廷から与えられる口宣案が鎮守の宮座を媒介することによって、官途成りによる官職が固定化すること、さらに家名へと接続していく様相を明らかにしている。同時に家格を証明する証拠文書という性格をもつようになった口宣案自体が家文書（家産）として意識的に継承されていくようになることも指摘し、文書の伝来論にも及んでいる。(54)

官職所望状が作成され、口宣案が出された天文十九年五月二日・三日を、坂田は本郷・黒田地域の座衆家が特権的地位を確立するうえで重要な日であったとし、口宣案の大量発給と授与によって、それまで徐々に形成されてきた座衆の家格が最終的な固定を遂げた画期ととらえている。このことに関して薗部寿樹は、官職所望状は例外的に作成された可能性があり、家格との関連性は疑問がもたれること、口宣案の一括発給は宮座の財政的な要因によるもので、大量発給による権威低下のリスクを負ってまで家格形成のために行動しないのではないか、などの批判を展開している。(55)

今のところ本郷・黒田地域で口宣案がどのように荘民に授与されたかを具体的に知ることができる史料はない。坂田・薗部の議論は、中世における宮座の存在を前提としているが、中世の当地域における鎮守祭礼や官途成りに関わる具体的な文書は見当たらない。しかし近世初期には神社を拠点とした宮座運営に関わる文書が見られるので（本書第二章薗部論文）、一旦断絶はあったとしても中世宮座の存在を否定することはできない。十五世紀以降、中近世を通じて口宣案が家文書として伝来することになった契機として、経営体としての家の安定的な存続（永続性）が必要であったという点は首肯できる。これは個々の家ごとに中世文書を所蔵しているという当地域の特徴につながっているのではないだろうか。

天文十九年五月画期説のポイントは、一括申請にかかわる文書と記録、口宣案が残っていることである。『言継卿記』に三十通の口宣案発給について書き残されていることは坂田がいう「画期」を確かなものとしているようにも思われる。前節で本郷・黒田地域の口宣案は十五世紀に顕著になると指摘したが、そもそも天文十九年よりも前に大量発給は無かったといえるのだろうか。

3　江戸時代に口宣案はどのように認識されていたか

筆者は前稿で近世名主由緒の証拠文書として口宣案を取り上げ、所持者が変わる事例を紹介した。口宣案の外部への流出を懸念した近世名主らは流出の禁止と、譲渡せざるを得ない場合は名主中が代銀二枚を渡し口宣案を受け取り、名主たちの文庫であった高田寺宝蔵に納めるよう規定していたことにも触れた。名主中が口宣案を買い取った事例はみうけられず、高田寺宝蔵から移管された山国神社文書中にも口宣案は伝わっていない。また前稿では、口宣案の写を取り上げ、他家が所持する口宣案を書写する事例を検討し、「帯刀願」が口宣案を書写する契機となっていたらしい書付に言及した。この書付は永正十四年（一五一七）三月二十七日付の後柏原天皇口宣案写にあり、『黒』の注記によれば「奥表書」の中に「帯刀願ノ節写置レ候モノト存候」と書かれている。本郷地域には享保七年（一七二二）二月に帯刀許可の願書がある。これが今のところ判明している本郷・黒田地域における帯刀改めに関わる最古の史料とされている。この願書には「九十六聖光厳院法皇山国常照寺ニ入御被為、就夫山国八ヶ村之名主共へ百官宣旨・口宣等下賜」とあり、光厳上皇の常照寺への入御を契機に名主らに「百官宣旨・口宣」が下賜されたと主張している。

帯刀願の翌年、鳥居治部照清が口宣案の下賜について願書を作成し、証拠となる由緒を記している（【史料2】、鳥居剛家文書一―四）。照清は別の文書で「丹州山国住」と自らを記しているので(59)山国郷の住人であったことは確かで、鳥居氏一族であると思われるが系譜上の位置は不詳である。また、宛所の森若狭守と上田隠岐守は公家広幡家の家司だが、(60)どのような関係で願書の提出先となっているのかは不詳。

【史料2】

口宣御願申上候ニ付往古之遺証（由緒）書付（上申）候

一、丹波国桑田郡山国庄往古　禁裏御料之所、当所氏神五社ノ宮へ　人王八十六代四条院御宇天福元癸巳年始テ神領ノ御綸旨奉頂戴、当郷御料ノ内百弐拾五石被為下置候処ニ諸国兵戦之砌右綸旨致失却、其後百一代　後小松院御宇応永六己卯年重而　御綸旨頂戴仕、至只今而郷士中間ニ所持仕候薄墨写

丹波国桑田郡山国庄内裏御杣ノ内五社宮神料ノ事、具奉得勅意之処如先規当郷以御領内百廿五石分宛被下者也、然上者神事祭礼修理等莫相怠可仕旨執達如件、

万里小路大納言藤原朝臣　忠房在判

応永六己卯年

八月十五日　庭田中将藤原朝臣　重之在判

名主中

右明鏡之御綸旨、去文禄五丙申年太閤御検地之節尽令落却、其後纔ニ田畑山林之以買徳神事祭礼

修理為郷士役□相勤来申候、

人王九十六代　光厳院法皇山国大雄山常照寺へ入御貞治元壬寅年、同三年丙辰七月七日崩御、

常照寺三年御安座被遊候、依之其砌山国八ヶ村ノ内郷士共ニ百官名被下《置候》候、以其遺証《由緒》　禁裏へ奉

願、

人王百三代　後花薗院御在位口宣頂戴仕、

後土《御》三門院　後柏原院御宇迄継目之口宣頂戴仕候処、其後□乱世ニ取紛今中絶候、右之○《依》旧例ニ

只今ニ至リ　禁裏供御之鮎従当川為郷士役奉願上候、先祖相伝之口宣写し書仕上《指》申候、其外何も

銘々ハ《記》印不申候、依之子孫之者共当　御代口宣頂戴奉願《上》候、以上

上卿　中御門中納言

永正十四年三月廿七日　　宣旨

藤井清守

宜任治部少丞

蔵人左少弁藤原資定奉

享保八年癸卯正月　　鳥居治部

照清（印）

森若狭守殿
上田隠岐守殿

前半では山国五社明神への神領下賜にあたり、天福元年（一二三三）に四条天皇から綸旨を得たこと、後に戦乱によって綸旨を失ったが、応永六年（一三九九）に後小松天皇の綸旨によって再度神領が保証されたことを述べ、「郷士」（名主）が所持しているという綸旨写を引用している。文禄五年（一五九六）の太閤検地の折に神領は「落却」、つまり滅んでしまったが、わずかに田畑山林を売却して郷士役として神事祭礼をおこなっていると述べる。次に光厳上皇の常照寺在住の際、山国八ヶ村の郷士たちに「百官名」が下され、その由緒をもって禁裏に願ったところ、後花園天皇の時代に口宣（案）を頂戴し、その後、後土御門天皇・後柏原天皇の時代に「継目之口宣」を頂戴したが、その後乱世となって中絶してしまったという。こういった旧例があるので、郷士役として禁裏供御の鮎をつとめたいといい、当代の口宣案を頂戴したいので先祖相伝の口宣を写し差し上げると述べ、末尾に永正十四年（一五一七）三月廿七日付後柏原天皇口宣案を引用している。

名主ではなく「郷士」が綸旨を所持し五社明神の神事等をつとめているとし、また先祖が後花園・後土御門・後柏原の各代の天皇から「継目の口宣」を頂戴していたという認識があったことがわかる。実際にこの三代の天皇の口宣案は写も含め黒田・山国地域に伝来していることから、事実を踏まえたうえで由緒を主張しているといえる。末尾に引用された口宣案自体が虚構、あるいは偽文書の写ではないかという疑いがないわけでもないが、少なくとも先祖が授かった口宣案であるということを提出先に主張するための役割は果たしている。同様の願書は今のところ【史料2】のみであるが、幕末を除き江戸時代を通じて本郷・黒田地域（山国郷）で口宣案を申請したとか、江戸時代の年号の口宣案が伝来しているという情報はない。この願書に関係する史料は他に無いため、その後の経過は不明である。

【史料2】の願書では直接には口宣案の下賜を望んでいるが、その目的は郷士役として鮎漁をつとめることにあったことがわかる。「当川より」とあるので、享保七年の漁期から鮎漁に従事したいということだろう。本郷・黒田地域において鮎漁をおこなう権利は「網株」と呼ばれ、元禄期（十七世紀末〜十八世紀初頭）は網株を所持し朝廷に鮎を献上することが八ヶ村名主であることの根拠とみなされていたようである。十七世紀初期から中期までの鮎献上の実態ははっきりしていないが、中世後期の朝廷側の記録には山国荘から鮎の貢納が記され、とくに七月の鮎貢納は十六世紀に至り、山国荘からの他の貢納と同じく恒例化していく過程がみられると指摘されている。[61]

元禄期以降、山国郷内では網株を巡って何度か争論がおこなわれている。[62] 元禄二年（一六八九）には黒田宮村が代網に関して山国八ヶ村を京都代官所に訴え出ている。宝永二年（一七〇五）に山国郷の七村（【表3】）が増御料として禁裏御料に編入されると、御料として鮎献上が開始される。これにより鮎献上が近世名主の特権とはならなくなり、名主たちは自らを平百姓や村役人とは異なる「郷士」であると強調し、他との差別化を図ろうとした。十八世紀後半、非名主から経済的に台頭する百姓が出て禁裏御料七ヶ村の名主との網株に関する争論を経て、鮎漁は名主の特権であると京都代官所から公認されることになる。これをもって近世の名主が固有の身分化を遂げたと指摘されている。同じ時期までに大堰川の鮎の遡上が減少し、鮎漁を独占することと自体の経済的なメリットが失われていき、十九世紀には鮎の献上が困難となる状況が生じるように

【表3】江戸時代の本郷・黒田地域の呼称と支配変遷

呼称				村名	（慶長頃～）	元禄11年	元禄15年	宝永2年
山国十ヶ村	枝郷	黒田三ヶ村	山国十二ヶ村（山国郷）	上黒田村	幕府領	旗本領（田中氏）	幕府領	禁裏増御料
				宮村		旗本領（田中氏）	幕府領	禁裏増御料
				下黒田村		旗本領（田中氏）	幕府領	禁裏増御料
				小塩村	幕府領	旗本領（田中氏）	幕府領	禁裏増御料
	本郷	山国八ヶ村（山国郷）		井戸村		旗本領（田中氏）	幕府領	禁裏増御料
				大野村		旗本領（杉浦氏）	→	→
				比賀江村	幕府領／寛文6年梶井門跡領（300石）	旗本領（杉浦氏）	→	→
				鳥居村	幕府領	旗本領（田中氏）	幕府領	禁裏増御料
				辻村		旗本領（杉浦氏）	→	→
				塔村		→	→	禁裏増御料
				中江村		旗本領（杉浦氏）	→	→
				下村		旗本領（杉浦氏）	→	→

なった。

　このような経過を経た文政五年（一八二二）頃から、山国郷の私領五ヶ村の名主が禁裏御料七ヶ村の名主と協議し、山国十二ヶ村の名主による鮎献上の許可を禁裏に対して願い出た。禁裏側は了承し、私領五ヶ村の名主は京都代官所に請書を提出したが、平百姓からの反発等があり、同七年六月に取り下げられた。この一件の際に禁裏御料であった黒田三ヶ村と小塩村の名主たちが京都代官所に提出した文書には、網株の証拠書類が書き上げられている。

【史料3】文政七年六月日「御用鮎一件ニ付諸色願書之写」より(63)

乍恐以書付御答奉申上候

一、鳥居・塔・井戸三ヶ村網株之儀ハ、前々ゟ書物差上有之大体相分リ候得共、黒田三ヶ村・小塩村名主網株と申儀、不分明ニ付、証拠書物差出し可申様被仰付奉畏、乍恐左ノ証拠書物員数、箇条書を以御答奉申上候、

文明十一年三月七日　下黒田村

一、釆女部国永　宣旨壱巻　大江市治郎
永正十四年三月二十七日　下黒田村

一、釆女国永　宣旨壱巻　井本安三郎
天文十九年五月三日　黒田宮村

一、釆女貞光　宣旨壱巻　内田庄兵衛
年号不分明十一月廿日　同村

一、壬生貞国　宣旨壱巻　菅河祐之烝
寛正四年二月二十三日　上黒田村

一、藤原光国　宣旨壱巻　吹上藤左衛門
天文十九年五月二日　同村

一、源久国　宣旨壱巻　畠吉郎右衛門
永享五年二月廿一日　同村

一、三和重弘　宣旨壱巻　平岩助左衛門
応永十九年十二月六日　小塩村

一、喆多清綱　宣旨壱巻　下司彦太郎
永禄三年正月十日

一、御杣之書　三ヶ村黒田壱通　下黒田村

明応二年四月七日
一、五三木御受取　　　壱通　　同村
明和年中
一、山国郷中午二ヶ村苗改帳壱冊（上黒田村
吹上藤左衛門ゟ出ス
寛政五丑年
一、黒田名主網株之書上帳　壱冊　宮村ゟ出ス
元禄年中　　　　　　　　　　　下村
一、黒田宮村と網出入写　壱通（上黒田村
上黒田村と　　　　　　　　　　吹上藤左衛門ゟ出ス
（中略）
右ハ前々ゟ名主家ニ所持仕来リ候証拠書物ニ御座候ニ付、御高覧ニ奉入候、且曽亦此外ニ名主網株之者ハ、銘々所持仕候、尤も山国・鳥居・塔・井戸三ヶ村名主網株と申候も、右同様書物所持候故之儀、御私領五ヶ村も同様候間、山国十二ヶ村名主ニ甲乙ハ少も無御座候、則寛政四子年鳥居村網出入之節、段々御糺候上、七ヶ村名主一統名前申上置候、其後由緒書鳥居・塔・井戸三ヶ村ハ、別段ニ帳面奉差上候、黒田辺ハ別帳ニ相認メ奉差上候江共、何分前書ニ奉申上候通、郷中十二ヶ村名主網株ニおいて、甲乙ハ少も無御座候ニ付、七ヶ村一統名主総代、連印を以、書付奉差上候以上、
（後略）

京都代官所側は、黒田三ヶ村と小塩村の名主の網株の根拠が不明であるから証拠書物を差し出すよう指示したとみられ、名主側はこれに応じ証拠文書の概要と所持者を書き上げている。姓や「国永」などの名乗り、各文書の日付から「宣旨」は口宣案であることにまちがいない。このほかに永禄三年（一五六〇）正月十日付「御杣之書」は、現在上黒田春日神社が所蔵する三箇条吉書であろう。[64]「下黒田村」と書かれている点が気になるが、【史料3】の異本[65]では下黒田村とは記載されていない。明応二年（一四九三）四月七日付の「五三木御受取」は、下黒田井本正成家文書に現存する棚見方材木請取状。[66]「五三木」は由緒関係文書に見られる「五三寸三尋木」の略記もしくは『黒』の翻刻の誤りと推測され、異本では「三五木」とある。「五」は「色」の誤読と思われ、本来は「三色木」[67]である。【史料3】では同じ禁裏御料の中でも鳥居村・塔村・井戸村名主の網株の証拠文書は以前から承知していることを前提としており、黒田三ヶ村および小塩村の名主も上記本郷の三村と同様の証拠文書を所持する名主であることを証明している。[68]

一方で、私領五ヶ村の名主たちが所持する証拠文書を書き上げた願書等は見当たらないものの、文政七年（一八二四）八月付「山国八ヶ村名主中所持極秘写」という帳面があり、本郷地域（山国八ヶ村）の四十家余りが所持していた口宣案等が書写されている。筆者は前稿において一覧表を掲載した。[69]私領五ヶ村の網株参入請願に際して鳥居村の名主惣代として携わった鳥居五八郎が作成し、鳥居家に伝わった。文政七年八月は請願を取り下げた後であるが、京都代官所とのやり取りを進める中で、八ヶ村名主が所持する網株の証拠文書と認識されていた文書が調査され、八ヶ村名主の所持状況を把握しておくために作成されたのであろう。本来であれば八ヶ村名主の文庫であった高田寺宝蔵に納められてもおかしくない内容であるが、口宣案や禁裏とのつながりを示すそれぞれの文書は各「名主家」に伝来し所持されていた家産であったゆえに表題を「極秘写」としたのかもしれない。

名主たちが同様の文書を所持していることは共通であっても、口宣案は家筋に固有のものであるから、山国郷外部への流出の危機に瀕するような特別な場合を除いて、文書そのものは共有されなかった。この意味で、八ヶ村名主が共有した神領下賜とその保証に関わる応永六年の綸旨・添状とは区別されていたとみられる。同綸旨・添状には正文とみなされる文書があり、これを山国郷の名主たちが書写することで共有していた[70]。同じ由緒関係文書でも共有のしかたが異なっていた。

小括

本節では江戸時代、中世の口宣案がどのように認識されていたかをみるために、証拠文書として取り上げていたことがわかる願書を検討した。【史料2】では口宣案の下賜を求める中で先祖伝来の口宣案が証拠として挙げられ、かつて「継目の口宣」として授与されていた文書であると受け止められていたことが判明した。口宣案の下賜を求める真の目的は郷士(名主)役として鮎漁の権利を獲得することにあった。幕末を除き、江戸時代の本郷・黒田地域において、他に口宣案下賜を求める動きはみられないものの、十九世紀初めまでの網株に関する争論を経て、当地域の「名主家」が中世以来所持する口宣案が網株の証拠文書として認識され、提示されるようになったことを確認した。十九世紀に至り、中世の口宣案は願書等に書写されることによって、個別の姿を現し存在が浮かび上がったといえる。同様に近世名主全体に共有された由緒文書である応永六年の綸旨・添状とは異なり、口宣案はあくまで各名主のもとで証拠文書として所持されていた。

おわりに

本章第一節で集計した本郷・黒田地域の中世の年号がある文書には、口宣案は写しを含めて四十四点、多い順で第三位と述べた。この数には第二節・三節で取り上げた、あるいは言及した江戸時代の文書に書写もしくは引用された口宣案を入れていない。これらも含めて年代順にリスト化したのが【表4】である。なお、【史料3】の口宣案等の書上に記載されたものは除いた。【表4】では九十七件の口宣案とその写を記載したが、正文と写がある場合、確実にその写と判定できる場合は備考に記した。但し、例えば№18・19、33～35、68・69のように、写が作成されたタイミングが異なると判断され、写ごとに所持者が異なっている場合は重複記載した。厳密な数を求めることには適当ではないが、書き写す行為の痕跡を知ることはできるだろう。この中にはいわゆる口宣案の様式上当てはまらないものもある（№5～9）。№9がどのような写かみてみよう。

【史料4】

藤井頼久

任左近亮

應永廿二年十一月十六日　花押

口宣案は奥に日付が書かれることは無く、花押が書かれることも無いので、これを口宣案と称するのは妥当ではないと思われるが、便宜的に「称光天皇口宣案写」として記載した。

数量の点では、重複と判断される分（№69）を除いても永正十四年（一五一七）三月二十七日付の口宣案が二十一点で最も多い。近い日付の同月二十三日付一点と二十六日付の四点を合わせると二十六点で、『言継卿記』天文十九年（一五五〇）五月二日条の三十通という数字に近くなり、一括発給はこの時だけのことではなく、写が多く占めるとはいえ様式上確実に把握できる永享五年（一四三三）以降、山国荘に口宣案が発給される際には十数通を上回る一括発給がおこなわれたのではないか。№1・97を除き、十四世紀末の後小松天皇から後奈良天皇に至る各代に発給されている。[71]発給の間隔は複数確認される年を中心に数えると七年から三十三年の幅があるが、明応三年（一四九四）の次は永正十四年（一五一七）まで二十三年、永正の次の発給が三十三年後の天文十九年というように、十六世紀以降は二十〜三十年の間隔がある。

一括発給を前提に想定すると、【史料2】に見たような「継目の口宣」が実態に近かったのではないだろうか。天皇一代に一度、名主たちは複数名で【史料1】のような官職所望状を作成して一括発給を申請する。残存状況の問題もあるが、【表4】には同じ日に一点から三点といった少数の場合もみられる。必ずしも同日一括発給ではなかったことを示している。村上絢一が『康富記』から紹介した享徳三年（一四五四）の事例では、丹波国の住人三人が任官を申請した際に、中原康富は口宣案三通を渡した見返りに礼金百疋を受け取っている。[72]官職の授与を禁裏領荘園の住人として奉仕したことへの報賞ととらえる見方もあるが、[73]むしろ禁裏領民が主人である天皇から官職の授与というかたちで代替わりの安堵を受けていたと考える方が、次の発給までに間が空くほど数量が増える傾向にあることの説明がつく。申請から授与にあたっては、前述した『康富記』の事例のように相応の礼銭が上納されたと想定されるが、申請の実態および発給過程のさらなる解明は他日を期すことにしたい。

【表4】山国・黒田地域の口宣案

No.	和暦	西暦	表題	上卿	奉者	受給者	官職	備考	出典
1	文和5年2月15日	1356	後光厳天皇口宣案	松殿中納言	蔵人勘解由次官平行知	釆女貞国	中務丞		K293黒田宮・菅河（仁）
2	応永2年12月23日	1395	後小松天皇口宣案写	—	—	釆女永国	左近允		K148黒田宮・西
3	応永22年11月16日	1415	称光天皇口宣案写	—	—	藤井頼久	左近允		井戸・江口B-9-2
4	応永22年11月16日	1415	称光天皇口宣案写	—	—	今木延重	右近佐		井戸・江口B-9-3
5	応永22年11月16日	1415	称光天皇口宣案写	—	花押	今木延重	右近佐		鳥居1-8榧秘写・志田上政右衛門
6	応永22年11月16日	1415	称光天皇口宣案写	—	花押	釆女部貞国	中務丞		鳥居1-8榧秘写・田尻
7	応永22年11月16日	1415	称光天皇口宣案写	—	花押	佐伯弘近	掃部佐		鳥居1-8榧秘写・塔本右平
8	応永22年11月16日	1415	称光天皇口宣案写	—	花押	藤井頼久	左近亮		鳥居1-8榧秘写・新井越後
9	応永22年11月16日	1415	称光天皇口宣案写	—	花押	釆女部貞弘	左近佐		鳥居1-8榧秘写・村山
10	永享5年2月21日	1433	後花園天皇口宣案	藤中納言	蔵人頭右大弁藤原忠長	藤原国光	治部丞		K77上黒田・吹上（一）
11	永享5年2月21日	1433	後花園天皇口宣案	藤中納言	蔵人頭右大弁藤原忠長	高山部国光	掃部允		K162上黒田・吹上（信）
12	永享5年2月21日	1433	後花園天皇口宣案	藤中納言	蔵人頭右大弁藤原忠長	丹波為守	治部丞	宿紙	K681中江・西
13	永享5年2月21日	1433	後花園天皇口宣案写	—	—	釆女国永	左近衛将監		K148黒田宮・西
14	（永享カ）5年2月21日	1433	後花園天皇口宣案写	—	蔵人頭右大弁藤原	勝部友貞	左近衛将		鳥居1-8榧秘写・今安恒八郎

15	永享5年2月21日	1433	後花園天皇口宣案写	—	蔵人頭右大弁藤原忠長	勝部景清	左近将監		鳥居1-8極秘写・今安恒八郎
16	永享5年2月22日	1433	後花園天皇口宣案写	—	蔵人頭右大弁藤原忠長	大宅吉景	刑部丞		鳥居1-8極秘写・大宅喜兵衛
17	永享5年2月22日	1433	後花園天皇口宣案写	—	蔵人頭右大弁藤原忠長	丹波為守	治部丞		鳥居1-8極秘写・西七郎兵衛
18	文安2年12月1日	1445	後花園天皇口宣案写	四条中納言	蔵人前伯耆守藤原教忠	橘重吉	右近衛将監		鳥居1-8極秘写・新井文蔵
19	文安2年12月1日	1445	後花園天皇口宣案写	四条中納言	蔵人前伯耆守藤原教忠	橘重吉	右近衛将監		井戸・江口B-22-1
20	文安2年12月1日	1445	後花園天皇口宣案	四条中納言	蔵人前伯耆守藤原教忠	佐伯国久	左近衛将監	鳥居1-8極秘写・横田角左衛門	Y67下・横田
21	文安2年12月1日	1445	後花園天皇口宣案写	四条中納言	蔵人前伯耆守藤原教忠	高山部国弘	掃部允		Y163・吹上(信)
22	文安2年12月1日	1445	後花園天皇口宣案写	四条中納言	蔵人前伯耆守藤原教忠	壬生国貞	刑部丞		鳥居1-8極秘写・長塚九郎右衛門
23	文安2年12月1日	1445	後花園天皇口宣案写	—	蔵人前伯耆守藤原教忠	大宅吉重	右馬亮		鳥居1-8極秘写・樋爪市之丞
24	文安2年12月1日	1445	後花園天皇口宣案写	四条中納言	蔵人前伯耆守藤原教忠	高山部貞弘	刑部丞		鳥居1-8極秘写・柿木弥兵衛
25	寛正3年12月9日	1462	後花園天皇口宣案写	日野大納言	蔵人右大弁藤原益光	大宅景吉	右近将監		鳥居1-8極秘写・大江杢右衛門
26	寛正3年12月9日	1462	後花園天皇口宣案写	日野大納言	蔵人右大弁藤原兼光	大宅景吉	右近将監		大野・河原林(成)29-3
27	寛正3年12月9日	1462	後花園天皇口宣案写	日野大納言	蔵人右大弁藤原益光	采女森久	兵庫亮		鳥居1-8極秘写・大西
28	寛正3年12月9日	1462	後花園天皇口宣案写	日野大納言	蔵人右大弁藤原益光	藤井包光	宮内丞		鳥居1-8極秘写・田中伊左衛門
29	寛正4年2月23日	1463	後花園天皇口宣案写	日野大納言	蔵人右大弁藤原盛光	采女貞清	中務丞	端裏「口宣案」	K301黒田宮・菅河(仁)
30	寛正4年2月23日	1463	後花園天皇口宣案写	日野大納言	蔵人右大弁藤原益光	藤井国宗	右近将監		鳥居1-8極秘写・野上吉次郎
31	寛正4年2月23日	1463	後花園天皇口宣案写	日野大納言	蔵人右大弁藤原益光	采女光貞	右近将監		鳥居1-8極秘写・中久保平次
32	文明11年3月7日	1479	後土御門天皇口宣案写	冷泉大納言	蔵人左少弁藤原元長	藤井光宗	左近允		大野・河原林(成)29-5

33	文明11年3月7日	1479	後土御門天皇口宣案写	冷泉大納言	蔵人左少弁藤原元長	橘重延	右近丞		鳥居1-8極秘写・溝口甚七
34	文明11年3月7日	1479	後土御門天皇口宣案写	冷泉大納言	蔵人左少弁藤原元長	橘重延	右近丞		井戸・江口B-9
35	文明11年3月7日	1479	後土御門天皇口宣案写	冷泉大納言	蔵人左少弁藤原元長	橘重延	右近丞		鳥居1-8極秘写・新井文蔵
36	文明11年3月7日	1479	後土御門天皇口宣案写	冷泉大納言	蔵人左少弁藤原元長	源光弘	刑部允		K80上黒田・坂上谷（善）
37	文明11年3月7日	1479	後土御門天皇口宣案	冷泉大納言	蔵人左少弁藤原光長	紀安清	左近将監	「光」ママ	Y70辻・藤野
38	文明11年3月7日	1479	後土御門天皇口宣案	冷泉大納言	蔵人左少弁藤原光長	佐伯清久	掃部丞	「光」ママ	Y75鳥居・辻
39	文明11年3月7日	1479	後土御門天皇口宣案写	冷泉大納言	蔵人左少弁藤原元長	佐伯清久	掃部丞		鳥居1-8極秘写・辻文蔵
40	文明11年3月7日	1479	後土御門天皇口宣案写	冷泉大納言	蔵人左少弁藤原元長	高山部貞国	掃部允		Y164上黒田・吹上（信）
41	文明11年3月7日	1479	後土御門天皇口宣案写	冷泉大納言	蔵人左少弁藤原元長	藤井光宗	左近亮		鳥居1-8極秘写・林庄右衛門
42	文明11年3月7日	1479	後土御門天皇口宣案写	中御門中納言	蔵人左少弁藤原元長	釆女国永	掃部亮		鳥居1-8極秘写・長四郎兵衛
43	文明11年3月7日	1479	後土御門天皇口宣案写	中御門中納言	蔵人左少弁藤原元長	秦延吉	掃部丞		鳥居1-8極秘写・番匠屋市右衛門
44	文明11年3月7日	1479	後土御門天皇口宣案写	冷泉大納言	蔵人左少弁藤原元長	壬生末弘	掃部亮		鳥居1-8極秘写・西山喜右衛門
45	文明11年3月7日	1479	後土御門天皇口宣案写	—	—	釆女貞国	左近允		K148黒田宮・西
46	明応3季11月17日	1494	後土御門天皇口宣案写	中山中納言	蔵人右少弁藤原尚顕	大宅為重	左近丞		大野・河原林（成）29-4
47	明応3季11月17日	1494	後土御門天皇口宣案写	中納言	蔵人右少弁藤原尚顕	釆女部貞清	中務丞少丞		鳥居1-8極秘写・田尻某
48	明応3季11月17日	1494	後土御門天皇口宣案写	新中納言	蔵人右少弁藤原尚顕	清守	左近将監		鳥居1-8極秘写・河原林恵右衛門
49	明応3季11月17日	1494	後土御門天皇口宣案写	小倉中納言	蔵人右少弁藤原尚顕	藤井為包	宮内丞		鳥居1-8極秘写・田中伊左衛門
50	明応3季11月17日	1494	後土御門天皇口宣案写	小倉中納言	蔵人右少弁藤原尚顕	藤井為清	左近将監		鳥居1-8極秘写・村山金吾
51	明応3季11月17日	1494	後土御門天皇口宣案写	小倉中納言	蔵人右少弁藤原尚顕	藤井光末	刑部丞		鳥居1-8極秘写・米田今右衛門

52	明応3年11月17日	1494	後土御門天皇口宣案写	小倉中納言	蔵人右少弁藤原尚顕	藤井国景	治部丞		鳥居1-8極秘写・林利左衛門
53	明応3年11月17日	1494	後土御門天皇口宣案写	小倉中納言	蔵人右少弁藤原尚顕	高橋清景	左近少丞		鳥居1-8極秘写・小塩村森脇市良右衛門
54	明応3季11月30日	1494	後土御門天皇口宣案写	小倉中納言	蔵人右少弁藤原尚顕	藤原清信	掃部少丞		井戸・江口B-16
55	(明応3)季11月30日	1494	後土御門天皇口宣案写	[　]中納言	蔵人右少弁藤原尚顕	壬生貞国	右近少丞		K303黒田宮・菅河(仁)
56	明応3季11月30日	1494	後土御門天皇口宣案写	小倉中納言	蔵人右少弁藤原尚顕	采女部光永	左近少丞	端裏「口宣案」／奥表書あり	K304黒田宮・菅河(仁)
57	明応3季11月30日	1494	後土御門天皇口宣案写	新中納言	蔵人右少弁藤原尚顕	壬生三真	掃部亮		鳥居1-8極秘写・西山某
58	明応3年11月30日	1494	後土御門天皇口宣案写	—	—	采女貞永	左近允		K148黒田宮・西
59	文亀3年5月3日	1503	後柏原天皇口宣案写	—	蔵人右少弁藤実定	藤原国宗	中務丞	奥裏書あり	K306黒田宮・菅河(仁)
60	永正13年3月25日	1516	後柏原天皇口宣案写	中御門中納言	蔵人右少弁藤原際定	藤原真光	治部少輔	奥裏書あり	K307黒田宮・菅河(仁)
61	永正14年2月27日	1517	後柏原天皇口宣案写	□□□(上卿藤)中納言	蔵人左少弁藤原資定	藤原貞光	治部少丞		K78上黒田・吹上一
62	永正14年3月23日	1517	後柏原天皇口宣案写	中御門中納言	蔵人頭左少弁藤原伊長	藤井為守	治部丞		鳥居1-8極秘写・奥平井某
63	永正14年3月26日	1517	後柏原天皇口宣案写	広橋中納言	蔵人左少弁藤原資定	藤井為光	宮内少丞		鳥居1-8極秘写・田中伊左衛門
64	永正14年3月26日	1517	後柏原天皇口宣案写	広橋中納言	蔵人左少弁藤原資定	藤井為国	掃部亮		鳥居1-8極秘写・釜田忠左衛門
65	永正14年3月26日	1517	後柏原天皇口宣案写	広橋中納言	蔵人左少弁藤原資定	三和親宗	左京亮		鳥居1-8極秘写・窪田氏
66	永正14年3月26日	1517	後柏原天皇口宣案写	広橋中納言	蔵人左少弁藤原資定	身人部清景	左衛門尉		鳥居1-8極秘写・鳥居大膳
67	永正14年3月27日	1517	後柏原天皇口宣案写	広橋中納言	蔵人左少弁藤原資定	釆女清為	掃部允	鳥居1-6の写に読み仮名あり	鳥居1-8極秘写・鳥居大膳
68	永正14年3月27日	1517	後柏原天皇口宣案	広橋中納言	蔵人左少弁藤原資定	橘久重	右近将監	宿紙／端に銘「口　宣案」／井戸・江口B-22-2、B-25-2に写	井戸・江口B-26

69	永正14年3月27日	1517	後柏原天皇口宣案写	広橋中納言	蔵人左少弁藤原資定	橘久重	右近将監		鳥居1-8極秘写・溝口甚七
70	永正14年3月27日	1517	後柏原天皇口宣案写	中御門中納言	蔵人左少弁藤原資定	藤原清信	掃部允		井戸・江口B-23
71	永正14年3月27日	1517	後柏原天皇口宣案写	中御門中納言	蔵人左少弁藤原資定	藤井光宗	左近将監		大野・河原林（成）29-6
72	永正14年3月27日	1517	後柏原天皇口宣案	広橋中納言	蔵人左少弁藤原資定	采女国光	左近将監	宿紙／端裏銘あるヵ	下黒田・井本（正）1-46
73	永正14年3月27日	1517	後柏原天皇口宣案	広橋中納言	蔵人左少弁藤原資定	采女永国	左近将監	宿紙／端裏銘「口　宣案」	下黒田・井本（正）1-46
74	永正14年3月27日	1517	後柏原天皇口宣案写	中御門中納言	蔵人左少弁藤原資定	采女真国	治部丞		K308黒田宮・菅河（仁）
75	永正14年3月27日	1517	後柏原天皇口宣案写	中御門中納言	蔵人左少弁藤原資定	藤原貞光	治部少丞	奥表書あり	K309黒田宮・菅河（仁）
76	永正14年3月27日	1517	後柏原天皇口宣案写	中御門中納言	蔵人左少弁藤原資定	妥女清国	中務丞	奥表書あり	K310黒田宮・菅河（仁）
77	永正14年3月27日	1517	後柏原天皇口宣案	広橋中納言	蔵人左少弁藤原資定	丹波国親	治部丞	宿紙／端に銘「口　宣案」／鳥居1-8極秘写・西七郎兵衛	K692中江・西
78	永正14年3月27日	1517	後柏原天皇口宣案写	広橋中納言	蔵人左少弁藤原資定	采女清為	掃部亮		鳥居1-8極秘写・人長四郎兵衛
79	永正14年3月27日	1517	後柏原天皇口宣案写	中御門中納言	蔵人左少弁藤原資定	采女貞国	治部少丞		鳥居1-8極秘写・四反長
80	永正14年3月27日	1517	後柏原天皇口宣案写	中御門中納言	蔵人左少弁藤原資定	佐伯清久	右近衛将監		鳥居1-8極秘写・横田
81	永正14年3月27日	1517	後柏原天皇口宣案写	—	蔵人左少弁藤原資定	大宅吉重	刑部丞		鳥居1-8極秘写・大宅
82	永正14年3月27日	1517	後柏原天皇口宣案写	中御門中納言	蔵人左少弁資定	高山貞光	掃部丞		鳥居1-8極秘写・比賀江平兵衛
83	永正14年3月27日	1517	後柏原天皇口宣案写	—	蔵人左少弁藤原資定	藤井清守	治部丞		鳥居1-8極秘写・口平井昌右衛門
84	永正14年3月27日	1517	後柏原天皇口宣案写	中御門中納言	蔵人左少弁藤原資定	藤井清守	治部少丞		鳥居1-4
85	永正14年3月27日	1517	後柏原天皇口宣案写	中御門中納言	蔵人左中弁藤原伊長	藤井安国	左近将監		鳥居1-8極秘写・中林喜太郎
86	永正14年3月27日	1517	後柏原天皇口宣案写	中御門中納言	蔵人左少弁藤原資定	藤井光宗	左近将監		鳥居1-8極秘写・下林

87	永正14年3月27日	1517	後柏原天皇口宣案写	中御門中納言	蔵人左少弁藤原資定	藤原貞光	治部丞		鳥居1-8極秘写・上麹屋
88	永正14年3月27日	1517	後柏原天皇口宣案写	中御門中納言	蔵人左中弁藤原伊長	紀守為	治部丞		鳥居1-8極秘写・石原勝右衛門
89	大永6年4月23日	1526	後柏原天皇口宣案	藤原中納言	蔵人佐藤原宗家	妥女貞国	中司允	写ヵ	K311黒田宮・菅河(仁)
90	天文19年5月2日	1550	後奈良天皇口宣案写	藤中納言	蔵人頭右近権中将源重保	源久国	刑部少丞		K81上黒田・坂上谷(善)
91	天文19年5月2日	1550	後奈良天皇口宣案写	藤中納言	蔵人頭右近藤原重任	藤原貞光	治部少丞		鳥居1-8極秘写・人長
92	天文19年5月2日	1550	後奈良天皇口宣案写	—	—	采女清貞	左近将監	「肥野大納言ゟ被下」とあり	K148黒田宮・西
93	天文19年5月3日	1550	後奈良天皇口宣案	按察大納言	蔵人右中弁兼備中権介藤原頼房	采女永国	右近将監	宿紙／端裏銘「口　宣案」	下黒田・井本(正)1-73
94	天文19年5月3日	1550	後奈良天皇口宣案写	藤原中納言	蔵人左中弁藤原頼房	見輪為吉	左近将監		K313黒田宮・菅河(仁)
95	天文19年5月3日	1550	後奈良天皇口宣案	按察中納言	蔵人右中弁兼備中権介藤原頼房	見峯清貞	右近将監		K314黒田宮・菅河(仁)
96	天文19年9月2日	1550	後奈良天皇口宣案写	中御門中納言	蔵人右近衛権中将源重保	采女貞国	治部少丞		K315黒田宮・菅河(仁)
97	天正19年8月2日	1591	後陽成天皇口宣案写	中山大納言	蔵人左少弁藤原光豊	采女正国	治部少丞	奥下書「上野氏」	K316黒田宮・菅河(仁)

※Y＝『丹波国山国荘史料』／K＝『丹波国黒田村史料』／極秘写＝山国八ヶ村名主中所持極秘写

註

（１）野田只夫編、史籍刊行会。

（２）野田只夫編、黒田自治会村誌編纂委員会。

（３）仲村研「丹波国山国荘の名体制」（同『荘園支配構造の研究』吉川弘文館、一九七八年）。

（４）黒川正宏「丹波国山国荘の村落構造について」（同『中世惣村の諸問題』国書刊行会、一九八二年）。

（５）坂田聡『日本中世の氏・家・村』（校倉書房、一九九七年）第一部「家と村─主に丹波国山国荘を例に」。

（6）西川広平「畿内周辺山間地域における生業の秩序」（同『中世後期の開発・環境と地域社会』高志書院、二〇一二年）。
（7）坂田聡「戦国期山国荘本郷地域における名体制と名主」（『日本歴史』九〇二号、二〇二三年七月）。
（8）岡野友彦「料紙から見た山国の「偽文書」」（坂田聡編『古文書の伝来と歴史の創造―由緒論から読み解く山国文書の世界―』（高志書院、二〇二〇年）。
（9）村上絢一「任官料足請取状（「饗料腰差酒肴」請取状）の検討」（『古文書研究』九一号、二〇二一年六月）。
（10）村上絢一「山国地域の文書と社会―荘園の村と供御人の村の比較を通して―」（前掲註（8）坂田編）。
（11）熱田順「中近世移行期における村落と領主の関係―丹波国山国荘を中心に―」（同『中世後期の村落自治形成と権力』吉川弘文館、二〇二一年）。
（12）以下、『山』・『黒』の後の数字は『丹波国山国荘史料』『丹波国黒田村史料』の文書番号。
（13）以下、『山』・『黒』が付与した文書の表題は［　］に括り表記する。
（14）『京都近郊山間村落の総合的研究―丹波国山国荘黒田三ヵ村の民衆生活に関する史料学的アプローチ―』平成一一年度～平成一四年度科学研究費補助金　基盤研究（B）（1）研究成果報告書（研究代表者坂田聡、二〇〇三年）。
（15）中世文書三点は『黒』二九七明徳二年（一三九一）三月日付［山国庄庄官連署宛行状］（黒田宮村菅河仁一家文書）の写、『山』一五七嘉慶元年（一三八七）十二月二十三日付［伊佐波山宛行状］（上黒田春日神社文書）の写、同一九七応仁二年（一四六八）十一月十一日付［山国惣庄山地売券写］（黒田宮西家文書）に同じであることが前掲註（14）の科研報告書掲載目録に記載されている。なお『山』一九七は黒田宮村西家文書として掲載されているが、同科研報告書の同家文書目録にこの文書は記載されていない。
（16）日本歴史学会編『明治維新人名辞典』（吉川弘文館、一九八一年）。
（17）岡野友彦・柳澤誠・石川達也「東京大学史料編纂所所蔵「横田文書」」（『東京大学史料編纂所研究紀要』二九号、二〇一九年）。

(18)中村直勝博士古稀記念会編・発行、一九六〇年。なお、同書七四号「光里請文」（八四頁）は「饗料腰差酒肴」請取状（任官料足請取状）で、本郷地域を出所とする可能性について前掲註（9）村上論文が言及している。「光里請文」の宛所大宅信繁は大野河原林成吏家の家譜に見られる名前である。一一四号文書は下林さこ（左近）宛の大野村の田地売券で、両文書ともに出所が同じであった可能性がある。

(19)丹波国山国荘調査団大貫茂紀・柳澤誠「中央大学図書館所蔵丹波国山国荘田地売券「永代売渡申私領田地之事」（永正八年〈一五一一〉六月六日中西播磨宛高室掃部允売券）」（『中央史学』四五号、二〇二二年）。

(20)天理大図書館所蔵保井芳太郎旧蔵文書に文明二稔（一四七〇）庚寅四月二十七日付「中務某山竹売券」、文明六年甲午閏五月二十二日付「中西孫太郎田畠売券」、明応六年（一四九七）丁丑十二月三日付「山国惣庄山宛行状」がある（『保井家古文書目録』大和史学会、一九四〇年、六七頁八八七〜八八九号）。また、同志社大学人文科学研究所が作成した『京都府北桑田郡京北町大字小塩森脇良雄氏旧蔵史料目録』（一九六五年）に応永六年（一三九九）八月一日付「後小松天皇口宣案」、文明十一年（一四七九）三月七日付「後土御門天皇口宣案」、明応三年（一四九四）十一月廿七日付「後土御門天皇口宣案」、永正十四年三月廿六日付「後柏原天皇口宣案」が収録されているが（目録番号1〜4）、いずれも活字未紹介・原本未調査のためカウントしていない。

(21)『黒』二八七［御室氏女宗堂職補任状］。『黒』の口絵第五図に写真掲載。

(22)鳥居剛家文書四―四五七、『山』一四［光弘・元貞請取状］。

(23)鳥居剛家文書一―八文政七年（一八二四）八月付「山国八ヶ村名主中所持極秘写」。この史料については後述する。

(24)拙稿「鳥居家譜の成立―近世伝承と中世の実態―」（坂田聡編『禁裏領山国荘』高志書院、二〇〇九年）。

(25)応永七年（一三七四）二月十六日付「売渡田地私領事」（江口喜代志家文書B―一、『山』一二一［沙弥道意房田地売券］）、永和四年（一三七八）三月二十一日付「譲与　山畑之事」（同B―三、『山』一二二［母比丘尼妙心山畑譲状］）。いずれも藤井末永宛。

(26)永和元年（一三七五）三月二十七日付「殿下御方饗料腰差酒肴請取状」（江口喜代志家文書B―二）・同日付

「右近府饗料腰差酒肴請取状」（同B－4）。いずれも『山』・『黒』に掲載無し。
（27）享保二年（一七一七）に江口文右衛門は橘久重と橘重吉の口宣（案）を根拠に文書を作成している。このうち橘久重宛の口宣案は江口家に現存しているが（江口喜代志家B－二六）、『山』・『黒』には掲載されていない。拙稿「由緒文書の作成・書写・相伝―井戸村江口家文書を中心として―」（前掲註（8）坂田編）参照。
（28）原本調査に至っていないが、『黒』の口絵第十三図に六六九号文書の写真が掲載されている。
（29）河原林成吏家文書七四「［　］（ゆつ）りわたす畠の事」（『山』八八［きのひろ川ね畠売券］）。
（30）前掲註（24）拙稿四二五〜四二七頁、前掲註（27）拙稿一一九〜一二二頁参照。
（31）『黒』二八八［山国荘庄官連署宛行状写］。
（32）預所の大江氏については本郷恵子「公家政権の経済的変質」（同『中世公家政権の研究』東京大学出版会、一九九八年）参照。
（33）『黒』六七八［山国庄庄官連署宛行状］。電田伊与が別の給主を引き入れ地下を混乱させたため、給主武者小路刑部卿の計らいにより電田らは追放され、その跡の田地を柿木治部に宛行う文書。「電田」の「電」について『山』は「釜ノ誤カ」と傍注を付しているが、「竈ノ誤カ」とすべきか。
（34）鳥居剛家文書四－六三七、『山』四二［宇津氏田地知行目録］。
（35）『黒』七〇〇［山国惣庄宛行状］。上石畠治部の跡職について追闕所が命じられたが、惣庄として侘言を申し入れ、別儀無く買得できるように計らったことを述べ、そのうえで西治部に対し三宮丁の山の知行を保証している。追闕所を命じた主体は、宇津氏であった可能性がある。
（36）鳥居剛家文書一－五八「修理職領丹波国山国荘大江御杣被仰下参箇条」（『山』一九［修理職初任庁宣］）。袖判はこのとき山国荘奉行（代官）であった庭田重親のものであるので、「山国荘奉行庭田重親三箇条吉書」の文書名を付し紹介したことがある（丹波国山国荘調査団大貫茂紀・柳澤誠「丹波国山国荘鳥居家文書の中世文書―三箇条吉書―」『中央史学』四一号、二〇一八年）。
（37）鳥居剛家文書一－五七「大杣方雑器物之事」（『山』一七［大杣方雑器物送状案］）。

(38)『続群書類従』補遺三お湯殿の上の日記（二）、続群書類従完成会、一九九五年。

(39)鳥居剛家文書一－五九、天文三年（一五三四）九月八日付「送進上大杣方御節供料物事」（『山』二一［大杣方御節供料物送状］）は公文康清と下司為清が連署しているが花押を据えているのは為清のみ。同一－七〇、弘治三年（一五五七）一月八日付「送進上大杣方御斎会御材木事」（『山』三五［大杣方御斎会材木送状］）では公文清重と下司弥五郎のうち清重のみ花押を据えている。

(40)前掲註（21）参照。

(41)『黒』二八九［進士太郎采部真峯禰宜職補任状］。同口絵第六図に写真掲載。

(42)『山』一六〇［介職補任状］。差出の沙弥蓮深岱と沙弥仏念については不詳。

(43)柴﨑啓太「宇津氏の動向と鳥居家文書」（前掲註（24）坂田編）および前掲註（11）熱田論文参照。

(44)前掲註（6）西川論文および外岡慎一郎「村のなかの契約ごと―井本正成家文書の分析から―」（前掲註（24）坂田編）・坂田聡「中近世移行期の在地社会と文書」（『中央大学文学部紀要』史学六四号、二〇一九年）など。

(45)以下口宣案の機能と様式に関しては、富田正弘「口宣・口宣案の成立と変遷」（同『中世公家政治文書論』吉川弘文館、二〇一二年）による。

(46)坂田聡「百姓の家・家格・由緒―丹波国山国地域の事例を中心に―」（同『家と村社会の成立―中近世移行期論の射程―』高志書院、二〇一一年、初出二〇〇三年）。

(47)永正十四年（一五一七）三月二十七日付後柏原天皇口宣案（采女国光宛、『山』二四六）・同日付後柏原天皇口宣案（采女永国宛、『山』二四七）、天文十九年（一五五〇）五月三日付後奈良天皇口宣案（采女永国宛、『山』二七二）。

(48)前掲註（46）坂田論文では中江西家の口宣案二点（『黒』六八一、六九二）を写としているが、『黒』では写とせず、宿紙であることが注記され、寸法も記載されている。但し、端裏銘である筈の「口宣案」の文字が二点とも本文と同じ並びに配置されていて正文ではありえない字配りのため、坂田は写と判断したと推測される。文書の端の部分が裁断され、裏返して本文と並べて表装されていたため、『黒』の活字は上述のような配置となった可能性があるが、実物を確認しない限り断定はできない。また、坂田は正文の内に『山』一二六を挙げているが、『山』では写として掲載されている。但し『山』未掲載の永正十四年三月二十七日付後柏原天皇口宣案の正文が確認されているので、正文の数は変わらない。この新出口宣案については前掲註（27）拙稿を参照。なお、この口宣案も端裏ではなく端のオモテに「口宣案」とあり、巻子に表装されている。

（49）奥野高廣『皇室御経済史の研究』（畝傍書房、一九四二年）。

（50）前掲註（49）奥野著書一二四頁。

（51）黒田宮西逸治家文書3（『山』一九九［宮村長男衆官職所望状］）。

（52）『言継卿記』第二（国書刊行会、一九一二年）。

（53）前掲註（27）拙稿参照。西家の留書の口宣案写は前掲註（46）坂田論文表1でも集計している。

（54）前掲註（46）坂田論文の註18参照。

（55）薗部寿樹「家格制宮座の形成とその背景」（同『村落内身分と村落神話』校倉書房、二〇〇五年）。なお、前掲註（46）坂田論文註53で薗部の批判に答えている。

（56）『黒』三〇九、黒田宮菅河仁一家文書。

（57）鳥居剛家文書一―一八。谷戸佑紀「山国郷の由緒書と明智光秀伝承」（前掲註（8）坂田編）でも取り上げられている。前後欠であるが、同家文書一―九二が前欠部と思われる。

（58）吉岡拓「中近世「名主」考」（前掲註（8）坂田編）。

（59）鳥居剛家文書四―六四四。

（60）平重道責任編集・斎藤鋭雄編『仙台藩史料大成　伊達治家記録』二十二（宝文堂出版販売、一九八一年）肯山公後編巻之百五・元禄十五年三月二十五日条、同百六・五月朔日条。

（61）野村和正「山国荘の貢納と『御湯殿上日記』」（前掲註（24）坂田編）。

（62）以下、十七〜十九世紀の網株争論等については吉岡拓「近世畿内・近国社会と天皇・朝廷権威―丹波国桑田郡山国郷を主な事例に―」（『歴史学研究』九七六号、二〇一八年）を参照。

（63）『黒』七四［文政七年御用鮎一件願書写］上黒田村吹上靖太家文書。なおこの文書は前掲註（27）拙稿で若干言及した。鳥居辻健家文書二－二一四には表紙に鳥居五八郎控と記載された同内容の縦帳があるが、欠損部がある。
（64）上黒田春日神社文書C－二〇－二。
（65）前掲註（63）辻健家文書二－二一四。
（66）『山』二三三［棚見方月次資材請取状］。
（67）「三色木」は「三尋木」のこと。三尋ばかりの四角材をいう（小学館『日本国語大辞典』第二版）。
（68）前掲註（10）村上論文では【史料3】を取り上げ「家ごとに発給され伝来した口宣案が、その本来の内容を無視して引用され、「山国十二ヶ村」を構成する個別村落の名主の権益、さらには山国地域の一体性を保証するために利用されている」と指摘している。
（69）前掲註（27）拙稿一一三～一一五頁。
（70）前掲註（27）拙稿第三節「名主家共通の由緒文書―応永六年の綸旨―」参照。応永六年の綸旨・添状写は名主各家の代替わり毎に作成されたと考えているが、この点は本書第五章谷戸論文で再検討されている。
（71）【表4】No.89の大永六年四月二十三日は、同月七日に後柏原が死去した後、後奈良が践祚するのが二十九日なので厳密には後柏原天皇口宣案とはいえないが、『黒』の表記によった。
（72）前掲註（10）村上論文。
（73）平凡社『日本歴史地名大系』京都府「山国庄」の項では、「名主は宮座に属し、斧役を付与されて、惣荘林（馬場谷・蘇武谷・西谷・奥山）・惣山の用益権と大堰川の漁業権をもち、名田の管理と作人らを支配する。その報賞として口宣案を下賜され、姓名・官職名を授与されて士分待遇を受けた」と説明している。近世名主家由緒書等に基づくこのような中世名主像は研究の進展により訂正が必要な段階となっている。

第二章　山国荘における地下内部文書の形成と名主座

——鳥居家文書を中心に——

薗部寿樹

はじめに

地下文書とは、地下社会において作成・受理・伝来した文書群である[1]。また地下内部文書とは、地下社会の内部で作成され、機能し、そして伝来した地下文書を指す。村落文書における村落内部文書と同様、地下内部文書は地下社会内部で作成・機能・伝来が完結し、地下文書の中核に位置するものである[2]。本稿では、このような認識に基づき、次のような作業をおこなう。

丹波国山国荘に残る地下文書、具体的には有力村落民の家文書を素材として、地下内部文書がいかに形成していくのかという点を、領主関係文書との接点を中心に考察したい。主な調査研究対象は、鳥居家文書である。

畿内近国の村落（惣村）における村落内部文書には、村落定書・日記・臈次成功制宮座の頭役帳などがあった[3]。しかし畿内近国以外の地下社会における内部文書として、村落定書は存在しない。その一方で畿内近国以外の地下社会では、臈次成功制宮座の頭役帳の代わりに、名主座の記録である御頭帳や名主座木札などがみられる。[4]

そして丹波国は、名主座と臈次成功制宮座が混在する地域である。山国荘本郷地域の宮座は名主座であり、黒田地域の宮座は臈次成功制宮座である。[5]本稿でとりあげる鳥居家は、この本郷地域の鳥居村に居住する公文の家柄である。

一　地下内部文書の萌芽――送状から日記へ――

鳥居家は山国荘本郷大杣方の公文であり、大杣方とは山林管理を管理するものと推定されているが、[6]次第にその内実は失われていった。鳥居氏の公文のあり方を総体的に示す史料はないが、元亀二年（一五七一）山国荘大杣方御公用米算用帳・同年棚見方御公用米算用帳・京上大杣・棚見方算用帳（三三八～三四〇号）のような公用米（年貢米）や京上夫の算用帳が鳥居家に残されているのは、同家が公文であったことの証といえよう。これら算用帳と地下内部文書との関連については後述する。また鳥居家文書中に伝来している正月三箇条吉書の宛名が公文となっているのも、その職掌の一部を示すものといえよう。[7]

それに大杣公文または大杣下司・公文宛てに御神祭物・御節供料・御幸祭物などの請取状が、修理職の官人と思われる信久または栄舎と幸種の両人から発給されている（鳥居家文書二〇、二二～二八、三六号）。[8]これも、このような公事物を修理職に進上することが公文の職掌であったことによるのであろう。

この請取状に呼応する文書として、「送状」が二点、鳥居家に伝来している。まず、その文面を見ていこう。

【史料1】天文三年（一五三四）大杣方御節供料物送状（鳥居家文書二一号）

送進上　大杣方御節供料物事

　　餅料　六拾肆合
合　　　　　　　者
　　雑料　卅参合

此内肆拾四石

　雑料廿三合者、定使分

右所送進上申、如件

　　　　　　　　公文
天文三年九月八日　康清
　　　　　　　下司
　　　　　　　　為清（花押）

御奉行所

【史料2】弘治三年（一五五七）御斎会御材木送状（鳥居家文書三五号）

送進上　大杣方御斎会材木事

　合参拾弐支者

右所送進上申、如件

　　　　　　　　公文
弘治三年正月八日　清重（花押）

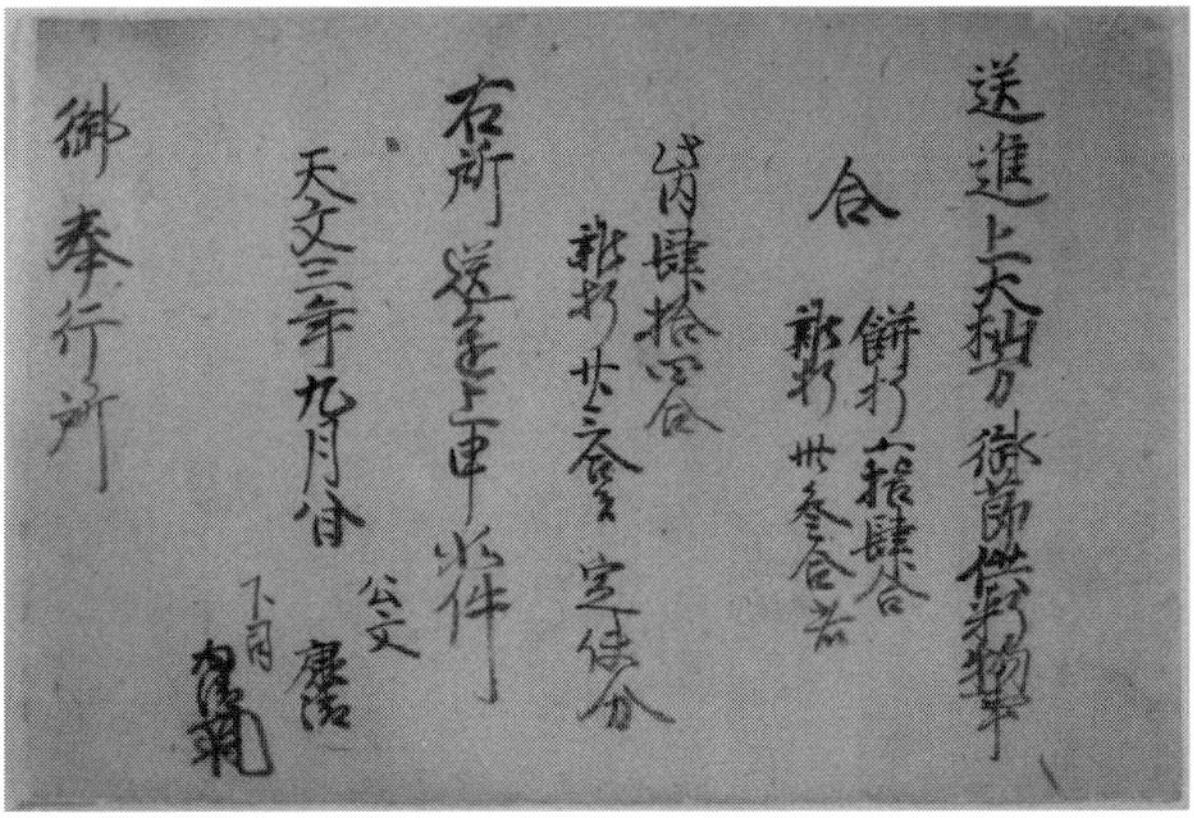

【写真1】史料1

下司
弥五郎
御奉行所

【史料１】は御節供料物を、【史料２】は御斎会御材木を、それぞれ修理職の御奉行所へ送った史料である。残念ながらこの送状に呼応する請取状は、鳥居家に残っていない。ただ注意しておきたいのは、いずれの文書にも、「送進上　○○事」という事書、「合○○者」という明細、「右所送進上申、如件」という書止文言が共通している点である。これ以外の請取状に「納○○事」という事書、「合○○者」という明細、「右所請取如件」という書止文言があることと対照的である。このことは、請取状はもとより、送状も修理職奉行所から指定された書式で作成されたことをよく示しているといえよう。

このことを踏まえて、次の【史料３】を見てみよう。

【史料３】年未詳大杣方雑器物日記（鳥居家文書一七号）

※文書写真で読みを改めた。

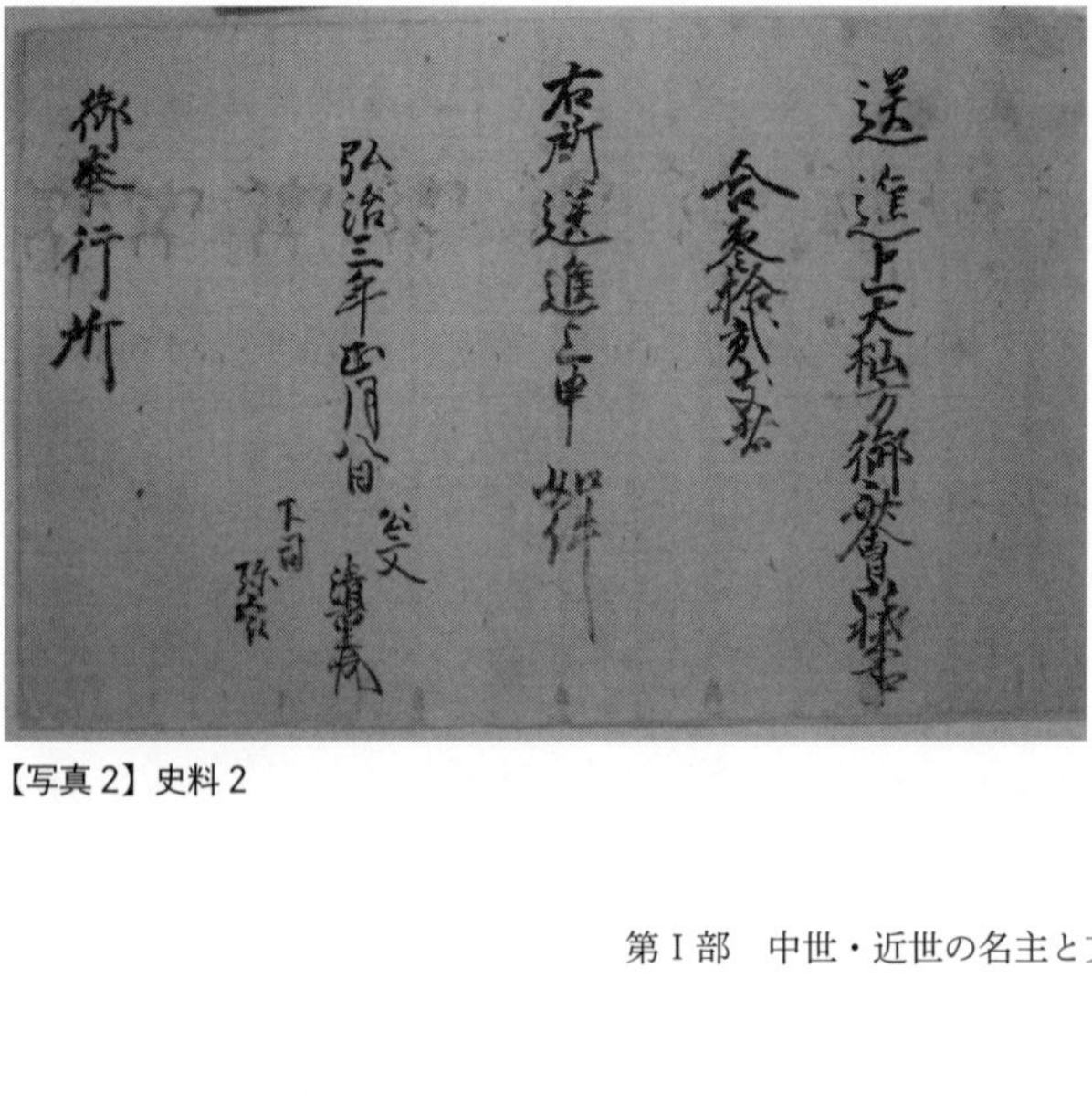

【写真２】史料２

（端裏書）「案文」

大杣方

送進上　雑器物之事

一いゝひつ（飯櫃）

一た井十せん（台十膳）

一神のおしき（折敷）二そく

一はち（鉢）五ハリ

一つるへ（釣瓶）

一ひしやく（柄杓）二ほた

一ひはち（火鉢）

一たらい（盥）

一むま（馬）のひしやく（柄杓）

（追筆）「以上

送進上所申、如件

鳥居河内守

大永七年十二月二十三日　康清

御奉行所」

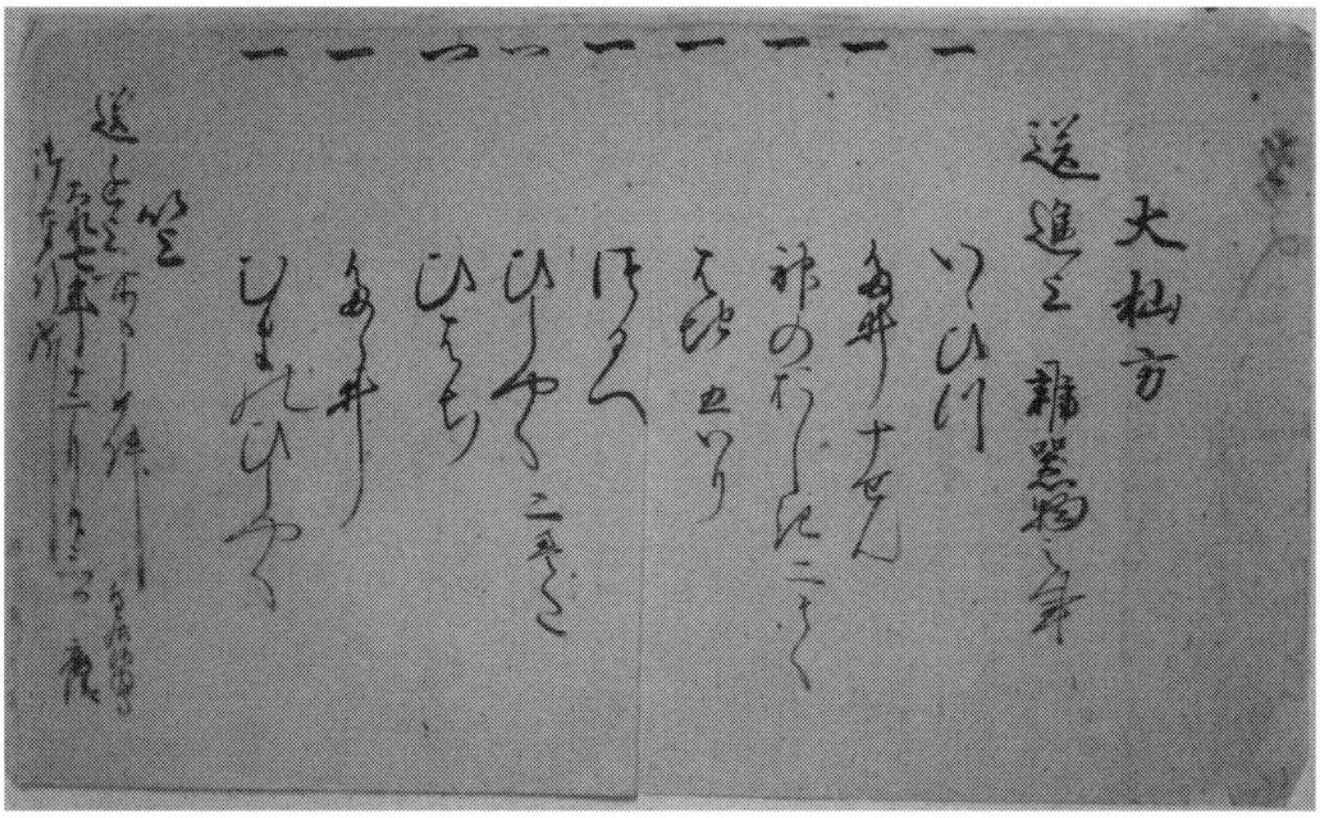

【写真3】史料3

この文書は、『丹波国山国荘史料』では「大永七年大杣方雑器物送状案」とされている。しかし、そうだろうか。文書の写真をよく見ると、「大杣方」から「一むまのひしやく」にいたる本文部分は、ゆったりと行間をとって書かれている。

それに対して、「以上」から書き止めや宛名部分については、狭い余白になんとか書き込んだ形になっている。当初からこの「以上」から後の部分を書くつもりであれば、本文部分の行間を詰めて書くものと思われる。ここから、「以上」以下の後の部分を追筆とみなすことができる。なお追筆部分の大永七年は、一五二七年である。

この追筆部分を除いて考えると、もとの本文部分は修理職奉行所へ進上する雑器物を列挙したものに過ぎないことが分かる。このような記載は、本文中に「日記」の文言はないものの、記載内容から「日記」と呼ばれる記録であるといえよう。すなわちこの日記は、進上する雑器物を忘れずに記録しておくために作成された地下内部文書なのである。

ところが二〇二三年八月五日山国荘第三論文集リモート研究会で、岡野友彦氏から【史料3】の本文と追筆部分は同一人の筆跡ではないかとのご意見をいただいた。「進」の崩し方は違うものの、「送」や「上」の筆跡は確かに似ている。また享禄四年（一五三一）の年紀をもつ【史料3】と同様の雑器物の請取状写が、鳥居家文書に残されているのである。[9]

以上の点から【史料3】は当初、雑器物の一覧を日記として作成したが、その後加筆して大永七年送状の案文に仕立てたものと思われる。

なお前述したように【史料3】は「日記」という文言は用いていない。しかしながら、【史料3】が送状を作成する過程の中で作成された備忘録のようなものであり、機能的には日記と同様の地下内部文書である。また日記と同様に、現状記録的な内容の文書であるともいえよう。

そしてこの地下内部文書は、荘園制的な貢納過程の一環として作成されている。すなわち地下文書において、少なくとも一部の内部文書は荘園制的な文書行政の影響から地下社会内部にもたらされたものであることを、この事例は示している。

以上は主に【史料3】の字配りから推測したものであるが、当初から送状の案文を作成するつもりだったのではないかと考える余地も残されている。そこで次に、別の荘園制的な文書から改めて地下内部文書の形成をみてみよう。

二　地下内部文書の形成 ——算用帳から日記へ——

次に、別の日記が算用帳をもとに作成されていく状況をみてみよう。鳥居家文書には、元亀二年（一五七一）山国荘大杣方御公用米算用帳（【史料4】）と同年山国荘棚見方御公用米算用帳（【史料5】）という二冊の算用帳が残っている。まず、それらの表紙と書出文言部分をみてみよう。

【史料4】元亀二年（一五七一）山国荘大杣方御公用米算用帳（鳥居家文書二三八号）

※文書写真で読みを改めた。

（表紙）
「弐番四冊之内　　元亀弐辛未

山国庄　大杣方御公用米算用帳

九月吉日　」

一恒守名　南左近持

合雑事五段ノ内

一反　鳥居方後室　一反　窪田宗繁上

（下略）

【史料5】元亀二年（一五七一）山国荘棚見方御公用米算用帳（鳥居家文書三三九号）

※文書写真で読みを改めた。

「（表紙）弐番四冊之内　元亀弐辛未

山国庄　棚見方御公用米算用帳

九月吉日　」

一福久名　井本左近持

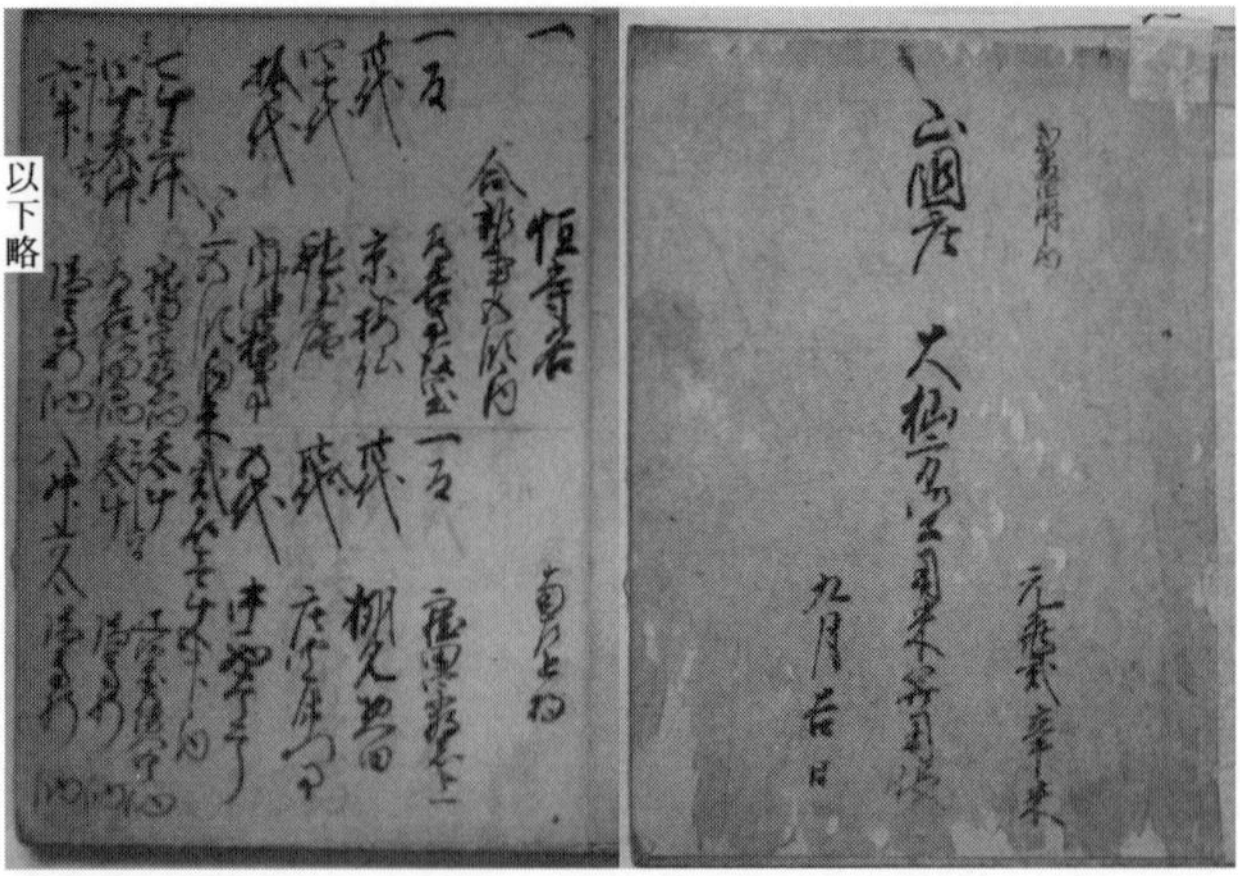

【写真4】史料4

合雑事五段内
廿五代　宇津中務丞　　廿五代　高室掃部
（下略）

【史料4】は、大杣方各名の雑事田と工方田の面積や所有者、ならびにそれぞれの公用米がいずれも皆済された旨を記している。また【史料5】は棚見方各名の雑事田と工方田の面積や所有者、ならびにそれぞれの公用米がいずれも皆済された旨を記している。いずれも山国荘における荘園制的な公用米収取について算用が行われたことを示す荘園制の帳簿である。

これらの荘園制帳簿と関連があるとみられる日記が二通ある。次にこれらの日記を紹介する。

【史料6】年未詳山国荘大杣方工田日記（鳥居家文書五四号）
※文書写真で読みを改めた
山国庄大杣方工田之日記
末吉名　田数壱町弐段廿五代　此内壱段川成
久延名　七段　此内壱段川成

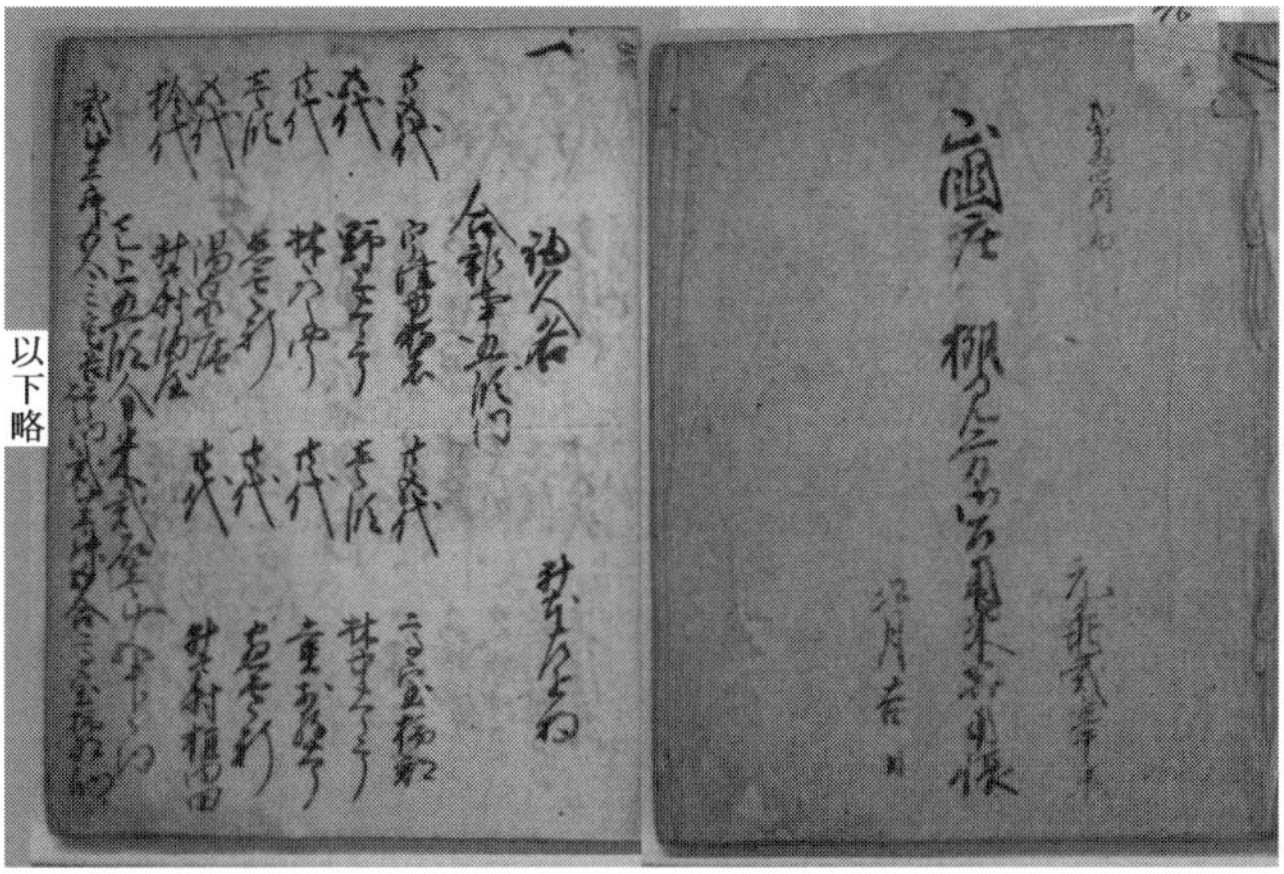
以下略

【写真5】史料5

清遠名　壱町三段十代在
久宗名　七段十代在　此内廿五代川成
吉恒名　八段拾五代在
宗貞名　壱町七段廿五代　此内弐段四十代川成
守吉名　壱町弐段在
恒守名　壱町弐段卅五代在
助武名　壱町五反　此内廿五代川成
行景名　壱町七段四十五代在
末弘名　壱町　此内十五代川成
重家名　六反在　此内十五代川成
行永名　壱町参段在
久時名　九段廿五代在
国真名　七段四十五代在

以上

工田公事米壱段仁参斗五升宛也

【史料7】年未詳山国荘棚見方雑事田日記（鳥居家文書五五号）

山国庄棚見方雑事方日記

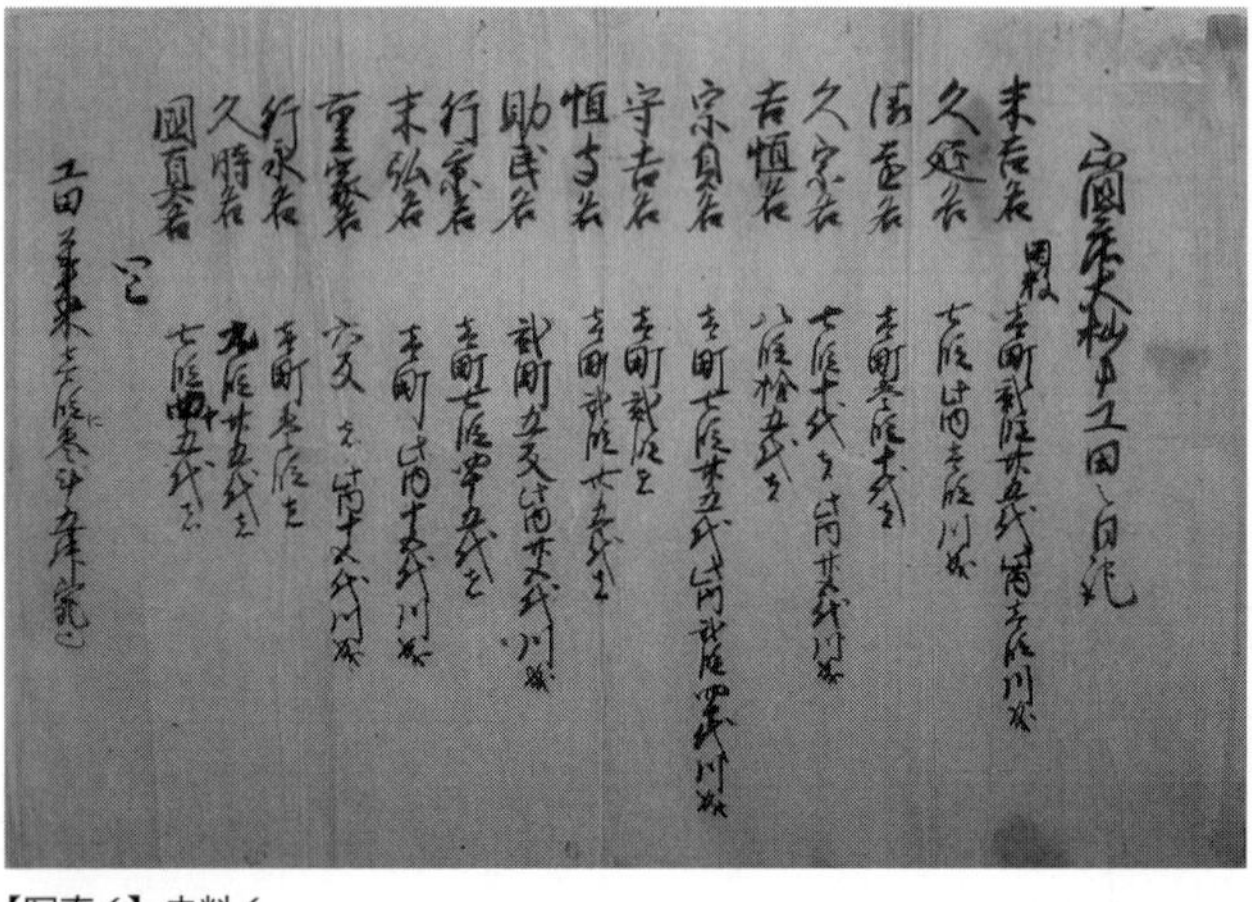
【写真6】史料6

包近名　田数壱町
国清名　　壱町　　此内十代川成
久恒名　　壱町
武光名　　壱町
末守名　　壱町　　此内五代川成
為末名　　壱町　　此内壱反十代川成
貞友名　　壱町　　此内不足十代有
恒弘名　　壱町
貞恒名　　壱町
国守名　　壱町　　此内十代川成、黒田ニ在之
為国名　　壱町
福久名　　壱町
為安名　　壱町　　此内五代川成

以上

雑事田公事米壱段仁四斗参升宛也

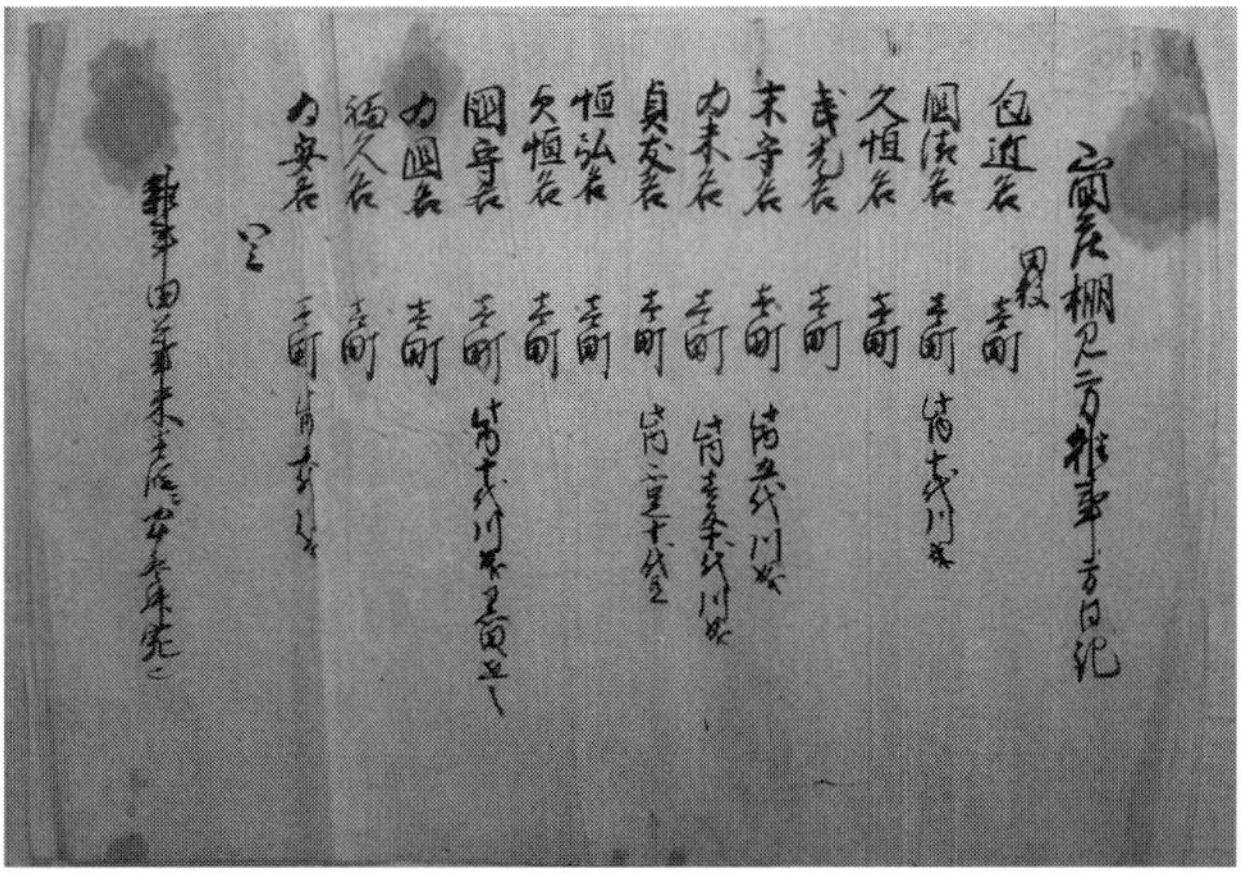

【写真7】史料7

【史料6】は年紀未詳で、大杣方名田における工田の面積を記録している。【史料7】も同じく年紀未詳で、棚見方名田における雑事田の面積を記録している。そして【史料6】の記録は、【史料4】の大杣方御公用米

【表1】元亀2年大杣方御公用米算用帳と年未詳大杣方工田日記の比較

大杣方御公用米算用帳			大杣方工田日記				
番号	名	工方田数	番号	名	田数	川成	算用帳との増減
13	末吉名	1町2段35代	1	末吉名	1町2段25代	1段	10代減少
6	久延名	6段50代	2	久延名	7段	1段	22代増加
9	清遠名	1町2段60代	3	清遠名	1町3段10代	なし	1段50代増加
11	久宗名	7段15代	4	久宗名	7段10代	25代	5代減少
14	吉恒名	8段15代	5	吉恒名	8段25代	なし	10代減少
4	宗貞名	1町6段 3代	6	宗貞名	1町7段25代	2段40代	1段22代増加
7	守吉名	1町2段	7	守吉名	1町2段	なし	
1	恒守名	1町2段35代	8	恒守名	1町2段35代	なし	
8	助武名	2町4段50代	9	助武名	2町5段	25代	22代増加
2	行景名	1町7段45代	10	行景名	1町7段45代	なし	
10	末弘名	9段50代	11	末弘名	1町	15代	22代増加
5	重家名	6段	12	重家名	6段	15代	
3	行永名	1町2段50代	13	行永名	1町3段	なし	22代減少
16	久時名	9段 3代	14	久時名	9段25代	なし	22代増加
15	国真名	7段45代	15	国真名	7段45代	なし	
合計	全15名	16町4段10代	合計	全15名	16町5段51代	6段4代	1段41代増加
			書止文言：工田公事米1段に3斗5升宛なり				

注記：大杣方御公用米算用帳の12番師包名の工方はないので、日記には記載がない。
出典：元亀2年山国荘大杣方御公用米算用帳（史料4）・年未詳山国荘大杣方工田日記（史料6）。

算用帳の記載をもとにしていると思われる。また【史料7】の記録は、【史料5】の棚見方御公用米算用帳の記載をもとにしていると思われる。そこで、大杣方御公用米算用帳の記載と比較して、【史料6】の記録にどのような意味があるかを考察したのが、【表1】の元亀2年大杣方御公用米算用帳と年未詳大杣方工田日記の比較である。また【史料7】の記録にどのような意味があるかを考察したのが、【表2】の元亀2年棚見方御公用米算用帳と年未詳棚見方雑事田日記の比較である。それぞれの表をここに掲げる。

まず【表1】からみてみこう。【表1】の左側に、【史料4】大杣方算用帳にみえる名と工方田（工田）の面積を示した。ちなみにこの史料の一筆目は恒守名で名主は南左近。その雑事田は五段である。この恒守名には二つの相名《あいみょう》がある。相名とは、何らかの事情で本名の田地を分割して、相名主を立てた名のことである。[10] 一つめの相名の名主は米田右近で、二段二十五代の雑事田がある。二つ目の相名の名主は横屋掃部で、同じく二段二十五代の雑事田がある。さらこの二つめの相名には一町二段三十五代の工方田がある。【表1】左側における恒守名の工方田数に一町二段三十五代とあるのは、この相名の工方田なのである。

そして【表1】の右側は、【史料6】大杣方工田日記にみえる名とその工田の面積、川成の面積、そして【史料4】大杣方算用帳の工万面積と【史料6】大杣方工田日記との間における工方面積の増減を示した。【史料4】大杣方算用帳の工万田の総面積は十六町四段十代で、【史料6】大杣方工田日記の総面積は十六町五段五十一代で、大杣方工田日記の方が全体として一段四十一代増加しているのが分かる。さらに【史料6】大杣方工田日記には全体として六段四代の川成があるので、この大杣方工田日記が作成された年の実収入は、十六町五段五十一代から六段四代を差し引いた十五町九段四十七代から収取された分米（公事米）ということになる。[11]

以上の点からみて【史料6】大杣方工田日記は、【史料4】大杣方算用帳における工田の積算面積をもとにして、ある年における実際の工田面積と川成の面積を記録したものであるといえよう。当然のことながら、これは名収取における基礎的な情報であり、本来であれば毎年、このような実際の収穫面積を確認していたはずである。従ってその確認結果が毎年、算用帳に仕立てられて残っていてもおかしくない。現実にも永禄二年（一五五九）に棚見方公用米の算用状が残されているのである（鳥居家文書三九号）。

しかし実際には【史料4】大杣方算用帳の情報を基盤として、毎年口頭で確認するのみで収取してきたも

【表2】元亀2年棚見方御公用米算用帳と年未詳棚見方雑事田日記の比較

棚見方御公用米算用帳			棚見方雑事田日記				
番号	名	雑事方田数	番号	名	田数	川成	算用帳との増減
4	包近名	1町	1	包近名	1町		
7	国清名	1町	2	国清名	1町	10代	
10	久恒名	1町	3	久恒名	1町		
3	武光名	1町	4	武光名	1町		
12	末守名	1町	5	末守名	1町	5代	
2	為末名	1町	6	為末名	1町	10代	
8	貞友名	1町	7	貞友名	1町	10代不足	
5	恒弘名	1町	8	恒弘名	1町		
9	貞恒名	9段50代	9	貞恒名	1町		22代増加
12	国守名	1町	10	国守名	1町	10代黒田ニ在之	
11	為国名	1町	11	為国名	1町		
1	福久名	1町	12	福久名	1町		
6	為安名	1町	13	為安名	1町	5代	
合計	13名	12町9段50代	合計	13名	13町	50代川成など	22代増加

出典：元亀2年山国荘棚見方御公用米算用帳（史料5）・年未詳棚見方雑事田日記（史料7）。

のと思われる。ところが【史料6】大杣方工田日記が作成された年は、【史料4】大杣方算用帳よりも無視できないほどの増加分が見込まれたので、わざわざ日記として記録したのであろう。

なお『丹波国山国荘史料』では【史料6・7】日記の成立年を、【史料4・5】算用帳との関係から、元亀年間（一五七〇〜七三）と推定している。しかし、【史料6・7】日記が元亀年間に作成されたという確証はない。ただ【史料6・7】の日記が【史料4・5】算用帳に書かれた数値を基にしていることは明らかなので、【史料4・5】算用帳が作成された元亀二年（一五七一）以降であることは確実である。いまのところそれ以上に具体的な年紀を示すことができないので、本稿では【史料6・7】日記の成立年を年未詳とした。

つぎに【表2】をみてみたい。【表2】の左側は【史料5】棚見方算用帳で、右側が【史料7】棚見方雑事田日記である。【史料5】棚見方算用帳の筆頭に書かれているのは福久名で名主は井本左近である。本名の雑事田は五段、工方田は六段三十五代である。相名が一つあり、その相名主は中久保弥二郎。相名の雑事田は五段、工方田六段三十五代である。【表2】左側の福久名の項に雑事田の田数は一町とある。これは本名の雑事田五段と相名の雑事田五段を加算したものである。

【表2】の右側は、【史料7】棚見方雑事田日記にみえる名とその雑事田の面積、川成の面積、そして【史料5】棚見方算用帳の雑事田面積と【史料7】棚見方雑事田日記との間における雑事田面積の増減を示した。【表1】と異なり、貞恒名が二十二代増えているのみで、他の名はすべて【史料5】算用帳と同じく一町である。また「不足」と記載されている貞友名の分についても、これを川成とみなせば、全体で五十代の川成となる。従って【史料7】棚見方雑事田日記の全雑事田は十三町であるが、川成を差し引いた十二町九段二十二代が、日記が書かれた年に実際に公事米が収取された雑事田の面積となる。

ということで、【史料7】棚見方雑事田日記の内容は【史料5】棚見方算用帳の数値とほとんど変わらない。この程度なら、わざわざ日記を書き記さなくとも、口頭の修正で済むように思われる。

そこで、【写真6】と【写真7】、【史料6】大杣方工田日記と【史料7】棚見方雑事田日記の写真を見比べてみよう。文書全体の雰囲気も似ているし、「日記」・「田数」・「段」などの書きぶりも同じである。それらのことから、【史料6】と【史料7】が同じ人の筆によるものであると推定できる。

以上のことから、次のように推察する。公事米収取面積が算用帳の数値と明瞭な増減がある【史料6】大杣方工田日記を、まずは作成した。それに続いて本来はあまり日記として書き残す必要性の少ない棚見方雑事田についても、ついでに日記として記録したのではないか。ここではこのように、【史料6】大杣方工田日記と【史料7】棚見方雑事田日記とが同時期に作成されたと推定しておく。
【史料6】大杣方工田日記と【史料7】棚見方雑事田日記はいずれも、算用帳という荘園制的な収取を行う際の帳簿を基礎として、それを補うものとして作成されている。すなわち、これらの日記も荘園制的な文書行政の影響により作成されたものといえよう。そしていずれの日記も、その年の現状を記録したものであることは明らかである。

三　地下内部文書の深化と名主座――一宮大明神相頭衆次第日記――

これまで、送状を基にした地下内部文書の萌芽と、算用帳を基にした地下内部文書の形成とをみてきた。いずれも、荘園制文書支配の一環として作成された地下内部文書であった。これ以降、地下内部文書はどのようなありかたを辿るのだろうか。その点で、注目されるのが次の文書である。

【史料8】寛永二年（一六二五）〜寛永十七年（一六四〇）山国荘一宮大明神名主座大杣座上頭人相頭衆次第日記（鳥居家文書写真版）

丹州桑田郡山国庄一宮大明神御宝前出仕
大杣座上之頭人次第之事
寛永二年丑九月十日之相頭衆
田中　田之神　高ムロ

鳥居　二郎四郎　左近　左近

寛永三年九月十日之相頭衆

西山　西山　小畠　清水

太郎左ヱ門　掃部　掃部　右近

寛永四年

中ノ　のかミ　中はし　番匠や

作右ヱ門　太郎二郎　掃部　彦太郎

寛永五年

下□長　にし　おゑ　そし(庶子カ)の頭ニあり

長兵衛　治部　右近

寛永六年

ふし本　ひかへ　かまた　かきノ木

□兵衛　介三郎　九郎三郎　孫三郎

寛永七年

畠ノ　鳥居　大にしノ後　中くほ

喜二郎　三四郎　孫二郎　□七郎

寛永八年未ノ九月十日

たうノ村　おゝい　上くほ　なしつ甚太郎こけ(後家)

田のもり　源十郎　甚太郎　介二郎

寛永九年九月十日
　　　辻村
木下　中右近　高むろ（室）　おゑい
寛永拾年九月十日
　　　鳥居村　ましろ小畠
むめ谷　和兵へ　勘之丞　よこ（横）屋
寛（永脱）拾壱年九月十日
　　　田中　立はな（花）　こ（小）谷
そく右ヱ門　惣左ヱ門　又二郎　太郎左ヱ門
寛永拾弐年九月十日
にし（西）山　にし（西）　のかミ　中井村
左介　介二郎　孫太郎　惣太郎
寛永拾三年九月十日
か□□　しこわき　中くほ
新左ヱ門　久二郎　弥右ヱ門
寛永拾七年九月十日
　　　小谷
左蔵　太郎二郎

【史料8】は、寛永二年（一六二五）～寛永十七年（一六四〇）の一宮大明神名主座大杣座上頭人の相頭衆を書き上げた日記である。文書に「日記」という文言はないが、人を書き上げた覚書という意味で、地下内部文書の一つである日記に相当すると解した。これまで鳥居家文書でみられた日記とは異なり、荘園制的な収取と関係のない、宮座に関する日記であるという点が重要だと思われる。この点については後述する。

この一宮大明神とは、現在の山国神社に相当する。この山国神社を拠点とする山国荘本郷の宮座は、名主座である。[12] 名主座の座衆帳などは、名《みょう》の名称によって記載されるのが通例である。ところが、この相頭衆次第日記には、名ではなく人名で記載されている。このことを、どう考えればいいのだろうか。

そこで、【表3】をみてみよう。【表3】は、【史料8】にみられる相頭衆をまとめたものであ

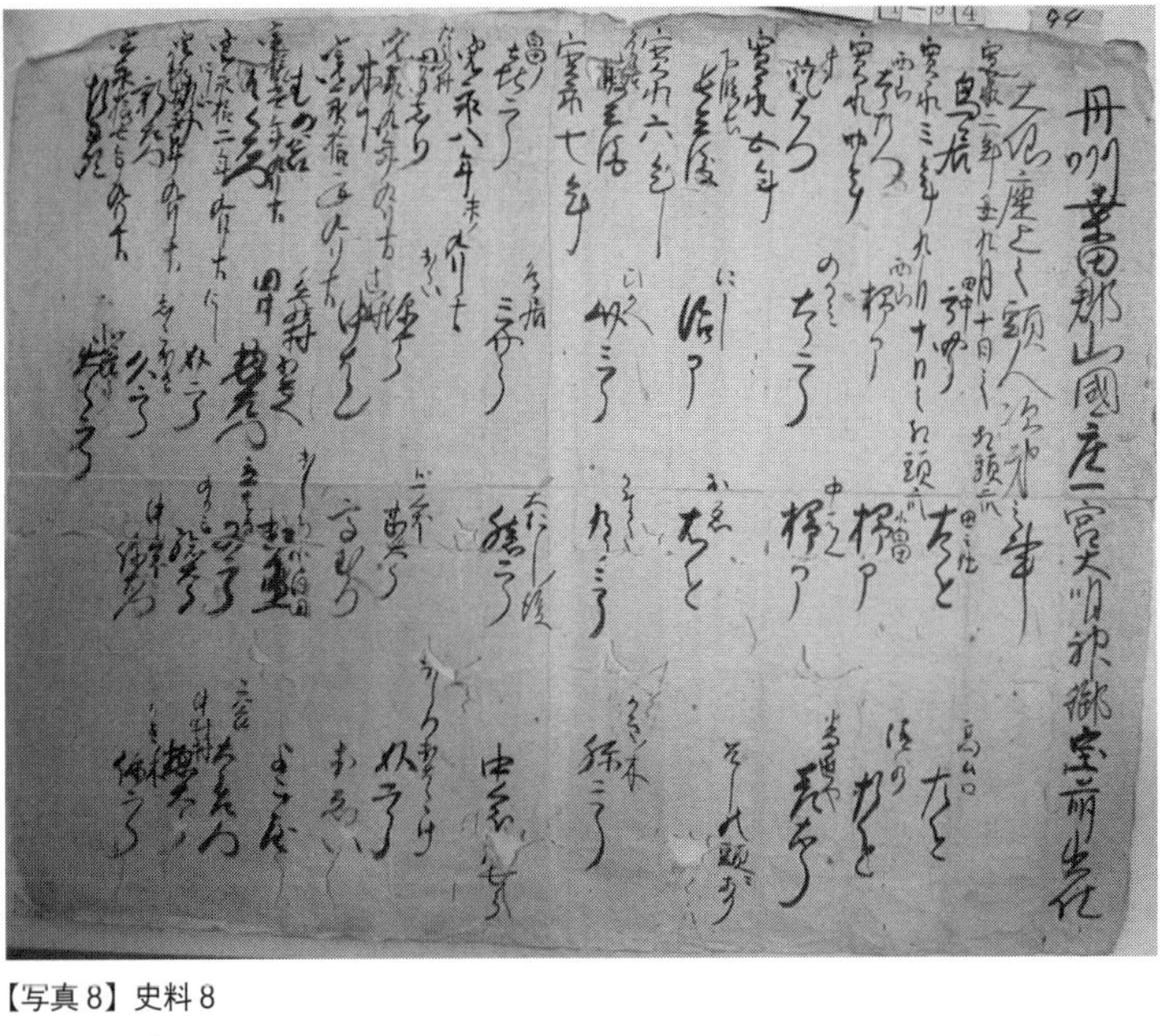

【写真8】史料8

る。各年の相頭衆の上部には、【史料4】元亀二年山国荘大杣方御公用米算用帳で当該の相頭衆に相当すると思われる人名を示した。

まず一見して、相頭衆に相当する人が不明であるという項目が最も多い（三十四件）。これは【史料8】が、【史料4】の一五七一年から五十四年以上も歳月が隔たっていることに主な要因があろう。この点については後述する。

次に、【表3】の「鳥居」についてみてみよう。鳥居は【史料4】の元亀二年算用帳によると、久時名の名主であることが分かる。しかし、鳥居家はそれにとどまらない。そこで【表4】をみてみたい。

【表4】では、鳥居家が大杣方で所有している加地子名主職二十三筆と作職十二筆を示した。史料上で「作職」という表現はみられないが、本稿では作人の所職を「作職」と称することにする。【表4】によると、鳥居家は加地子名主職を二十三筆も所有している。なぜこのように多数の加地子名主職を持っているのかは不明だが、ここで注目したいのは鳥居家が名主職・加地子名主職のみならず、作職も所有している点である。そして【表3】にみえる他の相頭衆で前歴が判明する者はすべて作人なのである。したがって鳥居が相頭衆になっているのも、作職を持っていることによるのではなかろうか。すなわち、相頭衆を務めているのは作人だと考えられる。だから【史料8】には「名」表記はなく、個人の名前が記されているのであろう。

それでは、この相頭衆の日記が作成された背景を考えてみたい。そのためにまず、大杣方の名と名主についてみておく。【表5】をみてみよう。

大杣方には、○○名と名付けられた名の名主である本名主が十六人、それぞれの名の相名の名主が十九人いる。本名主と相名主を合わせると、三十五人となる。相名は本名から分出して成立した名であろう。分出

【表3】寛永2〜17年一宮大杣方名主座上頭人相頭衆一覧

番号と年紀		名と相頭衆	出仕1	出仕2	出仕3	出仕4	備考
1	寛永2年（1625）9月10日の相頭衆	名	久時名	不明	不明	不明	・寛永9年条に高むろ（室）あり
		相頭衆の肩付		田中	田之神	高ムロ（室）	
		相頭衆の氏名	鳥居（注）	二郎四郎	左近	左近	
2	寛永3（1626）	名	不明	不明	久延相名主	不明	・末吉名相名主に西山太郎三郎あり。 ・久宗名工方作人に清水左近あり
		相頭衆の肩付	西山	西山	小畠	清水	
		相頭衆の氏名	太郎左ヱ門	掃部	掃部	右近	
3	寛永4（1627）	名	不明	末弘相名工方作人	不明	行景相名工方作人	・末弘相名工方作人は上（野）太郎二郎。 ・行景相名工方作人に番匠屋あり
		相頭衆の肩付	中ノ	のかミ	中はし	番匠や	
		相頭衆の氏名	作右ヱ門	太郎二郎	掃部	彦太郎	
4	寛永5（1628）	名	不明	宗貞相名工方作人、末弘名雑事作人	不明	不明	・「そし」は庶子か。庶子の頭
		相頭衆の肩付	下□長	にし	おゑ	そしの頭ニあり	
		相頭衆の氏名	長兵衛	治部	右近	□	
5	寛永6（1629）	名	不明	不明	重家相名主・同名雑事方作人	宗貞名雑事方作人・同相名雑事作人・助武名工方作人	
		相頭衆の肩付	ふし本	比賀江	かまた	かきノ木	
		相頭衆の氏名	□兵衛	介三郎	九郎三郎	孫三郎	
6	寛永7（1630）	名	不明	不明	行景名工方作人	不明	
		相頭衆の肩付	畠ノ	鳥居	大にしノ後	中くほ	
		相頭衆の氏名	喜二郎	三四郎	孫二郎	□七郎	
7	寛永8年（1631）未9月10日	名	不明	末弘相名工方作人源十郎（？）	不明	不明	
		相頭衆の肩付	たうノ村	おゝい	上くほ	なしつ甚太郎後家	
		相頭衆の氏名	田のもり	源十郎	甚太郎	介二郎	
8	寛永9年（1632）9月10日	名	不明	不明	行永相名工方作人・守吉相名工方作人・清遠相名雑事作人・清遠相名工方作人 高室掃部	不明	・寛永2年条に高ムロ（室）左近あり
		相頭衆の肩付		辻村			
		相頭衆の氏名	木下	中右近	高むろ（室）	おゑい	

9	寛永10年 （1633） 9月10日	名	不明	不明	不明	○恒守相名雑事作人・ 行景相名工方作人 横屋 ○恒守相名工方作人・清遠名工方作人・清遠相名工方作人・久宗相名工方作人・国真相名工方作人 横屋掃部 ○久延名雑事作人 横屋彦太郎	
		相頭衆の肩付		鳥居村	ましろ小畠		
		相頭衆の氏名	むめ谷	和兵衛	勘之丞	よこ屋	
10	寛永11年 （1634） 9月10日	名	不明	不明			
		相頭衆の肩付		田中	立はな（花）	こ（小）谷	
		相頭衆の氏名	そく右ヱ門	惣左ヱ門	又二郎	太郎左ヱ門	
11	寛永12年 （1635） 9月10日	名	不明	清遠名工方作人介二郎（？）	守吉名工方作人 上野惣太郎（？）	不明	
		相頭衆の肩付	にし（西）山	にし（西）	のかミ	中井村	
		相頭衆の氏名	左介	介二郎	孫太郎	惣太郎	
12	寛永13年 （1636） 9月10日	名	不明	不明	不明		
		相頭衆の肩付	か□□	しこわき	中くほ		
		相頭衆の氏名	新左ヱ門	久二郎	弥右ヱ門		
13	寛永17年 （1640） 9月10日	名	不明	不明			
		相頭衆の肩付		小谷			
		相頭衆の氏名	左蔵	太郎二郎			

注：鳥居家は、大杣方各名の作職を12筆・全収納 4石1斗7升1合分、所有している。詳しくは【表4】を参照のこと。
出典：寛永2年～寛永17年丹波国山国荘一宮名主座大杣方上頭人相頭衆次第日記（史料8）。

【表 4】鳥居家の所有する大杣方加地子名主と作職

番号	場所	加地子名主	面積	番号	場所	作人	収納高
1	恒守名雑事方	鳥居方後室	1反	1	恒守名雑事方	鳥居河内守	4斗3升
2	恒守相名工方	鳥居河内方	2反	2	恒守相名工方	鳥居河内守	7斗
3	行景名雑事方	鳥居河内守	1反				
4	行景相名雑事方	鳥居若狭守	1反	3	行景相名雑事方	鳥居河内守	3斗5升
5	行景相名工方	鳥居若狭守	1反	4	行景相名工方	鳥居河内守	7升
6	行景相名工方	鳥居若狭守	1反10代				
				5	行永名雑事方	鳥居内二郎衛門	3斗7升5合
7	行永名工方	鳥居河内守	1反30代	6	行永名工方	鳥居河内守	4斗3升
				7	宗貞名工方	鳥居彦五郎	9升
8	行永相名雑事方	鳥居河内守	1反				
9	久延相名雑事方	鳥居河内守	10代	8	久延相名雑事方	鳥居河内守	8升6合
				9	守吉相名雑事方	鳥居ノ内介	3斗5升
10	守吉相名工方	鳥居河内守	22代半				
11	助武相名雑事方	鳥居河内守	25代	10	助武相名雑事方	鳥居河内守	2斗1升5合
12	助武相名工方	鳥居河内守	1反	11	助武相名工方	鳥居河内守	6斗3升
13	助武相名工方	鳥居河内守	25代				
14	助武相名工方	鳥居河内守	15代				
15	清遠名雑事方	鳥居河内守	25代				
16	清遠名工方	鳥居河内守	1反				
17	清遠相名雑事方	鳥居河内守	1反				
18	清遠相名工方	鳥居河内守	1反25代	12	清遠相名工方	鳥居河内守	4斗5升5合
19	末弘名雑事方	鳥居河内守	25代				
20	末弘相名工方	鳥居河内守	1反40代				
21	久宗名雑事方	鳥居河内方	25代				
22	久宗相名雑事方	鳥居河内方	30代				
23	久宗相名工方	鳥居河内方	25代				
全23筆合計面積			1町8反44代半	全12筆合計収納高			4石1斗7升1合

出典：元亀2年山国荘大杣方御公用米算用帳（史料4）。

【表5】元亀2年大杣方の名一覧

番号	名と公用米	名主	相名主	相名主	名主の数と総面積	加地子名主の総数	作人の総数
1	恒守名	南左近	米田右近	横屋掃部	3人		
	雑事	5段	2段25代	2段25代	9段50代		
	工方			1町2段35代	1町2段35代		
	加地子名主の数	8人	4人	13人	合計　2町2段13代	合計　25人	
	作人の数	7人	4人	14人			合計　25人
2	行景名	塔本左助	角辻分□		2		
	雑事	5段	5段		1町		
	工方		1町7段45代		1町7段45代		
	加地子名主の数	5	28		合計　2町7段45代	合計　33	
	作人の数	6	28				合計　34
3	行永名	横田将監	村上駿河守方		2		
	雑事	5段	5段		1町		
	工方	6段25代	6段25代		1町2段50代		
	加地子名主の数	17	15		合計　2町2段50代	合計　32	
	作人の数	17	15				合計　32
4	宗貞名	窪田新助方	上麹屋治部		2		
	雑事	5段	5段		1町		
	工方	8段37代半	8段37代半		1町7段3代		
	加地子名主の数	20	20		合計　2町7段3代	合計　40	
	作人の数	15	16				合計　31
5	重家名	窪田近江守方	窪田九郎三郎		2		
	雑事	5段	5段		1町		
	工方	3段	3段		6段		
	加地子名主	12	10		合計　1町6段	合計　22	
	作人の数	13	14				合計　27
6	久延名	森下又四郎	小畠掃部		2		
	雑事	5段	5段		1町		
	工方	3段25代	3段25代		6段50代		
	加地子名主	10	14		合計　1町6段50代	合計　24	
	作人の数	14	12				合計　26
7	守吉名	溝尻祢宜	林中分	田尻信濃介	3		
	雑事	2段25代	2段25代	5段	9段50代		
	工方	3段	3段	6段	1町2段		
	加地子名主	8	10	15	合計　2町1段50代	合計　33	
	作人の数	6	7	16			合計　29
8	助武名	柿木兵庫	柿木弥助分 狩野四方介	水口彦四郎	3		
	雑事	2段25代	2段25代	5段	9段50代		
	工方	6段25代	6段	1町2段25代	2町4段50代		
	加地子名主の数	13	14	21	合計　3町4段28代	合計　48	
	作人の数	17	8	17			合計　42

9	清遠名	中畠三郎次郎	今安下与四郎		2		
	雑事	5段	5段		1町		
	工方	6段30代	6段30代		1町2段60代		
	加地子名主の数	18	23		合計　1町2段60代	合計　41	
	作人の数	18	14				合計　32
10	末弘名	比賀江治部	庄源十郎方	上野太郎三郎	3		
	雑事	5段	2段25代	2段25代	9段50代		
	工方	5段	2段25代	2段25代	9段50代		
	加地子名主の数	15	6	5	合計　1町9段28代	合計　26	
	作人の数	13	3	9			合計　25
11	久宗名	庄大炊助	上久保太郎二郎		2		
	雑事	5段	5段		1町		
	工方		7段15代		7段15代		
	加地子名主の数	8	17		合計　1町7段15代	合計　25	
	作人の数	8	19				合計　27
12	師包名	下麹屋左近			1		
	雑事	4段			4段		
	工方						
	加地子名主の数	5			合計　4段	合計　5	
	作人の数	5					合計　5
13	末吉名	林之次郎四郎	西山太郎三郎		2		
	雑事	5段	5段		1町		
	工方	6段15代	6段10代		1町2段25代		
	加地子名主の数	14	14		合計　2町2段25代	合計　28	
	作人の数	17	21				合計　38
14	吉恒名	田中治部次郎	大江次郎四郎		2		
	雑事	5段	5段		1町		
	工方	4段	4段15代		8段15代		
	加地子名主の数	12	14		合計　1町8段15代	合計　26	
	作人の数	14	14				合計　28
15	国真名	宇津和左近	林中分		2		
	雑事	5段	5段		1町		
	工方	3段45代	4段		7段45代		
	加地子名主の数	10	12		合計　1町7段45代	合計　22	
	作人の数	10	18				合計　28
16	久時名	鳥居□	水口但馬守		2		
	雑事	5段	5段		1町		
	工方	4段30代	4段45代		9段3代		
	加地子名主の数	12	10		合計　1町9段3代	合計　22	
	作人の数	2	0				合計　2
総計	名の総面積				31町8段55代	加地子名主累計　452	作人累計　431

※名主の総数35人（本名主16人・相名主19人）
出典：元亀2年山国荘大杣方御公用米算用帳（史料4）。

した背景には、分家などの理由が考えられよう。本名主と相名主の持高が同じ場合が多く、また相名の持高の方がやや少ないものもみられる。その一方で、恒守名・行景名・守吉名・助武名・久宗名のように、相名の持高の方が多い場合もある。以上のような点からみて、大杣方の名頭役は本名主と同じく、相名主も本名主と同等に名頭役を勤仕したものと推定できる。

この本名・相名三十五名が毎年、一名か二名で名頭役を勤仕したのではないか。その名頭を補佐する役目が相頭衆であったのではなかろうか。

名頭役の補助的な勤仕については、加地子名主による儀礼所作も想定できよう。しかし加地子名主職は名主得分を買得などの方法で取得したものに過ぎない。このような祭祀儀礼に対する負担を伴う形で、名主得分が分与されることはまず考えられない。

そして本来であれば、相頭衆は名頭を勤仕する名の作人が勤仕するのが自然であっただろう。そうであれば、わざわざ相頭衆の日記を作成する必要性はありえない。ところがなぜ鳥居氏は、相頭衆の日記を作成したのだろうか。

相頭衆の日記は、この寛永二年(一六二五)〜寛永十七年(一六四〇)だけではなく、慶安三年(一六五〇)〜明暦元年(一六五五)にも「山国荘大杣方座下之帳」として作成されている。[14] この「座下」という表記からも、相頭衆が宮座の座衆ではなく、それを下支えする存在であったことが分かる。

【表3】に戻ろう。【表3】をみると、前歴が分かる者のなかには複数の作職を勤めているものが目立つ。このように錯綜した名主—作人関係では、頭人が勤める名頭の作人が相頭衆を勤める形のままだと、何度も同じ作人が相頭衆を勤めるような状況が起きかねない。

加えて前掲の【表5】をみると、大杣方名の総面積は三十一町八段五十五代、作人の延べ総人数が四百三十一人である。単純に割り算すると作人一人あたりの持高は〇・七六段であり、作人一人あたりの持高は一段にも満たない。ただ鳥居家のように十二筆もの作職を兼帯している者がいるので、実際の持高はこれより多い者もいる。しかし多くの作人は作職を数筆しか所有していないので、過半数の作人の持高は一段になるかどうか程度である。これは極めて零細な耕地面積であり、これだけで生活を維持していくことはほぼ不可能と思われる。前述したように、元亀二年（一五七一）の算用帳で確認できた作人が、五十四年後の寛永二年（一六二五）段階でみえなくなるのは、この零細さ故に没落退転した作人が多かったことを意味していたのだろう。

【写真9】久井稲生神社名主座御当「場の魚」（文化庁HPより）

そのような作人の人数の増加や変動の激しさが、公文でありまた自らも複数の作職をもつ鳥居家が、相頭衆の日記を作成せざるを得なかった理由ではなかろうか。

以上のような状況を踏まえて、相頭衆が名主座でどのような任務を果たしていたのか、考えてみたい。ただし山国荘本郷名主座は既に途絶えて久しいので、実際の祭祀儀礼については推測するしかない。そこで本稿では現在でも比較的古態に儀礼が引き継がれている備後国杭荘杭稲荷神社（現久井稲生神社）の名主座儀礼から考えてみたい。(15)

久井稲生神社名主座の儀礼で、十月十九日近くの日曜日、午前中の神事の後、神楽殿で「見子《みこ》の当」（社家社人の座）があり、次いで「東座」（領家分の座）と「西座」（地頭分の座）で、東西各座の名頭人関係者による大鯛の献饌とそれをさばく「場の魚」と呼ばれる包丁式が衆人の注目を集めていた。

この「場の魚」の運び手は、私が見学した折には村の若者がその役に選ばれて勤仕していた。その立ち居振る舞いには一定の決まりがあり、担当者が何度も練習を重ねており、傍目にも晴れがましい所役であった。翻って、既に失われた山国荘山国神社の名主座で、名頭人を補佐して相頭衆が勤仕した所役とは、このような献饌や撤饌などの所役ではなかったかと思われる。その勤仕には一定の修練が必要ではあるが、経済的な負担を伴わない華やかな所役であったのであろう。

前述したように本来は名当番を務める名頭人の作人が選ばれて、このような献饌の所作を神前で奉仕したと思われる。しかし前述したように、戦国期山国荘では名に附属する作人が大勢おり、散りがかかり的に複数の名の作職を兼帯している。その上、限られた献饌の所役は作人たちからすると一度は勤めてみたい華やかな所役であった。それらの希望を取捨選択して、日記として取りまとめたのが【史料8】であったと思われる。【史料8】の冒頭に鳥居家が最初の相頭衆を勤めているのも、そうした相頭勤仕順番の交通整理をした見返りとして、鳥居家がいの一番にちゃっかりと華やかな所役を勤めていたことにも表れているのかもしれない。

以上のような作人の重複や変遷を調整して、相頭をできるだけ公平に勤仕させるため、公文・名主でありながら作職も持っている鳥居家が、相頭衆勤仕の順番を調整したのであろう。その結果、この相頭衆日記が鳥居家に伝来したというわけである。

以上の点について二〇二三年八月五日山国科研研究会で、冨善一敏氏から「【史料8】は文書の字配りからみて、冒頭の寛永二年（一六二五）から寛永八年（一六三一）あたりまでは一度に書かれているが、末尾の寛永九年以降は同一人によって追記されたのではないか」とのご意見をいただいた。また最後の部分が「寛永拾三年」から「寛永拾七年」まで三年間のブランクがある点も指摘された。また同じく研究会で西尾正仁氏からは寛永二年から寛永十七年まで一度に予定を立てた理由は何かというご質問もいただいた。

【表3】で示したように、大杣方の名主は本名主十六人・相名主十九人で合計三十五人いる。かりに一年に二名ずつ名頭役を勤めたとしたら、一巡するのに十八年かかる。冨善氏の指摘に従うと、まずは寛永二年（一六二五）から寛永八年（一六三一）まで七年間十八名頭分の相頭衆を決めたことになる。大杣方名主の全体のほぼ半分に当たる。

その後、寛永九年（一六三二）から残り十七名頭分・足掛け九年間分の相頭衆を決めるはずであった。ところが寛永九年（一六三二）から寛永十三年（一六三六）四年間分の相頭衆を決めたところで、そのさき寛永十四年（一六三七）から寛永十六年（一六三九）までの三年間、何らかの事情で名頭か相頭衆の名主座所役勤仕の目途が立たなくなったのではないか。それでその三年間は名主座祭祀の一部を省略するか、名頭の勤仕を休んで宮司の代参などで済ましたのであろう。このような頭役不勤仕や欠頭、居祭などの事例は、他の名主座でもよくみられる。(16)

なお、【表3】の寛永三年（一六二六）条にみえる「小畠」は前歴として「久延名の相名主」のみしかみられないが、元亀三年（一五七二）以降、寛永三年までの間に作職を取得したのであろう。

以上のような相頭衆の記録が、寛永二年（一六二五）～寛永十七年（一六四〇）に至って作成された。このように荘園制支配の関係ではなく、地下社会独自の慣行である名主座に関する日記が、十七世紀前半に作成された。このことは、地下内部文書である日記が地下社会独自のものとして深められたことを意味しているといえよう。

おわりに

地下内部文書は、このように地下文書のなかで中核的な位置をもつものである。それでは、多様な地下文書群のなかに必ず地下内部文書が存在するものであろうか。このことを考えるために、同じ山国荘本郷における地下文書を『丹波国山国荘史料』によって通覧してみたが、地下内部文書と思われるものは見当たらなかった。

さらに、名主家の文書である辻家文書写真版も通覧してみた(17)。辻家には、弘治三年(一五五七)大杣方公文宛修理職三箇条吉書の写が伝来している(Tｊ14—304)。これは、鳥居家文書に伝来する三箇条吉書(鳥居家文書三四号)の写である。これは辻家宛の文書ではないが、辻家もこのような支配関係について興味関心をもっていたことを示している。しかしながら辻家文書写真版のなかにも、地下内部文書にあたるものは見当たらなかった。このように支配関係の文書に何らかの形で接していても、必ずしも内部文書を作成するとは限らない。また領主関係の文書に接していても、そこから内部文書の作成に至るまでは、相応の時間と同文書を作成する必要性がなければならないのだろう。

以上の点から、地下文書であれば必ず内部文書を有しているとはいえないようである。このことから、今後の地下文書研究のなかで、内部文書があるかどうかが、それぞれの地下文書を考察する上で、一つの指標になり得るのではないかと思う。

註

（1）春田直紀編『中世地下文書の世界―史料論のフロンティア―』（勉誠出版、二〇一七年）。
（2）薗部「村落内部文書と名主座村落」（同『中世村落の文書と宮座』小さ子社、二〇二三年、終章。初出二〇二二年）。
（3）薗部『日本中世村落文書の研究―村落定書と署判―』（小さ子社、二〇一八年、第一部村落文書の形成と村落定書）。
（4）薗部『中世村落と名主座の研究―村落内身分の地域分布―』（高志書院、二〇一一年）、同「名主座木札について」（『米沢史学』三九号、二〇二三年）。
（5）前掲註（4）『中世村落と名主座の研究』（第三編山陰道 第五章丹波国）。
（6）野田只夫「はしがき」（同編『丹波国山国荘史料』史籍刊行会、一九五八年）。本稿における鳥居家文書の活字翻刻された文書番号は、すべて同書のものである。なお最新の「鳥居剛家文書目録」（JSPS科研費21H00570研究成果報告書Ⅱ『山国神社文書目録 鳥居剛家文書目録 高室美博家文書目録』、研究代表者坂田聡、中央大学文学部、二〇二三年）も参照した。
（7）鳥居家文書一九号・三四号。また弘治四年（一五五八）修理職正月三箇条吉書（三五号）の宛名は大杣下司に宛てられたものであるが、鳥居家文書に伝来しているのは文字通り「公文」という職掌によるものであろう。
（8）鳥居家文書二〇号を『丹波国山国荘史料』では「大杣方茶送状」としているが、これは誤解である。正しくは「大杣方茶請取状」で、差出人は栄舎（花押）、宛先は「大杣方公文」である。

（9）大貫茂紀・柳澤誠「丹波国山国荘鳥居家文書の中世文書―送状・請取状―」（『中央史学』三八号、二〇一五年、九五頁）。この享禄四年十二月信久・種辰連署雑器物請取状写（鳥居家所持）は、文政七年（一八二四）八月山国八ヶ村名主中所持極秘写所収文書（鳥居家文書写真版一－八号）に収められているものである。以上の点は、大貫茂紀氏・柳澤誠氏からご教示いただいた。
（10）山国荘本郷地域の名体制については、坂田聡「戦国期山国荘本郷地域における名体制と名主」（『日本歴史』九〇二号、二〇二三年）を参照のこと。かつて大杣方の名田で黒田三ヶ村に存在した可能性が高い吉野名・国貞名・貞真名・国里名・仰師名が後掲の【史料4】元亀二年（一五七一）山国荘大杣方御公用米算用帳（鳥居家文書三三八号）から姿を消している点や、十六世紀半ば以降になると黒田三ヶ村の名田はすべて黒田の有力百姓のみのものとなることなどが、明らかにされた点は大きい。ただしこれらの指摘により、本郷名主座から黒田地域が疎外されていたことが、かえってより明瞭になったのではなかろうか。
（11）工田や雑事田から貢納される米を、【史料4・5】算用帳では分米と呼び、【史料6・7】日記では公事米と呼んでいる。
（12）前掲註（4）に同じ。
（13）鳥居家が作職を多数所有している背景としては、公文という荘官であることから、作職を維持できない零細農民からやむを得ず作職を買い取ったものと考えている。
（14）慶安三～明暦元年山国荘大杣方座下之帳覚（鳥居家文書三六五号）。この文書名は、「丹波国桑田郡山国庄大杣座下之帳」という表題から付けられたものである（『丹波国山国荘史料』）。毎年九月十日に一人から四人の人名が記載されている。九月十日という日付は【史料8】と同様であり、これも相頭衆を書き上げた文書であろう。
（15）前掲註（4）『中世村落と名主座の研究』（第一編山陽道 第四章備後国 第一節御調郡杭荘）。同名主座の現存祭祀儀礼については、平成十七年度民俗文化財映像記録『久井稲生神社の御当』（二〇〇五年記録、桜映画社制作）という映像記録がある（国立歴史民俗博物館保管）。

なお、【写真9】としてあげた「久井稲生神社名主座御当「場の魚」」の画像は、前述の映像記録作成にも協力した文化庁のホームページで公開されているものである。

文化庁HP「国指定文化財等データベース」https://kunishitei.bunka.go.jp/heritage/detail/312/489

(16)たとえば丹波国葛野荘名主座では、宝徳三年(一四五一)の上頭は不勤仕、文明二年(一四七〇)の上頭は居祭。文明五年(一四七三)の上頭は欠頭・下頭は居祭。文明十年上頭も欠頭で下頭は居祭。明応元・二年(一四九二・九三)の上頭はいずれも欠頭・下頭は居祭。そして明応七・八年(一四九八・九九)の上頭は不勤仕と居祭で、下頭はいずれも居祭となっている(前掲註(2)『中世村落の文書と宮座』、第二部村落宮座 第五章名主座の諸相 第一節丹波国葛野荘の名主座 表5-1内尾神社名主座一覧表、一七六〜一八一頁)。「不勤仕」は名頭役の不勤仕、「欠頭(かけとう)」は名頭役勤仕を予定していたが、何らかの事情で勤仕不能となり、結果的に頭役祭祀が欠けたもの、「居祭(いまつり)」も何らかの事情で通常の名頭役は勤仕できず、居宅で形式的な祭祀のみを勤めたものであろう。このように、名頭役の不勤仕や欠落は各地の名主座でしばしば起こっている。

(17)【史料4】の元亀二年山国荘大杣方御公用米算用帳中に、行景名の相名主に「角辻分」とあるのが、辻家ではないかと考えている。【史料5】の元亀二年山国荘棚見方御公用米算用帳の名主のなかには、辻家はみられない。ちなみに鳥居河内守が棚見方の国守名の名主となっている。鳥居家が大杣方公文でありながら、棚見方の名主職をもっていることは興味深い。

第三章　中世後期山国荘黒田地域の百姓名と名主

坂田　聡

はじめに

近年活字化した「戦国期山国荘本郷地域における名体制と名主」なる論稿において私は、中世の山国荘をめぐる先行研究の多くが依拠する一連の史料、すなわち、近世の有力百姓らが自らの地位と権益を正当化するために作成した由緒書類や、同様の理由で近世に偽作されたと目される中世年号を持つ偽文書類（以下、両者を併せて「由緒関係文書」と総称する）の記載内容に頼ることなく、戦国期の同地域に所在した百姓名《ひゃくしょうみょう》と名主について論じた(1)。

実のところ、くだんの「由緒関係文書」類を除外してしまうと、中世山国荘の名体制解明の手掛かりとなるような一次史料はさほど残されていないのだが、こうした中、情報量の多い一次史料として前掲拙稿Aが活用したのが、元亀二年（一五七一）の年号を持つ「山国荘大杣方御公用米算用帳」及び「山国荘棚見方御公用米算用帳」（以下、両者を併せて「元亀算用帳」と略記する）であった(2)。

ここで留意すべきことは、十六世紀後半にとりまとめられた「元亀算用帳」に記されている百姓名の名主

（本名主）・相名主《あい》が、(3)ほぼすべて山国荘内の本郷地域の村々（本郷八ヶ村）に居住する有力百姓であり、同じく山国荘の住民でありながら、枝郷と呼ばれる黒田三ヶ村（下黒田村・黒田宮村・上黒田村。以下、三ヶ村を総称する場合には黒田地域と記す）や小塩村の有力百姓の人名は、ごくわずかな例外を除き載っていない――という事実である。つまり、「元亀算用帳」は山国荘全域の名体制の実態を示す「算用帳」ではなく、基本的には本郷地域に所在した百姓名の名前と、本郷地域の有力百姓からなる本名主・相名主の人名が記載された「算用帳」であった可能性がきわめて高いのである。

もとより、この事実については前掲拙稿Ａでも着目している。同論稿では、戦国期に至ると山国荘黒田地域に所在した百姓名の名主は、しだいに黒田地域の有力百姓によって占められるようになっていったと思われること、この段階で本郷地域側の「元亀算用帳」とは別に、黒田地域独自の「算用帳」が作成されたと思われること――などを指摘した。(4)

かような結論を導き出す際に用いた史料としてあげられるのが、「元亀算用帳」の六年前に当たる永禄八年（一五六五）に作成され、中世後期以来下黒田村の有力百姓家であった井本家（現井本正成家）に伝来する「国里名日記」であるが、(5)黒田地域の百姓名体制を解明することは前掲拙稿Ａのメインテーマではなかったため、同史料の分析は必ずしも十分とはいえなかった。

だが、「中世において、本郷と枝郷を併せた「山国庄」の領域が住民に認識され、またその全荘園的な結合が深められたことは、いよいよ想定し難い」との村上絢一の見解、あるいは、中世段階から本郷地域と枝郷の黒田地域・小塩地域の有力百姓が一貫して「名主」という単一の社会集団を構成し、「山国惣荘」としてのまとまりを維持していたと説く、山国荘研究の通説を批判する吉岡拓の見解に接した時、(6)まずはかかる見立ての前提となる問題、すなわち、一九六〇年代の仲村研の仕事以降[7]、とりたてて進展をみないまま今日に至っている、山国荘の荘園体制の枠組みのもとでの[8]本郷地域と黒田地域の関係をめぐる諸問題――を、丁寧に解き明かす作業は、重要な意義を持つと思われる。

そこで、右の研究課題に私なりに取り組むにあたり、本稿ではこれまであまり目が向けられることのなかった中世後期の黒田地域における百姓名の実態に、分析のメスを入れることにする[9]。

具体的には、「由緒関係文書」を用いることなく、同時期の黒田地域に所在した百姓名を確定した上で、これらの百姓名の名主の地位が、黒田地域の有力百姓によって占められるようになる過程や、山国荘の百姓名が一部の例外を除き、本郷地域に所在する百姓名と、黒田地域に所在する百姓名とに地域分割される過程について考察を進める。そして、最後にその結論が吉岡・村上の見解とどう切り結ぶことになるか、一定の展望を提示したい。

一　中世後期黒田地域の百姓名と名主

まずは黒田地域に所在した百姓名と名主を明らかにする作業から始めよう。

【史料1】山国荘代官材木請取状写[10]

（端裏書）「大永五年材木上ケ御所様請取」

納御斉会御材木事
合肆（四）百捌（八）拾参本者　吉野名　国貞名　貞真名
右所請取如件、
大永八年正月九日　久保
　　　　　　　　　種辰
大杣方
公文
下司
（後略）

【史料1】は、領主である禁裏の山国奉行（山国荘代官）万里小路秀房の雑掌久保と、同じく庭田重親の雑掌種辰が、大杣方の公文鳥居氏・下司比果氏宛に発給した「請取状」[11]で、禁裏においてとり行われた御斎会の行事の際、山国荘から献上された材木を受領した旨が記されている。

だが、これはその正文ではない。実は大永八年（一五二八）の分だけではなく、後略部分には享禄五年（一五三二）の分と大永五年（一五二五）の分も記されており、都合三年分の「請取状」を一括した写が、黒田宮村の有力百姓で、近世には宮春日神社と上黒田春日神社の禰宜も務めた菅河家が所蔵する文書として伝来した。[12]

【史料1】（大永八年の部分）によれば、御斎会のための材木を負担する大杣方の百姓名として、吉野名、国貞名、貞真名の名前があがっているが、後略した享禄五年の部分には吉野名と国貞名のほかに国里名の名前が、大永五年の部分には吉野名と貞真名のほかに仰師名の名前が見える。つまり、同史料に掲載されている大杣方の百姓名として、吉野・国貞・貞真・国里・仰師という五名《みょう》の名前があげられるのである。

では、これらの百姓名の名前が記されている文書を、菅河家の当主はなぜわざわざ筆写したのか。同時期の本郷地域に所在する百姓名を列記した「元亀算用帳」中に、右の五名が見受けられない事実を踏まえると、[13]この五名こそはまさしく、戦国期の黒田地域に所在する百姓名であり、実際には黒田地域の住民が材木の上納にあたったため、公文鳥居氏が所持する正文を書き写す必要があったのではなかろうか。

ここまでは前掲拙稿Aでも述べていることだが、黒田地域にはこの五名以外にも大杣方に属する百姓名が存在した。それは師包名である。結論から先に述べれば、師包名は十六世紀後半の「元亀算用帳」の段階に至ってもなお、本郷地域と黒田地域にそれぞれ半名ずつ所在する唯一の百姓名であった。その理由は以下の通りである。

十六世紀の初頭に至るまで、後述する下黒田村の有力百姓井本家は塩野中家と呼ばれていたが、[14]永正五年(一五〇八)の六月、塩野中左近入道道通は次男の三郎二郎に対し、「大杣方師包名京上」の田地二十五代(所在地は黒田宮村の田野)の、おそらくは加地子名主職(作職保有者からの加地子徴収権)を譲与した。[15]師包名は大杣方の「元亀算用帳」に登場する百姓名であり、本名主は本郷辻村の住民下麹屋左近となっているが(相名主は存在せず)、本郷地域に所在する百姓名を書き上げた同「算用帳」に記載されている二十九名(正確には二十八名半)に及ぶ百姓名の中で、唯一師包名だけが、雑事方のみ、それもわずか四段の地積(以下、耕地面積を地積と略記する)しかない、きわめて不完全な百姓名であった(他はすべて二町前後の均等名)。[16]

右に記した井本家のケースも勘案すると、師包名の場合、本郷地域には一般の百姓名の約五分の一の名田（建前上は半名だが、実質は五分の一名）しか存在しておらず、残りの半名（実質は五分の四名）は黒田地域にそのまま存続したということになろう。そして、後者の本名主の地位には下麹屋左近ではなく、黒田地域側の住民が就いていたと思われる（というよりも、もともと下麹屋左近は師包名の二人の相名主のうちの一人にすぎず、同名の本名主ともう一人の相名主は、黒田地域側の住民だったのではなかろうか）。つまり、戦国期黒田地域における大杣方の百姓名は、総計で五名半となるのである。

ところで、黒田地域に所在した右の五名半の名主家だが、その苗字が判明しているのは、吉野名と国里名である。以下、吉野名、国里名の順で考察を進めることにする。

【史料2】米田右近吉野名売券案⑰

永代売渡申吉野名之事

合用呂弐反壱石壱斗在之徳分在極也

（中略）

右件吉野名者、山国米田右近允、先祖相伝之名也、雖然依有要用、直銭拾壱貫文ニ、永代吹上後家（中略）、売渡申所実正明白也、（中略）仍而為後日、永代売券状、如件、

永禄九丙寅年四月十八日　　売主米田　右近　判

棚見下司　重則　判　　棚見公文　康信　判

大杣下司為永　判　　　大杣公文 清重　判

【史料2】によると、永禄九年（一五六六）に本郷辻村の有力百姓米田右近允が、吉野名の名主職と用呂田を、上黒田村の有力百姓吹上家の後家に銭十二貫文で売却したことがわかる。用呂田とは山国荘独特の用語で、一般的には名主給田に当たるものだが、仲村研も述べるように、それは百姓名の管理者としての名主の象徴であり、その売却は名主職の売却、言い換えれば名主の地位と権益の売却を意味した。[18]

こうして、永禄九年以降、黒田地域に所在した吉野名の名主職を、同地域の有力百姓である吹上家が保有することとなった。[19]

次に、国里名のケースを見てみよう。

【史料3】道泉国里名名主職売券[20]

渡売　国里名同用呂田之事

合弐段者　一反ハ在所宮野村須河坪、一反ハ塩野ハ堂前

同在家　坂尻北

在丹波国桑田郡山国庄大布施御杣内

右件名者、山国中江道泉、先祖相伝之私領也、雖然依有直要用、現米六石参斗仁、限永代、和田道祐、奉売渡処実也、依末代為亀鏡、売券之状、如件、

文安六季己巳三月十二日

売主中江道泉（木印）

嫡子信乃介（木印）

橘左近允

【史料4】**鶴野兵衛二郎国里名名主職売券**(21)

（端裏書）「国里名文書」

永代売渡申国里名同用呂田之事

合弐段者　一反者在所ハ宮野村須河坪、
一反者塩野々堂《タウ》前此内十代ソ子

四至（中略）

同在家二百文坂尻北ヤシキヨリ出ル

在丹波国桑田郡黒田村大布施御杣内

右件之名者、靏野々兵衛次郎雖為先祖相伝之私領、依有要用、現銭七實（貫）文仁、限永代ヲ、井ノモト左近允ェ、売渡申処実正明白也、此上、後々末代、子々孫々仁ヲイテ、不可有違乱煩者也、仍為後日売券状、如件、

天文十九年庚戌十一月八日

売主

靏野兵衛二郎（木印）

此内ニ上分米ナク候

井ノモト
左近方へ
参

証人
和田中務（木印）
大江右近（木印）

【史料3】と【史料4】は下黒田村の井本家に伝存した。後述のごとく、井本家は十五世紀後半に田土衆《たと》（井料中・井子中《いね》とも。以下、田土衆に表記を統一する）と呼ばれる用水管理組合を組織して、塩野垣内の開発を主導した家であり、[22] 同村住民を中心とする頼母子講の講親となるなど、黒田地域の有力百姓の中でも突出した経済力を誇っていた。[23] また、戦国期の井本家の当主は、当時の黒田地域住民の一般的なレベルを大きく超えるリテラシーを有しており、彼らの売券等を代筆するケースもしばしば見受けられた。[24]

さて、【史料3】によると、文安六年（一四四九）に国里名の名主職が、本郷中江村の中江道泉より和田道祐に現米六石三斗で売却されていることがわかるが、買得者の和田道祐は、下黒田村の鶴野垣内に居住する有力百姓で、同じく鶴野垣内に居住する有力百姓鶴野家の同族であった。[25]

下黒田村では、国里名の名主職が和田家の手に渡った十五世紀半ば頃に、大堰《おおい》川（桂川）を挟んで鶴野垣内の対岸に位置する塩野垣内の開発が始められるが、[26] 鶴野家・和田家を中心とした勢力が居住する鶴野垣内は、塩野垣内に先がけて開発が進んでいた。こうして国里名の場合、十五世紀半ばの段階に、本郷地域の住民からの買得によって、黒田地域の有力百姓が名主職を保有するようになったのである。

次に【史料4】だが、【史料3】の時代からほぼ百年後の天文十九年（一五五〇）、かつて和田家が保有していた国里名の名主職が、鶴野兵衛二郎より井本左近の手に渡ったことが判明する。先にも触れたごとく、和田家と鶴野家は同族であり、売買か譲与かは不明ながら、十五世紀後半～十六世紀前半のいずれかの時点において、同族内で名主職が移動したことは間違いない。

そして、それは鶴野家から井本家に売却され、最終的に井本家が保有するところとなった訳だが、その裏には、十六世紀の半ば頃に経営が破綻して、ついには絶家に至る鶴野家の家産の多くを、同家と姻戚関係にあった井本家が集積するという事態が存在した[27]。

以上、黒田地域に所在する大杣方の吉野名と国里名の名主職を、中世後期を通じて同地の有力百姓が保有することとなる経緯を明らかにしてきた。黒田地域に所在する大杣方の百姓名のうち、他の三名半、すなわち国貞名・貞真名・仰師名、さらには師包名については、名主家の苗字を示す史料が伝存しないが、師包名のケースを除くと、「元亀算用帳」には本郷地域のみに所在する百姓名の名前が記載されており、その名主職は本郷地域の有力百姓が保有していたという事実を勘案すると、他の三名半の百姓名も含めて、黒田地域に所在する百姓名の名主職は、同地の有力百姓が保有する――という事態の進行を想定しうるのではないかと思う[28]。

なお、天文十三年(一五四四)の「宮村道明禅門名田譲状」[29]によれば、道明禅門が子息兵衛二郎に「明田」(名田)六段三十代を譲与していることがわかるが、同文書には嫡男と思われる左衛門太郎も連署しているので、おそらく、用呂田二段と残りの一町四段～五段程度の百姓名は嫡男に譲与されたのではなかろうか。同史料は「菅河家文書」として刊本に収録されているが、山国荘調査団の調査により、それは「菅河家文書」ではなく、「西家文書」であることが明らかとなったため[30]、道明禅門は西家の人物だと思われる。つまり、黒田宮村の有力百姓西家も、大杣方の国貞名・貞真名・仰師名、そして師包名(半名)のうちの、いずれかの百姓名の名主職を保有していたのである。

今ひとつ、あくまでも傍証のレベルにとどまるものの、【史料1】に掲げた大杣方公文・下司宛の「山国荘代官材木請取状」を、菅河家の当主が写し取った事実（先述）を踏まえると、同家もまた、右のいずれかの百姓名の名主職を保有していた可能性はかなり高い。

さらに、後掲【史料6】（「国里名日記」）中の「ヒキ田」の項には「内田ノ名ニテ候へ共、此方へこし申候」とあり、「内田ノ名」の一部（五代）が、何らかの事情で国里名に編入されたことが判明する。私見によれば、「内田ノ名」とは内田家が名主を務める百姓名と解釈でき、してみると、こちらも断定はできないものの、黒田宮村の有力百姓内田家も、いずれかの百姓名の名主職を保有していたのではないかと思う。

かかる推測があながち的外れとはいえないとしたならば、上黒田村の吹上家（吉野名）、下黒田村の井本家（国里名）の事例と同様に、黒田宮村の有力百姓西家、菅河家、内田家の三家も、戦国期の黒田地域に所在した大杣方の百姓名の名主だったことになり、かくして、五名半の百姓名のうちの、少なくとも四名半か五名の名主の地位に、黒田地域の住民が就いていたとの結論に至る。

二　大杣方国里名と棚見方旧国守名

第一節においては戦国期の黒田地域に所在した百姓名とその名主について検討してきたが、国里名の場合、百姓名の内部構成が一定程度わかる史料が残存しているので、本節ではその史料（【史料5】）と、今一つ関連する別の史料（【史料6】）をとりあげて、考察を進めることにする。

【史料5】国里名日記(31)

一　国里名雑事
一反庄田上由利、廿五代ウエマチ聚宗、十五代新屋ヤシキ
廿五代ミソノ、ムカイ、廿五代岩サキいのはな太郎二郎、廿五代
同所下ゆり兵衛二郎、廿代勝山下東谷道珍、廿代南下小谷
永春、十代山王ノタウノマエモト彦二郎、卅五代井本オモテ
一　工方
一廿五代岩サキ下ゑこ、四十代大フケ東谷道珍
四十五代坂ノスソ新屋又二郎、一反此内四十五代カキマチ五代ゆりのまえ
丹波屋、一反タウノシタ下丹波屋とらちよ、廿五代タウノシタ、廿五代ユリノマエ上由利右近、廿五代クホノ田下ゆ
り兵へ二郎、
此分五反卅五代ハ上へサシ出し申候ふん也
一　ヒキ田
ヲカノ堂ノモト五代、内田ノ名ニテ候へ共、此方へこし
申候、いのはなおまつ十代、堂前下下丹波屋、
一　合名分工方

一反ツハラ分津原、四反野尻下、一反水ノ下、一反岩サキ
一反塩野ニアリ

雑事

一反水野下、一反サゝメ山神ノモト、一反ナツセノ口、一反
サカシリノモト、一反す川ノ門、
一　国里名之内在所、津原カキ内ミナ、平岩カキ内皆、津ノ
庵ノ下ト井ヲカキル、下ハ水野ノ中縄手ヲカキル、カツ
サハイシクミ也、坂尻ノカキ内、田野ハ岩クラユウノナ
ワテシモヨリヲカキル、勝山谷ノ南ヨリ皆、塩野小野ヲ
メカスカキウチ皆シキ也、

永禄八年十二月十三日　　国里名

【史料6】棚見方田地日記(32)

棚見多（方カ）の田地之事

一反加すさニ有　　つわら　　きゃうふ
廿五代内　ニ有　　すいの　　太郎二郎
五代　内　ニ有　　内田の　　さこ
廿五代内田の本に有　　うへの　　治部

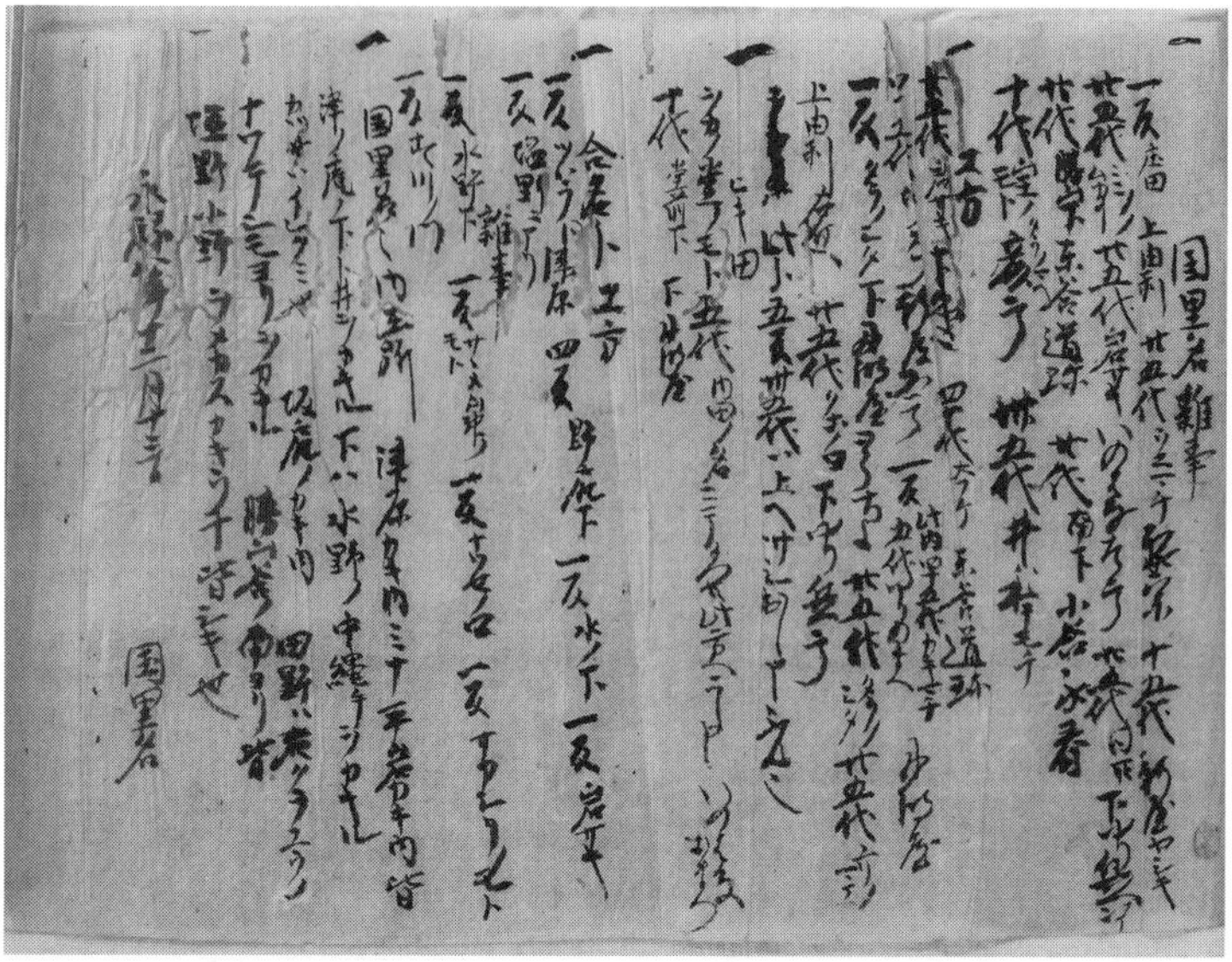

【写真 1】「国里名日記」

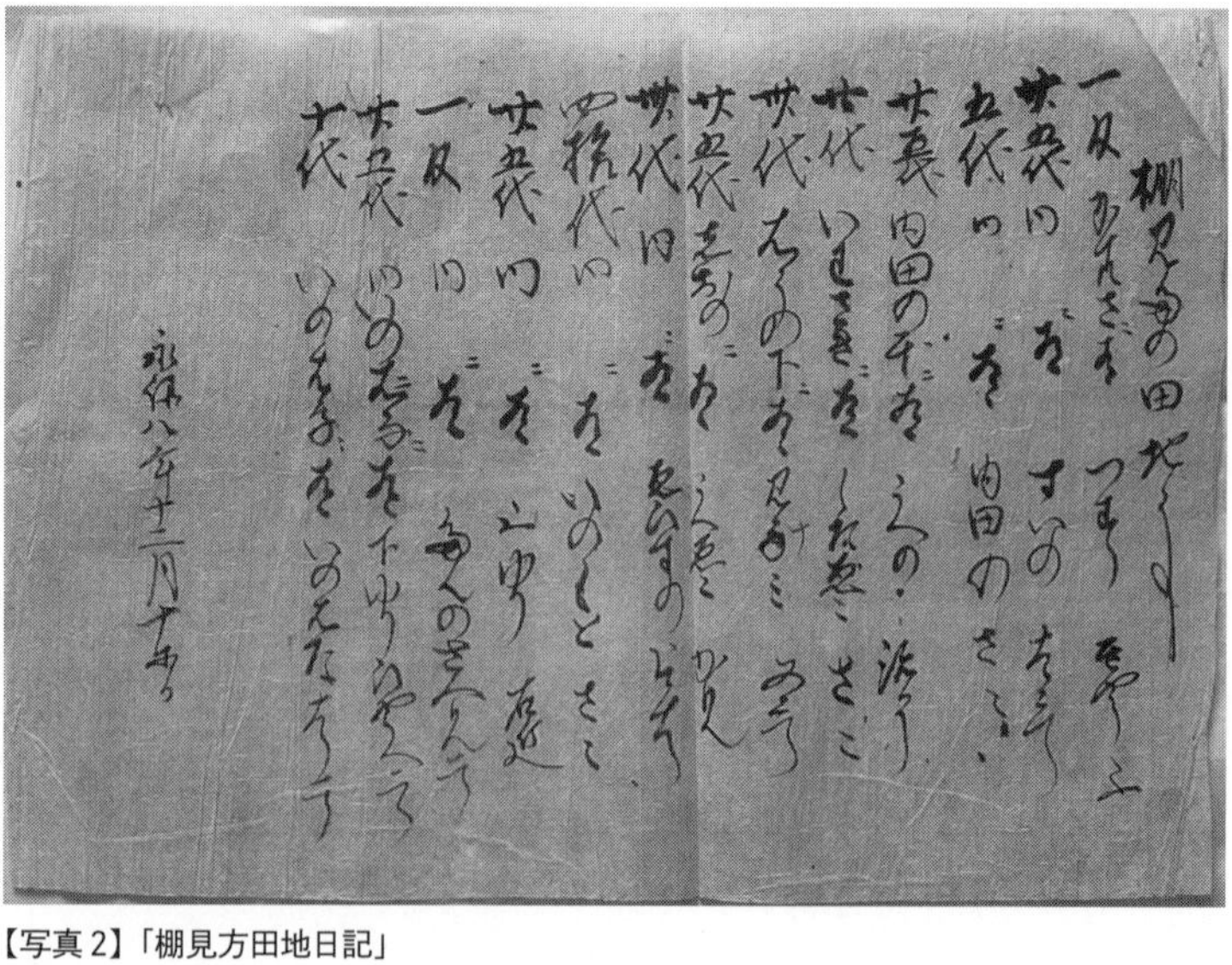

【写真 2】「棚見方田地日記」

廿代　いわさきニ有　　　したゑこ　さ　こ
卅代はうの下ニ有　　　見ナミ　　又三郎
廿五代志おのニ有　　　うへゑこ　かもん
卅代　内　　ニ有　　　ゑひすの　与太郎
四拾代内　　ニ有　　　いのもと　さ　こ
廿五代内　　ニ有　　　上ゆり　　右　近
一反　内　　ニ有　　　　多んのさへもん三郎
廿五代内いのはなニ有　　下ゆりひやうへ二郎
十代　いのはなニ有　　　いのはな太郎二郎

永禄八年十二月十五日

【史料5】と【史料6】は、どちらも永禄八年（一五六五）の十二月に作成された文書である。前掲拙稿Aでも述べたように、両史料は客観的な事実・数値などを列記した「日記」と呼ばれるメモ的な文書で、在地社会で作られた「日記」の記載内容が「年貢算用帳」等の公的文書にも反映されたが、(33)ここではほぼ同じ時期に作成された二つの日記が、山国荘大杣方公文の地位にあった本郷鳥居村の鳥居家ではなく、いずれも下黒田村の有力百姓井本家に残されている事実に着目したい。

ところで、【史料5】の「国里名日記」の記載様式だが、名田は本名部分と合名（「元亀算用帳」では相名）部分とに分かれ、かつ、それぞれが雑事方と工方とに区分されている点で、基本的に本郷地域の百姓名に関する「元亀算用帳」の記載様式に準じている。また、「元亀算用帳」に見える本郷の各名田は、雑事方が本名と相名を併せて一町、工方が両者を併せて一町前後、総計で二町前後の均等名を構成しているが、【史料5】に記されている地積を確認すると、国里名においても雑事方が本名と合名を併せて一町、工方が併せて一町三反三十五代、総計二町三反三十五代となり、「国里名日記」に見える黒田地域の百姓名も、本郷地域の各百姓名と同規模の均等名であったことがわかる。

ただ、「元亀算用帳」に記されている戦国期本郷地域の百姓名の場合、同一の百姓名に一人の本名主と一人～二人の相名主(合名主)が存在し、その人名も明記されているのに対し、「国里名日記」の場合、本名主の人名も合名主の人数・人名も判明しない。第一節で明らかにしたように、国里名の本名主は天文十九年(一五五〇)に井本左近となり、おそらくは「国里名日記」が記された永禄八年(一五六五)段階の本名主も井本左近だったと思われることからすると、本名主に関しては自身であるがために記載を省いた可能性もあるが、合名主に関する記載がないことの理由は、残念ながら定かでない。

さらに、「元亀算用帳」には加地子名主職保有者の人名と作職保有者の人名も見え、前者は「地積＋人名」、後者は「納入高＋人名＋納」という形で表記されているのに対し、「国里名日記」には「地積＋所在地＋人名」あるいは「地積＋人名」が記されている。これらの人名は、加地子名主職保有者の人名なのか、はたまた作職保有者の人名なのか判然としないが、地積が記されていて(「地積＋人名」の形)、納入高が記されていないことからすると、おそらくは前者、すなわち加地子名主職保有者の人名だと思われる。

いずれにしろ、「国里名日記」はあくまでもメモ的な文書であり、その記載内容に不備な部分があったとしても、記主本人さえわかっていれば問題なかったのではなかろうか。

一方、【史料5】の二日後の日付を持ち、【史料5】とともに井本家に伝存した【史料6】の「棚見方田地日記」だが、両者をワンセットと考えると、こちらも井本家の人物が作成した「日記」だと思われる。(34)【史料6】に記されている地名は、内田・塩野・井鼻等、判明する限り黒田地域の地名や屋敷地名であることからすれば、棚見方の田地とはいっても、それはあくまでも同地域に所在した棚見方の田地に限って記載したものであった。

ここで問題となるのは、(A)【史料6】において単に「棚見方」と記されている田地は、本来どのような田地だったか、(B)その田地が「棚見方」とのみ記載されるようになったのは、一体いつ頃のことか——という二点である。

まずは(A)から検討しよう。次の史料を見ていただきたい。

【史料7】山国荘公文連署免状(35)

黒田村和田前井立ニ《の》而、公田卅代河なり候、此内十代ハ大杣方国貞名工、廿代者棚見方国守名之内十代工、十代ハさう（雑）事、但河なりニテ、公事候事者、御免候所也、仍免状、如件、

長禄四年六月十三日　　棚見方公文　為　久(花押)

大杣方公文　清　重(花押)

【史料7】は岡野友彦がはじめて着目した事実を踏まえ、西川広平が取り上げた史料だが[36]、両名の見解を総合すると大略以下のようにまとめられる。

①同史料は、黒田村（黒田三ヶ村の総称）の「和田前」に井堰が築造されたことにより、田地三十代（二百十六歩）が川成となったため、その田地にかかる「公事」（山国荘では年貢米のことも「公事」と称した）を免除したことを記した長禄四年（一四六〇）の公文連署状である。

②この井堰の築造主体は田土衆などと呼ばれる、下黒田村塩野垣内に形成された用水管理組織であった[37]。

③川成となった田地三十代の内訳は、大杣方国貞名の工方が十代（七十二歩）、棚見方国守名の工方が十代（同）、国守名の雑事方が十代（同）となる。

④「元亀算用帳」の国守名雑事方の項には、「拾代　川成黒田在之」とあり、併せてその田地にかかる「公用米」（年貢米のことか）の免除が記載されている。つまり、同地は長禄四年以来、約一世紀間、恒常的に川成地とみなされていたと思われる。

⑤文明十一年（一四七九）十一月十日という同一の日付をもつ「坊中務田地売券」と「淳素庵・大進田地売券」を見ると、「和田前」の井堰を築造したことで川成となった田地（③に記した国貞名の工方・国守名の工方・同雑事方の名田）三十代が、塩野垣内田土衆に売却されたことが判明する。

⑥塩野垣内田土衆による井堰周辺田地の購入は、大堰川（桂川）の増水により井堰が破壊されそうになった際、近辺の土地を遊水地化し、そこに水を逃して井堰を守ることを目的として行われたものと思われる。

右の見解に関しては、⑤に示した西川の事実認識に異論がある以外(38)、あえて異を唱えるところはない。

ここで着目したいことは、黒田地域にすべての名田が所在する大杣方の国里名や吉野名とは異なり、長禄四年【史料7】の段階において、③で触れた棚見方国守名の名田が、本郷地域と黒田地域とにまたがって所在していたのに対し、百年後の「元亀算用帳」の段階になると、「黒田在之」と記されている雑事方の川成地十代以外の名田は、すべて本郷地域に所在した可能性がきわめて高い点である（工方の川成地十代については不明）。

それは、ⓐ本郷地域に所在する百姓名のみを記載した「元亀算用帳」に国守名の名前が見え、その名主は大杣方公文鳥居河内守、相名主は今安彦三郎（いずれも本郷地域の住民）であったこと(39)、ⓑしかも、そこに記されている国守名の地積は二町五段であり、本郷地域だけで山国荘の均等名の標準的な地積に達していること(40)――の二点から明らかである。だからこそ、「元亀算用帳」の国守名の項では、恒常的な川成による免税地扱いとなっている右の田地に対して、わざわざ「黒田在之」と明記することで、事実上の除地としたのではなかろうか(41)。

つまり、十五世紀後半の長禄四年の段階においては、本郷地域と黒田地域の両者にまたがって所在した国守名の名田のうち、いつの頃にか黒田地域のそれが名編成から除外され、国守名は本郷地域のみに所在する百姓名となった訳で、こうして山国荘の百姓名が、例の師包名を除き、本郷地域に所在する二十八名と、黒田地域に所在する五名（師包名を加えると、本郷地域二十八名半、黒田地域五名半）とに地域分割されたことによって、黒田地域に残された旧国守名の名田は、単に「棚見方」の田地として把握されるようになったのである。そして、これらの田地の一筆、一筆について、その地積（総計で七段七十二歩）・所在地・年貢米負担者名を記載したものが、【史料6】の「棚見方田地日記」であった(42)。

【表】永正５年「塩野中左近道通譲状」に見える田地

	区　分	地　積	所在地	備　考
兄・左近宛譲状	棚見方・工	30代	二町田	
	大杣方国里名・工	20代	坂ノスソ（坂尻か？）	
	大杣方貞真名・工	25代	井鼻	
	鶴野名？・雑事	25代	鶴野	鶴野名とは国里名のことか？
	不明	5代	塩野の南	名主新田
	総　計	105代（2段36歩）		
弟・三郎二郎宛譲状	大杣方国里名・雑事	25代	塩野の前	
	大杣方師包名・京上	25代	田野の夷の西	
	棚見方・工	40代	由利の前	
	不明	5代	南の下	名主新田
	総　計	95代（1段324歩）		

注…兄左近宛の「譲状」は『山』241、弟三郎二郎宛の「譲状」は『山』240

次に（B）についてだが、黒田地域に残る旧国守名跡の田地をもって「棚見方」と記すようになったのは一体いつ頃のことか、より正確にいえば、それまで「棚見方国守名」と記されていた文書から、「国守名」の記載が消えたのは、一体いつ頃のことか――という問題を解明する上で重要な史料が、「井本家文書」中に伝来している。それは、永正五年（一五〇八）六月六日の日付をもつ、塩野中（井本）左近名義の二通の「譲状」である。(43)

【表】は、右の二史料の記載内容のうち、田地に関する部分をとりまとめたものだが、見ての通り、十六世紀初頭に作成されたこれらの「譲状」中にはすでに国守名の名前はなく、のちの「棚見方田地日記」と同様に、「棚見方」とだけ記されている。(44)

したがって、国守名の名田が黒田地域より姿を消したのは、前記⑤の段階、すなわち、川成化した同名の田地の一部が塩野垣内田土衆に売却された文明十一年（一四七九）から、(45)塩野中左近が子息両名に「棚見方」とだけ記されている田地を譲与した永正五年（一五〇八）までの間、おそらくは十五世紀

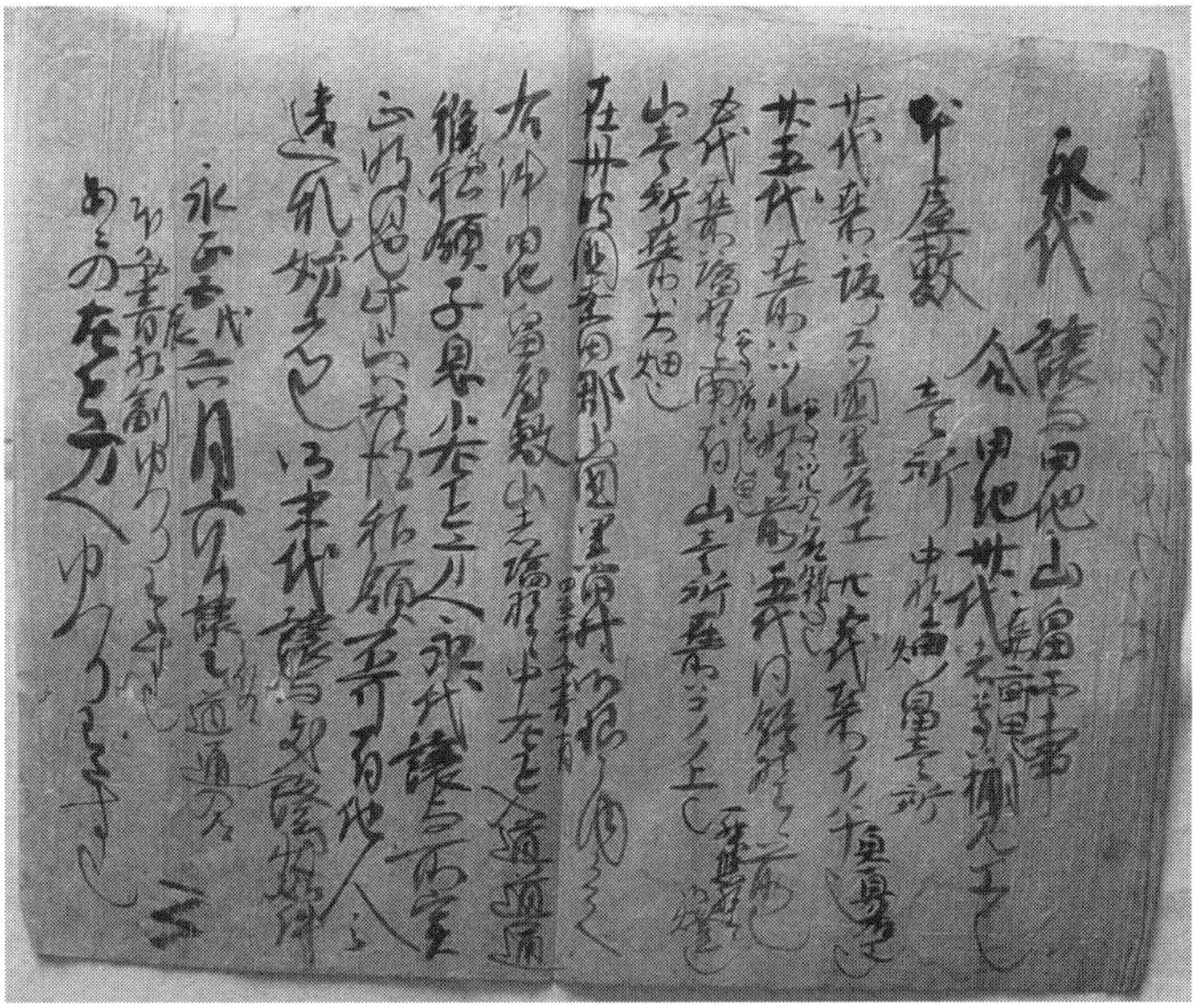

【写真 3】「塩野中左近譲状」（兄・左近宛）

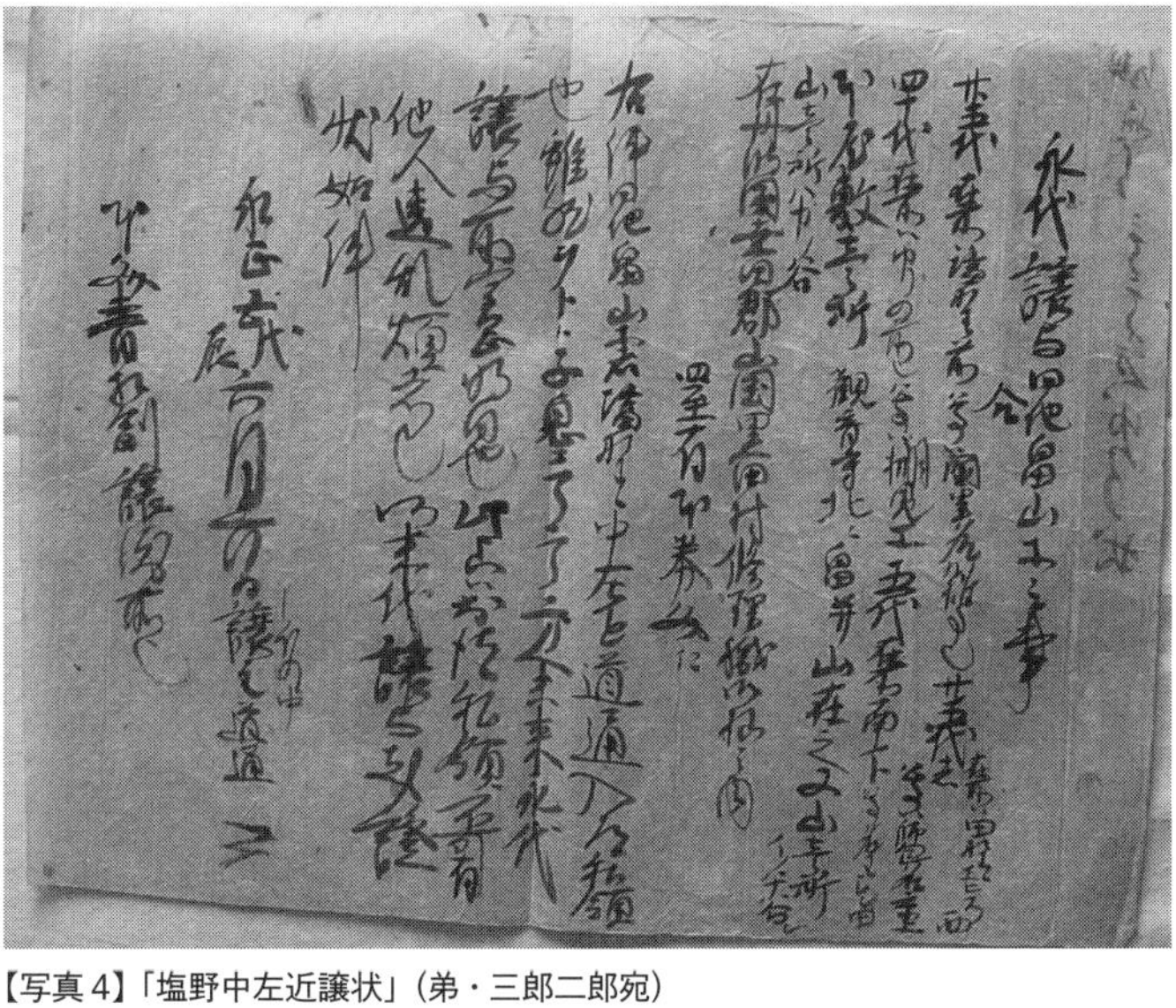

【写真 4】「塩野中左近譲状」（弟・三郎二郎宛）

末あたりのことだったといえよう。

おわりに

以上、本稿においては、①戦国期山国荘黒田地域に所在した百姓名として、大杣方の吉野・国貞・貞真・国里・仰師の各名と、師包名の半名があげられること、②これらの百姓名の本名主の地位には、井本家・吹上家・西家・菅河家・内田家をはじめ、黒田地域の有力百姓が就くようになったこと、③戦国期には師包名を除き、本郷地域に所在する百姓名と、黒田地域に所在する百姓名とに地域分割がなされたこと、④この地域分割によって黒田地域から姿を消した百姓名に、棚見方の国守名があること——などを明らかにしてきた。

ただでも前掲拙稿Aに「屋上屋を重ね」た感がなきにしもあらずのところ、「由緒関係文書」には頼らないと大見得を切ったことによる史料的な制約から、推測に及ばざるをえなかった部分も多々見受けられ、内心忸怩たる思いもあるが、一方で、とにもかくにも一次史料のみに依拠してかかる結論を導き出した点は、それなりに評価ができるのではないかと自負している。

最後に残された課題を二つあげた上で、各々に対する現時点での私なりの考えを述べ、稿を閉じることにしたい。

一つ目は、これまで曖昧なままにしてきたが、本名主が百姓名を手放した場合、相名主が管理する相名はどうなるかという問題である。本名主と同様に相名主も用呂田を保持しており、独自に相名の売却が可能だったとしたならば、本名の部分の移動とは別に、相名の部分の移動についても改めて検討を加える必要が出てくる。

この問題について仲村は、各百姓名の用呂田は二段ではなく四段であって、うち二段が本名主分、残りの二段が相名主分（相名主が二人の場合は一段ずつ）だったのではないかと推測しているが[46]、かかる理解に私も賛成である。おそらく、相名主は相名主で、自らの用呂田とともに、相名の部分の名主職を独自に売却できた可能性が高いが、仲村の場合、「由緒関係文書」をほぼ無批判に活用して右の結論を導き出しており[47]、本稿のように一次史料のみを用いてそれを論証することは、正直、困難をきわめる。

そのような訳で、またしても推測に及ぶことになってしまうが、ここで私なりの見通しを記すと、本名主と相名主が同一地域の人物だった場合、本名主が管理する本名の部分にしろ、相名主が管理する相名の部分にしろ、それが売却によって他人の手に渡ったとしても、売却先が同じ地域の人物であったならば何の問題もない（多くはこのケース）。

問題は、たとえば本郷地域の百姓名の本名主（本郷地域に居住）が、黒田地域の人物に本名の部分の名主職を売却した場合、同じく本郷地域に居住する相名主が管理する相名の部分はどうなるか――ということである。その際、相名主がいぜんとして相名の部分の名主職を持ち続けたとしたならば、本稿で検討した師包名のように、同一の百姓名が本郷地域と黒田地域に半名ずつ分かれて存在することになろう。

ただ、先述のごとく百姓名の売却に当たっては、本名主と相名主ができる限り同一地域の人物になるよう配慮していた可能性もあり、したがって、右のケースの場合、一般的には相名主もまた、相名の部分の名主職を黒田地域の人物に売却する方向で動いたのではないかと思われるが、現段階では残念ながら、「実証」抜きの推測にとどめざるを得ない。

二つ目は、本稿の結論を踏まえた時、「はじめに」で触れた吉岡・村上の見解に対して、どのようなことがいえるか——という問題である。私見によれば、中世山国荘における本郷地域と黒田地域の関係をいかに把握するかということについて、以下の三つの立場があると思われる。

第一は仲村に代表される通説の立場で、本郷地域と黒田地域は時に対立することがあるものの、基本的にはその成立期から戦国時代末の荘園制解体期に至るまで、一貫して山国荘としてのまとまりを維持し続けたこと、中世後期になると在地社会の側では、本郷地域の村々や、枝郷黒田地域・小塩地域の村々を統括する組織として「惣荘」が形成されたこと——などを指摘する。[48]

第二は吉岡と村上の立場で、中世を通じて山国荘の領域を住民らが認識することもなかったし、「惣荘」レベルでの名主層の結合もなかったと説く。両者ともに直接触れてはいないものの、この立場の前提には宮座に関する薗部寿樹の見解、すなわち、山国荘の本郷地域の宮座は、中国地方に典型的な名主座であるのに対し、黒田地域の宮座は、畿内・近国に見受けられる臈次成功《ろうじじょうごう》制宮座であり、山国荘は名主座の分布範囲（文化圏）と臈次成功制宮座の分布範囲（文化圏）の境界に位置したため、荘園としての一体性は当初から希薄だったとの見解が存在する。[49]

第三は坂田の立場で、本郷地域と黒田地域は、中世前期においては同一の荘園として、少なくとも制度上は一体だったが、中世後期になるとしだいに百姓名の地域分割が進行し、戦国期には領主側もその事態を追認して、各々を別個に掌握するようになったとみなす。[50]

なお、第三の立場に立ち、中世後期に本郷地域と黒田地域の地域的な分割が進んだとする本稿においては、同時期に個々の村々を統括する「惣荘」レベルでの名主層の結合組織があったか否かという点について論じてこなかったが、「惣荘」なる語が記されている伝存史料七点中の五点（『山』一五七・一五八・一九七・二二一・二三四）は、黒田三ヶ村が「惣荘」より山地を買得した（あるいは宛行われた）という内容の文書で、うち『山』一九七を除く四点は、黒田三ヶ村側が作成したことが明白な偽文書である。(51)他の四点との内容の類似性や、他の四点と同じような、文言の不自然さからすると、『山』一九七も偽文書の可能性が高い。残りの二点（『山』四〇と『黒』七〇〇）は、本郷地域の鳥居家（鳥居村）と西家（中江村）に伝存する史料だが、前記偽文書中の二点（『山』一九七・二二一）の末尾に本郷八ヶ村の村名が記されている事実に着目すれば、「惣荘」の実態は、山国神社の宮座（名主座）に結集する本郷地域の名主本家によって構成された社会集団だった（少なくとも、近世黒田地域の有力百姓らは、そのように理解していた）と思われる。

確かに、薗部の名主座論を踏まえれば、実態としては本郷八ヶ村の宮座であった山国神社の名主座の場において、同地域の有力百姓が名主家として集団化をとげていたことは間違いないものの、(52)一方で黒田地域の有力百姓は、黒田宮・上黒田の両春日神社の宮座（いずれも臈次成功制宮座）の座衆として独自に結集をとげており、山国神社の宮座が黒田地域をも含めた、真の意味での「惣荘」レベルの宮座だった訳ではない。

しかし、本郷地域の有力百姓らが山国神社の宮座（名主座）をもって「惣荘」宮座とみなし、名主家の結集の場だと主張するのならば、同じく山国荘の名主家であった自分たちも、本来ならばそこで形成された名主集団に含まれて当然である――といった認識を、黒田地域の有力百姓らが持ち続けていたとしても、おかしくはないのではなかろうか。

もとより、それは実態ではなく建前に過ぎないが、近世山国郷の名主集団を、本郷地域の有力百姓のみに限定しようと目論む動きに対し、黒田地域の有力百姓側が反論に及ぶ際、その根拠としてかかる認識が果たした役割は、思いのほか大きかったのではないかと思われる。
いずれにしろ、この問題は近世山国郷における「名主」身分とはいかなるものだったかという重要な研究テーマとも関わる問題であり、今後は本稿の成果も前提にして、この問題に取り組んでいきたい。

註

（1）拙稿「戦国期山国荘本郷地域における名体制と名主」（『日本歴史』九〇二、二〇二三年。以下拙稿A）。
（2）野田只夫編『丹波国山国荘史料』三三八号（前者）、同三三九号（後者）。以下、同史料集から引用する場合には、『山』三三八のように略記する。なお、一九九五年以来今日に至るまで、私を代表者とする山国荘調査団は同地の古文書調査を続けてきた。同調査団は科研費による調査・研究の成果物として、計四冊の成果報告書を刊行しているが、両文書は『山国神社文書目録・鳥居剛家文書目録・高室美博家文書目録』（令和三年度〜令和五年度科研費研究成果報告書Ⅱ、課題番号二一H〇〇五七〇、二〇二三年）所収の「鳥居剛家文書目録」中にもリストアップされている（前者は一—七三号、後者は一—七六号）。また、山国荘調査団はデジタルカメラによる主な文書群の写真撮影を行っているが、本章で引用する史料のうち、写真撮影済みのものについては、適宜校訂を行っている。
（3）山国荘では、後述する師包名を除く百姓名は、一人の名主（本名主）と一人〜二人からなる相名主（後掲【史料5】では合名主）によって管理されていた。以下、相名主とセットで記載されている名主に関しては、両者を区別するために本名主と呼称する。
（4）前掲拙稿A二八頁。
（5）『山』二九九。史料名をより適切なものに変更した（後掲註（33）参照）。
（6）村上「山国地域の文書と社会」（坂田聡編『古文書の伝来と歴史の創造』高志書院、二〇二〇年、三一五頁）、吉岡「「丹州山国境内之目録」について―丹波国桑田郡山国荘（山国郷）の中近世移行期像再考に向けて―」（明治学院大学教養教育センター紀要『カルチュール』一六―一、二〇二二年）。

（7）「丹波国山国荘の名体制」（同『荘園支配構造の研究』吉川弘文館、一九七八年、初出一九六七年）。

（8）ここで山国荘の荘園体制に関する基礎的な説明をすると、まず、他の荘園には見られない特徴として、大杣方と棚見方の区分がある。これは、近世山国神社の宮座の座方の区分ともなっているが、もとをただせば中世における百姓名の区分であった。

その区分がいかなる根拠にもとづくものであるかという点については諸説あるものの、後掲【史料4】・【史料5】には大杣方国里名の所在地が「大布施御杣」と記されており、大杣方＝大布施杣方の可能性が高い。

また、各百姓名の内部は雑事方と工（たくみ）方に分かれていた。両者は年貢米の収取単位で、「元亀算用帳」をはじめとする諸史料には「大杣方〇〇名雑事」、「棚見方××名工」といった形で記載されているが、その区分の根拠は不明である。

さらに、「元亀算用帳」には「大杣方算用帳」（『山』三三八）、「棚見方算用帳」（『山』三三九）のほかに、今ひとつ、「京上算用帳」（『山』三四〇）なるものが存在する。これは年貢米のほかに、大杣方と棚見方の各百姓名に賦課された「京上役」と呼ばれる杣役負担（禁裏に献上する材木の負担）に関するリストで、上番・中番・下番に分かれて年に三回、材木を献上する際の運搬責任者の人名を記したものだが、実際には米納であった（「京上役」については前掲拙稿A参照）。

（9）先述のごとく、本郷地域の百姓名をめぐる問題については、すでに前掲拙稿Aにて論じている。したがって、前掲拙稿Aと本稿は併せてワンセットとなる。

なお、戦国期における黒田三ヶ村の位置づけや、黒田地域に所在した百姓名の実態に目を向けた先行研究として、西川広平「畿内周辺山間地域における生業の秩序」（同『中世後期の開発・環境と地域社会』二〇一二年、初出二〇〇〇年）があげられる。同論稿で用いている史料のいくつかは、本稿で使用する史料と同一であり、また、そこで提示された結論の中には、本稿の議論の前提となるものも存在するが、主要な問題関心が別のところにあるためか、論証が不十分な部分も見受けられる。
(10)野田只夫編『丹波国黒田村史料』三一二号。以下、同史料集から引用する場合には、『黒』三一二のように略記する。なお、史料名はより適切なものに変更した。
(11)大杣方と棚見方の各々に、下司と公文が存在した。禁裏の山国奉行とその雑掌の人名に関しては、本書第七章に収録した岡野友彦の論稿を参照。
(12)中世後期~近世における菅河家の系譜については、前嶋敏「黒田宮村菅河家文書の形成」(前掲註(6)坂田編)を参照。
(13)前掲拙稿A二六頁。
(14)拙稿「中世村落の構造と家」(拙著『日本中世の氏・家・村』校倉書房、一九九七年、初出一九八九年。拙稿B)、拙稿「中世末~近世前期百姓の同族組織と村落構造」(前掲拙著、初出一九九三年。拙稿C)を参照。
(15)『山』二四〇。後掲【写真4】参照。
(16)『山』三三八(刊本一六二頁の「師包名」の項参照)。
(17)『山』四五。なお、本史料中の「永代吹上後家」の下の中略部分(割註)には、吉野名が吹上後家に売却された際、畠掃部と下林掃部の両名が、各々一斗八升三合三勺ずつ買得したと記されているが、これは名主職そのものの買得ではなく、あくまでも加地子名主職(作職保有者からの加地子徴収権)の買得だったと思われる。
(18)前掲註(7)仲村論文。仲村によると、本来は名主職の売却と用呂田の売却は一体であったが、名主職は手元にとどめ、用呂田(からの給米徴収権)のみを売却するケースも存在したとのことである(一〇八頁、一一三頁)。なお、本名主の権益としては、用呂田二段のほかに在家銭二百文の徴収権があげられる。
(19)ここで米田右近の手に渡るまでの吉野名の名主職保有者の変遷を記すと、十五世紀後半段階において、吉野名は上黒田村の住民と思われる中西掃部が保有する百姓名だったが、明応六年(一四九七)、彼が近隣の久多荘百姓に山林を売却したことが発覚したため、同名は荘官等により没収されて大杣方公文鳥居氏に預け置かれた(『山』一六五)。その後、鳥居氏は吉野名の名主職を中西掃部の三男である新屋右近允に宛行ったが(『山』一六六。刊本では史料名が「名主職売券」となっているが、正しくは「名主職宛行状」)、十六世紀の前半に至ると、本郷辻村の有力百姓米田道永の手に渡った(『山』一七二)。さらに、米田道永は養子の横屋彦三郎(おそらくは婿養子。彼こそが【史料2】の米田右近か)に、吉野名の「名職」と用呂田を譲与し、彼から吹上家の後家に同名の名主職が売却されたのである。

なお、仲西掃部が上黒田村の住民だったと思われる理由としては、同村に「仲西」なる地名が存在することをあげられる。また、仲西掃部の三男は新屋右近允と記されているが、おそらく、下黒田村の新屋家に養子(あるいは婿養子)に入ったのではなかろうか。十五世紀後半の段階において、新屋家は塩野家、塩野中家(のちの井本家)とともに塩野同族を構成していた(前掲拙稿B・前掲拙稿C参照)。

(20)『山』二一〇。史料名を変更した。また、山国地域においては、材木を筏に組んだ際に筏につけた木印と呼ばれるマークを、文書の署判に転用するケースが多く見受けられるが(木印署判については薗部寿樹「丹波国山国荘の木印署判」(同著『日本中世村落文書の研究』小さ子社、二〇一八年、初出二〇一六年)を参照)、同文書の画像を確認したところ、刊本(『山』二一〇)に略押と記されている末尾の売主・嫡子の署判は木印であったため、修正した。

なお、本史料とほぼ同文の案文が『山』二一一だが、その本文中では売主が「山国中江中司入道々泉」となっており、彼は本郷(山国)中江村の住人であったことがわかる。さらに、このうち人名にあたる部分は「中司入道道泉」ということになるが、文末の日下の売主名は【史料3】と同様に「中江道泉」と記されているため、以下、とりあえず【史料3】の人名表記にそのまま従うことにする。

(21)『山』二七三。史料名を変更した。また、【史料3】と同様に、末尾の売主・証人の署判を木印とした。

(22)塩野垣内田土衆については前掲拙稿B、岡野友彦「中世灌漑史の一齣―丹波国山国荘の塩野井堰―」(皇學館大学史料編纂所報『史料』一五八号、一九九八年)、西川広平「井堰の開発と環境」(前掲註(9)西川著、初出二〇〇三年)を参照。

(23)井本左近を講親とする頼母子に関しては、熱田順「中近世移行期における村落と領主の関係」(同『中世後

期の村落自治形成と権力』吉川弘文館、二〇二一年、初出二〇一八年）を参照。

(24) 拙稿「中世後期における村の文書とリテラシー」（『新しい歴史学のために』二八九、二〇一六年。拙稿D）、拙稿「中近世移行期の在地社会と文書」（『紀要（中央大学文学部）』史学六四、二〇一九年。拙稿E）。

(25) 和田家と鶴野家の関係については、拙稿「中世後期百姓の苗字・家・同族」（前掲註(14)拙著、初出一九八九年。拙稿F）、西川広平「丹波国山国・黒田地域における鮎漁の展開」（同『中近世の資源と災害』吉川弘文館、二〇二三年、初出二〇二〇年）を参照。

(26) 前掲註(22)岡野・西川両論文。

(27) 前掲註(25)西川論文、一九七頁。なお、享禄四年（一五三一）の「鶴野兵庫田地売券」（『山』二五五）には、鶴野兵庫が塩野中（井本）左近に、国里名の用呂田十代（在所は塩野曽根）と同名工方田地十五代を売却していることが記されている。このうちの後者は、加地子名主職の売却だったと思われるが、前者はまさに、名主職をとどめ、用呂田のみを売却したケースに当たる（註(18)参照）。つまり、享禄四年（一五三一）の段階では、鶴野家は井本家に、国里名の用呂田からの給米徴収権と、同名工方の田地の加地子名主職を売却したが、天文十九年（一五五〇）に至ると、名主職そのものを売却せざるを得なくなったのである（【史料4】を見ると、そこには塩野曽根に所在した用呂田十代も含まれている）。

(28) 中世後期の山国荘における名主職が、売買・譲与によって移動するものであった以上当然のことではあるが、前述のごとく、吉野名の名主職は仲西家（黒田地域住民）→鳥居家（本郷地域住民）→新屋家（黒田地域住民）→米田家（本郷地域住民）→吹上家（黒田地域住民）の順で移動しており、名主職の保有者が本郷地域の住民から黒田地域の住民へと一方通行で変わったわけではない。

だが、「元亀算用帳」によれば、十六世紀後半段階になると、本郷地域に所在した二十八名半の百姓名のうち、黒田地域の住民とおぼしき人物が名主・相名主である事例は、わずか二例のみにすぎないことがわかる（井本家と上野家。ただし、本郷地域に同じ苗字の家が存在した可能性もある）。おそらく、この事実の裏には本郷地域に所在する百姓名の本名主・相名主の地位には、本郷地域の住民が就くべきという意識が存在したのではないかと思われる。そして、それは黒田地域側でも同様であり、こうして、十六世紀後半には本郷地域側、黒田地域側の各々で、それぞれの地域に所在する百姓名の名主職を、意図的に集積する動きが強まったのではなかろうか。

なお、先に検討した「米田右近吉野名売券案」(【史料2】)の末尾に、この時代の売券としては珍しく、大杣方・棚見方の四荘官がものものしく連署しているのは、吉野名が黒田地域に所在する百姓名であるため、本郷地域の住民ではなく黒田地域の住民に名主職を売却することを特別に許可する必要があったからだと思われる。

(29)『山』二〇〇。
(30)『京都近郊山間村落の総合的研究』(平成一一年度～平成一四年度科研費報告書、課題番号一一四一〇〇九二、二〇〇三年)収録の「西逸治家文書目録」三号。
(31)『山』二九九。史料名を変更した。
(32)『山』三〇〇。史料名を変更した。
(33)「日記」については榎原雅治「荘園文書と惣村文書の接点」(同『日本中世地域社会の構造』校倉書房、二〇〇〇年、初出一九九六年)、似鳥雄一「日記と惣村」(春田直紀編『中世地下文書の世界』勉誠出版、二〇一七年)等を参照。なお、似鳥論文においては、「日記」と明記されていないものの、実態は「日記」とみなすことができる文書まで含めて検討しているが、【史料5】、【史料6】はまさにそれに当たる。
(34)ただし、【写真3】と【写真4】を見比べてみると、微妙なところだが、両者は異筆の可能性もゼロではない。もし異筆だとした場合、どちらか一方が後世の写であるか、あるいは、井本家内の別の人物(たとえば、一方が父親で一方が嫡男)が各々の文書の執筆を担当したか―のいずれかだったのではなかろうか。
(35)『山』二一三。
(36)前掲註(22)岡野・西川両論文。【史料7】の引用は後者。
(37)塩野垣内田土衆の中心メンバーは、塩野中家(中家。のちの井本家)をはじめとする塩野同族の家々であった(前掲拙稿B)。なお、この同族組織は十六世紀になると解体し、以後は塩野家、井本家、新屋家それぞれが、独自の同族組織を構成するようになる。
(38)⑤の史料に見える淳素庵と大進について、西川はいずれも和田兵庫の管理下におかれた寺庵的存在ではないかと推測する。だが、前掲拙稿Dによれば、「淳素庵・大進田地売券」(『山』二三〇)において、国守名工方の十代を売却した淳素庵は、同史料の末尾の連署者のうちの成順その人であり、そうなると、国守名雑事方の十代を売却した大進こそが、末尾に連署している和田兵庫だということになる。つまり、淳素庵＝成順、大進＝和田兵庫なのであって、和田兵庫の管理下に淳素庵と大進がおかれていた訳ではない。なお、同日付の「坊中務田地売券」の末尾にも、成順は「別当成順」として署名しているが、こちらは、村の書記役としてこの売券を執筆(代筆)したからである(前掲拙稿D参照)。
(39)元亀二年の「棚見方算用帳」(『山』三三九)参照。
(40)『山』三三九の「国守名」の項によると、本名主鳥居河内守分・相名主今安彦三郎分のいずれも、雑事方が五段、工方が七段二十五代であり、地積の総計は二町五段となる。
(41)③によれば、国守名のうち川成化した田地は雑事方が十代、工方が十代であるが、「元亀算用帳」において前者は免税地化されているのに対し、そこに後者に関する記述が見受けられないことの理由はわからない。
(42)「棚見方田地日記」に記載されている地積の総計七段七十二歩に、国守名雑事方の川成地十代、国守名工方の川成地十代を加算した七段二百十六歩(七段三十代)が、かつて黒田地域に所在した国守名の名田の地積だと仮定すると、山国荘の百姓名は二町～二町五段程度の均等名だったという事実から、国守名を構成する名田のおよそ三分の二が本郷地域に、およそ三分の一が黒田地域に所在していたことになる。本郷地域の「元亀算用帳」によれば、国守名の地積(本郷地域に所在分)は二町五段となっているが、おそらく、黒田地域に所在した七段三十代(減少分)に相当する新田が本郷地域で開発され、それが国守名に組み込まれたのではないかと思われる。
なお、後述する中左近道通の「譲状」(『山』二四〇)には「名主新田」の記載が、また、天文八年(一五三九)の「新田在所日記」(『山』二六二。史料名変更)には多くの新田の記載があり、本郷地域にしろ、黒田地域にしろ、新田開発が活発に行われていたことがわかる。

(43) 嫡男中左近宛の「譲状」は『山』二四一、次男三郎二郎宛の「譲状」は『山』二四〇。

(44) 一方で大杣方については、単に大杣方とのみ記されている訳ではなく、大杣方国里名・大杣方貞真名・大杣方師包名といった形で百姓名の名前も併記されている。

(45) 正確にいえば、これは名主による百姓名全体の売却(用呂田二段の売却と、在家銭二百文の徴収権の売却をともなう)ではなく、あくまでも川成化した一部田地の加地子名主職保有者(ここでは坊中務、淳素庵別当成順、和田兵庫の三名)による、作人(作職保有者)からの加地子徴収権の売却ということになる。ただし、そもそも川成化したこれらの田地から加地子など徴収できるはずもない訳で、買得者の塩野垣内田土衆の目的は、⑥のとおり、同地を遊水地化することにあった(もとより、そこには井堰の築造によって田地を川成化させてしまったことに対する損害賠償という意味あいも含まれていたと思われる)。

(46) 前掲註(7)仲村論文一一四頁。

(47)「用呂田」の問題に限らず、黒田地域に所在した百姓名についても、仲村は「由緒関係文書」の記載内容に信を置き、その数を五名半ではなく四名半としているが(前掲註(7)仲村論文九〇〜九一頁)、「由緒関係文書」の中には、これら四名半の百姓名の本名主・相名主九人の人名が記されているものもある。

たとえば、元禄三年(一六九〇)に黒田宮村の西佐右衛門の手で作成された「西家永代書留」(『黒』一四八)には、本名主・相名主の人名として、黒田宮村の菅河家・坂尻家・上野家、下黒田村の井本家(塩野中家)・和田家・丹波屋家・東家など、黒田地域の有力百姓家の苗字が見えるが、「黒田ニ四名半」という記載も、本名主・相名主の苗字も、そのまま真に受けることはできない。なお、現存する「永代書留」は元禄期に成立した原本ではなく、十九世紀半ばの本家交代時に、原本に加筆・修正が加えられて新たに成立したものであることについては、拙稿「黒田宮村西家の家譜・由緒と「常照寺一件」」(前掲註(6)坂田編、二〇二〇年。拙稿G)を参照。ただし、「黒田ニ四名半」の部分は、加筆・修正が施されていない原本の部分に当たる可能性も高く、さらなる検討を要する。

(48)前掲註(7)仲村論文。「惣荘」については、仲村「中世後期の村落」(前掲註(7)仲村著、初出一九六七年)等を参照。

(49)『中世村落と名主座の研究』(高志書院、二〇一一年)第三編第五章「丹波国」(初出二〇〇九年)。なお、薗部は本書第二章に収録した論考においても、本郷地域の山国神社の名主座について詳述している。

(50)十六世紀段階に至り、領主である禁裏側も本郷地域から半ば独立した別扱いの地域として黒田地域を認識するようになった事実は、①永正五年(一五〇八)十月と、永正六年(一五〇九)十二月に禁裏の山国奉行の雑掌が発給した「月次貢材請取状」(前者は『山』二四二、後者は『山』二四三)に、「大杣方黒田九月分御月次事」(前者)、「大杣方黒田六月分御材木事」(後者)という記載があり、その史料が本郷側の荘官家ではなく、下黒田村の井本家に伝存していること、②「上黒田春日神社文書」中に、禁裏の山国奉行が発給した弘治二年(一五五六)と永禄六年(一五六三)「三箇条吉書」(宛所は黒田三ヶ村)が残されているが(前者は『黒』三二六、後者は『山』一五九)、それは黒田地域独自の吉書の儀式を領主側が認めた結果であること—の二点より明らかだといえる。

(51)前掲拙稿E、拙稿「由緒書と偽文書」(同『家と村社会の成立』高志書院、二〇一一年、初出二〇〇九年。拙稿H)を参照。

(52)吉岡によると、十七世紀半ば過ぎまでは年寄と称していた本郷地域の有力百姓が、元禄期頃に名主という社会集団を形成したとのことだが(「中近世「名主」考」(前掲註(6)坂田編)、前掲註(6)吉岡論文)、山国神社の宮座が名主座である以上、外向きには年寄と名のったとしても、地域の内部において、名主座の座衆(名主なる社会集団のメンバー)である彼らは、一貫して名主と自称していたとみなすこともできるのではないかと思われる。

第Ⅱ部　由緒と偽文書をめぐって

第四章　近世後期、山国郷における由緒の錯綜と統合

吉岡　拓

はじめに

「三十六名八十八家私領田畑配分并官位次第」（以下、「名主家由緒書」）は、かつて仲村研によって「それが伝承であれ、十六世紀末期においても大杣方・棚見方の組織が厳然と存在することが確認され、その組織のなかで郷士名主家総員の意志が表現されるものである以上、たんなる伝承としてこれを退けることはできない。つまり、「由緒書」は山国荘名主連合＝惣荘を母胎とする共通の伝承」(1)と評価されるなど、長きにわたり、中世山国荘を研究する上での最重要史料の一つと位置づけられてきた。

そのような「名主家由緒書」の評価は、現在、大きく揺らいでいる。「名主家由緒書」の作成時期を、中世期ではなく、近世期とする説が有力になっている。西尾正仁は「名主家由緒書」の成立を十七世紀半ばとし、西尾の研究を踏まえて成立年代を再検討した坂田聡は、その成立を十七世紀後半と捉えた(2)。さらに、谷戸佑紀は、明智光秀伝承が山国地域の有力百姓達の由緒の中に挿入される経緯を追った論考の中で「名主家由緒書」の成立を十八世紀半ばと推定し、また筆者は、有力百姓達が「名主」や「郷士」を自称するようにな

る過程を検討する中で「名主家由緒書」についても検討し、その成立は十九世紀（文化期）以降にまで時期が下る、と主張した。[3] いまだ見解の一致は見ていないものの、[4] 全員が近世期の作成としている点では共通している。

また、近年は、「名主家由緒書」には主として二つのバージョンがあることも指摘されている。[5] 具体的には、野田只夫編『丹波国山国荘史料』[6] 中に翻刻されている坂上谷家文書系統のものと、「正治二年官位次第」と通称される文書だけで構成され、かつその中に黒田地域の住民の名前がほとんど記載されていないものである（混乱を避けるため、以下では後者を指す場合は「官位次第」と記載する）。

以上に見たように、「名主家由緒書」とは成立年代すら不明で、かつ地域内に複数のバージョンが存在するという、非常に位置づけの難しい文書である。にもかかわらず、山国地域の歴史研究に関わってきた歴史学／民俗学の研究者は、この文書には過去の時代の実態が一定程度反映されているとし、その内容から、中近世の山国地域の姿を再構成しようとしてきた。あえて厳しくいえば、戦後の比較的早い段階で活字化されたという点も含め、研究者にとって非常に利用しやすい内容であったという点が、この文書の史料的価値を過剰に高めてしまっていたのではないだろうか。

ところで、近世期の山国本郷地域の有力百姓達は、「古家撰伝集」と題された文書を、宝暦期、[7] 弘化期[8] の二度にわたり編纂した（以下、それぞれ「宝暦版」「弘化版」と略記）。これらの文書は、内容的にも「名主家由緒書」と共通している部分が多く、それゆえ、かつては「名主家由緒書」がまず成立し、それを参照して「古家撰伝集」の各バージョンが編纂された、と考えられてきた。[9] しかし、「名主家由緒書」の成立を宝暦期ないし文化期とする主張が出てきている以上、この理解についても再考が必要であろう。従来の研究では、

「名主家由緒書」にせよ「古家撰伝集」せよ、そこに記載された由緒の内容や「名」の所有者について検討することはあっても、これらの文書が同時代的にはどのように扱われていたのか、あるいは、各文書の中で語られる由緒の微妙な変化が持つ意味などは、まったくといって良いほど関心が払われてこなかった。すなわち、文書が持つ歴史性を考慮せず、その字面だけから地域の歴史を語ってきたのである。

そこで本稿では、主として宝暦期（十八世紀後半）から弘化期（十九世紀なかば）までを対象に、山国地域で語られた様々な由緒の内容とその同時代的な位置について検討しつつ、最終的にそれらが「弘化版」の中に統合されていく過程を跡づけていく。その際、以下の二点に留意したい。

一つは、由緒の中で語られる「名」の数に注目することである。「名」とは、摂関期に生まれた徴税のための土地区画の単位であり、中世山国荘では、戦国末期の段階でも「名」が維持され、この地域の有力百姓（名主）達が個々の「名」を分割所有（相名）していたというのが、仲村研の研究以降の通説である[10]。この「名」について、「宝暦版」には、山国荘には三十六の「名」があった、と記されている。しかし、現在、山国地域に残されている古文書の中には、「名」数を三十六以外で表記しているものが散見される。先行研究では、この「名」数の違いについて、それらの数字が網羅されている「弘化版」や、三十三名（うち小塩・黒田地域に四名半）とする「丹州山国境内之目録」[11]の記述などを参照して整合的に理解しようとしてきたものの[12]、それぞれの数字が主張される背景や意味については、気にされてはこなかった[13]。しかし、由緒の中に登場する「名」の数とは、その由緒が作成された当時の有力百姓達からすれば、集団としての草分け伝承であるとともに、個々の家の来歴に関わる問題でもあり、由緒上の「名」数の相違とは、そのような有力百姓達の思惑が反映された結果であったはずである。由緒全体の内容を比較検討する作業が意義深いものであることは間違いないが、[14]「名」数の違いが持つ背景や意味を検討することで、それぞれの由緒に込められた思惑をクリアに把握できると考える。

もう一つは、由緒の保存・管理のあり方に着目することである。近世は、村請制の下、中世以前に比べ圧倒的に多くの文書が作成されるようになった時代である。そこでは、作成されたすべての文書が保存されたわけではもちろんなく、その時々の所蔵者・管理者が保存するものと破棄するものとを分け、また、保存文書の中でも、特定の文書を別置したり、箱に納めるなどして丁重に取り扱うことがしばしばあった。つまり、文書の保存・管理のあり方には、ある特定の社会集団が何を重視し（あるいは、何を抹消し）、地域社会の中に自らをどのように位置づけようとしているのかが、率直に反映されるのである。行論で述べるように、「弘化版」は、完成と同時に宝蔵に収蔵される。では、他の由緒書はどうだったのか。その点を追うことで、錯綜する由緒が地域社会の中でそれぞれどのように扱われていたのかが理解できるであろう。

一　「正史」なき十八世紀

本節では、十八世紀後半の山国本郷地域で語られていた、「名主」を自称する有力百姓達の由緒の諸相を概観していく。

1　宝暦版「古家撰伝集」の編纂とその同時代的位置

宝暦十三年（一七六三）、「古家撰伝集」が編纂された。編纂経緯については、既に谷戸佑紀の研究や拙稿が論じているので、[15]ここでは繰り返さない。「宝暦版」の内容について、本稿の内容に関わる範囲で触れておきたい。

「宝暦版」では、「官位次第」の内容（長和五年（一〇一六）に山国五社明神が創建され、祭祀料・下行米として百二十五石、その担い手達三十六人へそれぞれ名田（合計で七十九町余）と官位が三条天皇より下賜された。その子孫が、正治二年（一二〇〇）現在で八十八家ある）への言及が具体的になされた。興味深いことに、この宝暦十三年以前に作成されたことが確実な文書の中には、長和五年に山国五社明神が創建されたことへの言及はあっても、[16]「官位次第」それ自体に関する記述は出てこない。一例だけ示すと、宝暦二年七月、本郷地域の有力百姓が「名主」としての由緒を京都代官所に申告した際の文書では、その由緒を「仁王八十六代四条院様御宇、天福元年御綸旨被為成下」[17]（四条天皇の時代の天福元年に綸旨を賜わった）と四条天皇時代の天福元年（一二三三）から書き起こしており、長和期や正治期への言及はない。先行研究では、「官位次第」の成立が十七世紀以前であることが自明の前提とされていたためか、[18]十七世紀末〜十八世紀半ばに本郷地域の有力百姓が作成した文書に「官位次第」への言及が見られないことについては、これまで特に気にされてこなかった。しかし、右の事実は、「宝暦版」編纂以前、有力百姓達の間で「官位次第」が特に重視されていなかったこと、さらにいえば、「宝暦版」と「官位次第」の成立が同時期であった可能性をも示唆するといえよう。

この点は、「宝暦版」の記載からも傍証できる。「宝暦版」は、文書の前半で有力百姓の由緒を記述し、後半に有力百姓各家の家格と来歴を、当代当主の姓名と共に記載する構成となっている。この後半の家格と来歴について、前半の由緒の末尾には「此度正治二年の改記を以て家筋を引出し、庶流・末流・従類にても宣案・口宣の伝るを以て神事出仕の会席に対話する事末代までの作法たるべし」と、「官位次第」を基に家格を示すことが述べられている（近世期の本郷地域には平百姓と有力百姓（「名主」）という区分とは別に、有力百姓内部でも本家―曹流―庶流―新撰家からなる家格による区分が存在した）。実際、各家の来歴の記載箇所には「正治二年書記ニ……」との記述が頻出しており、「官位次第」が「宝暦版」の根拠文書であることが一貫して強調されているのである。

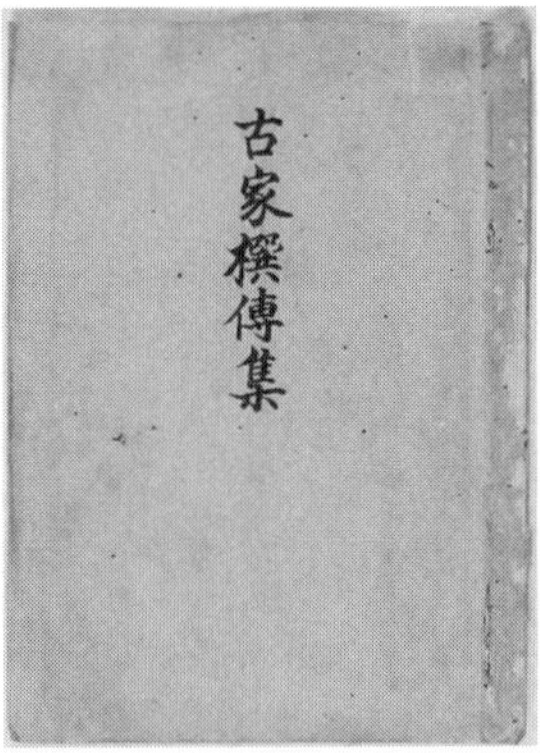

【写真1】

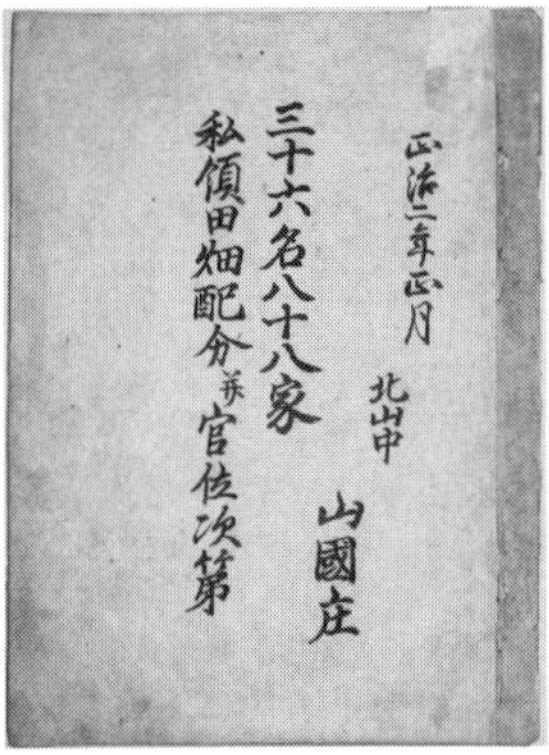

【写真2】

また、「宝暦版」と「官位次第」は、かつて一対のものとして保存されていた。現在、「宝暦版」の正本と思しき文書は、「山国神社文書」の一つとして、後述の「山国名主旧例改書」[19]とセットで木箱に納められている。しかし、実はこの保存形式は、明治期後半以降になされたものであった。というのも、明治二十年（一八八七）十月作成の山国神社目録に「古家撰伝集　壱冊　壱函　／　同旧壱冊并八十八家官位帳　弐冊　壱函」[20]とあり、その時点で「同旧」（「宝暦版」）とセットで保存されていたのは「八十八家官位帳」（「官位次第」）であるのが確認できるからである。なお、「山国神社文書」中には、「宝暦版」（【写真1】）と形態・筆跡とも類似した「官位次第」[21]（【写真2】）が現存している。

さて、編纂後の「宝暦版」は、有力百姓達の中でどのように扱われていたのであろうか。柳澤誠によれば、近世期の本郷八ヶ村全体に関わる文書の多くは、弘化期頃まで、比賀江村内の御霊神社別当である高田寺の宝蔵に収蔵されていた。文書の管理を担ったのは本郷八ヶ村の有力百姓で、宝暦三年に虫干しをかねた宝蔵内収蔵品の確認を行い、その年の行司村となった村の有力百姓の「本家」の者が宝蔵を封印したという。[22]

柳澤が論考で利用したのは、「山国神社文書」の中の「諸方書物目録帳」と題された文書である。[23] 同文書は、安永四年(一七七五)に作成が開始されたもので、まず、その時点で宝蔵に収蔵されていた書類・絵図が作成年代とともに記され、ついで、安永四年から天保四年(一八三三)の間に新たに収蔵された書類が、その作成年・収蔵年月日とともに書き継がれている。つまり、本文書から、天保初年以前の有力百姓達が重要文書と位置づけていたものが何であったのかが確認できるのである。

以上を前提に、「宝暦版」の同時代的な位置づけを考えよう。「諸方書物目録帳」には、「宝暦版」の記載はない(「官位次第」もなし)。つまり、「宝暦版」は、その作成年とされる宝暦十三年から天保初年に至るまでの間、高田寺の宝蔵には納められていなかったのである。このことは、「宝暦版」の編纂が終了した後も、有力百姓達がこの文書やそこに書かれた由緒を、必ずしも重視していなかったことを示しているといえよう。

2　三十三名説の流布

「宝暦版」が編纂されたのと同時期、それとは異なる由緒が本郷地域には流布していた。以下、二つの文書から確認していきたい。

【史料1】(24)

丹波桑田郡山国之庄者、平安城遷都以来内裏御修理御杣御料与申、御遷宮毎に五三寸尋木奉献由緒御座候而、口宣頂戴之名主三拾六家、私領名田七拾九町被下之、（中略）三拾三名を三拾六名与申訳、京都江三名宛相詰候由御座候、只今三拾一名残申候、一名に弐人三人宛相名御座候、書立候帳面之庶子家与申者も御座候、四沙汰人与申儀も御座候、右者応永六年神領百弐拾五石御論旨《ママ》被下候砌、三拾三名之内鳥居河内守・水口備前守・比果大和守・窪田佐渡守出頭仕、神事其外四人沙汰仕候故、四沙汰人与申候由、山国之庄ニ由緒多御座候得共、荒増書付仕候

本文書は、本郷地域有力百姓の由緒についての「御尋」に答えるため、明和九年（一七七二）に作成された文書の控である。宛先が記されていないため、誰の「御尋」に答えたものなのか、詳らかではないが、引用外の部分に「供御鮎御用等の儀、御料・私領一統に名主筋目の者共相務め申し候儀に御座候」（鮎献上などを、禁裏御料およびその他の所領に住む名主筋目の者が協力して務めてきました）と書かれているので、有力百姓の「名主筋目」由緒を京都代官所などの支配機構へ伝えようとしたものであると見て間違いない。

引用部では、まず、中略前の箇所で、内裏の修繕ごとに「五三寸尋木」なる木材を献上してきたこと、口宣を得た名主家三十六家に名田計七十九町が下賜されたことが述べられる。「宝暦版」と比較した場合、「五三寸尋木」への言及がなされている点が異なる。さらに、中略後の箇所では、唐突になぜ三十三名が三十六名とされる場合があるのかについての説明がはじまる（中略箇所に三十三名のことは出てこない）。「京都へ三名宛相詰」とあることからもわかる通り、ここで「名」は、土地の単位ではなく、人数の単位として理解され

ている。それでは、この文書では人数の単位としてのみ「名」が使われているかというと、右の箇所の直後に「一名に弐人三人宛相名御座候」とあるように、土地単位を示す「名」も登場する。つまり、この文書には、人数の単位である「名」と、土地の単位である「名」とが混在している。

なぜ「名」の数が複数出てきたり、意味の混在が起こるのか。引用部末尾の「山国之庄ニ由緒多御座候得共」との記載が、ヒントになる。当該時期の本郷地域には、有力百姓に関わる由緒が複数存在しており、それらを統合し整合的な内容の由緒にしようとした結果、数の錯綜や意味の混在が生じたのであろう。なお、「三拾三名を三拾六名与申訳」という書き方からして、この文書の作成者が、三十六名を異説と捉えていたのは間違いない。

【史料2】

序其礼制以整三十三名。修其典礼以定。於将来之法式矣。自是経歴二百年星霜未久。然而此道今人棄如土也

右は、先にも少し触れた、天明七年（一七八七）に宮座の神事作法や婚姻・相続に関するルールを定めた「山国名主旧例改書」（以下、「天明版改正書」）と題する文書からの引用である。「天明版改正書」の末尾には、当時の有力百姓家の当主が署名（ただし、すべて同筆）・捺印しており、有力百姓間でルールを確認・合意するために作成された文書と理解できる。

文書では、本郷地域に有力百姓達の先祖が定着した経緯については「夫山国名主之濫觴者。重代朝廷之旧

臣而。近侍歴世之帝王。」（山国の「名主」（有力百姓のこと・筆者注）の起源は、代々朝廷の旧臣として、歴代天皇へ近侍したことにある）とあるだけで、説明の多くを戦国期（明智光秀の山国地域侵攻）に費やしている。既に「宝暦版」が編纂されているにもかかわらず、そこに記された草分け伝承には何ら言及していないのである。

右の引用では、由緒末尾の一節で、かつて定めた三十三の「名」や法式が、二百年あまりの年月が経つ中で忘れ去られてしまった、としている。なお、本文書は【史料1】が書かれたとされる明和九年より十五年のちの作成であるが、他の箇所にも三十六名に関する記述は出てこない。

以上、二つの文書を検討してきた。ここから見えてくるのは、中世以前の山国地域には三十三名が存在した、との語りが、十八世紀中の本郷地域有力百姓の間に広まっていた、という点である。特に、当時の有力百姓家間でのルールを定めた「天明版改正書」の一節（【史料2】）に三十三名と書かれていたことの意味は大きいであろう。

【史料1】で確認できた通り、「名」数を三十六とする由緒が、有力百姓達の間で認知されていなかったわけではない。一方で、やはり【史料1】に見られたように、先祖の由緒として語られる「名」が何を表すものなのか、当時の有力百姓達の中では、必ずしも自明ではなかった。総じて、十八世紀後半の本郷地域では、中世以前の「名」について多様な語りが存在しており、特定の由緒が有力百姓の「正史」として定着している段階ではなかったのが確認できるであろう。

3 「正史」なき十八世紀の背景

前項で見たように、十八世紀後半の本郷地域には、有力百姓の由緒について多様な語りが存在しており、集団として一つの由緒を共有するような状態にはなかった。では、そもそもなぜそのような多様な語りが存在し得たのであろうか。本節の最後に、その点について検討しておこう。

「弘化版」では、同文書編纂以前の由緒書類の取り扱い方の問題点として、「是迄毎度改書記、村々時之頭取候者預り所持、不許他見、不実意之事候、其上、私ニ加筆致し自分書記と心得候者も有之」（これまでは由緒を編纂し直す度に、各村の重立がそれを預かり、他人には見せることなく、不誠実な取り扱いをしていた。あまつさえ、勝手に加筆して自分が編纂したかのように振る舞う者もいた）と述べている。つまり、各村に由緒書を配布しても、村の有力百姓の重立がそれを独占し、あまつさえ勝手に書き換えて自作の由緒のようにしてしまう状況が見られたのである。

西尾正仁は、山国地域の由緒を①有力百姓個々の家伝承、②「名主」＝有力百姓階層としての集団伝承、③「名主」階層以外にも共有される村落伝承の三つに分けて理解する必要を強調し、想定される伝搬の経路として、「伝承が中心から周辺へと共有され、家から階層、村落へと伝承母体が拡大し」ていくとしている。[25] 弘化期段階で危惧されていたのは、有力百姓としての集団伝承が有力百姓個々の家伝承にアレンジされていってしまう状況であった。十八世紀中に多様な由緒の語りが存在していたのも、右に見たような形で由緒の再解釈・創出が地域内で繰り広げられた結果であろう。

二　文化期の錯綜

前節で見た通り、十八世紀の本郷地域には、有力百姓の由緒について多様な語りが存在していた。十九世紀に入ると、この状況に拍車がかかる。以下に見ていこう。

1　文化年間、旗本杉浦氏領五ヶ村有力百姓による年頭等御礼参上願

文化四年（一八〇七）三月、本郷八ヶ村のうち、旗本杉浦氏領である下・辻・中江・比賀江・大野村五ヶ村（ただし、比賀江村は梶井宮領との相給）の有力百姓が、年頭・八朔などの際に杉浦氏京都役所へ御礼挨拶に行くことの許可を求め、同役所宛に請願を行った。(26)

その前提には、鮎献上を役とする京都代官所公認身分としての「名主」の誕生があった。宝永年間に本郷・小塩・黒田地域の七ヶ村（鳥居・塔・井戸・小塩・下黒田・宮・上黒田）が禁裏御料に編入された際、朝廷への鮎献上はこの七ヶ村の村請（つまり、杉浦氏領の村々は献上できなくなった）で行うこととなった。一方、本郷地域の有力百姓達は、十七世紀末以来、鮎献上を自分達「名主」の特権であると主張するようになっていたため、鮎献上の村請化・杉浦氏領排除に抵抗し、禁裏御料村落の平百姓としばしば訴訟沙汰となった。そのような中、寛政期に鳥居村村役人（非有力百姓で庄屋となった者）・平百姓と有力百姓の間で生じた争論の裁許で、鮎献上が禁裏御料七ヶ村「名主」の特権と認められ、ここに朝廷への鮎献上を役とする「名主」身分が誕生する。問題は、その「名主」身分に、本郷地域に属さない小塩村・黒田三ヶ村の住民が含まれ、かつ杉浦氏

領五ヶ村の有力百姓が排除されたことであった。つまり、本郷地域の有力百姓が、京都代官所に公認された「名主」身分の者と、そうでない者に分裂してしまったのである。[27]

以上を踏まえると、五ヶ村有力百姓が杉浦氏京都役所への御礼挨拶を願ったのは、領主との結びつきを強化することで、「名主」身分と同等の格を得ようとしたためだと判断できる。請願は無事に許可されたのであるが、ここで問題としたいのは、提出した請願書に添付された有力百姓達の由緒書の中に「三条院御宇長和五年依勅願山国庄内ニ五社宮御造営、庄司三拾二名為御神事奉行、各綸旨宣旨賜下為」（三条天皇の長和五年、勅願により山国神社が創建され、庄司であった三十二名が神事奉行に任じられ、各々に綸旨と宣旨が下された）と記載されていることである。「名」が人数の単位として記されているのは十八世紀にも見られたが、三十二という数字は、管見の限り初見である。

実は、この三十二という数字は、杉浦氏役所の記録に対応させたものであった。請願書の控には、次のような説明が付されている。

【史料3】

一、右由緒書之内、当庄三拾三名有之候処、此度三拾弐名と書出候訳者、御地頭様御記録ニ山国三拾二名と有之由承之、不致府合候而ハ不可然との儀ニ付、依之三拾二名と相認メ差出し候事

有力百姓の由緒は本来三十三名であるが、杉浦氏役所の記録には三十二名と書いていると聞いたので、杉浦氏側の記録と合致させるために三十二名と記載したのだという。この情報を五ヶ村有力百姓にもたらした

のは、中江村の有力百姓小畠内記の実弟で、当時、杉浦京都役所で用人を務めていた小畠杢右衛門である。(28)この請願が許可されたのも、ひとえに彼の尽力によるものだったという。請願書には、本家・曹流家・庶子家といった有力百姓内の家格差への言及もなかったが、これも、細かな情報を入れても江戸での評議に混乱を来すだけなので、本家・分家の別だけにした方が良い、との杢右衛門の助言に従ったものであった。

こうして、「名」数について、三十三、三十六に加え、三十二とする語りが新たに登場した。役人側の記録との齟齬を不都合とする杢右衛門の指摘が杞憂でないとすれば、公にする由緒書は、これらの数字すべてに対応したものでなければならなくなる。この点が、後述するように、「弘化版」の内容にも影響を与えていくこととなる。

2 「山国名主旧例規矩改正書」の編纂

杉浦氏領五ヶ村有力百姓による請願から七か月後の文化四年十一月、「山国名主旧例規矩改正書」（以下、「文化版改正書」）が作成された。この文書は、一九六〇年代の同志社大学人文科学研究所による山国地域の調査・研究の中では利用されていたものの、その後、諸般の事情で内容を確認できなくなり、山国荘調査団による調査・研究では、これまで利用がかなわなかった。しかし、二〇二三年夏、同志社大学人文科学研究所の「河原林文庫」の中にその写が一冊含まれているのを著者が見出し、本稿執筆にあたって、全容を把握することができた。(29)以下、紙幅が許す範囲で見ていきたい。

「文化版改正書」の編纂理由について、その巻末には次のように記されている（【写真3】も参照されたい）。

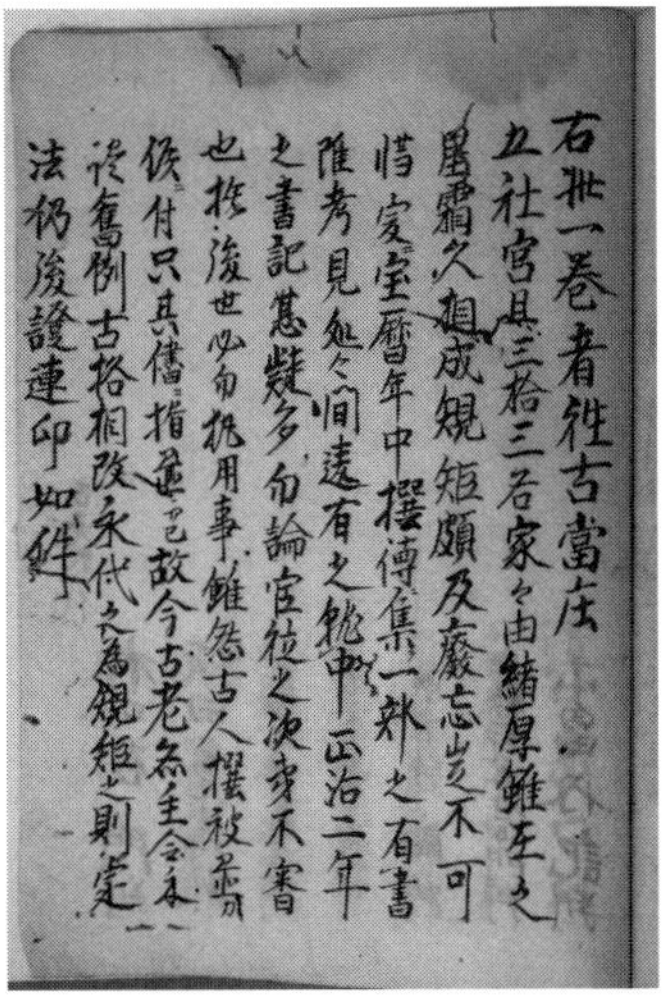

【写真3】

【史料4】

右此一巻者、往古当庄五社宮且三拾三名家々由緒厚雖在之、星霜久相成、規矩頗及廃忘豈不可惜、爰ニ宝暦年中撰伝ニ集テ一部之有書、雖考見、処々間違有之、就中正治二年之書記、甚疑多、勿論官位之次第不審也、於後世必而執用事、雖然古人撰被置ヵ候ニ付、只其侭ニ指置而已、故今古老・名主令示談、旧例古格相改、永代之為規矩之則定法、仍後証連印如件

山国神社と三十三名の家々の由緒は、時が移ろう中で忘れ去られている。宝暦年中に「古家撰伝集」が編纂されたものの、多くの誤りがあり、特に「官位次第」の記述は疑わしく、後世に必ず問題を生じさせるであろう。しかし、古人が作成したものなのでそのまま残し、改めて古老・名主と相談し、旧例古格を調べ、今後引き継いでいく規則をここに定める――おおよそ以上のことが記されている。「宝暦版」の内容への疑問、とりわけ「官位次第」への疑義が、編纂の経緯として示されているのである。「官位次第」が、記載年よりも後年に作成されたものであることは、山国地域の研究を行う現代の歴史研究者の間では、自明である。しかし、近世期の有力百姓の中からこの文書に対する疑義が上がっていたことは、これまで確認されてこなかった。この時期の本郷地域の有力百姓達が、文書の内容について一定以上の考証力を持っていた様子が窺えよう。

かかる疑義を提示する右の記述の中で、「名」の数は三十三となっている。この点に関わって注目されるのは、この「文化版改正書」では、三十三名のうち、本郷地域に存在するのが二十八名半で、残り四名半は小塩・黒田地域にある、とされたことである。前項で述べた通り、鮎献上をめぐる寛政期の争論の結果、京都代官所公認身分としての「名主」が、本郷・小塩・黒田地域の禁裏御料村落に誕生した。小塩・黒田地域にも「名主」が誕生した以上、「名主」であることを主張する本郷地域の有力百姓由緒の中に、これらの地域について言及しないわけにはいかない。つまり、この時期の本郷地域の有力百姓は、小塩・黒田地域に「名主」がいると認めざるを得ない状況にあったのであり、それゆえに、三十三の「名」のうち四名半は小塩・黒田地域に存在する、との語りを「文化版改正書」に挿入したのだと考える。

なお、「はじめに」でも触れた通り、「名」数は三十三で、うち小塩・黒田地域に四名半が存在するとの主張は、「寛文拾年庚戌八月吉日」の日付を持つ「丹州山国境内之目録」にも見られるものである。しかし、「丹州山国境内之目録」については、その成立を寛文十年(一六七〇)と見るのは困難であることを、筆者が既に指摘している。[30]小塩・黒田地域に四名半とする語りが十七世紀段階で登場していたと見るのは早計であり、「山国神社文書」中の同文書が納められた箱の蓋裏に「享和二歳星次壬戌二月吉日」とあることも含めると、むしろ筆者としては、同文書の成立は「文化版改正書」が編纂されたのと同じ頃だと現状では考えている。[31]

「名」を所有していた家をあきらかにするために「文化版改正書」が用いたのは、「天文九年四月三日記録」(『丹波国山国荘史料』に翻刻されている「丹波桑田郡山国名職帳」(天正九年四月丹波桑田郡山国名職帳))であった。[32]「丹波桑田郡山国名職帳」に記載されている「名」数は二十八であり、「名」の所有者として記載されている人名はすべて本郷地域の有力百姓の苗字であることが、既に坂田聡によって指摘されている。[33]つまり、「文化版改正書」には、小塩・黒田地域に四名半が存在するとの言及がある一方で、どの「名」がこれらの地域にあるのか、具体的に記されることはなかったのである。

前節で利用した「諸方書物目録帳」によれば、「文化版改正書」は、その正本が六年六月に高田寺宝蔵に収蔵されたのが確認できる。同文書は、この時期の有力百姓から「宝暦版」とはあきらかに異なる位置づけを与えられたのであった。

3　黒田地域の動向

本郷地域で由緒の精査が行われている中で、黒田地域にも動きが出ていた。

「上黒田春日神社文書」には、貞享二年（一六八五）成立の「山国庄名家由来古家撰伝記」を文化元年三月十一日に筆写したものとする文書が存在する。[34]「山国庄名家由来古家撰伝記」は、現状、本郷地域では存在が確認できておらず、貞享二年成立との記載が正しいのかどうか、定かではない。その内容については谷戸佑紀の研究に譲り、[35]ここでは文書の末尾にあった次の記載に着目したい。

【史料5】

一、下山国八箇村、当時網株苗家人数故例減却シテ新法立テ新苗改記ヲ作、其上従往昔是在候正治二年山国庄由来苗帳書崩、以我意ヲ新苗改記ヲ作、高田寺江納置、其上右書類ヲ小堀御役所数通書上置候処、文化五年午六月悉々御吟味是在、下山国八ケ「村」脱カ惣代一言モ返答無御座候故、是差上置候書類差戻ス《ママ》可申候処、一端取上ケ候書差戻スモ如何鋪、向後取用申間鋪、山国庄屋名主網株ニ少茂甲乙ハ

無御座候トノ書付差上可申ト御申被成下、山国八ケ村ト熟談之上右之通書付総連判ニテ差上置候也
○是別書下山国八ケ者赤面ス
一、右書類山国庄高田寺ニ納メ是在、其外二通リ之書認メ是在趣、是出候時、驚キ取用申間鋪故来是在
故実書類差出シ候ハ、黒田ニ従《ママ》旧ヨリ是在書ト引合返答ス也

最初の一つ書きでは、「文化版改正書」の成立とその後の状況について、黒田地域住民としての立場から記述がなされている。彼らからすれば「官位次第」の否定は本郷八ヶ村有力百姓の「我意」＝勝手な判断であり、その由緒を京都代官所に届け出たところ厳しい吟味を受け、最終的には黒田地域の住民と相談の上、山国庄屋・名主網株に上下の差別がないことを明記した文書を総連判で提出したという。ただし、ここでは京都代官所からの吟味を「文化五年午六月」としているものの、文化五年の干支は辰である。常識的に考えて、干支の誤りはその年から時期が離れていない頃には起こりにくいであろうから、この部分の記載がなされたのは、文化五年よりもだいぶ年月が経った頃であったと想像される。(36) よって、記述の内容は割り引いて考える必要があるが、さしあたり黒田地域の住民達が「文化版改正書」に不満を持っていた点は、信じてよいであろう。では、なぜ彼らが不満を持っていたのかというと、それは「文化版改正書」には小塩・黒田地域に四名半が存在するとの記載はあっても、これらの地域の住民の先祖がどの「名」を所有していたのかについて、具体的な記述がなかったからではないだろうか。先述した通り、「文化版改正書」が三十三名を比定するために参照した「丹波桑田郡山国名職帳」には、本郷地域の有力百姓の先祖と想定される者しか出てこないのである。

二つ目の一つ書きには、「文化版改正書」以外に二つの由緒書類が本郷地域にはあることと、京都代官所に吟味を受けた際、「黒田ニ従旧ヨリ是在書」（黒田地域に古くから存在する由緒）と引き合わせた上で返答した旨が記されている。二つの由緒書とは、おそらく「宝暦版」と「天明版改正書」のことであろう。

問題は、「黒田ニ従旧ヨリ是在書」である。黒田地域の住民が「文化版改正書」に不満を持っていた理由についての推測が正しいとすれば、ここで黒田地域の住民側が提示する由緒には、黒田地域住民の先祖の姓名が「名」の所有者として記されたものでなければならない。現状、筆者が把握する限りでそれに該当するものといえば、「名主家由緒書」以外考えられない。【史料5】で何度か出てくる「下山国」との表現（つまり、黒田地域を基点に本郷地域を捉える表現）が、「名主家由緒書」にも複数回登場するという事実が、両文書の作成者の類似を示している、といえる。

さて、では、黒田地域に古くからある、との記載はどうであろうか。「山国庄名家由来古家撰伝記」が文化元年に筆写したものとされているのは前述したが、実は下黒田村の住民の家文書の中にも、本郷地域の由緒書を筆写したものが複数存在する。

一つが、「山国名主改帳」[37]と題された文書である。内容的には【史料1】の「三拾三名山国之由緒御尋ニ付書上」とおおよそ同じもので（同一ではないため、異本からの写と推定される）、表紙に記載されている情報を信じるのであれば、文化八年に書き写したものであるという。

もう一つが、「山国名主帳」[38]との表題を持つ文書である。こちらは、「宝暦版」の写（ただし、「山国神社文書」中のものには宝暦期までしか触れられていない新撰家に関する記述が、明和期分まで記載されているため、異本の写と推定される）で、末尾に「文化九年申三月日書之」とある。

以上から、文化期の黒田地域住民が、本郷地域に伝わる由緒を積極的に収集していたことは確実である。では、なぜ彼らが本郷地域の由緒を集めていたのかを考えてみると、それらを参考に、黒田地域住民の先祖も加えた新たな由緒書を作成しようとしていた、と見るのが最も自然であろう。「名主家由緒書」は、「文化版改正書」への反発から、黒田地域の住民によってこの時期に作成されたものと筆者は考える。

こうして、文化期には「名」の数に関する「新説」が複数登場しただけでなく、「名」の所有者に関しても、黒田地域の住民を加えた新たな語りが登場することとなった。本郷地域有力百姓達による由緒の精査は、皮肉なことに、由緒のさらなる錯綜を招いたのである。

三　弘化版「古家撰伝集」の編纂――由緒統合の試み――

「文化版改正書」編纂から三十年程が経った弘化四年（一八四七）九月、「弘化版」が編纂される。[39]その目的や特徴は、どのようなものであったのか。検討していこう。

1　弘化版「古家撰伝集」編纂の目的

「弘化版」の巻末には「此度撰伝集改正之儀者、文化書記甚疑多而、国方一同集会之上、令火上畢、然る上者、雖出洩残、文化書記可為反古者也、為其惣代連判如件」（今回の撰伝集改正にあたっては、「文化書記」（＝「文化版改正書」）に誤りがあまりに多いため、名主一同で集会し、同書を燃やした。もし今後その写などが出てきたとしても、すべて処分することを名主惣代連名で誓約する）と記されている。「弘化版」は、「文化版改正書」の内容を否定し、その記憶を世の中から葬り去ることを企図して編纂されたのである。

「弘化版」を見る限り、その編纂に携わった人々が「文化版改正書」を問題視したのは、同書が「宝暦版」と「官位次第」を批判していたからであった。前節第二項で見たように、「文化版改正書」は「宝暦版」と「官位次第」の内容には怪しいところが多いとし、山国荘の「名」数については、それらの文書に記載されていた三十六ではなく、「天明版改正書」などに見られた三十三としていた。これに対し「弘化版」は、「名」数を宝暦版と同じ三十六に戻している。

その一方で、「名」を所有したとする姓名の記述は、「弘化版」と「宝暦版」の根拠文書である「官位次第」とでは、大きく異なる。つまり、「弘化版」は、「名」の数こそ三十六としているものの、「官位次第」には依拠せず、独自に考証を加えているのである。

かつて同志社大学人文科学研究所が発行した冊子に、『家譜略全／古家撰伝集覚書』というものがある。[40]タイトルになっている二つの文書（ただし、後者の原物は無題）をガリ版で翻刻したもので、後者は、中江村の有力百姓小畠家の伝来文書の中に含まれたものである。「古家撰伝集覚書」の部分を見てみると、本郷八ヶ村のうち、中江村を除いた各村の有力百姓の正治二年から文化四年までの来歴が、その考証を併記しつつ、「改記」が作成されたとされる年ごとに記載されている。考証の多くは「文化版改正書」に記載された「名」の所有者に関する批判で、「文化四年度ハ天文度之記ニ寄せ書故八十八名不足ニ而無理多シ」（福久名の高野氏の来歴に関する考証部分。『家譜略全／古家撰伝集覚書』四十七頁）など、非常に手厳しい。

この「古家撰伝集覚書」の内容と「弘化版」を比較してみると、「古家撰伝集覚書」での考証結果が、「弘化版」にほとんどそのまま反映されている。仲村研は、「古家撰伝集覚書」は「弘化版」編纂の準備作業として作成されたものと推測しているが（同一頁）、適切であろう。

近世期の小畠家には、応永六年（一三九九）八月に後小松天皇が山国地域の有力百姓の先祖に神領百二十五石を与え、山国五社明神の維持・管理を命じたとする綸旨に擬した文書が保管されていた。[41] 俗に「後小松天皇綸旨」などと呼称されているこの文書は、「宝暦版」・「弘化版」中の由緒の中で言及されているのはもちろんのこと、「天明版改正書」「文化版改正書」の後半に記載されている有力百姓の相続に関するルールの中で、有力百姓家の当主へ一代に一度だけ拝見を許す、とされていた。前節で見た通り、文化期の私領五ヶ村による杉浦氏京都役所への請願に際し、「名」数を三十三から三十二に変更するよう促したのも、小畠家当代の弟である。すなわち、小畠家は近世後期においては本郷地域の由緒を管理・検証する「由緒の家」ともいうべき存在だったのであり、そのような家柄であったからこそ、「名」の所有者についても手を加えることができたのであろう。

2　由緒の統合

しかし、由緒が本郷地域の有力百姓全体のものである以上、小畠家といえども、独断で由緒を作ることはできない。既に「名主」が誕生していた小塩・黒田地域への配慮や、かつて支配機構に提出した由緒との整合性も図る必要がある。「弘化版」は、これらの点にどう対応していったのであろうか。

「名」の数については、既存の由緒の中に見られた「名」数や、杉浦京都役所に提出した三十二名という数字に配慮する処置が取られていた。具体的には、次のようなものである。

【史料6】

……又祭田を下し賜ふて配当の私領とす、此時の執奏せしを沙汰人といふとかや、こゝに至て御杣・棚見合三十二名当庄に住す（延暦より長和に至り当庄に住者三十二名也、百二十五石を割賦に領す、）其後三十六名と成て百二十五石を配当し、任官神役各宣旨を蒙り、其後追々子孫多端して既に正治二年に至て八十八家となり……

【史料7】

……応永六年八月十五日、後小松院故実歴然たる事叡聞に達し、万里小路大納言忠房卿・庭田中将重之朝臣執達して、先矩の如く神領百弐拾《ママ》石の綸旨を下し賜ふ（賜下而郷中異論有り、和談をして小畠へ預ケ）三十三名功田（但シ三十六名田の内、三名の田畑黒田村又大野村の内に有りしと、名上古※（応永比歟）常照寺領と成、案に常照寺古領三百六十石是歟、道教・親弘・久次三名田なる歟乎）幷職禄古例の如く配当して……

※（　）は割注内の割注

【史料8】

……又百三代後花園院寛正三年十二月、又再先矩を以て綸旨を下し賜ふ（天正乱に散失）所、文明比かや、二十八名半田畑と成て配当す（三十三名の内、定宣・為清・房光・道兼の内半除之、右三名半田、後花園院御霊料百弐拾石の田畑是ならんや、割賦（文）天正九年改記に有之、三十六名田為弐十八名半田記に詳也）……

【史料6】では、山国荘には延暦期から長和期の間に三十二名が設置され、その後に三十六名となり、正治二年にはその子孫が八十八家存在するようになったと説明する。【史料7】では、「後小松天皇綸旨」の下賜を受け、改めて三十三名を各家に配分したと述べつつ、割注で、残りの三名は黒田地域か大野村に設置されたものだとし、その三名が常照寺領になった可能性や「官位次第」に記載された名のいずれに該当するかが考察されている。【史料8】では、文明期に三十三名から三名半を除いた二十八名半を改めて配当したこと、三名半は後花園天皇御霊料になったこと（引用外の箇所で、御花園天皇御霊料が小塩地域にあると述べている）、二十八名半の配分については天文九年改記（＝「丹波桑田郡山国名職帳」）に記されていることが述べられる。三十三名から三名半を減じた値は二十九名半とならなければならないが、二十八名半と記載することに意味を見出していたがゆえに生じた誤りであろう。このように、「弘化版」はそれ以前の由緒の中に見られた「名」数のどれが正しいのか、ではなく、すべてが正しいものとして、その整合性を図る記述となっているのである。

また、【史料7】【史料8】に出てくる名＝道教・親弘・久次・定宣・為清・房光・道兼は、すべて「丹波桑田郡山国名職帳」に記載のないものである（道教は道清の誤りか）。それゆえ、これらの名は、どの地域に所在したのか、相対的に自由な設計が可能となる。かくして、三名が黒田地域と大野村、三名半が小塩地域にあるとの説を立てることが可能となり、どの名がそれに該当するかを考証する余地も生まれるのであった。

3 「正史」の誕生

前項に記したような特徴を持つ「弘化版」は、完成後、直ちに正本が高田寺宝蔵に納められた。その上で、写を本郷八ヶ村へ一冊ずつ配り、有力百姓本家が保管することとした。写への加筆は認めず、発覚した場合は没収するとも定められた。関連して、「天明版改正書」や「文化版改正書」では、「後小松天皇綸旨」拝見の対象者を特に指定していなかったが、「弘化版」では有力百姓本家に限定されている。(42) 由緒の管理を厳格化することで、異説が出る可能性を封じ、「弘化版」の中で記された由緒を唯一無二のもの＝「正史」化しようとしたのである。
その結果、先にも触れた通り、高田寺宝蔵に納められた「文化版改正書」は焼却され、各村の有力百姓本家が保管していただろう写も処分された。二〇二四年現在までに山国荘調査団が調査・整理を行った文書群の中で、「文化版改正書」を含んでいたものは一つもない。写の処分は相当徹底して行われたものと考えられる(43)。

一方、「宝暦版」は、「文化版改正書」とは異なる扱いがなされた。「弘化版」中に「于此以宝暦度之撰集為旨、其書聊雖有所改、先輩之所撰故不廃也」(「弘化版」では、「宝暦版」を重視する。「宝暦版」は間違いもあるが、先人の撰したものであるため、廃棄はしない)との記載があるように、弘化期の有力百姓達は、「宝暦版」を編纂した先祖を称え、誤りはあっても廃棄しないと明言している。「弘化版」の「正史」化は、「宝暦版」の「古典」化を同時にもたらしたのであった。

第一節第一項で見た通り、明治二十年十月に作成された山国神社目録からは、「弘化版」とは別に、「宝暦版」と「官位次第」をセットで一箱に納めて収蔵していたのが確認できる。おそらく「宝暦版」と「官位次第」は、「古典」化を遂げた弘化期以降に高田寺宝蔵に収蔵され、やがて山国神社へ引き継がれたのであろう。

おわりに

本稿では、十八世紀後半から十九世紀はじめにかけては多様に存在/創出されていた有力百姓達の由緒が、

「弘化版」の編纂によって一つの由緒に統合されていく様子を見てきた。推測に頼った部分も多いが、それでも、従来の研究に比すれば格段に各由緒の性格や、由緒同士の関連性を示すことができたと思う。序章で触れた通り、従来の研究は、各由緒に出てくる「名」数の微妙な違いを「弘化版」の記載などに拠ることで整合的に理解しようとしてきたが、本稿での検討を踏まえた上でいえば、これらを整合的に理解しようとすること自体が、弘化期の有力百姓達の思うツボだったのである。

由緒自体は創作でも、その中には何かしらの事実が含まれているという考えは、決して間違いではないだろう。日本史研究において、史料が残らない時期や事象の説明を、由緒書の類に依拠して行うことはよくあることであり、史料が有限である以上、それは止むを得ないことでもある。しかし、その際に近世民衆の怜悧かつ強かな考証力を想定しておかなければ、思わぬ落とし穴に落ちる場合もあることを強調し、稿を閉じたい。(44)

註

(1)仲村研「丹波国山国荘の名体制」(同『荘園支配構造の研究』吉川弘文館、一九七八年、初出一九六六年)。引用は八三頁。

(2)西尾正仁「山国名主家伝承の諸相」(坂田聡編『禁裏領山国荘』高志書院、二〇〇九年)。坂田聡「由緒書と偽文書　中近世移行期における山国枝郷三か村を例に」(同『家と村社会の成立　中近世移行期論の射程』高志書院、二〇一一年、初出二〇〇九年)。

(3)谷戸佑紀「山国郷の由緒書と明智光秀伝承」(坂田聡編『古文書の伝来と歴史の創造　由緒論から読み解く

山国文書の世界』高志書院、二〇二〇年)。拙稿「十八世紀丹波国桑田郡山国郷における由緒書の編纂と「郷士」身分」(『カルチュール』十五、二〇二一年)。
(4)ただし、この論考を執筆している時点で、筆者の主張に対し三者から反証は提示されていない。
(5)前掲註(2)坂田論文。
(6)史籍刊行会、一九五八年。
(7)「山国神社文書」三‐一二三‐一。
(8)「山国神社文書」三‐一二六。
(9)明言はされていないが、仲村研は「名主家由緒書」の作成時期を十六世紀後半と推測しているため、「古家撰伝集」がそれに依拠して作成されたものであることは自明の前提となっている。前掲註(1)仲村論文。
(10)前掲註(1)仲村論文。
(11)「山国神社文書」三‐一二七。
(12)前掲註(1)仲村論文。山国調査団メンバーによる研究でも、この数字の違いが持つ意味については検討されてこなかった。
(13)この点、坂田聡は近年の論考で、三十六名という「名」の数を再検討する必要を強調している。同「戦国期山国荘本郷地域における名体制と名主」(『日本歴史』九〇二、二〇二三年)参照。
(14)この点、西尾正仁が最近の論文で詳細な検討をしている。同「京都近郊村落における歴史認識　丹波国山国郷の由緒書改編事業を通して」(『御影史学論集』四九、二〇二四年)参照。
(15)前掲註(3)谷戸論文、拙稿「十八世紀丹波国桑田郡山国郷における由緒書の編纂と「郷士」身分」、拙稿「中近世「名主」考」(前掲註(3)坂田編)。
(16)たとえば、元禄五年(一六九二)六月に大覚寺宮からの御尋を受けて作成した「大覚寺宮様江神宮寺儀書上ケ候控」(「鳥居等家文書」二‐一六一)には「三条院長和五年山国庄始遷五社之明神」(三条天皇の長和五年に山国荘に五社明神を勧進した)との記載はあるが、有力百姓の起源や「名」の設置などに関する逸話はない。

なお、本史料は谷戸佑紀から教示を受けた。

(17)「江口九一郎家文書」C–五。

(18)前掲註(14)西尾論文ほか。

(19)「山国神社文書」三–一二三–一。

(20)「書類目録」(「山国神社文書」四–一七二)。

(21)「山国神社文書」三–一一四。

(22)柳澤誠「丹波国山国郷における文書保存・管理・利用」(佐藤孝之・三村昌司編『近世・近現代文書の保存・管理の歴史』勉誠出版、二〇一九年)。

(23)「山国神社文書」五–四十一。

(24)「三拾三名山国之由緒御尋ニ付書上」(「鳥居等家文書」一–一一九)。

(25)前掲註(2)西尾論文。

(26)「河原林成吏家文書」四。以下、注記がない限り、この請願に関する記述はすべて本史料による。

(27)詳細は、前掲註(15)拙稿「中近世「名主」考」、同「近世畿内・近国社会と天皇・朝廷権威」(『歴史学研究』九七六、二〇一八年)参照。

(28)小畠家と杉浦氏京都役所との関係については、秋山國三「旗本家臣団の構成と地方支配　杉浦氏の場合」(『同志社大学人文科学研究所紀要』六、一九六三年)参照。

(29)「河原林孟夫氏所蔵文書」【同志社大学人文科学研究所所蔵】七。ただし、同志社人文科学研究所による共同研究で利用されていたのは、中江村小畠家に伝来したものである。

(30)拙稿「「丹州山国境内之目録」について　丹波国桑田郡山国荘(山国郷)の中近世移行期像再考に向けて」(『カルチュール』十六、二〇二二年)。なお、拙稿では、寛文十年という日付が「丹州山国境内之目録」に記された理由について見通しを立てることができなかったが、同年は「奥山」をめぐる山国・黒田地域と広河原地域との争論のスタートの年であることが、本書第八章の大貫茂紀の論考によってあきらかにされた。

(31)なお、黒田宮村の有力百姓西家に伝来した家譜「西家永代書留」にも黒田に四名半が存在したとの記述があるが、この「西家永代書留」については、現存本の成立は弘化期～万延期の間だと坂田聡が主張している(同「黒田宮村西家の家譜・由緒と「常照寺一件」」(前掲註(3)坂田編)。

(32)前掲註(6)野田編『丹波国山国荘史料』、資料番号三五〇、二八一～二八三頁。「宝暦版」は、正治二年、天文九年、慶安元年、延宝二年にも「改記」が作成された、とする。天文九年「改記」とは、おそらくこの文書であろう。なお、本文書の冒頭には「後小松天皇綸旨」の内容を踏まえた記述があり、天文九年の作とするには疑問が残る。同文書の評価には注意を要することは、坂田聡も指摘している(前掲註(13)坂田論文)。

(33)前掲註(2)坂田論文。

(34)「上黒田春日神社文書」B-四-四。なお、外題は「山国庄悉改実録撰家記」である。

(35)前掲註(3)谷戸論文。

(36)また、同文書はすべて同筆で書かれているので、これが文化元年に書き写されたものであるという記述も疑わしい。

(37)「井本正成家文書」五-二-十八。

(38)「井本正成家文書」五-二-十九。

(39)かような動きがなぜ弘化期に出たのかについては、現状、見通しを立てられていない。あえて指摘するなら、文化期から弘化期にかけては、本郷・黒田地域と広河原地域の間で「奥山」をめぐる争論が断続的に発生しており、本郷・黒田地域の住民が自らの主張の正当性を強調するために、京都代官所や町奉行所といった支配機構へ由緒を提出する機会も多かったであろう。このことが、本郷地域の有力百姓達に錯綜する由緒を統合する必要性を認識させたのかもしれない。なお、この時期の「奥山」争論については、本書第九章の冨善一敏論文を参照のこと。

(40)同志社大学人文科学研究所第二研究編『家譜略全/古家撰伝集覚書』(同志社大学人文科学研究所、一九六五年)。

(41)「後小松天皇綸旨」の伝来や、その保存・利用のあり方については、柳澤誠「鳥居家家譜の成立」(前掲註(2)坂田編)、同「由緒文書の作成・書写・相伝」(前掲註(3)坂田編)、本書第五章の谷戸佑紀論文も参照のこと。

(42)以上、すべて「弘化版」中の記載による。

(43)本稿で利用した「河原林孟夫氏所蔵文書」についていえば、実は河原林本家は、「古家撰伝集覚書」の中で、本家の中でも特に由緒のある「重代嫡流」であることを否定されていた。推測の域を出ないが、自家の来歴を他家から疑われていたことが、河原林家が「文化版改正書」を廃棄しなかった理由かもしれない。

(44)この点、「椿井文書」に関する馬部隆弘の研究も参照されたい。同『由緒・偽文書と地域社会　北河内を中心に』(勉誠出版、二〇一九年)、同『椿井文書　日本最大級の偽文書』(中公新書、二〇二〇年)。

第五章　山国郷の偽文書「後小松天皇綸旨」考

谷戸佑紀

はじめに

近世の山国郷において極めて重視された文書として「後小松天皇綸旨」がある。山国神社所蔵のものを掲げると次の通りである（後掲【表1】No.1）。

丹波国桑田郡山国庄内裏御杣之内、
五社之宮神領之事、具奉得　勅意処、
如先規、当郷以御領之内百弐拾五石分、
宛被下者也、然上者於後々末代、神事・
祭礼・修理等莫懈怠可仕旨、執達如件、

応永六□（虫損）年

万里少（ママ）路大納言藤原朝臣
忠房（花押）
八月十五日
庭田中将藤原朝臣
重之（花押）

これは天皇の叡慮を万里小路忠房・庭田重之が伝えるという内容で、具体的には応永六年（一三九九）八月十五日付で郷内において百二十五石の神領を与え、「五社之宮」の神事・祭礼・修理が命じられている。「五社之宮」とは、五社明神とも呼ばれ、惣庄の氏神とされた五つの神社で、鳥居村 山国神社（一宮）・比賀江村 春日神社（二宮）・中江村 賀茂貴布禰神社（三宮）・比賀江村 御霊神社（四宮）・比賀江村 日吉神社（五宮）を指す[1]。

そして、この時、同じく作られたとされるのが「沙汰人添状[2]」である。小畠家所蔵のものを掲げる（後掲【表2】No.１）。

丹波国桑田郡山国庄
内裏様御杣之内五扗（社）之宮神領事
合百弐拾五石者
天福元癸巳年
四条院御宇、当郷以御領内、右之神領宛被下可御論（綸）肯（旨）雖有

之、乱入之刻失却、依是応永六巳卯（ママ）年、御両伝奉（奏）奉得　勅意
処仕先規至弥勒（ママ）下生神事・祭礼・修理興隆等、無懈怠可相動勅（意）
定、自両伝奉（奏）仰被下、忝順（頂）戴仕者也、援（ママ）鏡如件、
応永六年己卯（ママ）九月朔日　比果大和守
清次（花押）
窪田近江守
成家（花押）
鳥居河内守
勝家（花押）
水口備前守
正吉（花押）

大杣
棚見
両座中

ここでは同年九月朔日付で、「沙汰人」と呼称された荘官の比果清次ら四名が、綸旨の発給があったことを名主座に伝達している。

発給の経緯としては、弘化四年（一八四七）九月に成立した「改正古家撰伝集」に詳しい記述がある。（3）

応安四年三月、足利将軍執権細川武蔵守頼之姑棄野山（鳥居村にあり）麓に閑居せり、村老（鳥居・水口・比果・窪田）懇意を謁し、往古の由緒を語りしか、同六年十二月頼之帰洛後奏聞を遂らる所、頼之卒けるにて、北山第（義満将軍法名道義、第を北山に建、今の金閣寺是なり）昵近衆江言上せしか遺願を聞給ふて、応永六年八月十五日後小松院故実歴然たる事叡聞に達し、万里小路大納言忠房卿・庭田中将重之朝臣執達して、先矩の如く神領百弐拾（ママ）石の綸旨を下し賜ふ（賜下而郷中異論有り、和談として小畠へ預ヶ）、三十三功名田（但シ三十六名田の内三名の田畑黒田村、又大野村の内に有りしとかや、上古、応永頃か、常照寺領と成、案に常照寺古領三百六十石是か、道教・親弘・久次此三名田なるか乎）、并職禄古例の如く配当して、別当・祝・禰宜・沙汰等の職を立、其余の氏人等恒例・臨時祭礼に仕なり、

（後略）、

つまり、郷内に隠棲していた細川頼之を通じて叡聞に達し、後小松天皇から綸旨を賜ったという。さらに神社の職制もこれを契機に定まったことが語られている。

近世後期には右のような伝承が存在していたのであるが、この文書は様式が明らかに誤っており(4)、差出に名前のある万里小路忠房・庭田重之も実在が確認できない人物(5)であることなどから、今日では「沙汰人添状」とともに偽文書(6)であるとされている。

しかし、少なくとも近世後期の郷内においては、疑う余地の無い本物として扱われていた。例えば、

①宝暦十三年（一七六三）三月成立の「古家撰伝集」に、「漸綸旨一枚小畠氏に預り、末代までの国宝となるものなり(7)」とある。

②天明七年（一七八七）二月成立の「山国名主旧例改書」に、「一、（小畠氏ニ預り候）御綸旨之儀、一代ニ壱度宛為改、拝見可仕

事[8]」とある。

③前掲「改正古家撰伝集」に、「一、応永六年頂戴之　綸旨小畠氏預り、此儀其家之一代ニ一度宛本家之者可致拝見候事、附り、四沙汰人添書同様披見可致候事[9]」とある。

といった事例があるように「国宝」とされ、中江村の小畠家に預けられていた正文は、「本家之者」が「一代ニ壱度」しか「拝見」することができないほど特別視されていた。

また、幕末期の山国隊結成に際しても、中心的人物である藤野斎が『征東日誌』において「応分ノ勤　王ヲ屹立シ、久敷沈倫ノ綸旨ヲ復古センモノト企図スル[10]」と述べているように、この綸旨の存在は大きな意味を持った[11]。

右のような「後小松天皇綸旨」は、現在でも名主家であったとされる家々において複数の写しが伝わっており、なかには、下黒田村の井本家に伝わった写しのように、奥書に「右御本紙有之候御写ニ而、麁抹不仕大切ニ可致者也[12]」と記されたものまで存在する。

この綸旨をめぐっては、これまでの研究のなかでたびたび言及されてきた。

仲村研は偽文書の作成や効力に取り組む研究において「後小松天皇綸旨」を取り上げ、これが「山国荘名主家由緒書」（後述）とともに、十六世紀末の太閤検地に際して作成（偽作）されたと指摘した[13]。

これに対して、西尾正仁は「山国荘名主家由緒書」への検討を行うなかで、仲村の理解に疑問を呈し、太閤検地後の十七世紀に「新たな秩序の確立を目指して運動」した「旧名主ら」の手によって段階的に作成されたとした[14]。

一方、坂田聡は、西尾の成果をもとに「山国荘名主家由緒書」の成立時期を論じ、そのなかで、「後小松天皇綸旨」は村々の間で起きた「山野の領有をめぐる争いを有利に進める」とともに、「上層百姓が、中世名主家の末裔という名目で保持した特権的地位や権益を正当化」するため、十七世紀後半に作られたとしている[15]。

このようななか、「後小松天皇綸旨」への理解を深める指摘もなされている。

例えば、薗部寿樹は、発給年が応永六年とされたことに注目し、他地域の名主座の事例を踏まえて、これが名主座の成立時期を反映する可能性があるとして、「山国神社名主座は、応永六年（一三九九）ごろの十四世紀末期には成立していた」とする[16]。

柳澤誠は、現在、山国神社に所蔵されている綸旨（後掲【表1】No.1）こそが、近世後期に正文とされた小畠家の綸旨であることを指摘し、「幕末あるいは明治の初め頃、山国神社に移管された」と推測している[17]。

とりわけ、岡野友彦は、「後小松天皇綸旨」と「沙汰人添状」の写しを素材として料紙データの分析を行い、寛文十二年（一六七二）以降の文書との間に近似値が確認できることを指摘し、前述した坂田の見解を踏まえて、これらを「十七世紀後半、寛文～延宝年間頃に偽作されたもの」とした[18]。

以上のように、山国郷の由緒や由緒書と関連して注目されてきたが、文書それ自体に注意を払い、詳しく検討を加える成果は乏しかったように思われる。

また、近年、山国郷を対象とした史料調査の進展に伴って、従来の理解に再考を迫る成果が生まれている。例えば、「山国荘名主家由緒書」は「後小松天皇綸旨」を収録（後掲【表1】No.17）する由緒書で、十七世紀に成立したとされてきたが、この成立時期に関して宝暦年間（十八世紀半ば）[19]や文化年間以降（十九世紀）[20]とする新たな見解が出されている。

加えて、吉岡拓の「丹州山国境内之目録[21]」に関する指摘も重要である。吉岡は寛文十年（一六七〇）八月吉日の日付を持つこの文書の内容を検討し、「その成立は、早くても貞享・天和期以降」として後から作成された偽文書であることを明らかにした[22]。さらに、正保元年（一六四四）九月朔日の日付を持つ「御宝殿奉籠山国庄校割之書物」についても、後の時代に作成された可能性が高いことを指摘している。

両文書は、前者が「後小松天皇綸旨」を文書内で引用する最古の事例（後掲【表1】No.2・3）であるとされ、後者も本文のなかに、

> 然後、応永六己卯年仁王百一代御門後小松院御宇、万里小路大納言忠房公 庭田中将重之公 以御両伝奉（ママ）得奏聞所ニ、被唯先例於当郷百弐拾五石社領到末代可致知行宣旨、忝山国名主仲間江御綸旨頂戴仕処明鏡也、

とあって[23]、十七世紀半ばにおいて綸旨の存在に言及する事例として知られてきた。しかし、吉岡の成果によってこれらの理解が成り立たないことが明白となった。

したがって、近年の研究により「後小松天皇綸旨」が十七世紀に作成されたとする従来の見解はその根拠を失い、これを自明視することはできなくなったといえる。

本稿では、右のような状況を踏まえて、改めて「後小松天皇綸旨」を取り上げ、山国郷における伝来と利用を中心に考察を行いたい。

一　「後小松天皇綸旨」の収集

本節では「後小松天皇綸旨」を収集し（文書内での引用を含む）、検討を行う。管見の限り、確認できる事例をまとめると、【表1】のようになる。[24]なお、No.2・3・4・5・6・12・13・17が文書内で引用されたものである。

従来の研究では注意が払われて来なかったが、一見して明らかなように、日付や宛所の記載に相違が存在している。これは単なる書写の誤りとは考えられず、同一の正文から転写されたとは想定できない。郷内の有力百姓家に複数の写しが存在する理由として、当主の代替わりの「拝見」時に書写がなされたと理解されてきたが、これは再考されねばならない。やはり何らかに使用する目的で、たびたび書写（あるいは作成）がなされたとすべきであろう。

まず、宛所に注目すると、その有無により二つのグループに分類できる。一方は本稿の冒頭で掲げた山国神社所蔵のもののように、宛所を欠くグループ（No.1・2・4・5・12・14・16・17）である。もう一方は宛所を有するグループである。大半は、宛所を比果大和守ら四名の荘官宛とするもの（No.6〜11・15）である。参考のためNo.8を掲げる。

御綸旨写

丹波国桑田郡山国庄内裏御杣内、

【表1】「後小松天皇綸旨」一覧

No.	日付	差出	宛所	備考	出典
1	応永六□《(虫損)》年 八月十五日	万里少《(ママ)》路大納言藤原朝臣 忠房(花押) 庭田中将藤原朝臣 重之(花押)	なし	小畠家旧蔵で山国神社に移管?	山国神社文書3-115
2	応永六己卯年 八月十五日	万里小路大納言藤原朝臣忠房 庭田中将藤原朝臣重之	なし	寛文10年(1670)8月吉日付「丹州山国境内之目録」(※成立年に疑いあり)で引用	山国神社文書3-127
3	応永六己卯年 八月十五日	万里小路大納言藤原《(ママ)》忠房 庭田中将藤原朝臣重之	大杣棚見名主中江	寛文10年8月日付「山国領分境内之目録」(※成立年に疑いあり)で引用	河原林成吏文書1
4	応永六年《(ママ)》 八月十五日	万里小路大納言藤原朝臣 忠房御書判 庭田中将藤原朝臣 重之御書判	なし	文化4年(1807)6月付「御地頭様江指上候由緒書願書御清書之写幷奥書連判帳」で引用 ※本文に「右御綸旨中江村小畠内記方ニ今以所持仕候」とあり	河原林成吏文書4
5	応永六年八月十五日	万里小路大納言藤原朝臣 忠房　書印 庭田中将　藤原　朝臣 重之　書印	なし	鳥居家本「山国荘名主家由緒書」に収録	鳥居等家文書1-2
6	応永六己卯年《(ママ)》	万里小路大納言藤原朝臣 忠房御判 庭田中将藤原朝臣 重之御判	鳥居河内守 水口備前守 比果大和守 窪田近江守	明治8年(1875)頃の作成と推定される「鳥居照勝家系手続書」において引用	鳥居等家文書1-38
7	応永六己卯年《(ママ)》	万里小路大納言藤原朝臣 忠房在判 庭田中将藤原朝臣 重之在判	比果大和守 窪田近江守 鳥居河内守 水口備前守		鳥居等家文書1-90
8	応永六己卯年八月十五日	万里小路大納言藤原朝臣 忠房判 庭田中将藤原朝臣 重之判	比果大和守 窪田近江守 鳥居河内守 水口備前守	端書「御綸旨写」	鳥居等家文書1-91-1
9	応永六己卯年《(ママ)》	万里小路大納言藤原朝臣 忠房御判 庭田　中将藤原朝臣 重之御判	鳥居河内守 水口備前守 比果大和守 窪田近江守	端書「御綸旨写」	鳥居等家文書1-91-2
10	応永六卯己《(ママ)》年 八月十五日	万里小路大納言藤原朝臣 忠房判 庭田中将藤原朝臣 重之判	比果大和守 窪田近江守 鳥居河内守 水口備前守	端書「御綸旨之写」	鳥居等家文書1-91-3
11	応永六卯己《(ママ)》年 八月十五日	万里小路大納言藤原朝臣 忠房判 庭田中将藤原朝臣 重之判	比果大和守 窪田近江守 鳥居河内守 水口備前守		鳥居等家文書1-91-4
12	応永六己卯年《(ママ)》	万里小路大納言藤原朝臣 忠房判 庭田中将藤原朝臣 重之判	なし	享保7年(1722)2月付「(神事・祭礼・祝言・葬礼等の帯刀願の写)」で引用	鳥居等家文書1-18・1-92
13	応永六己卯年 八月十五日	万里小路大納言藤原朝臣 忠房在判 庭田中将藤原朝臣 重之在判	名主中	享保8年正月付「口宣御願申上候付往古之由緒書上申候」で引用 ※本文に「応永六己卯年重而御綸旨致頂戴仕、至只今而郷士中《(見消)》間ニ所持仕候、薄墨写」とあり	鳥居等家文書1-4

14	応永六年(ママ) 八月十五日	万里小路大納言藤原朝臣 忠房花押有 庭田中将藤原朝臣 重之花押有	なし	端裏書「後小松院様応永六年　御綸旨写、本書者中江村小畠大炊方ニ預置」 ※小畠大炊は享和2年(1802)に80歳で没した人物である(『丹波国山国荘史料』所収「小畠系譜概略」) 『丹波国山国荘史料』では袖判があるとするが確認できない 裏面に「沙汰人添状」の写しあり	江口九一郎家文書 B-5
15	応永六己卯年 八月十五日	万里小路大納言藤原朝臣 忠房在判 庭田中将藤原朝臣 重之在判	鳥居河内守 水口備前守 比果大和守 窪田近江守		江口九一郎家文書 B-8
16	応永六年(ママ) 八月十五日	万里小路大納言藤原朝臣 忠房御書印 庭田中将藤原朝臣 重之御書印	なし	奥書「右御本紙有之候御写ニ而、麁抹不仕大切ニ可致者也」	井本正成家文書 1-112-2
17	応永六年八月十五日	万里小路大納言藤原朝臣 忠房　書印 庭田中将　藤原朝臣 重之　書印	なし	坂上谷家本「山国荘名主家由緒書」に収録	『丹波国山国荘史料』所収「正治二年正月三十六名八十八家私領田畑配分並官位次第」

五社之宮神領之事、具奉得　勅
意処、如先規、当郷以御領之内百弐
拾五石分、被宛下者也、然上者於後々
末代、神事・祭礼・修理等莫相怠
可仕旨、執達如件、
応永六己卯年八月十五日
万里小路大納言藤原朝臣
忠房判
庭田中将藤原朝臣
重之判
比果大和守
窪田近江守
鳥居河内守
水口備前守

ただし、このうちNo.6・9・15は記載順が異なり、鳥居河内守から書かれている。No.9を掲げる。

御綸旨写

丹波国桑田郡山国庄　内裏御杣之内、
五社之宮神領之事、具奉得
勅意処、如先規、当郷以御領之内
百廿五石分、宛被下者也、然上者於後々
末代、神事・祭礼・修理等莫懈怠可仕旨、
仍而執達如件、
万里小路大納言藤原朝臣
応永六己卯年　忠房御判
庭田　中将藤原朝臣
重之御判
鳥居河内守
水口備前守
比果大和守
窪田近江守

このほか、二例だけではあるが、宛所を名主宛とするもの（No.3・13）がある。No.3を掲げる。

丹波国桑田郡山国荘内裏御杣之内、五社

之宮神領之事、具奉得勅意処、如先規、当
郷以御領之内百弐拾五石分、宛被下者也、然
上ハ於後々末代、神事・祭礼等《（ママ）》・修理相怠
可仕旨、宣旨執達如件、
　応永六己卯年　万里小路大納言藤原忠房
　　八月十五日　庭田中将藤原朝臣重之
　　　　　　　　大杣棚見名主中江

次に、日付を見ると、(a)干支・月日を完備するもの（No.2・3・8・10・11・13・15）、(b)干支（「己卯」）を欠くもの（No.1・4・5・14・16・17）、(c)月日（「八月十五日」）を欠くもの（No.6・7・9・12）、という三つに分けることができる。

なお、(b)のNo.1は、干支の位置に虫損（破損）があるが、【写真】を見ると明らかなように干支が書かれていたとは判断し難い。元から干支の記載が無かったものと考えておきたい。

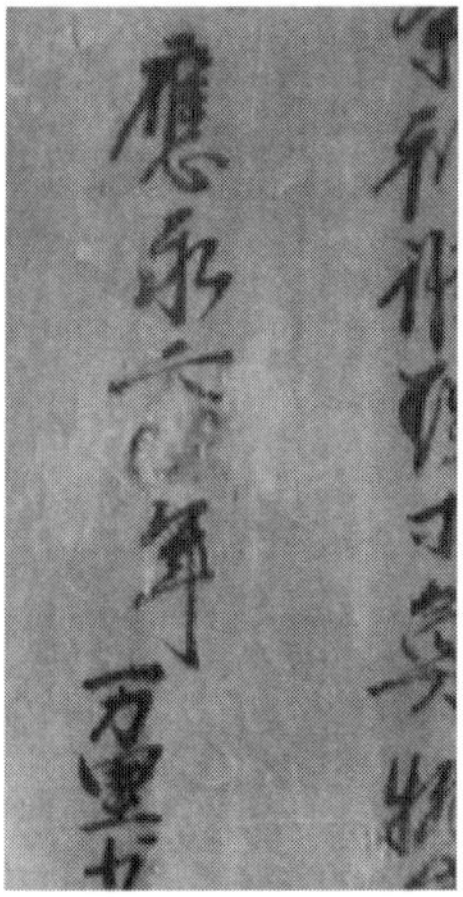
【写真】日付の干支部分

さて、宛所を欠くグループは、No.2・12を除いてすべて(b)と合致する。注目すべきは、No.4・14である。これらは本文や端裏書の記述から小畠家所蔵の綸旨を書写したものであることが確認できる。つまり、小畠家の綸旨は干支・宛所を欠

いていたことになる。そうだとすると、これらの特徴を有する№１は、やはり柳澤が指摘するように小畠家の綸旨と見て相違無いのではないか。

よって、宛所を欠くグループ（№２・12を除く）は、いずれも小畠家の綸旨（№１）の写しとすべきであり、冒頭で紹介した①〜③の事例を考慮すると、この綸旨は十八世紀半ばには正文として認識され、有力百姓家において書写されていたといえる。

一方、これ以外のもの（宛所を有するもの・月日を欠くもの等）は、小畠家の綸旨が正文としての地位を確立する以前に使われていたものと理解すべきであろう。

二　「後小松天皇綸旨」の成立

本節では前節を踏まえて、「後小松天皇綸旨」の成立について改めて検討する。

まず、山国郷において言及がなされるようになるのは何時からであろうか。成立時期に疑問符が付された前述の「御宝殿奉籠山国庄校割之書物」・「丹州山国境内之目録」は除外した上で、十七世紀を中心に確認してゆきたい。

そもそも、山国郷には特定の場所と結びついた伝承が数多く存在していたらしい。例えば、元禄十二年（一六九九）三月日付で鳥居村の鳥居照清が記した「盆山石所持并出所之由来」には、

盆山石所持并出所之由来

一、丹州桑田郡山国之里ニ　光厳院法皇御開基常照寺ト申御寺有、某十三歳ノ度、祖父之藤井氏治部ノ入道宗雲、一家ノ孫子共を召連此寺ニ参詣し、爰かしこの旧跡を伝へ聞せし、此所ハ嵯峨大井川の水上門前、則山河のなかれも漾《ママ》り清き零《ママ》地なり、磯辺に　法皇御腰懸石ト申名石ハ古へ　法皇此ほとりにて御手つから小石を集させたまひ、御遊覧ありし所なりとむかし物語を伝へ聞せ、（後略）、

とある。[25] これによると、照清は十三歳の頃に井戸村の常照寺に参詣した際、祖父が「爰かしこの旧跡」を話し、「むかし物語」を聞いたという。あくまで推測に過ぎないが、「後小松天皇綸旨」の原型になっているのは、このような各所にあった伝承のうち、神社の由緒に関する伝承なのではないか。実在しない人物の名前があったり、様式が誤っていたりする等、とかく不正確さが指摘されてきたが、それはこの綸旨が伝承をもとに郷内で作成されたことを反映しているように思われる。

次に、当該期における有力百姓の認識や知識を窺うことができるものとして、元禄三年（一六九〇）に黒田宮村の西佐右衛門が記したとされる「元禄年間西家永代書留」を確認したい。[26] これを見ると「後小松天皇綸旨」への言及は無く、少なくとも当該期の枝郷（黒田地域）においては知られていなかったようである。

ただし、

一、四沙汰人ハ
　鳥居村　鳥居殿
　下山国　水口殿

大野村　比賀殿　屋敷ハ野上町之下モ川端、ニ有之、則屋敷ニ宮アリ

中江村　久保田殿　屋敷ハ小畠之下モニ有、之、則屋敷本ニ宮アリ

右四人ハ代々守名御つき被成候人々也、

（中略）

一、むかし禁中様江黒田中ゟ米十八石ツヽ納申候、御さばきハ山国共までの小うし大納言・にわた中しやう、此下代むろ町たていりぼくさい、此子いわみとゆう人也、親方ハこのゑ様山国黒田とも、

とあるように、「後小松天皇綸旨」で登場する荘官や山国奉行（山国荘代官）に関する記述があることは注目すべきであろう。これらはいずれも十六世紀のあり方を示している。

つまり、坂田聡が指摘するように、[27] 山国郷の有力百姓たちが具体的に把握している過去とは十六世紀までだったのであり、「後小松天皇綸旨」はその知識をもとに十四世紀末まで遡らせて作成したものと考えられる。

では、「後小松天皇綸旨」への言及は何時から始まるのであろうか。管見の限り、神宮寺住職（応遍）・鳥居五兵衛・水口彦八郎が作成した「大覚寺宮様江神宮寺儀書上ヶ候扣」の記述が古い。[28] これは元禄五年（一六九二）六月十二日付で「寺社御改ニ付大覚寺宮様ゟ御尋」に答えるため作成されたもので、このなかに、

一、四条院天福元癸巳年為五社之神領百弐拾五石賜、御綸旨者山国四沙汰人下賜候所、乱入之刻失却仕候、

一、応永六己卯年　後小松院之御宇万里小路大納言・庭田中将殿以伝奏奉得勅意候処、任先例右之神領

百弐拾五石下賜、御綸旨者山国四沙汰人鳥居・水口・比果・窪田下賜、于今奉所持候、則右之神領
名主之中へ出、神事・祭礼・修理等勤来候、

とある。[29] ここでは神社が有力百姓の手によって運営されてきたことを主張するため、後小松天皇から綸旨を賜ったとし、それを現在も所持している旨が述べられている。

注目すべきは「御綸旨者山国四沙汰人鳥居・水口・比果・窪田下賜」とあることである。これは綸旨がもともと荘官宛であったことを示している。

右に関しては、宝永二年（一七〇五）の禁裏領編入（鳥居村など七ヶ村が対象）に際して作られたと推定される「慎而奉致演説覚承置候旨」に次のような記述がある。[30]

延喜式神名帳
一、丹波国桑田郡山国庄正一位一宮社一座、人皇八十六代　四条院天福元癸巳年任先製（ママ）社領百弐拾五石
御寄附之　綸旨被成下之処、其以後兵革乱入之節紛失仕候ニ付、百一代　後小松院御宇応永六己卯
年其巨細具以伝奏奉得　奏聞之条、任先規之例百弐拾五石以御領之内　勅裁、則　綸旨相伝仕候、
伝奏万里小路大納言忠房卿・庭田中将重之卿也、宛所四家之沙汰人鳥居河内守・水口備前守・比果
大和守・窪田近江守、右四人之者御普代之職事共ニ御座候、鳥居・水口両家者子孫正統尓今相続仕
候、（後略）、

綸旨の存在に言及した後、「宛所四家之沙汰人鳥居河内守・水口備前守・比果大和守・窪田近江守」として
おり、荘官宛であったことが確かめられる。したがって、前節で述べた荘官宛（【表1】№6〜11・15）の綸旨
は当該期に使用されていたものであることが明白となった[31]。
なお、№9のように、わずかながら鳥居河内守から宛所が始まる綸旨があるが、これは記載順を入れ替え
ることで鳥居家と水口家を優位とする当時の実情[32]に一致した綸旨を作成しようとした形跡であると考えて
おきたい。ただ、事例が少ないため、改変された綸旨として受容されなかったとすべきであろう。
以上から、

(1)「後小松天皇綸旨」の存在は、史料上は十七世紀末まで遡ることができるということ。
(2)当初、山国郷で使用されていた「後小松天皇綸旨」には宛所の記載があり、それは荘官宛であったという
こと。
(3)十七世紀末から十八世紀前半においては、十八世紀半ば以降に見られるような小畠家の綸旨を正文とする
言説が確認できないということ。

の三点を指摘できる。
とりわけ、(2)の事実は、かつて荘官を務めていた家々（特に絶家した比果・窪田以外の鳥居・水口の両家）と綸
旨との関係を考える上で興味深い。
この綸旨が、ⓐ山国郷が禁裏領であったこと、ⓑ郷内の神社に神領が与えられていたこと、ⓒ名主座の構

成員である有力百姓に神社の運営が命じられたこと、の三点を主張するものであることは言うまでもないが、それに加えて、旧荘官家の高い地位[33]を表す文書であったことを示唆する。

冒頭で紹介したように綸旨と一対となる「沙汰人添状」が存在しているが、ここで綸旨の発給を荘官から名主座に伝える形が取られているのは、これを意図しているのであろう。このことは前掲「慎而奉致演説覚承置候旨」において、「後小松天皇綸旨」に言及した上で、宛所にある「四家之沙汰人」を「御普代之職事」であると強調していることからも窺われる。

そうだとすると、この綸旨は本来、鳥居・水口という荘官の系譜を引く家々において作成され、彼らによって使用されていたと理解した方が適切なのではないか。荘官宛の綸旨の写しが鳥居家に集中して残っているのはそのためであろう。

つまり、「後小松天皇綸旨」は両家の優位を前提とした上で、有力百姓たちが神社の運営を担うことを正当化する文書であったと指摘できる。もちろん、神社への関与が数少ない特権[34]であったことを考慮するならば、他の有力百姓家にとっても綸旨の存在は利害に適っていたはずである。

また、ⓐであることを述べる「山国庄内裏御杣内」（【表1】No.8）という文言があることで、郷全体に関わる相論の場でも用いられたらしい。例えば、正徳三年（一七一三）十一月付で、広河原村の奥山の利用をめぐって山国十ヶ村から京都代官の小堀仁右衛門に提出した訴状（案文）には、

一、丹波国桑田郡山国之庄拾ヶ村と申ハ、山中ニ而山拵第一ニ渡世送り申所ニ而御座候、山国之奥山と申ハ其古杉・檜・槻木等大木御座候、則山国之庄内十ヶ村ハ

禁裏様御料ニ而御杣役相務、御用木之材木、又ハやね板をへぎ差上申候ゆへ、則奥山字御杣山と申
候、山国拾ヶ村之内江
御綸旨其外（抹消）　御口宣銘々頂戴仕（抹消）、尓今所持致申候、（後略）、

とある。[35]右では山国郷が禁裏領であったことを示す証拠として口宣案とともに言及されている。なお、口宣案のことを「綸旨」と呼称する事例[36]もあるが、ここでは明確に区別されているため「後小松天皇綸旨」を指すと判断した。

この綸旨の正確な成立時期に関しては、残念ながら不明とせざるを得ない。ただ、これまでの検討を踏まえると、少なくとも十七世紀末に突然、作成されたとは想定し難い。やはり前述した坂田聡や岡野友彦が指摘するように、郷内において特権的地位や権益の維持が強く意識されるようになった十七世紀後半に作成されたと考えておきたい。

加えて、「後小松天皇綸旨」と対をなす文書である「沙汰人添状」に関しても触れておく。管見の限り、確認できる事例をまとめると【表2】のようになる。[37]

叡慮が伝達される流れを、それらしく伝奏（山国奉行）→荘官→名主座とすることで信憑性を高める狙いもあったのであろうが、この添状は綸旨を賜ったことを荘官が知らせるというものであり、荘官であった家々の主導的地位を表すことに重点が置かれている。綸旨の内容に対応する形で、同時期に一部の家（鳥居家、または水口家）で作成された[38]とするべきであろう。

ただ、十九世紀前半まで存在に関する言及が無く、「後小松天皇綸旨」に比べて現存する写しの数も少な

【表2】「沙汰人添状」一覧

No.	日付	差出	宛所	備考	出典
1	応永六卯己《(ママ)》年九月朔日	比果大和守 清次(花押) 窪田近江守 成家(花押) 鳥居河内守 勝家(花押) 水口備前守 正吉(花押)	大杣 棚見 両座中		『丹波国山国荘史料』所収「小畠家文書」76号
2	応永六己卯年九月朔日	比果大和守清次判 窪田近江守成家判 鳥居川内守勝家判 水口備前守正吉判	大杣 棚見 両座中	端書「四人役者添状之写」	鳥居等家文書1-55
3	応永六卯己《(ママ)》年九月朔日	比果大和守 清次判 窪田近江守 成家判 鳥居河内守 勝家判 水口備前守 正吉判	大杣 棚見 両座中	端書「山国四人之役人添状写」	鳥居等家文書1-56
4	応永六己卯年《(ママ)》	比果大和守清次書判 窪田近江守成家 同 鳥居河内守勝家 同 水口備前守正吉 同	大杣・棚見　両座中	「後小松天皇綸旨」の裏面に写されている	江口九一郎家文書B-5
5	応永六己卯年九月朔日	比果大和守 清次在判 窪田近江守 成家　同 水口備前守 正吉　同 鳥居河内守 勝家　同	大杣・棚見　両座中		江口九一郎家文書B-6-1
6	応永六己卯年九月朔日	比果大和守 清次在判 窪田近江守 成家　同 水口備前守 正吉　同 鳥居河内守 勝家　同	大杣・棚見　両座中		江口九一郎家文書B-6-2
7	応永六己卯年九月朔日	比果大和守 清次在判 窪田近江守 成家　同 水口備前守 正吉　同 鳥居河内守 勝家　同	大杣 棚見 両座中		江口九一郎家文書B-7
8	応永六年 己卯九月朔日	比果大和守 清次書判 窪田近江守 成家書判 鳥居河内守 勝家書判 水口備前守 正吉書判	大杣・棚見　両座中	文化4年(1807)6月付「御地頭様江指上候由緒書願書御清書之写幷奥書連判帳」で引用	河原林成吏文書4

いため、これが郷内で知られるようになるのは、小畠家の綸旨が正文化を遂げた後のことだった可能性が高い。おそらく、関連する文書として小畠家に保管されるようになり、それに伴って書写されるようになったのではないか。

三　「後小松天皇綸旨」の利用と正文の確立

ここでは、十八世紀を対象に、「後小松天皇綸旨」の利用と正文の確立について検討する。

当該期になると、文書の中で全文を引用する事例が確認できるようになる。享保年間の京都町奉行所による帯刀改めに際して、享保七年（一七二二）二月付で作成された願書（案文）には次のようにある。(39)

一、丹波（ママ）桑田郡山国庄五社明神神領事、人王八十六代　四条院之御宇天福元癸巳年初而神領之御論旨（ママ）致頂戴、当郷御料之内を以百弐拾五石被下置候所、諸国兵乱之砌り御論旨（ママ）令失却候、其後人皇百一代後小松院御宇応永六己卯年重而御論旨（ママ）致頂戴、至只今所持仕候、則写左之通、

丹波国桑田郡山国庄　内裏御杣之内、
五社之宮神領之事、具奉得勅意所、
如先規、当郷以御領之内百弐拾五石之分、宛
被下者也、然上者於後々末代、神事・祭礼・

修理等莫懈怠可仕旨、仍而執達如件、

応永六己卯年

万里小路大納言藤原朝臣

忠房判

庭田中将藤原朝臣

重之判

右之御神領、文禄五丙申年太閤秀吉公天下一統之御検地ゟ致没収候、九十六聖光厳院法皇山国常照寺ニ入御被為、就夫山国八ヶ村之名主共へ百官宣旨・口宣等下賜、帯刀御免之者共山国庄内枝郷小塩村・黒田村等ニも家□(筋カ)粗有之候、然者御料三ヶ村之内ニ口宣頂戴を仕候而、此家筋之者共禁裏様供御鮎役等相勤来候御事、只今迄神事・祭礼・祝言・葬礼等ニ帯刀仕来候家筋之者共、向後帯刀御停止ニ被仰付候而ハ、筋目者共古法取失候儀嘆ヶ敷奉存候、何とぞ向後神事・祭礼・祝言・葬礼等ニハ帯刀仕候様ニ奉願候、其家筋宣旨・口宣等所持仕候者共左ニ記印形仕奉指上候、以上、

鳥居村

鳥居五八郎印

享保七年寅二月

舟越儀左衛門印

西山喜右衛門印

(後欠)

鳥居五八郎たちは「後小松天皇綸旨」や口宣案が存在することなどを根拠に、自らが帯刀を行ってきた名

主の家筋であるとし、「神事・祭礼・祝言・葬礼等」における帯刀の許可を求めている。

ここで引用されている綸旨（【表1】№12）を見ると、宛所が無いことに気づく。これについては、この願書が名主家を称する有力百姓たちの帯刀を願うものであったことが関係していよう。つまり、荘官宛の綸旨をそのまま引用すると、神領は荘官たちに与えられたと受け取られ兼ねず、願書で述べた「名主の家々は天皇とつながりを有し、神領を与えられ、口宣案などを賜ってきた」という主張と齟齬が生じてしまう。それを防ぐため、意図的に宛所を除いて引用したと推測される。

右については、同年六月付で鳥居・塔・井戸村の庄屋たちが、京都代官の玉虫左兵衛に提出するために作成した「御料寺社方祭礼法事等御改帳」に、

丹波国桑田郡山国鳥居村
御料鳥居村領内
延喜式神名帳曰、大己貴命
一、正一位一宮大明神　山国八ヶ村氏神
一、本社弐間三間　一、宝蔵壱間四面
（中略）
御除地三反八畝歩之内也、
右当社　仁王百一代後小松院御宇、　神領百弐拾五石修理・神事・祭礼等相怠間敷旨、御綸旨名主共方へ被為宛下、於尓今名主中ニ預り置有之候、（後略）、

とある。[40] すなわち、山国神社の詳細を書き上げた上で綸旨の存在に言及し、これは名主家の者たちが賜り、今も彼らが所持しているのと述べているのである。やはり、この帯刀改めを契機に、綸旨は有力百姓たちに直に与えられたものとして解釈が変更されたのである。

さらに、享保八年正月付で、鳥居照清が広幡家の諸大夫である森治時・上田元定[41]に「当 御代口宣」の発給を願うため作成した書付（案文）には次のようにある。[42]

口宣御願申上候ニ付往古之遺証《由緒》書付《上申》候

一、丹波国桑田郡山国庄往 □□（破損）禁裏御料之所、当所氏神五社ノ宮へ 人王八十六代四条院御宇天福元癸巳年始テ神領ノ御綸旨奉頂戴、当郷御料ノ内百弐拾五石被為下置候処ニ、諸国兵戦之砌右綸旨致失却、其後百一代 後小松院御宇応永六己卯年重而御綸旨頂戴仕、至只今而郷士中間（見消）ニ所持仕候、

薄墨写、

丹波国桑田郡山国庄内裏御杣ノ内、五社宮神領ノ事、
具奉得勅意之処、如先規、当郷以御領内百廿五石
分、宛被下者也、然上者神事・祭礼・修理等莫相怠
可仕旨、執達如件、

応永六年己卯年

万里小路大納言藤原朝臣
忠房 在判

八月十五日　　庭田中将藤原朝臣

重之 在判

名主中

右明鏡之御綸旨、至文禄五丙申年太閤御検地之節盡令落却、其後纔ニ田畑山林之以買徳、神事・祭礼・
修理為郷士役相勤来申候、
人王九十六代　光厳院法皇　山国大雄山常照寺へ　入御貞治元壬寅年、同三年丙辰七月七日崩御、常
照寺ニ三年御安座被遊候、依之其砌山国八ヶ村ノ内郷士共ニ百官名被下候《置候》、以其遺証《由緒》　禁裏へ奉願、
人王百三代　後花園院御在位口宣頂戴仕、（中略）、右之依旧例ニ只今至り
禁裏供御之鮎従当川為郷士役奉□（虫損）上候、先祖相伝之口宣写し書仕《指》上申候、其外何も銘々ハ印《記》不申候、
依之子孫之者共当　御代口宣頂戴奉願《上》候、以上、

上卿　中御門中納言

永正十四年三月廿七日　　宣旨

藤井清守

宣任治部少丞

蔵人左少弁藤原資定奉

享保八年癸卯正月

鳥居治部

照清（印）

森若狭守殿

上田隠岐守殿

結局、「当　御代口宣」の獲得は失敗に終わったようであるが、ここで使用された綸旨を見ると、宛所が「名主中」となっている。これはさきほどの変更をもとに、有力百姓たちを宛所とする綸旨が新たに作成されたと理解するべきであろう。[43] 解釈の変更に伴って綸旨自体の更新が試みられたのである。「薄墨写」とあることから、あるいは朝廷との交渉に備えて薄墨紙を使用した正文が作られたのかもしれない。

では、近世後期（特に十八世紀半ば以降）になると、小畠家の宛所を欠く綸旨が正文として扱われるようになるのは何故であろうか。

さきほどの享保年間の帯刀改めでは、帯刀特権（「神事・祭礼・祝言・葬礼等」時のみ）の維持に成功している。これにより、「後小松天皇綸旨」は個々の家が所持する口宣案と並んで、名主家全体の地位・特権を根拠づける文書となったと考えられる。

例えば、宝暦二年（一七五二）七月付で、名主たちが京都代官所に由緒を説明する目的で作成した書付（案文）では、綸旨の発給に言及した上で「永々迄神事・修理等可相勤旨被　仰下奉畏」とし、「其由緒を以只今ニ至り神事并ニ修覆者郷士筋目者共ゟ相勤候、八ヶ村名主と申候者於郷中長成ル筋目者共ニ而御座候」と述べている。[44]

この結果、正文を確定する必要が生じたことが予想されるが、注目されるのはその後に行われた「当御代口宣」を獲得する試みが失敗に終わったという事実である。これにより、ここで用いられた名主中宛の綸旨は効力の期待できない文書として破棄された可能性が高い。そして、これに代わって浮上したのが、帯刀改めで使用された宛所を欠く綸旨だったのであり、有力百姓たちによって新たな正文として【表1】№1が作成されたものと推測される。(45)

小畠家で預かることになった経緯は不明であるが、おそらく、同家が山国神社の神職を務めていたことが関係していよう。同家において閲覧を制限して保管することで綸旨の存在を神秘化し、正文としての信憑性を高めようとしたと考えられる。(46)

おわりに

本稿では、山国郷に伝来した「後小松天皇綸旨」について検討を行ってきた。これにより、同じ「後小松天皇綸旨」であっても記載に相違が存在し、時期によって異なった綸旨が使用されていたことが明らかになった。具体的には、もともと存在していた綸旨は荘官宛であったが、十八世紀半ば以降、宛所を欠く綸旨が正文として扱われるようになったと指摘できる。

この背景には、享保年間の帯刀改めを契機として、有力百姓たちと天皇とのつながりを示すとともに、彼ら全体の地位・特権の根拠となる文書として位置づけられたことが関係していると考えられる。なお、一時、名主中を宛所とする綸旨を作ることも試みられたが、こちらは破棄された。

山国郷の由緒や由緒書と関わっては、右から「山国荘名主家由緒書」の成立時期を推測する手掛かりを得ることができた。つまり、この由緒書に収録された【表1】No.17は、宛所を欠く綸旨のグループに属する。これは本文中に「御杣之五社宮之御綸旨ハ中江村小畠ニ預ケ有之[47]」とあることからも明らかである。したがって、「山国荘名主家由緒書」が現在の姿になったのは、小畠家の綸旨が正文化を遂げた十八世紀半ば以降であると考えざるを得ず、無批判に十七世紀以前のあり方を物語る由緒書として利用することには慎重であらねばならない。

ここまで推論を重ねてきたが、今後の課題としては、岡野友彦が強調するように[48]中江村小畠家文書の調査であろう。山国郷への理解を深める上で、由緒書や綸旨と深く関わった同家の存在を無視することはできない。今後、その全貌を解明してゆくことが求められる。

註

（1）竹田聴洲「中世山国惣庄と神社・寺院」（同『近世村落の社寺と神仏習合』法蔵館、一九七二年）、八九頁。

（2）「沙汰人添状」を収録した野田只夫編『丹波国山国荘史料』（史籍刊行会、一九五八年）の注記に、「〇コノ文書ハ、当荘デハ後小松天皇綸旨トシテ大切ニ伝ラレテヰル」（三八頁）とあるが、これはこの史料集を編纂した当時、小畠家に綸旨にあたる文書が見当たらなかったことで発生した誤解である。後述する柳澤誠が指摘するように、同家の綸旨は幕末期から明治期の間に山国神社に移された可能性が高い。

（3）「山国神社文書」三―一二六。

（4）中村研「中世における偽文書の効用」（『日本歴史』三〇三号、一九七三年）、三一～三二頁。

（5）薗部寿樹「村落内身分の地域分布と開発」（坂田聡編『禁裏領山国荘』所収、高志書院、二〇〇九年）、一八〇頁。

（6）偽文書については、久野俊彦・時枝務編『偽文書学入門』（柏書房、二〇〇四年）を参照。近年では、馬部隆弘『由緒・偽文書と地域社会―北河内を中心に―』（勉誠出版、二〇一九年）などのように近世を対象とする優れた成果が蓄積しつつある。

（7）「山国神社文書」三―一二三―一。

（8）「山国神社文書」三―一二三―一。

（9）「山国神社文書」三―一二六。

（10）仲村研・宇佐美英機編『征東日誌―丹波山国農兵隊日誌―』（国書刊行会、一九八〇年）、八頁。

（11）仲村研「山国農兵隊成立前史」（同右所収）、三一一頁。

（12）「井本正成家文書」一―一二―二。

（13）前掲註（4）仲村論文、三四～三五頁。

（14）西尾正仁「丹波国山国郷の名主家伝承―「山国荘名主家由緒書」を中心として―」（兵庫教育大学史朋会『河村昭一先生退職記念史学論集』編集委員会編『河村昭一先生退職記念　史学論集』兵庫教育大学史朋会、二〇一三年、初出一九九六年）、二三二頁。

（15）坂田聡「由緒と偽文書―中世・近世移行期における山国枝郷黒田三か村を例に―」（同『家と村社会の成立―中近世移行期論の射程―』高志書院、二〇一一年、初出二〇〇九年）、五五頁。

（16）前掲註（5）薗部論文、一四四～一四六頁。

（17）柳澤誠「鳥居家譜の成立―近世伝承と中世の実態―」（前掲註（5）坂田編）、四二五～四二七頁。

（18）岡野友彦「料紙から見た山国の「偽文書」」（坂田聡編『古文書の伝来と歴史の創造―由緒論から読み解く山国文書の世界―』高志書院、二〇二〇年）、一六一～一六九頁。

（19）拙稿「山国郷の由緒書と明智光秀伝承」（前掲註（18）坂田編）。

(20) 吉岡拓「十八世紀丹波国桑田郡山国郷における由緒書の編纂と「郷士」身分」(『(明治学院大学教養教育センター紀要) カルチュール』一五巻一号、二〇二一年)。

(21)「山国神社文書」三―一二七・「河原林成吏家文書」一。

(22)「「丹州山国境内之目録」について―丹波国桑田郡山国荘(山国郷)の中近世移行期像再考に向けて―」(『(明治学院大学教養教育センター紀要) カルチュール』一六巻一号、二〇二二年)、三六頁。

(23)「山国神社文書」一―五七。

(24) ただし、「辻健家文書」の中にも一点の写しが含まれているようであるが、文書を実見できなかったため、残念ながら【表1】から除外した。文書目録の記載を見る限り、これは後述する荘官宛系統の写しのようである。

(25)「鳥居等家文書」四―六四四。

(26) 野田只夫編『丹波国黒田村史料』一四八号(黒田自治会村誌編纂委員会、一九六六年、一四三～一五三頁)。ただし、坂田聡は、この「元禄年間西家永代書留」は「後世の改訂版」であり、幕末期に発生した常照寺一件に際して、当時の当主である嘉左衛門が改変を加えたものであるとしている(坂田聡「黒田宮村西家の家譜・由緒と「常照寺一件」」、前掲註(18)坂田編)。この点は注意が必要であるが、坂田が的確に指摘しているように、西家や他の有力百姓家、宮村に関する記述は詳細かつ信憑性も高いため(同上、四九頁)、大半は十七世紀後半の内容を留めているものと理解しておきたい。

(27) 坂田聡「百姓の家・家格・由緒」(前掲註(15)坂田著、初出二〇〇三年)、一〇一～一〇二頁。

(28) なお、十七世紀成立の記録として「神宮考略」(「鳥居等家文書」二―一五八)が知られている。これは天和四年(一六八四)二月付で山国神社神宮寺の住職である寛馨が、慶長年間の記録などをもとに、山国神社や神宮寺の由来、故事について「近代事」を交えて編集したものである。この史料の「五社明神社領之事」の部分に「其後　後小松天皇応永六己卯歳万里小路大納言殿・庭田中将殿両御伝奏ニテ奉得　勅意所、任先例五社神領百二拾五石重　(平出)御綸旨下賜」との記述がある。しかし、十七世紀の表現として明らかに不自然な「後小松天皇」

との表記があり、これをそのまま当時のものとするのには躊躇せざるを得ない。よって、後の時代に改変や加筆が行われた可能性があることを考慮して、ここでは対象から除外した。

（29）「鳥居等家文書」二―一六一。

（30）「鳥居等家文書」一―一四九。なお、日付を欠く案文であるが、「一、山国庄より往古以来此八ヶ年前迄鮎之貢もの初鮎より終り迄朝餉の御膳ニ毎日備へ奉り来候処、近年御旗本領分知ニ罷成候ニ付、御役を勤中儀不罷成」や「山国之者共唯今奉願候ハ　禁裏《（平出）》様公納ニも又ハ御蔵入ニも被為　仰付被下候儀ニ御座候ハ、、」とあることから、宝永二年の禁裏領編入に際して作成されたものと推定した。

（31）ただし、【表1】№6に関しては、名主座が解体された明治期に、鳥居家の由緒を説明する文書で引用されたものであるため、小畠家の綸旨を利用せず、自家にあった写し（【表1】№9）を用いたと推測される。

（32）鳥居家と水口家は、近世後期成立の「改正古家撰伝集」の「座並之定法次第」に、「水口家者棚見方左座之上席、鳥居家者大杣方右座之上席也」（「山国神社文書」三―一二六）とあるように、山国神社の名主座において「別格」の地位を保持していた（前掲註（5）薗部論文、一四七～一五一頁）。

（33）郷内における旧荘官家と有力百姓家の関係については未だ不明な点が多い。黒田俊雄は中世社会における身分とその諸系列を論じる中で、「荘園・公領の支配にかかわるもの」として、その身分上の序列を①「本家・領家または知行主・国主」、②「在地領主階級を中心に荘官・在庁・郡郷司・地頭など」、③「百姓または在家住人」、④「下人」、と整理し、③については「本百姓（名主）と小百姓、あるいは本在家と脇在家の区別」があったとする（「中世の身分制と卑賤観念」、『黒田俊雄著作集　第六巻』法藏館、一九九五年、一八八～一九一頁、初出一九七三年）。問題としたいのは②と③の身分差で、これは荘園制が解体した後はどのように推移するのであろうか。とりわけ、兵農分離後に②の人々が郷内に残った場合、上下関係が残存したことが予想される。従来の山国郷に関する研究では、旧荘官家と他の有力百姓家を一括して理解する傾向があるが、少なくとも近世前期においては、両者の間には何らかの身分差が存在していた可能性が高い。これについては、今後、その実態を具体的に明らかにしてゆく必要があろう。例えば、熱田順は、十六世紀後半から十七世紀前半までの鳥居家の地位・役割の変化を取り上げている（「中近世移行期における村落と領主の関係―丹波国山国荘を中心に―」、同『中世後期の村落自治形成と権力』吉川弘文館、二〇二一年、三〇九頁、初出二〇一八年）。

（34）坂田聡「戦国期山国荘本郷地域における名体制と名主」（『日本歴史』九〇二号、二〇二三年）、三二頁。

（35）「鳥居等家文書」三―三六一。

（36）例えば、前掲「元禄年間西家永代書留」で「一、うすずみの御りんし五枚」としているし、天保七年（一八三六）五月付で上黒田村の吹上光宣が相伝の口宣案等を書き上げた帳面においても、口宣案のことを「御論旨（ママ）」と記している（前掲註（26）『丹波国黒田村史料』七六号、九八頁）。

（37）ただし、「辻健家文書」の中にも二点の写しが含まれているようであるが、文書を実見できなかったため、残念ながら【表2】から除外した。

（38）このことは差出の記載が不自然であることからも裏付けられる。差出については、官職名は各家の先祖が名乗っていたもののようであるが、連署の並び順は、大杣方下司（比果家）、棚見方公文（窪田家）、大杣方公文（鳥居家）、棚見方下司（水口家）となっていて、明らかに整っていない。有力百姓たちは家ごとに文書を保有しており、荘官連署状を持ち寄って参照することも可能だったはずであるから、やはり有力百姓たちが協力して作成したとは考え難い。

（39）「鳥居等家文書」一―一八・一―九二。なお、この帯刀改めに関しては、前掲註（20）吉岡論文を参照。

（40）「鳥居等家文書」二―二〇五。

（41）「広幡家諸大夫幷侍伝」（正宗敦夫編『覆刻　日本古典全集　地下家伝　四』現代思潮社、一九七八年）、一四四三・一四四五頁。

（42）「鳥居等家文書」一―四。なお、本文において「至只今而郷士中間（抹消）ニ所持仕候」と述べた上で綸旨を引用していることから、この出願は他の有力百姓たちの承認を受けた試みであることが想定される。

（43）このことは【表1】No.3が、この時期に作られた綸旨の写しであることを示唆するが、検討する手掛かりもなく、ひとまず後考を俟つこととしたい。

（44）「江口九一郎家文書」C－五。この時に発生した鮎献上をめぐる争論については、吉岡拓「中近世「名主」考」（前掲註（18）坂田編、二三一～二八頁）を参照。
（45）もちろん、従来から存在していた綸旨に、宛所を切断する等の改変を加えて正文とした可能性も想定される。
（46）「小畠系譜概略」（前掲註（2）『丹波国山国荘史料』四五二号）、四〇〇～四〇三頁。
（47）「正治二年正月三十六名八十八家私領田畑配分並官位次第」（前掲註（2）『丹波国山国荘史料』三四九号）、二八一頁。
（48）前掲註（18）岡野論文、一七七頁。

第六章　椿井家由緒の形成と展開

馬部隆弘

はじめに

椿井文書とは、江戸時代後期に椿井政隆によって量産された偽文書群の総称である。それらは、彼の没後に近畿地方に広く頒布されたうえ、各地で真正な史料として活用されてきた。そのため、創作技法や分布状況を明らかにして椿井文書の検出を容易にするとともに、受容の実態を把握して現状への警鐘を鳴らすことが筆者にとっての喫緊の課題となった(1)。また、椿井家や椿井文書を頒布していた今井家の実態分析も進めてきた(2)。そのほか、偽文書としては珍しく作成者が特定できることから、椿井政隆の思想分析も研究課題として早くから指摘してきた(3)。しかし、完成された椿井文書のみでは、椿井政隆の思想形成過程を描くことは困難であった。

筆者を中心として整理作業を進めてきた尾張椿井家文書は、そうした史料的制約を少なからず解消する素材といえる(4)。なぜなら、尾張椿井家文書には山城国在住の椿井政隆やそれ以前の当主から送られた系図などが含まれており、それらから政隆流椿井家が描く自家由緒の変遷を辿ることができるからである。それだけでなく、椿井政隆作成の初見史料も含まれており、彼自身の主張の変遷も辿ることができる。そこで本稿では、政隆流椿井家による自家由緒の主張に焦点を合わせて、その思想が形成される過程を明らかにしたい。椿井政隆にとって、自家の由緒が最大の関心事かつ最も主張したい点であるのは容易に想像がつく。したがって、その段階差を指標にすれば、椿井文書の作成年代も絞り込める可能性が高い。椿井文書には、当然のことながら実際の作成年代が記されることはほとんどないが、椿井家由緒を指標とすることで、これまで把握の困難であった椿井文書の広まりかたも把握できるかもしれない。

尾張椿井家や政隆流椿井家などの椿井家諸流の関係については別の機会に整理したので[5]、系図を示したうえで、その概要を述べておく。

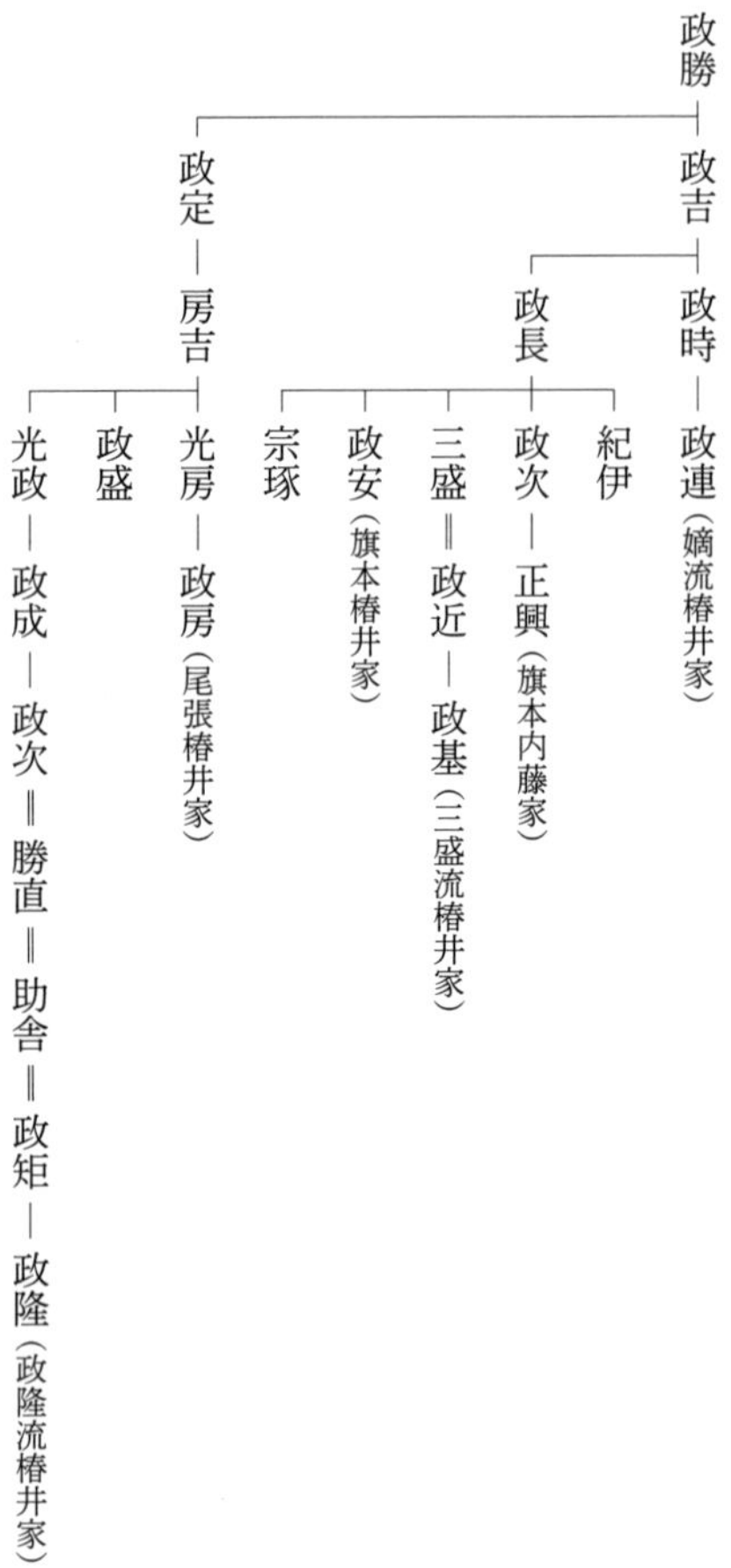

旗本の内藤家・椿井家や尾張藩の重臣志水家に仕えた尾張椿井家など、山城国人の椿井家からは仕官先を求めて各地に移り住む者が次々と現れている。それらのうち尾張椿井家が政隆流椿井家と最も血筋が近いこともあって、両家の歴代当主は交流を続けていた。

一方、嫡流は地元に残ったが政連の代で途切れてしまった。同じく地元に残っていた三盛流も、政基の代には大和国の芝村藩に仕官した。結果として、山城国に残った椿井家は分家の分家にあたる政隆流に絞られてしまうため、山城国人としての家伝文書もこの家が受け継ぐこととなった(6)。その時期は、十八世紀初頭の椿井勝直が当主だった頃と想定される。そして、この家伝文書の存在を背景として、いつしか政隆流は自家を嫡流だと主張するようになる。本稿では、特にその由緒の形成過程に注目したい。

なお、本稿で頻用する椿井家系図のうち、『寛永諸家系図伝』所収の系図、『寛政重修諸家譜』所収の系図、尾張椿井家に伝わった系図、椿井政隆作「平群姓正嫡椿井家系図」の四種は、それぞれ『寛永伝』『寛政譜』「尾張系図」「平群系図」と略称する(7)。

一　椿井家由緒の形成

1　椿井助舎による改変

寛永十八年（一六四一）に編纂が始まる『寛永伝』では、椿井家は「家伝にいはく、鎌足（藤原）の後裔某武官に任じ、城州相楽の郡椿井をたまふ、（、脱カ）かるがゆへにその地に住して称号とす」とされる。すなわち、椿井家は藤原氏で、山城国の椿井を領地としたが故にその土地の名を名字にしたという。系図の初代は戦国末期の椿井政勝で、「先祖よりあひつき（、脱カ）て源尊氏（足利）家につかへ、椿井を領す」と注記されるように、それ以前の歴代当主は足利家に仕えたという理解である。

『寛永伝』の記述は、椿井政勝の曽孫にあたる旗本の椿井政安が提出した系譜に基づいている。その呈譜の写が、山城国綴喜郡薪の酬恩庵に残っている。[8] 尾張椿井家にも、後欠ながらそれと同文のものが伝わる。[9] 尾張椿井家は、政隆流椿井家とは頻繁に交流したのに対して、それ以外の椿井家とは交流した形跡がない。一方、椿井政隆の父政矩が酬恩庵に古文書の写を送っているように、距離的に近い政隆流椿井家と酬恩庵は交流しているので、[10] 尾張椿井家に伝わる呈譜の写は政隆流椿井家を介して入手したと考えられる。ということは、ある段階まで政隆流椿井家は自家の由緒に対する認識を旗本椿井家と同じくしており、冒頭に示した系図のように自らが又分家だと自覚していたことになる。

ところが、元禄十三年（一七〇〇）頃に椿井政隆の四代前にあたる椿井政次が旗本椿井家に送った系図では、江戸と山城国に分かれた時期も経緯もよくわからないとされる。[11] このように政次は『寛永伝』が示す系譜を把握していなかったが、だからといって自身を嫡流だと主張しているわけでもない。ただし、中興の祖にあたる椿井政勝と自身の関係を示すことにこの系図の主眼があるため、政勝から政次まで政隆流の歴代当主の名前が真下に向けて一列に並べて記される結果となっている。政隆流を嫡流とする由緒は、この手の系図を曲解することから始まった可能性が高い。

尾張椿井家には、延宝二年（一六七四）に椿井三盛が記した系図を下敷きとし、三盛の後裔を加筆した宝永二年（一七〇五）の年紀がある系図も伝わる。[12] 椿井政吉の代から始まるこの系図は、三盛の後裔部分以外は『寛永伝』や『寛政譜』とほぼ一致するため、特に作為性は見受けられない。三盛の後裔を示す目的でまとめられた系図だが、そのなかの近親にあたる「おくす」の近況を「辰年聞取」などと他人のような表現をしているので、三盛流のもとで作成されたわけではなさそうである。したがって、この系図も政隆流椿井家でまとめられたものと考えられる。椿井政次は元禄十三年に没し、その跡を継いだ椿井勝直は延享三年（一七四六）に七十八歳で没したことが墓碑で確認できるので[13]、宝永二年に系図をまとめたのは勝直とみてよかろう。

椿井勝直がこの系図をまとめた際の姿勢については、椿井三盛が記した原本で「喜右衛門（椿井政長）、二三歳之時（椿井政吉）越前討死被仕」としている箇所について、「喜右衛門、二三才ノ時ニ越前ハ打死申伝ル、追而年号見合候処聞伝違也」と加筆している点から窺うことができる。椿井政長の父にあたる政吉は、いずれの系図でも「信長（織田）公」時代の人物とされる。ところが、『寛永伝』に従えば、政長は天文十七年（一五四八）生まれなので、彼が二、三歳の頃に政吉が没したとなると年代が合わない。とはいえ、勝直は原本を改編することはなくそのままに写したうえで、「聞伝違也」という考証結果を加筆するに留めている。ここからは、勝直の客観的な姿勢がみてとれるとともに、先代の政次とは異なり『寛永伝』の情報を把握していた可能性も指摘しうる。

尾張椿井家には、次のような史料も伝わる。

【史料1】[14]

清和天王廿一代之孫
義信　尾州住太田庄、号太田太郎
義秀　三州住吉田、号太田九郎
義次　同州同所住、太田三郎

右義次息南都一乗院殿ニ相勤後、坊官職ニ相成り、南都椿井ニ（ママ）町住ス、此時菊之御紋ヲ拝料（領）、従
是椿井ヲ名乗号
懐乗　高林と下司合戦之時死ス
後懐慶　高ノ林、下司と高林取合高林打死、高林ノ家ツカレ候也、懐乗親ノカタキ打、其後畠山殿ニ
而切服（腹）
前懐寿　春松廿五才ニ而死、子ナシ
懐堅　越前入道舎弟也
（異筆、上下逆に記す）「藤千代」
懐祐　下司諸職細川高国ゟ被仰付、三ヶ年知行ス
（異筆、上下逆に記す）「政高　椿井四郎」
右懐祐代ゟ山城園辺村ニ引越候、従是園辺ヲ椿井村と号ス
（異筆、上下逆に記す）「政清　椿井播磨守　大和所々・相楽郷知行」
政盛　号椿井一郎（異筆）「右弟甚次郎」
（異筆）「文明十五木津舟関之支横川知行椿井へ被仰付」
政秀　号椿井三河守、椿井村并近村ヲ知行ス、信長公ゟ御朱印等有之候
政勝　号椿井勘兵衛、福嶋太夫殿ニ相勤、知行四百石、大坂御陣之節打死
（異筆）「永禄四年卯月十八日」
政勝弟椿井加賀南都興福寺衆徒ニ成り、只今加賀と申
政成　号椿井治左衛門、二條御城組与力相勤、知行弐百石、老後故郷へ引込在処罷在候
（付箋）「政成弟喜之助御旗本ニ被召出、知行五百石、江戸罷在り只今号椿井百助と」

政成末弟号椿井喜左衛門《勝房》と、清《(志)》水甲斐守ニ家老職相勤、只今喜左衛門・仁右衛門と両家ニ罷
来候
政次　号椿井理右衛門と、一生浪人ニ而罷在候
○勝直　号椿井理右衛門と、実得平助左衛門息也、柳生備前守相勤、老後故郷へ引込
助舎　号椿井権之丞と、実和州柳生備前守殿御家中興原立菴弟也

勝直の跡を継いだ助舎の名が末尾にあるように、政隆流椿井家から送られてきた歴代当主の書上である。

まずは年代と作成者について検討しておきたい。椿井政成の部分に貼られた付箋は本文と筆跡が合致するので、政隆流椿井家で施されたものである。その付箋に「椿井百助」と記される点に着目したい。『寛政譜』によると、椿井百助を称した旗本は椿井安篤のみである。父の死に伴い宝暦六年（一七五六）に十七歳で家督を継いだ安篤は、百助・図書・喜之助・茂兵衛の順で通称を改めている。それを踏まえると、【史料1】は宝暦六年を大きくは下らないはずである。先述のように、椿井勝直は延享三年に没しており、跡を継いだ助舎は「尾張系図」や「平群系図」によると安永八年（一七七九）に六十八歳で没したとされる。したがって、【史料1】の作成者は椿井助舎ということになる。[15]

【史料1】が示す系譜は、『寛永伝』や『寛政譜』とは全く噛み合わない。ただし、「懐乗」が「高林と下司合戦之時死ス」という情報は、政隆流椿井家に伝わった永禄八年（一五六五）の「高林一家子細条々事」という史料と合致する。[16] 椿井家は狛野荘北半を、狛（下司）家は南半を本拠として頻繁に対立しており、「高林一家子細条々事」では永享九年（一四三七）六月二十一日に椿井懐乗・高林両人が狛勢に討たれたとされる。ま

た、「春松」「藤千代」「四郎」「播磨」「一郎」「甚次郎」などの椿井一族の名も、政隆流椿井家に伝わった中世文書の文中に見出せるものである。[17] つまり、椿井助舎は勝直から正しい家譜を受け継がないまま、自家に残る史料を援用して独自に家譜を創作したのである。

助舎独自の主張は次の通りである。まず、『寛永伝』以来藤原氏を称していたはずだが、【史料1】の冒頭に「清和天王廿一代之孫」と記すように、武士にふさわしい清和源氏に改変している。しかも、尾張太田荘に居住する太田氏が三河吉田荘に転居し、さらに太田義次の子息が奈良の椿井町に移って椿井氏を称するようになったとする。そして、そこから狛野荘方面への出撃を繰り返し、戦国後期に薗辺村に転居してその地を椿井村に改称したとする。さらには、江戸時代に入ってからの政隆流椿井家の当主である政成の弟たちが、旗本椿井家や尾張椿井家に分かれたとする。つまり、両家を比較的新しく成立した分家とするのである。

以上のように、政隆流を嫡流とする系譜の偽作は助舎の代に始まった。椿井家が興福寺の衆徒であったことは紛れもない事実であったため、武士としての由緒を主張したければ、大和国の興福寺との関係性を強調すればよかった。ところが、現実には山城国在住という矛盾を抱えていた。そのため、藤原氏から清和源氏に改変したうえで、大和国の椿井町に名字の地を求めたのだと考えられる。

冒頭で述べたように、本来嫡流が所持していた家伝文書は、政隆流の椿井勝直に預けられることとなった。それを踏まえると、政隆流から尾張椿井家に送られる系図の変化も注目に値する。なぜなら、椿井勝直の代までは自家を嫡流とすることはなかったのに対し、助舎の代からは家伝文書より人名などを転用した自家を嫡流とする系図の創作が始まるからである。しかし、その文書群に関する情報が欠如しているため、結果として荒唐無稽な系図となっている。このように、家伝文書の所有者変更と系図創作の開始は連動していた。

2　椿井政隆による改変

椿井助舎の養子である椿井政矩は、助舎の主張をそのまま受け継いでいたようである。なぜなら、政矩の幼なじみである川口好和は、椿井家について「もとは足利家の家人にして、義輝公逝去の頃は、南都大乗院に陪従して、南都の椿井町に住居せり」と聞いているからである。[18]

尾張椿井家には、椿井家の由緒をまとめた次のような史料も伝わる。

【史料2】[19]（丸数字は筆者註）

　　椿井家之覚書

椿井権之丞（政矩）家督相続之時ハ、始御代官所相願、其上町御奉行所へ罷出候所、先相引申候様ニ仰被渡、六七日之内ニ町御奉行御当番御壱人御諸司（所）代表ニ御行向候而、其上関東表ニ被達御差申、御相談之上、又候京都へ御加判御奉書到来候而、町奉行所ニおゐて　台命之趣被仰渡、忝旨御返答申上候事

一① 外村々ニ帯刀致候家来差置候事被仰渡事

一② 御免鉄鉋（砲）玉込拾挺、先規ゟ持来候事

一③ 古城跡凡弐町四方かき上、堀東西ニ有之、今ニ其地ニ住居地也

一④ 宝生山薗辺寺儀者椿井家一統之祈願所ニ而本尊吉祥天女、三井寺開山智証大師之御作ニ而、先祖藤原氏房より代々守神となし奉ル、則屋敷之地ニ薗辺寺吉祥堂有り

一⑤ 村内百姓女童ニ至迄も椿井殿又ハ御屋形と申ならわし候

一⑥足利柳営御治世官(管)領より之御下知・御教書持伝来候
一⑦南都興福寺中阿弥陀院事者先祖懐専代ニ一乗院御門主様ゟ拝領いたし候、椿井家定紋ヲ今ニ寺紋ニ付来候事
一⑧南都椿井町東側ニ椿井ト申清水アリ、是先祖旧館地なり
一⑨和州式下郡椿井庄ニ先祖之古城アリ、今ニ御殿様と申来候、予其所ヲ尋ヌル
一⑩信貴山寺中文殊院ニ先祖位牌アリ、歓喜院殿四品羽林前越州太守雲山懐乗大徳　享レ永九年六月廿一日トアリ、四品羽林ヲ当時和名になをす時者正四位下左近衛権少将なり北畠准后抄ヲ見合ベシ
一⑪代々無先主、家持浪人と申上候事
一⑫椿井三河守鎧壱領・弓壱挺・鎗三本・大長刀壱抜所持来候
一⑬大聖院殿御位牌近世南都阿弥陀院土中ゟ堀(掘)出し候
一⑭右同御石牌古墓所ニ有り、露雨ニして文字不見
一⑮当時屋敷地弐町四方御免許地ニ御座候
一⑯椿井家産神松尾大明神者依足利将軍義教公　厳命として洛西松尾神社勧請なし奉て、或書ニ椿井越前守藤原政賢《カタ》朝臣是ヲ奉行して御造営、且又　時之天子ゟ従五位下御位記并四脚御門等是ヲ賜ル、明神之御紋者菊之紋ニ而御座候由、詳ニ見へたり
一⑰右社神事八月廿六日ニ御能有之節椿井家さんじき別段ニかまへ有之候、明神式礼次第ハ当家ニ持来候
右之条々依御望ニ悪筆たりといへども記進之者也
寛政六寅年

霜月十五日　　　椿井弥曽五郎
藤原政昌（花押）

「平群系図」によると、「政昌」は椿井政隆の若い頃の諱である。実際に尾張椿井家へ送られていることから、寛政六年（一七九四）という年紀に偽りはないはずである。すなわち、椿井政隆作成の初見史料で、このとき彼は二十五歳であった。

②までは、武士としての現状を語ったものである。③の椿井城跡に居住しているという情報や、⑥の細川京兆家より送られた中世文書を所持しているという情報からは、自らが嫡流であるという自負が窺える。しかし、実際には嫡流のいなくなった椿井城跡に居を構えることで、政隆流が家伝文書も継承したとみられる。その文書を活用した一例として、⑩にみえる椿井懐乗（椿井政隆作成の系図では諱は政賢）の位牌が挙げられる。ここに記される没日は、助舎も用いた「高林一家子細条々事」に基づくものと考えられる。[20]

また、⑬の大聖院の位牌には、「大聖院殿三月大禅定門」と「華木妙春大禅定尼」の名が並記されていることが【史料2】の付図から判明する。尾張椿井家には信憑性の高い過去帳が残されており、「大聖院」こと椿井政勝の妻が「華木妙春」であることは確認できるが、政勝の法名は「高嶽義山」で、その息子にあたる政定が「大照院」という院号と「覚翁散月」という法名である。[21]このように、父子を混同した位牌なので、奈良の阿弥陀院で出土したというのも偽りであろう。

（散）

さらには、助舎の主張を椿井政隆なりに捉え直していることもわかる。例えば④からは、先祖を清和源氏とする助舎の主張を却下して、藤原氏に戻したことも確認できる。さすがに助舎のように『寛永伝』を無視するわけにはいかなかったのであろう。その一方で、⑧では「南都椿井町」を「是先祖旧館地なり」としており、助舎の説を受け継いでいる。少し異なるのは、⑨に「和州式下郡椿井庄ニ先祖之古城アリ」とするように、大和国の椿井城も先祖の城としていることである。ただし、椿井城の所在は式下郡ではなく、正しくは平群郡である。

寛政十一年から文化九年（一八一二）にかけて編纂された『寛政譜』には、「今の呈譜に、頼通の流頼経将軍の三男中納言氏房、大和国平群郡椿井に住せしより称号とす。其四代左少将政賢等持院尊氏につかふ。其孫右京大夫政信相継て慈昭《（照）》院義政に仕へ、諱字をあたへられ、のち常徳院義煕より山城国相楽郡薗部庄をたまひて其地にうつり住す。これにより薗部庄を椿井庄にあらたむ。」と記される。名字の地を奈良の椿井町から平群郡椿井に変更している点と、藤原氏房を新たに摂家将軍の三男と位置づけ直している点が新たな主張といえる。いずれも【史料2】をもとにしつつも、そこからさらに一歩踏み込んだ主張であるため、椿井政隆の創作とみてよかろう。さらに、『寛政譜』では、『寛永伝』の椿井政吉と政定の兄弟関係を逆転させているが、これも政定の子孫にあたる自身を嫡流とする椿井政隆の主張に沿うものである。

では、江戸幕府の編纂物に椿井政隆の主張が盛り込まれた経緯についてみておきたい。『寛政譜』の編纂にあたって大名・旗本に系譜の提出が命じられると、旗本の内藤・椿井両家も寛政十一年のうちにそれに応じている。[22] このときの旗本内藤家の呈譜は弱冠二十二歳の内藤正脩が作成者で、彼は二年前の兄逝去に伴い家督を継承したばかりであった。それも関係してか、『寛永伝』にその後の系譜を加筆しただけの系図で、古い記事には「不知」の文字が多数みえる。一方、旗本椿井家の呈譜は三十二歳の椿井政堯が作成者で、椿井政安から始まる系図には上述した椿井政隆の主張が所々に入り込んでいる。注目されるのは、それとは別途藤原道家に始まる系図も付属していることである。道家は摂家将軍藤原頼経の父であることから、原本は明らかに椿井政隆の手になるといえよう。前項でみたように元禄十三年（一七〇〇）頃に旗本椿井家は政隆流の椿井政次から系図を得ていたが、その関係は途切れていなかったのである。以下では、この呈譜に付属する系図を「付属系図」と呼称することとする。

椿井政堯は実は小堀政弘の次男で、椿井安篤の娘と結婚し家督を相続した。この頃の旗本椿井家は安長・安篤と二代続けて「安」を通字としていたため、政堯も当初は安貞と称していた。ところが呈譜の段階では政堯に改めている。椿井政隆は、自家の系図を作成する際に「政」を通字とすることに徹底していた[23]。それを踏まえると、椿井政堯への改名も椿井政隆からの影響を受けたものであった可能性が高い。

「付属系図」では、摂家将軍藤原頼経の三男にあたる藤原氏房が、建治元年（一二七五）に「藤原氏之遺地大和国平群郡椿井ト云名水ノ地ニ移住」し、その後に椿井を称するに至ったとされる。このように、椿井政隆は寛政十一年までに、大和国の椿井が式下郡ではなく正しくは平群郡だと認識している。また、【史料2】で引用される椿井家夫妻の位牌は法名を錯誤していたが、尾張椿井家の過去帳に記述を合わせている。かくして情報を正す一方で、「付属系図」では政定が兄で政吉が弟となっている。さらには、応永二十六年（一四一九）に椿井懐専（椿井政隆作成の系図では諱は政里）が平群郡から奈良の吉野町に移ってここを椿井町に改称したとされる。そして、次代の椿井懐慶（椿井政隆作成の系図では諱は政信）が文明十年（一四七八）に「山城国相楽郡薗部《(辺)》ノ庄」に移って、ここを椿井に改称したとする。

助舎が名字の地を奈良の市中とするのに対し、平群郡に変更したのは、【史料2】にもあるように「椿井城」が存在したからであろう。つまり、武士としての由緒をより確固なものとしたかったのだと考えられる。

それでいて、助舎が創作した奈良の椿井町在住の由緒を解消することなく、継承している点は注目に値する。信憑性を確保するために、自家に伝わる系図等と齟齬しないように筋書を工夫しているのである。それを踏まえると、新たに摂家将軍を系図に組み込んだのも、助舎の主張との関係で捉える必要があるだろう。すなわち、摂家将軍とは清和源氏説と藤原氏説を両立させる存在なのである。

ここまでみてきたように、椿井政隆は自家の系図に少しずつ改変を加え続けていたため、何度も系図を書き換えていたと考えられる。子孫に受け継がれた「平群系図」は、その作業の最終段階を反映したものといえる。表題からも明らかな通り、椿井氏を「平群姓」とするのが、『寛政譜』段階にはなかった新たな主張である。

系図の起点もさらに遡っており、神武天皇から数えて六代目の孝安天皇に始まる「平群系図」では、その子を「平群天大吉備諸進尊」とし、さらにその子にあたる「平群天岩床尊」の代から大和国の椿井に住んだとされる[24]。大吉備諸進尊は『古事記』に登場するが、それと平群を結びつけたのは椿井政隆と考えられる。また、平群天岩床尊は「延喜式神名帳」の「平群石床神社」に基づく椿井政隆の創作であろう。

大和国との関係性を強調するために目を付けたのが古代以来の平群姓だが、そのままでは史実と齟齬する点も出てくる。平群姓といえば武内宿祢に始まることで知られているからである。そこで、椿井天岩床尊の孫椿井王を「開化天皇御宇始賜平群之姓」とし、武内宿祢以前の時代にすでに平群姓を得たこととする。そして、椿井王から四代のちの椿市王を「母武内大臣妹、武内宿祢連為養子」として関係性を持たせ、その息子提原王を「依　勅命、賜平群姓」としてしまう。さらには、その末裔にあたる女性が藤原氏房と結婚して椿井氏房に改姓したという筋書にしている。『寛政譜』の段階では平群郡椿井へ移住した根拠が「藤原氏之遺地」とするのみで薄弱だったが、平群姓を導入することでより説得力のある筋書となるのである。

「平群系図」では、椿井政隆の四代前にあたる椿井政次の弟に、椿井仁右衛門政房という尾張椿井家の初代の名が連なっている。さらには、政次の次代にあたる勝直の子に「尾陽別家椿井家相続」した椿井喜右衛門勝房がいる。しかし、実際のところは、「尾張系図」が示すように政隆流のほうが分家で、「平群系図」が示すよりも遥か以前に政房は尾張に移住しているし、勝房は政房の実子である。このように尾張椿井家が比較的最近になって政隆流から分家したかのような明らかな潤色も、助舎による【史料1】を踏襲したものと考えられる。【史料1】では旗本椿井家に対しても同様の扱いをしていたが、「平群系図」ではそれは踏襲していない。さすがに『寛永伝』を無視することはできなかったのであろう。

二　椿井家由緒の展開

1　大和椿井城主の由緒

椿井家の出自を大和国椿井とするうえで障害となるのが、のちに島左近清興を生むこととなる島家の存在であった。なぜなら、近世の様々な由緒書類で、島家は大和国椿井の領主や当地にあった椿井城主とされているからである。[25]島家を椿井城主とするのは二次史料のみで、史料上に出てくる「嶋城」は山麓の西宮城や平等寺城だと考えられているが、少なくとも島家が当地の有力領主であったことは一次史料でも確認できる。[26]そのため、椿井家と島家の両者を大和国椿井の領主としても矛盾のない筋書を創る必要があった。尾張椿井家に伝わる次の史料からは、椿井政隆によるその問題への対処法が読み取れる。

【史料3】[27]（丸数字は筆者註）

興福寺記録之抜書写

群名禄ニ曰ク

一①応永十七年庚寅三月筒井順永（時十一歳）・小山戸越後守吉兼・多田上総介義実・万財《マンザイ》和泉守則興・椿井加賀守入道等吉野山ニテ花見セシム

（中略）

一⑩同十五年（文明）四月廿三日筒井麾下嶋左門友信ト椿井懐専ト合戦、嶋氏討死

一⑪同十八年（ママ）十二月筒井ト椿井ト争論始リ、椿井城（平群郡）・平等寺城ヲ筒井ヨリ責ル、椿井懐専討死

一⑫長享元丁未年正月廿日嶋左近ガ責取ル椿井山ノ城ヲ椿井懐慶及ヒ一族北村一郎政貞ト合戦（「合体シ）シテ、終ニ嶋左門（近）ヲ討捕ル

（中略）

別記ノ写

△往古興福寺官務并大和管領職太政官符宣被下、筒井氏（筒井城）・古市氏（古市城）・山田氏（山田城）・椿井氏（椿井城）

以上和州四分職家ニテ官務職三年替リ相勤ム、蓋シ　天子ヨリ国氏ヲ賜所家ナリ（国氏トハ和州ニカギリ其地名ヲ称号トスルヲ云トナリ）

△興福寺衆徒八十三家アリ

又和州姓氏録曰

平群郡椿井家　知行九万七千余石、家紋裏菊螺貝《キクサヽイ》　騎馬百参拾騎・雑兵トモニ弐千九百余人　大和四家ノ一也

（後略）

椿井政隆が、「群名録」「別記ノ写」「和州姓氏録」という三種の史料から椿井家に関する記述を抜書して尾張椿井家に送ったものである。ただし、三種の史料は後述するように架空のものと考えられる。「群名録」からの抜書は、応永十七年（一四一〇）の①から大永四年（一五二四）までの二十一ヶ条にわたり、そのうち⑩から⑫に島家の人名がみえる。⑩では、文明十五年（一四八三）に筒井家配下の島友信と椿井懐専が合戦となり、友信が討死したとされる。⑪では、報復として文明十八年に筒井家が椿井城とその麓にある平等寺城を攻め、椿井懐専を討死に追い込んだとする。それに伴い島左近が椿井城に入ったが、⑫では長享元年（一四八七）に懐専の跡を継いだ椿井懐慶が椿井城を攻め、島左近を討ち取ったことにしている。

「平群系図」によると、懐慶は山城国薗辺に本拠を移して地名を椿井と改称し、永正三年（一五〇六）には畠山氏によって自害に追い込まれたこととなっている。つまり、もともと大和国椿井は椿井家が領していたが、戦国期に至って島家が度々進出してくるようになり、最終的には椿井家が山城国椿井に引き下がることによって島家の支配が展開したと主張したいのであろう。

それを図示したのが、椿井政隆が描いた尾張椿井家に残る「和州平群郡椿井村之絵図」である。[28] この絵図の中央には、椿井家の本拠とされる椿井村と椿井城が配される。そして、平等寺城部分には、「嶋左近之助城跡、元ハ北村殿の城也」との書き込みがなされる。【史料3】の⑫では、北村政貞が椿井懐慶の一族とされており、両者が協力して島左近を討ち取ったことにしている。その後に椿井懐慶が山城国椿井に引き下がると、北村政貞も大和国椿井を去り、その余地に島家が入ってきたというのが椿井政隆の描く筋書なのであろう。つまり、同じ大和国椿井の領主でも、島家よりも椿井家のほうが規模が大きかったというのも暗に示したいのだと思われる。

大和椿井城主の由緒で【史料3】以外に注目すべきなのは、越家に伝わった系図である。越家は大和国一宮にあたる大神神社の社家で、その系図のなかには次のような一節がある。

【史料4】[29]

官務録云、文正元丙戌年巨勢兵庫助正処、葛上郡巨勢山口之神社修造申付ル也、○文明十八（ママ）年丙午十二月筒井ト椿井ト争論、同二十六日島左門ト相戦フナリ、同二十八日椿井越前入道懐専討死アル、年九十二歳ナリ、同二十九日木澤因幡守・立野伯耆守・郡山越中守等ノ椿井ノ旗下ト島左門ト相戦ヒ、是ヲ討捕ル、椿井方ニハ巨勢兵庫・大住民部・荒木遠江守ノ一味衆三人戦死アルナリ（巨勢氏系図ト死去之月日相違セリ）、○文明十八丙午年正月十六日死

文明十八年十二月の合戦の記述が【史料3】と合致している。この系図については白井伊佐牟氏がすでに論じているが[30]、椿井政隆の関与については触れていないので、その点を補いながら成立過程を整理しておく。

『寛政譜』によると、越家はもともと巨勢を称しており、代々大神神社の神職をつとめていた。その家から出た巨勢正範が天文七年（一五三八）に戦死すると、長男の正吉は中井家で養われ、さらにその息子が大工頭中井家の祖にあたる中井正清となる。一方、正範の次男正利は、旗本巨勢家の祖となる。この筋書自体は、

寛政二年（一七九〇）に中井藤三郎がまとめた「京都大工頭中井主水先祖書」にもみえるので、[31] ここに椿井政隆は関与していない。

越家に伝わる系図の原本は、旗本の巨勢利和によって文化四年（一八〇七）に編纂が始められ、同十一年までに成立したものである。その編纂開始にあたって、越信義と巨勢利和・中井正紀は面会し交流が始まっている。

越家系図の端々には、典拠となる史料名が四十二種も挙げられており、客観的姿勢で編纂された様子を窺うことができる。例えば、巨勢金岡の部分では、享和元年（一八〇一）に刊行された『河内名所図会』が引用される。金岡の嫡子は相覧とされ、越氏はその後裔とされる。そして、相覧の弟筋にあたる公望・深江・広高・公忠・公茂・公義の六名には、「寺社雑事記ニ出」との記述が加えられる。すなわち、この部分は『大乗院寺社雑事記』に掲載される巨勢家系図がもとになっている。[32] ただし、巨勢利和は『大乗院寺社雑事記』の原典にあたったわけではなく、群書類従本に依拠していると思われる。なぜなら、群書類従本の末尾には「右巨勢氏系図出寺社雑事記」と典拠が記されており、「寺社雑事記ニ出」と表現が一致するからである。[33]

系図に登場する人物のうち、光資・兼賢・正賢・賢長・賢軌・正処・軌義・正高・吉軌の九人の記事は、主として「官務録」なる史料に基づいて記述されている。[34] 記事の最初は元亨元年（一三二一）で、最後は大永六年と長きにわたる。【史料4】は、そのうち正処に対する記事での「官務録」からの引用文である。つまり、越家系図で引用される「官務録」と【史料3】で引用される「群名禄」は、史料名が異なるにも拘わらず記述が合致するのである。そのため、いずれの史料も実在はせず、椿井政隆の手元にある一つのメモ書きから作成されたと考えられる。古記録全文だと作成にも膨大な労力を要するし、分量が多いため偽作も露顕しやすくなるが、引用したかのように記すことで紙や墨が新しくても問題ないし、あたかも原史料が実在しているかのようにみせることができる。よって、巨勢利和のもとにもたらされた「官務録」も、【史料3】同様に「抜書」形式だったと考えられる。

さらに、光資以前にあたる鎌倉期の当主房軌・正議では「椿井家記」なる史料が引用されるが、これも椿井政隆が作成した「抜書」形式のものとみてよかろう。房軌の部分では「椿井家記云建長建久之誤也三年」と記されるように、「椿井家記」が建長三年（一二五一）とするところを巨勢利和は建久三年（一一九二）と修正を加えている。あるいは、正範の記事で「椿井家記」は「甚誤多」と記しているように、巨勢利和は「椿井家記」に対して批判的である。[35]その点は【史料4】の「巨勢氏系図ト死去之月日相違セリ」という利和が施した注記からも読み取れよう。

「官務録」や「椿井家記」は社家の由緒に関するものなので、これらを巨勢利和のもとにもたらしたのは越信義と考えられる。後述のように【史料3】は文化五年以前の成立で、【史料4】の成立はそれをさらに遡ることから、越信義がこれらを入手したのは巨勢利和に面会する以前であろう。大神神社の神主高宮家と筆頭社家越家は、互いの立場から対抗関係になるのは必至で、文明十一年にはすでに「三輪千部経ニ高宮与越方公事出来」とみえる。[36]また、寛文四年（一六六四）にも越半兵衛が高宮右京に対して訴訟を起こしている。[37]こうした点から、越家が相応の由緒を欲していたのは想像に難くない。実際、昭和十年（一九三五）から翌年にかけて東京帝国大学史料編纂所が作成した椿井文書の目録のなかに「巨勢正範討死之事」が見出せるので、[38]椿井政隆が越信義の要望に応じた痕跡もある。大神神社が所在する三輪村の西隣にあたる芝村には織田家の陣屋があり、一族の椿井政基がそこに仕官していたので、[39]その伝手で面識を得たのかもしれない。

【史料3】と【史料4】で注目したいのは、椿井懐専の没日と死因である。一次史料によると、懐専は文明十七年十二月二十八日に河内国の畠山氏のもとで自害している。[40] 没日の情報は、過去帳の類で椿井政隆も把握していたようである。椿井政隆が比較的早い段階に作成した「付属系図」では、文明十七年十二月二十八日に九十一歳で「討死」したこととなっている。先述のように「付属系図」では文明十年にすでに嫡子の懐慶が山城国椿井に本拠を移しており、懐専が没した翌日には「父ノ敵下司」を討っているので、山城国での合戦で没したという理解である。それに対して、【史料3】と【史料4】では、「討死」の場所を山城国から大和国に変更しており、いずれもが正しくは文明十七年である没年を文明十八年と誤っている。また、「付属系図」と【史料4】では懐慶による報復が懐専「討死」の翌日であるのに対し、【史料3】では一ヶ月後となっている。そのほか、【史料4】では享年が一歳増えていることに留意したい。なぜなら、椿井政隆が作成した最終段階の系図にあたる「平群系図」では、懐専は文明十七年十二月二十八日に九十二歳で「討死」したこととなっているからである。

以上の情報を整理すると、次のような経緯を辿ったと想定できる。椿井政隆は、寛政六年から同十一年までの間に、椿井家の名字の地を奈良の椿井町から平群郡の椿井へと変更した。その後、椿井家と島家の関係をうまく処理しなければならないことに気づき、寛政十一年以降に懐専が没した場所を山城国から大和国へ変更したが、その時に文明十七年を文明十八年と書き誤って、それに基づいてしばらく椿井文書を作成していたのだろう。また、山城国内での報復ならば翌日でも可能だが、大和国まで出張しての報復となると無理があるので一ヶ月後に変更したのだと考えられる。よって、【史料4】を微調整したものが【史料3】ということになる。おそらく、椿井政隆の手元には、自身が想定する懐専の生年を記したメモ書きのようなものがあって、それに基づいて椿井文書を作成していたため、没した場所の変更に伴い享年も一歳増えたのである。少なくとも巨勢利和が系図を編纂した頃は没年の誤りに気付いていなかったが、のちに過去帳の類と照らし合わせるなどして「平群系図」では文明十七年に戻している。「平群系図」で享年が九十二歳のままとなっているのは、没年に合わせて享年を戻すのを失念したためであろう。

以上のように、「抜書」形式は初期の椿井文書に特徴的にみられるもので、原本の体裁を繕わなくてもよいので、さほど高度な技術を要するものではなかった。とはいえ、原本を配付するわけではないため、原史料の実在性を高く感じさせる結果となっている。例えば、「文明中椿井ト戦ヒ之ヲ破リシコト巨勢系図ニ引ケル官務録ニ見ユ。曰ク」と前置きして「官務録」を引用する事例がみられる(41)。そのほかにも、「兵庫は、官務録に『文正元丙戌年、巨勢兵庫助正処（中略）』と云へるものと同人かと」や「近世の書物である『官務録』に次のような記事がある」という記述のように、「官務録」を実在の史料として扱う事例はままみられる(42)。

2 平群姓の由緒

「官務録」や「椿井家記」を引用する越家の系図には、武内宿祢やその息子の平群氏が登場するにも拘わらず、椿井家を平群姓とする主張が一切みえない。越家系図の編纂が始まった文化四年（一八〇七）頃には、椿井政隆は自家をまだ平群姓としていなかったのであろう。ときには「甚誤多」と感じている史料も無視することなく引用していることから、巨勢利和が平群姓に関する叙述を意図的に排除した可能性は低いと思われる。では、その他の史料で平群姓の由緒がどのように反映されているのかみておきたい。

京都府木津川市加茂町に所在する岡田鴨神社の由緒を記した椿井文書は、文安四年（一四四七）九月付で「椿井越前守平群藤原政里」こと懐専が記した体裁をとる。[43] 一方、平手政秀ゆかりの政秀寺文書に含まれる系図には「母椿井越前守従五位下大膳大夫藤原政里女、和州椿井城主」と記され、同系統の野口家に伝わる系図でも「母椿井越前守政里女」の名がみえる。[44] 同一人物でも、平群姓の有無に相違がある点に注意したい。

「尾張系図」によると、椿井政隆は尾張椿井家の当主である椿井由房の猶子となっていた。由房は養子で、実は平手一族を称する尾張の野口家出身であるため、その系統の系図にも椿井政隆の主張が入り込んでいるのである。しかし、尾張では平群姓を称したとする情報は見出せない。尾張椿井家には椿井政隆作成の初見史料も伝わっているように、椿井政隆は若いうちから由房と関係をもっていたため、その段階の情報で留まっているのであろう。椿井政隆は近江方面で本格的に椿井文書の創作をはじめるが、その作業が落ち着くと南山城に作業の軸足を移す。[45] そのため、南山城では平群姓の主張が見出せるのだと考えられる。

大和国十市郡桜井村の中嶋良助が記した同家歴代の由緒書にも、明応四年（一四九五）の記事に「椿井越前守」こと懐慶が登場する。[46] この由緒書は、文化元年に良助自身が大庄屋役に任じられた記事で終わるので、成立は同年を大きく下ることはない。やはり、早い時期の椿井政隆の主張には、平群姓の由緒がみられないのである。

大和国添上郡田原郷在住で藤堂藩の無足人だった山本家に伝わる同家の系図には、戦国期の当主「長義」の部分に「妻椿井山城守平群政矩息女、但政矩母柳原《（日野）》大納言重光卿息女」との記述がある。[47] 平群姓を用いていることもさりながら、「平群系図」でも「政矩」の母が「日野別当大納言重光卿女」とされ、女子に「奥玄番介貞敦妻、其後リベツナリ、亦和州田原山本備後守長義ニ嫁ス」との記述があることから、山本家の系図に椿井政隆の主張が入り込んでいることは間違いない。山本家と政隆流椿井家は密な関係を築いていたので[48]、最新の情報が系図に反映されているのだと考えられる。

それに対して、寛政六年(一七九四)の年紀を有する中御門家の系図には「椿井右馬助平群懐暎胤政」との署名があるので、ここまで挙げた事例と齟齬する[49]。懐暎は椿井政隆の道号で、胤政とは彼の変名である。しかし、平群姓を用いていることから実際には寛政六年の作ではなく、文化年間以降の作と考えられる。事実、【史料2】でみたように、寛政六年の椿井政隆は弥曽五郎という通称を用いており、右馬助に改称するのはもう少し後のことである。よって、自身の改称の時期を忘れるほど時期が下ってから作成されたということになろう。年代を遡って作成した意図については改めて検討する余地もあるが、椿井政隆が主張する自家由緒の変化を踏まえると、このような事例も検出が可能となってくる[50]。

ここまで取り上げた史料は、岡田鴨神社の由緒書や中御門家の系図のように椿井文書そのものと考えられるようなものもあれば、各家で作成された系図のなかに椿井政隆の主張が入り込むようなものもあった。後者の場合、系図全体に椿井政隆の創作が及んでいるわけではないので、おそらく「抜書」形式の椿井文書を根拠とすることが多かったのではないかと推察される。そう考えると、「抜書」形式は椿井政隆が主張する自家由緒をそれとなく広めるという意味でも、非常に効果的な手法であったといえる。

また、ここまでみてきたように椿井政隆による主張の変化を踏まえると、その面的な展開を波紋のようにみてとることもできる。その方法を敷衍すると、尾張椿井家に伝わった椿井政隆由来の史料も年代順に並べることが可能となる。

例えば、永禄五年(一五六二)に十三歳の椿井政吉が記した体裁をとる系図では、摂家将軍は登場するが、氏房の代にはまだ大和国椿井には移住しておらず、椿井懐専の父懐乗のときに大和国黒田に移住して、ここの地名と自身の名を椿井に改称したとされる。(51)そして、寛永十二年(一六三五)の記述で途切れることで『寛永伝』編纂時の呈譜に見せかけた系図では、氏房の代に大和国椿井に移住して名字も椿井と改称したことになっている。(52)いずれも、椿井懐専は文明十七年(一四八五)に九十一歳で没したこととされるので、大和国での討死に改変する以前のものである。

さらに「付属系図」では、氏房の代に大和国黒田に移住したことになっており、懐乗のときに地名と名字を椿井に改称したとする。このように「付属系図」は永禄の系図と寛永の系図の中間的な筋書なので、永禄の系図・「付属系図」・寛永の系図の順で作成されたことも判明する。実際、椿井懐専の子息は永禄の系図と「付属系図」では懐慶と三条公春妻の二人だが、寛永の系図では平手義英妻・懐慶・三条公春妻の三人に増えており、椿井由房に配慮したものに改変されている。椿井政隆は、野口家に対して平手家の系譜を尋ねたことがあったので、(53)その調査を踏まえて加筆したのであろう。「尾張系図」は、椿井政隆から送られてきた情報も交えながら椿井由房が享和三年(一八〇三)から文化元年の間にまとめたものであるが、(54)その冒頭部分は寛永の系図に準じたものとなっており、平群姓の由緒は見出せない。文化初年頃に椿井懐専が討死した場所を大和国へと変更した際にも平群姓の由緒はまだ登場していないが、文化五年には平群姓を用いているので、(55)平群姓が登場していれば概ねそれ以降のものといえるのではなかろうか。

尾張椿井家には、永和五年(一三七九)十月付の「義満」朱印状も残されている。(56)永和五年三月に康暦へと改元しているので実際にはありえない日付だが、椿井文書ではよくみられる事例である。そもそも、室町幕府の将軍は原則として朱印状を発給することはないし、椿井政隆も偽文書を頻繁に作成する頃にはその程度のことは把握していたと思われる。ただし、「付属系図」には、足利尊氏・義満・義昭の朱印状が写されている。寛永の系図でも、椿井懐乗に対して「永和四年午十二月義満御朱印」と記されている。それ以降の系図類には足利家の朱印状は見出せないので、「義満」の朱印状は椿井文書のなかでも比較的古い部類に属するものといえる。今後、椿井文書の成立過程を検討するうえで、重要な素材になるかと思われる。

おわりに

本稿では、政隆流椿井家が主張する自家由緒の変化を明らかにしたうえで、その変化を指標として椿井家由緒の展開過程をみてきた。結果として、椿井政隆の二代前にあたる助舎が、系譜を創作していた新たな事実が判明した。その系譜がすでに家の由緒となっていたため、椿井政隆はそれらと齟齬を来さないように筋書を再構成していたことも新たにみえてきた。また、「抜書」形式が初期に編み出された椿井文書作成の技法であることも示した。これは、原史料の実在性を思わせるという意味でも、椿井家由緒をそれとなく広めることができるという意味でも、非常に効果的な手段であった。実際、各地で作成された系図類にその内容が反映されていた。

由緒書や偽文書を分析する際には、作為部分から作成者の思惑を読み取ろうとするのが常套手段である。筆者自身もこれまで椿井文書を分析する際に、そこから椿井政隆の思惑を読み取ろうとしてきた。しかし、本稿で論じたように、椿井文書の筋書のなかには、椿井助舎が創作した部分も含まれていた。あるいは各地に伝わる系図類のなかには、作成者の思惑と椿井政隆の思惑が重なり合うものも存在した。このように、実際には複数人の思惑が入り込んでいるにも拘わらず、無意識のうちに作成者を一人に想定してその思惑を分析してしまっていることは往々にしてあるのではなかろうか。

例えば、筆者がかつて分析した河内国交野郡茄子作村の端野家でも、賢浄・浄玄・熊吉の歴代がそれ以前から家に伝わる偽文書に改変を加えながら、新たな偽文書を作成していた[57]。山国郷でも、既存の由緒書や偽文書に対して、世代を越えて再編が加えられる事例を確認できる[58]。既存の由緒を無視しては信憑性を確保することができないので、右のような積み重ねがあるのは当然といえば当然といえる。本稿での分析に加えてこれらの事例を踏まえると、椿井文書のみならず由緒書や偽文書を目の前にしたときに、一人の思惑でそれが成立したと安易に考えるのは慎むべきであろう。自戒の念も込めて、注意を喚起したい。

註

（1）拙著『由緒・偽文書と地域社会』（勉誠出版、二〇一九年）。拙著『椿井文書―日本最大級の偽文書』（中央公論新社、二〇二〇年）。

（2）拙稿「椿井家墓所と椿井文書」（『群像』第七五巻第一一号、二〇二〇年）。拙稿「墓地から辿る椿井文書の足跡」（『學士會会報』第九五〇号、二〇二一年）。拙稿「これからの椿井文書研究のために」（『日本史研究』第七〇九号、二〇二一年）。

（3）前掲註（1）拙著。

（4）拙編『尾張椿井家文書』（大阪大谷大学博物館、二〇二四年）。

（5）拙稿「椿井家諸流の関係と家伝文書の所在」（『中京大学文学部紀要』第五九巻第一号、二〇二四年）。

（6）この家伝文書は、拙稿「山城国人椿井家の中世文書」（前掲註（4）拙編）で翻刻した「椿井先祖へ来書写」（尾張椿井家文書五七号）に一括で写される。
（7）『寛永諸家系図伝』第一〇、二二一頁～二二三頁。『寛政重修諸家譜』第一五、一七八頁～一八二頁。尾張椿井家文書六〇号（前掲註（4）拙編）。拙稿「椿井家と今井家の系図」（同上）。
（8）『酬恩庵所蔵文書目録』B二三―三九号。伝来の過程などについては、前掲註（5）拙稿を参照されたい。
（9）尾張椿井家文書六五号。
（10）前掲註（6）「椿井先祖へ来書写」末尾の貼紙。
（11）前掲註（5）拙稿。
（12）尾張椿井家文書六六号。前掲註（5）拙稿で翻刻している。
（13）前掲註（5）拙稿。狭川真一「木津川市椿井所在　椿井家墓所墓石調査報告」（『大阪大谷大学歴史文化研究』第二四号、二〇二四年）。
（14）尾張椿井家文書六七号。
（15）拙稿「尾張椿井家の概要と文書群の構成」（前掲註（4）拙編）では、勝直に丸印が付いているため【史料1】の著者を勝直と推測したが訂正する。また、勝直の時期に該当する宝永二年に記された前掲註（12）の系図は、【史料1】と筆跡が異なるため著者を不詳としたが、これが勝直の筆跡ということになる。
（16）前掲註（6）「椿井先祖へ来書写」一二三号。
（17）前掲註（6）「椿井先祖へ来書写」一一九号・九号・三〇号・三号・七三号。
（18）川口好和「奇遊談」巻之二（『日本随筆大成』第一期二三、吉川弘文館、一九七六年、二九五頁）。
（19）尾張椿井家文書七三号。乱丁となっているので復元して翻刻し、付属史料の翻刻は略した。付属史料は、【史料1】にも登場する大聖院の位牌と石碑および歓喜院の位牌の略図、そして椿井別家の一覧と薗辺寺什物の一覧である。
（20）椿井城の所在については、前掲註（6）拙稿。

(21)前掲註(15)拙稿。
(22)「諸家系譜」(内閣文庫蔵、請求番号一五六—二三—一七三・一五八)。
(23)前掲註(15)拙稿。
(24)前掲註(7)拙稿では、「平群天若床尊」と誤って翻刻しているので訂正しておく。
(25)『改訂　大和志料』中巻(奈良県教育会、一九四四年)一六〇頁「椿井城」の項。「筒井諸記」(『大日本史料』第一一編之一九、三一六頁)。
(26)花ヶ前盛明編『島左近のすべて』(新人物往来社、二〇〇一年)。坂本雅央『平群谷の驍将　嶋左近【改訂版】』(平群史蹟を守る会、二〇〇八年)。葛本隆将「平群『嶋城』はどこか」(『烏兎』第一〇〇号、二〇一二年)。
(27)尾張椿井家文書七四号。村社仁史「椿井氏の資料『興福寺記禄之抜書写』、『和州姓氏禄日』」(『烏兎』第八九号、二〇一二年)でも紹介される。
(28)尾張椿井家文書七〇号。村社仁史「椿井氏の資料『和州平群郡椿井村之絵図』」(『烏兎』第七九・八〇合併号、二〇〇七年)でも紹介される。
(29)『三輪叢書』(大神神社々務所、一九二八年)六〇三頁～六四〇頁、のち『大神神社史料』第一巻(大神神社史料編修委員会、一九六八年)六二二頁～六四六頁。
(30)白井伊佐牟「巨勢利和編纂の『巨勢系図』について」(『藝林』第四六巻第四号、一九九七年)。
(31)「家伝史料」巻七(『史籍雑纂』第三、二一〇頁)。
(32)『大乗院寺社雑事記』文明四年十二月二十三日条。巨勢金岡に始まるこの系図を尋尊が書き留めた要因をつくったのは、奇しくも椿井懐専であった。『大乗院寺社雑事記』文明四年八月十日条によると、懐専が絵所の吐田筑前法橋長有を自身の被官人だと主張したところ、それに対して尋尊は「巨勢金岡之末孫にて当門跡相承之奉公輩」と反論している。巨勢氏の系図は、その証拠として掲載されたものである。
(33)「巨勢氏系図」(『群書類従』第五輯)。

(34) 光資から正高・吉軌兄弟までの歴代当主のうち、光資と兼賢の間の当主にあたる正泰のみ「官務録」の引用がない。ただし、正泰の妻は「山城国相楽郡上狛住侯狛筑後守源頼貞女」とされ、椿井政隆作の狛系図(『山城町史』本文編四二二頁)によると当該期の当主は「狛下司筑後守道綱」と受領名が一致するので、ここにも椿井文書の影響があるとみられる。諱が異なる理由はよくわからないが、拙稿「山城国人狛氏と一族の地域的展開」(『大阪大谷大学紀要』第五七号、二〇二三年)で明らかにしたように、渡辺党である狛氏の諱は正しくは一字名なので、二字名という点においては共通している。

(35) 越家に伝わった系図では、正範以降が別記となっている(『三輪叢書』六四〇頁～六五三頁。『大神神社史料』第一巻六四六頁～六五五頁)。新しい時代なので、概ね『寛政譜』と合致するが、大きく異なる点が一ヶ所のみある。『寛政譜』にはみえない正範の弟筑後守が存在するのである。彼に対して巨勢利和は「此筑後守当家系図ニナシ、然トモ椿井家記ニ、巨勢孫助正言ヲ正範ノ弟ト記セシハ、筑後守ノ誤歟」と注記をしている。

(36) 『大乗院寺社雑事記』文明十一年二月十七日条。

(37) 「寛文中高宮越両家訴訟覚書」(『三輪叢書』二九七頁～三四七頁)。

(38) 拙編『大阪大谷大学図書館所蔵椿井文書』(大阪大谷大学博物館、二〇二〇年)【別表】〇一三〇号。

(39) 前掲註(5)拙稿。

(40) 前掲註(7)拙稿。

(41) 奈良県教育会編『改訂大和志料』中巻(養徳社、一九四四年)一六〇頁。同上四八五頁や同上下巻(同上、一九四六年)九五頁・一〇八頁などでも「官務録」が引用される。

(42) 太田亮編『姓氏家系大辞典』第二巻(姓氏家系大辞典刊行会、一九三五年)二三一三頁。『桜井市史』上巻(一九七九年)一三六頁。

(43) 『京都府相楽郡誌』一八九頁。

(44) 政秀寺文書(『大日本史料』第九編之二三、一七〇頁)。加藤國光編『尾張群書系図部集』下(続群書類従完成会、一九九七年)八二五頁。

(45)前掲註（1）拙著。
(46)中嶋家由緒書（『桜井市史』史料編下巻一六頁）。
(47)平山敏治郎校訂編集『大和国無足人日記』下巻（清文堂出版、一九八八年）三五七頁。
(48)前掲註（5）拙稿。
(49)「興福寺元衆徒中御門系図」（東京大学史料編纂所蔵）。
(50)例えば、「椿　権之助平群政隆」と署名する『粟津拾遺集』も、寛政十一年という作成年代は偽りと考えられる（前掲註（1）拙著『椿井文書―日本最大級の偽文書』二一頁）。
(51)尾張椿井家文書六三号。村社仁史「椿井氏の資料『椿井氏系図・政吉写』」（『烏兎』第八八号、二〇一一年）でも紹介される。
(52)尾張椿井家文書六二号。村社仁史「椿井氏の資料『椿井氏系図』（一）～（三）」（『烏兎』第八一・八二合併号～第八五・八六合併号、二〇〇八年～二〇一〇年）でも紹介される。
(53)前掲註（15）拙稿。
(54)前掲註（2）拙稿「これからの椿井文書研究のために」。
(55)「吉田流鳴弦蟇目巻」（前掲註（1）拙著『椿井文書―日本最大級の偽文書』二〇頁～二一頁）。龍家本「伏龍骨之図幷序」（同上八四頁～八六頁）。「蝦夷国輿地全図」（同上八七頁～八八頁）。いずれも作成年代を偽る必要性のあまりないものである。
(56)尾張椿井家文書六九号。村社仁史「椿井氏の資料『足利義満朱印状』」（『烏兎』第九〇号、二〇一三年）でも紹介される。
(57)拙稿「茄子作の村落秩序と偽文書」（前掲註（1）拙著『由緒・偽文書と地域社会』、初出二〇一一年・二〇一三年）。
(58)吉岡拓「十八世紀丹波国桑田郡山国郷における由緒書の編纂と「郷士」身分」（『カルチュール』第一五巻第一号、二〇二一年）。本書第四章吉岡論文・第五章谷戸論文。

第Ⅲ部　領主・境界地域との関係

第七章　戦国期山国奉行・雑掌考

岡野友彦

はじめに

中世を通じ丹波国山国荘で荘官（大杣方公文職）をつとめた鳥居家伝来の古文書の中に、次頁・次々頁に掲げた荘園公事（節料・粽）の請取状（【写真1・2】）がある。

これらは一見すると、一般的な荘園史料によくある請取状に過ぎないように見える。しかし、栄舎・幸種という本文書発給者名の下にある花押は、それぞれ当時山国奉行（山国荘代官ともいう）の任にあった高倉永家（一四九六～一五七八）と庭田重保（一五二五～九五）の花押なのである（【参考1・2】）。[1]【写真1】の天文十年（一五四一）、高倉永家は従二位権中納言、庭田重保は正五位下右少将。【写真2】の弘治三年（一五五七）、高倉永家は正二位権大納言、庭田重保は正三位参議右中将の官位にあった（『公卿補任』）。この場合、高倉永家と庭田重保がそれぞれの雑掌である栄舎・幸種の名の下に花押を据えたという考え方と、彼ら自身がそれぞれ栄舎・幸種という仮名を仕立てて本文書を作成したという考え方があり得るが、[2]そのいずれにせよ、これほど高位の公卿・殿上人が、荘園公事の請取状に自ら署判するという事例は、いかに戦国時代とは言え尋

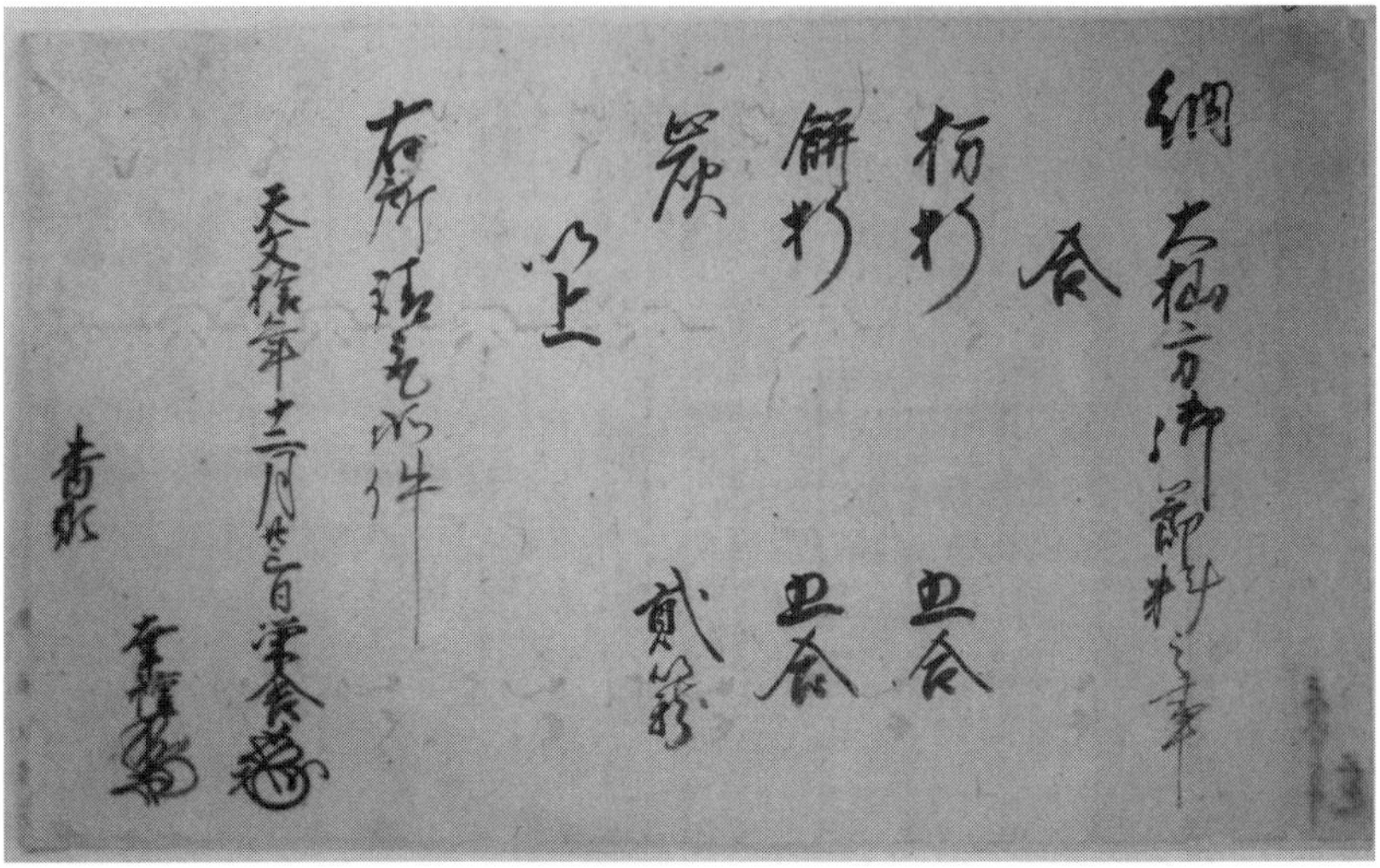
【写真1】天文10年「請取状」

常なこととは思えない。(3) この背景には何があったのであろうか。

　かつて私は、山国奉行である高倉・庭田両家の青侍粟津肥前守・加田新左衛門尉が「修理職」と称されていたこと（『言継卿記』永禄十一年正月十五日条など）を指摘する中で、これらの請取状に見える栄舎を粟津、幸種を加田と人名比定したことがある。(4) しかし、もし栄舎・幸種を高倉永家・庭田重保の仮名と考えるなら、この人名比定は成り立たない。いずれにせよこうした課題を解決するには、当該期における山国奉行とその下で働いた雑掌たちの緻密な検討が不可欠と言える。

山国奉行の変遷については、夙に奥野高廣・野田只夫の古典的業績があり、(5) それらを踏まえた上で桜井英治が「山国奉行表」を作成。「はじめ一名であったのが、のち二名に増員されていること、その一方は概ね庭田家の世襲となっているものの、他方は

【参考1】高倉永家花押

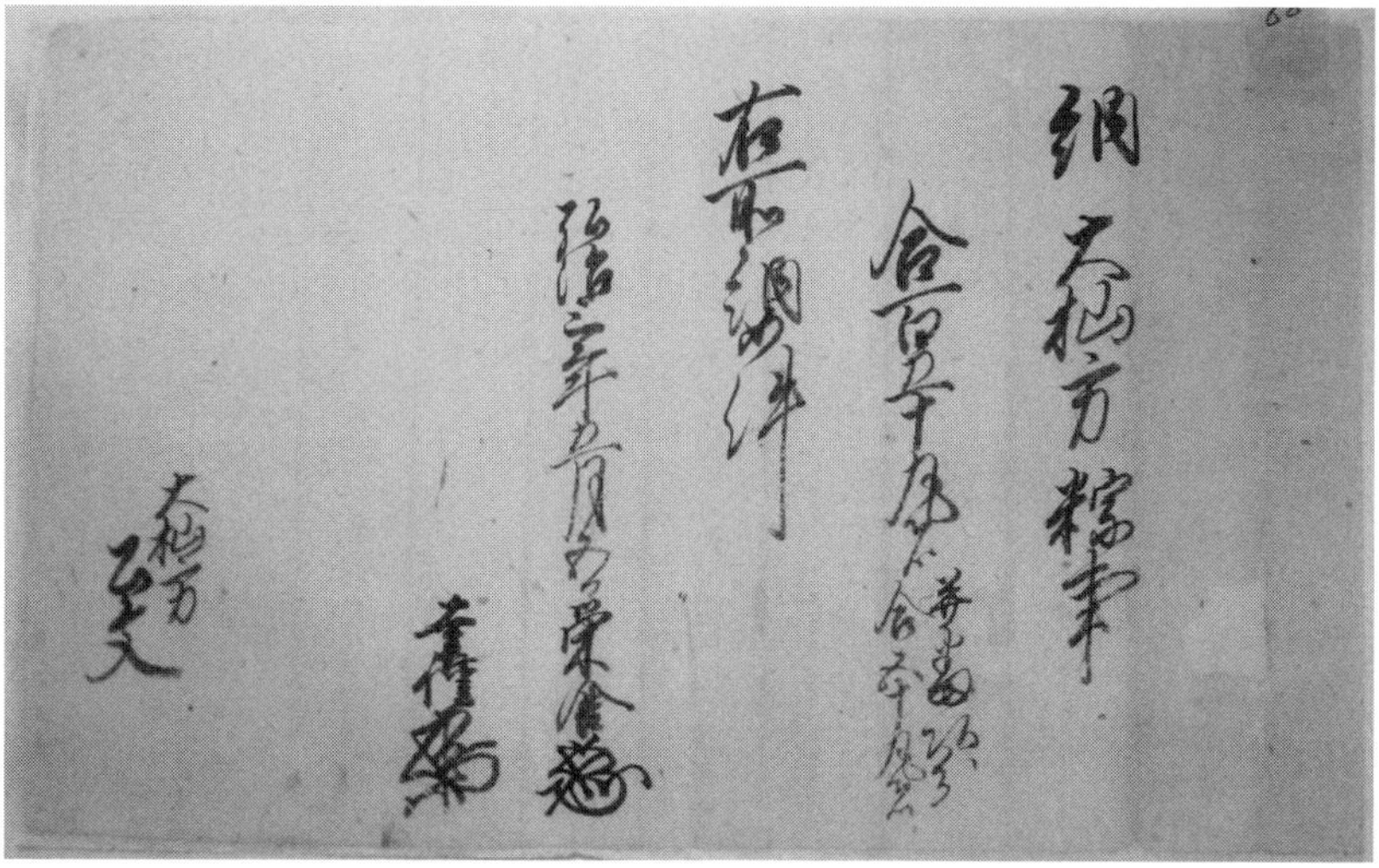

【写真２】弘治３年「請取状」

【参考２】庭田重保花押

主として四辻・万里小路・高倉の三家から交代で出されていること」を指摘した。[6] その成果の上に私は、はじめ一名であった山国奉行が二名に増員された背景として、文明十二年（一四八〇）の山国奉行烏丸資任解任事件に注目し、「恐らく禁裏は、複数の代官を任命することで、彼らが相互に「無沙汰」を監視しあい、結果として山国荘が特定の家に所属するのを防ごうとしたのであろう」と推測した。[7]

しかし、実際に烏丸資任が解任され、二名体制となって以降の山国奉行の詳細については、未だに桜井「山国奉行表」を越える研究はなく、また彼ら両奉行の下で実際の荘務に当たった雑掌に関する検討は管見に触れない。

そこで本稿では、文明十二年の烏丸資任解任事件以降、永禄十一年（一五六八）の織田信長上洛に至る戦国期の山国奉行と、その下で働いた雑掌の変遷を、可能な限り詳細に検討し、以て雑掌の名の下にその主人である奉行の花押が据えられた請取状の謎について、考察を加えてみようと思う。

一　山国奉行二名体制のはじまり

文明十二年（一四八〇）、後土御門天皇から発せられた烏丸資任山国奉行解任の命令は、当初日野富子・足利義政の同意が得られず（『大乗院寺社雑事記』同年五月十八日条）、実際に解任されるのは文明十五年四月を待たなければならなかった（『御湯殿上日記』同月十三日条）。その直後、すなわち二名体制となった山国奉行によって初めて発給された文書が、次の山国荘内小塩保寄進状（「京都御所東山御文庫記録」『大日本史料』第八編之十五所収）である。

山国庄之内小塩保、為㆓後花園院毎月国忌料所㆒御寄附也、任㆓先規之旨㆒、除㆓一宮大悲山寺分㆒、全㆓知行㆒、無㆓不法懈怠㆒、可㆑被㆓勤行㆒之由、被㆓仰出㆒候也、仍執達如㆑件、

文明十五年四月廿七日　民部卿　在判

権大納言　在判

常照寺住持

この二名について、『大日本史料』は民部卿を白川忠富、権大納言を勧修寺教秀に比定しているが、この翌年、文明十六年五月の『御湯殿上日記』を見ると、「みん部卿より山くにの物ともれいにきたりたるとて、御

たる二色まいる」(十六日条)とあるのに続けて「源大納言よりもみん部卿とおなし御たるまいる」(十七日条)として、源氏の大納言である庭田雅行が(『公卿補任』)、白川忠富とともに山国奉行を務めているので、右の寄進状に見える権大納言もまた庭田雅行、つまり山国奉行は、二名体制となった当初から白川忠富と庭田雅行の二人であったと考えて良かろう。ちなみに白川忠富は後土御門天皇に「不断祗候」した「秘書官的性格」をもつ廷臣であり、庭田雅行もまたそれに類する廷臣であったことが、明石治郎・小堀貴史の研究によって指摘されており[8]、そのような信頼関係によって山国奉行に選ばれたに違いない。

その後、白川忠富は永正七年(一五一〇)に八十三歳で没するまで(『公卿補任』)、継続的に山国奉行在任が確認できる一方[9]、庭田雅行は明応四年(一四九五)に六十二歳で没し、その子重経もまた六年後の文亀元年(一五〇一)に三十七歳で没したことで(『公卿補任』)、山国奉行の地位は、その子重親に継承された[10]。そしてこの間、白川・庭田両奉行の下で山国荘雑掌を勤めたのは、孝久と種寿、孝久と定秀、孝久と種辰といった組み合わせであった。彼らの名前で発給された請取状(井本家文書、【写真3~5】)を次々頁以降に掲げよう。

これら請取状の連署のうち、日付の下の孝久は『忠富王記』に「伯家雑掌」として頻出するので(文亀三年五月条など)、一方の種寿・定秀・種辰は庭田家雑掌に違いない。しかるにこの請取状を見ると、彼らの花押はそれぞれ当時の山国奉行であった庭田雅行・重親の花押(【参考3・4】)とは全く異なり、少なくともこの時点において、雑掌の名の下にその主人である奉行が花押を据えるという異様な様式は成立していなかったことがわかる。さらに奉行忠富自身が記した『忠富王記』文亀三年五月十四日条を見ると[11]、

十四日、黒田庄村、去年大水御免事

折紙案
黒田三ヶ村分御月並事、去年就㆓百年以来大水㆒地下大儀之御侘事由申候之間、当年分二ヶ月次半御材木被㆓指置㆒候、為㆓請切在所㆒之間、於㆓向後㆒加様之儀不㆑可㆓申上㆒之由、被㆓仰下㆒候状如㆑件、

文亀三五月十四日　孝久
定秀

加田二郎左衛門―

(頭書)山国惣庄□□事申時□□事同□申候、各々ニ被㆑免之由、長橋局ニ申入了、又大布施・八升猶以地下損失候由歎申間、九月十五日二ヶ月分被㆑閣候由、已前以㆓筋目㆒下知了、文言同㆑之、

とあり、文亀二年八月二十九日に近畿地方を襲った大洪水(『後法興院記』『実隆公記』同日条)により、山国・黒田・大布施・八升から出された年貢減免要求を裁可した雑掌連署奉書の差出人は、永正五年の請取状(【写真4】)と同じく孝久・定秀の二人、宛先は加田二郎左衛門であった。

かつて私は、加田氏を庭田家の青侍と捉え、「種」を通字とする庭田家雑掌の苗字ではないかと推測したが[12]、ここに見える通り、加田二郎左衛門は当該期の庭田家雑掌定秀とは全くの別人である。また『実隆公記』永正四年十二月十三日条を見ると、加田二郎左衛門の子弥二郎の元服に当たり、その名乗りを忠景・富景のいずれにすべきか、忠富の子雅業が三条西実隆に尋ねており、加田氏は忠富の偏諱を受ける存在で、かつその通字は「景」であったことがわかる。加田氏は庭田家雑掌ではなかった。

さて永正七年二月、白川忠富が没すると、同年四月、後任奉行には四辻季経が補せられ[13]、後述するように大永四年(一五二四)の没年近くまでその任にあった。その在任中と思しき年未詳の長橋局東坊城松子宛「四

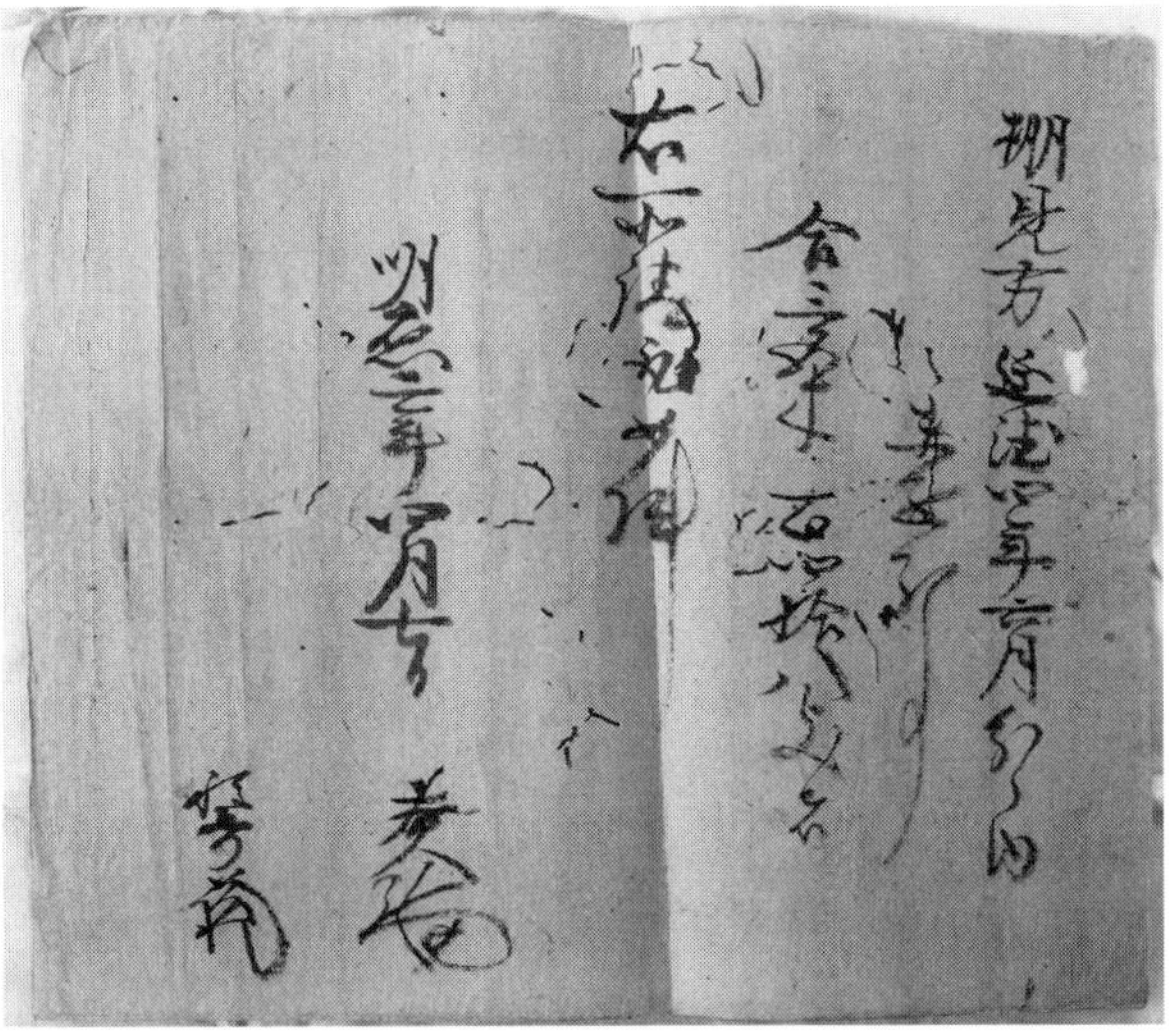

【写真 3】明応 2 年「請取状」

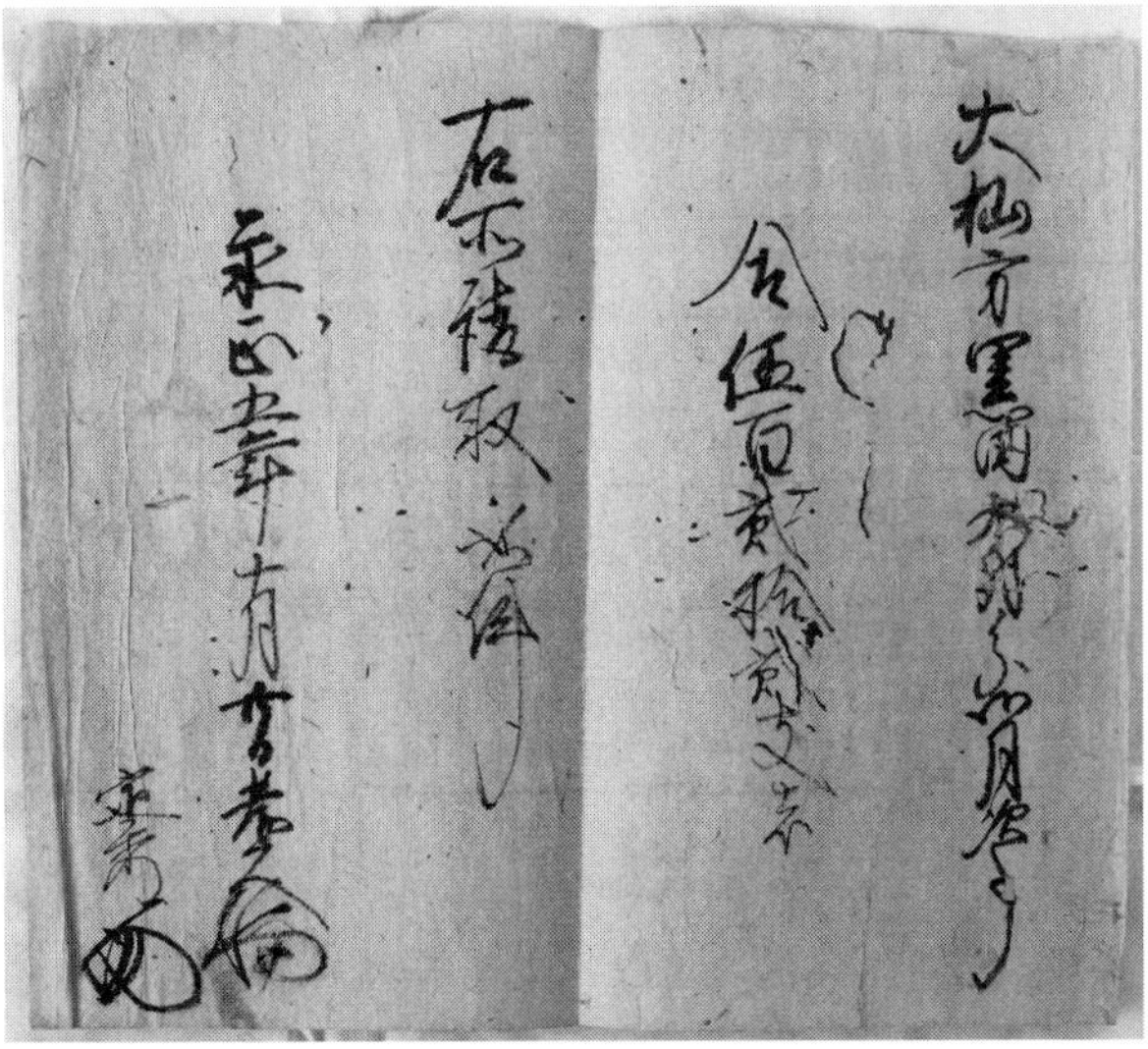

【写真 4】永正 5 年「請取状」

辻季経自筆消息」（「北白川宮旧蔵手鑑雫存」『大日本史料』第九編之二十七所収）を見ると、次のようにやはり「二郎さゑもん」（加田二郎左衛門）が登場する。

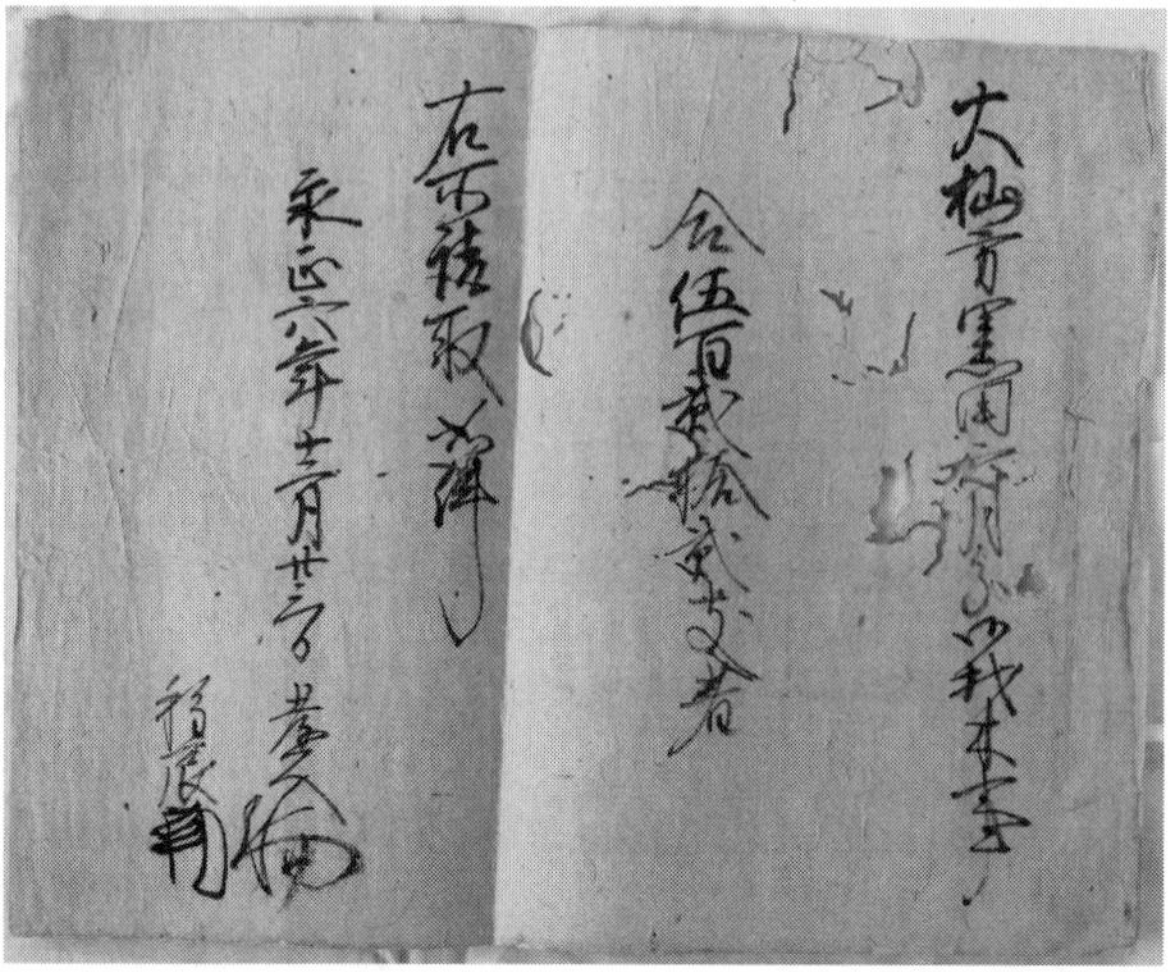

【写真5】永正6年「請取状」

【参考3】庭田雅行花押

【参考4】庭田重親花押

山くにほんから下つかひの事、
二郎さゑもんに、たひ〳〵かた
く申候へとも、したゐつかまつ
り候、そのしさひハ、一宮さう
ゐいにつきて、地下のものとも、
知人かほに、なにかと申かゝり
候ハんするも、いかゝにて候、
中々ふあんないなる物よりハ、
むつかしくも候ハんする、その
外かた〳〵なんきなるしさいと
も、色々事をわけて申候、又こ
のほとのやうに一人してはしり
まい候やうにはつかまつりかた
きよし申候、さやうに候てハ、
なにのきよくもなき事にて候、

さ候ハヽ、わたくしのせいし（青侍）に、地下のきをも、しつかい申つけて見候へきかにて候か、それもふせんなとハ、へちして御おんに下され候ほとに、そのほかにハ、なにの事なることもなきよし申候、さ候へは、わたくしの物、なにとつかまつり候てしかるへく候やらん、猶々、二郎さゑもんあひともに、申つけたく候か、事なりかたきやうに申候、いかヽつかまつり候ハんするやらん、大かたこのやう御心え候て、御ひろう候て、御おもむきのやうも、うけ給たく候、あなかしく、

この消息によれば、これまで山国本郷下使は二郎左衛門が一人で務めてきたが、山国一宮（山国神社）の造営などで地下人たちとの交渉が増える中、季経は四辻家の青侍を二郎左衛門とともに下使に任命したいと要請している。つまり加田二郎左衛門は、白川・庭田・四辻のいずれかの家に属する青侍ではなく、むしろ在地側の事情に通暁した山国案内者とも言うべき下使であったと考えられるのである。(14)

二　万里小路秀房不正事件

大永六年（一五二六）四月、後柏原天皇が没して後奈良天皇が践祚すると、山国奉行にも変化が訪れる。『二水記』大永六年九月五日条によると、「山国奉行事、故入道殿数年被㆓存知㆒了、而近年依㆓老耄㆒少納言為㆓代官㆒執行畢、今日有㆓御改易㆒、子細何事哉、当㆓于時㆒失㆓面目㆒者也」とあり、大永四年に七十四歳で没した入道前大納言四辻季経（『公卿補任』）の「老耄」と死去により、しばらく山国奉行を務めていた少納言高倉範久が、(15)この年、特段の理由もなく改易されてしまったのである。『御湯殿上日記』同月八日条には「山くに

のまつり申さた(中略)たかくらめしあけられて、いまたふ行さたまらぬ事にて、にわた一人におほせつけらるゝ」とあるので、しばらく一方の奉行庭田重親が一人で庶務にあたったらしい。

その後同月十一日、『御湯殿上日記』同日条に「山くにの御たいくわんの事、まてのこうちにないく〵けふおほせいたさるゝ」とあるように、万里小路秀房が後任の奉行に任命された。秀房の姉妹栄子は、この年践祚した後奈良天皇の妃で、この九年前の永正十六年に第一皇子方仁親王(のちの正親町天皇)を産んでいるので、恐らくはその閨閥により、山国奉行に抜擢されたのであろう。[16]ところがその九年後の天文四年(一五三五)、その秀房が山国荘をめぐり不正を問われる事件が起きる。この事件については夙に『京都府北桑田郡誌』以来の長い研究史があるが、[17]いずれも宇津氏による違乱という側面から捉えたものばかりであるため、改めて後奈良天皇自身の日記により、その経緯を確認しよう(以下、特に断らない限り『後奈良天皇宸記』同日条による)。

ことは天文四年四月五日、山国奉行万里小路秀房が「下地」に対し「曲事」があったとして、幕府から改易を求められ、天皇がその糾明を約束したことに始まる。同十七日と二十五日に秀房の尋問が行われ、三十日には秀房から「山国地下」に対する返答と「地下緩怠条々」の報告が提出されている。秀房の返答はただちに幕府に伝えられ、五月十四日には幕府から地下側の二問状が届けられた。文言修正の後、十七日にはこれが秀房に送付され、同三十日には秀房から二答状が提出。この二問二答を経た六月二十八日、天皇は秀房に勅書で判決を伝えたが、秀房は同日と七月一日の二度にわたり「心得難し」としてこれを承諾しない。結局翌二日、幕府から「山国代官両ふ行雑掌私曲条々」が届き、事件は「両奉行曲事越度」として決着に向かったものの、翌三日、天皇は「山国地下緩怠」について幕府に継続審議を求めた。これに対し将軍足利義晴は翌四日、立腹して「山国地下緩怠一書」を天皇に返上している。

さらに同十一日、万里小路秀房は天皇に、「山国沙汰人其外番頭以上五十一人」が「今度公事地下緩怠条々」の成敗なきにより「他国」逃散を主張していると訴えた。そのような緊張感の漂う山国で、同年八月二十日、寺田という地下人が当時の山国荘公文鳥居康清を殺害する事件が起きる。[18] この殺人事件の首謀者こそ、当時、山国荘への介入を始めていた丹波国人宇津氏であった。これから六年後の天文十年八月二十七日、これらの事件の責任を取って山国奉行を辞任することになった秀房が、三条西公條に送った弁明書と、[19] その前後に提出されたと思しき年月日差出宛先不明の仮名消息（いずれも『京都府北桑田郡誌』所収菊亭家所蔵記録）により、この事件の詳細が窺い知られる。

就㆓山国之儀㆒奉行職辞退之事、一昨日被㆓仰出㆒候間、則畏存候旨申入候き、

一、近年庄内錯乱諸公事物未納之段被㆓仰出㆒候、無㆓余儀㆒候、雖㆑然此段宇津□先年鳥居河内守依㆑令㆓生害㆒如㆑此候間、上としても被㆓仰出㆒、私にも涯分致㆓馳走㆒候へとも、当時依㆑不㆓事届㆒無㆓一途㆒之儀、是不㆓私曲㆒候、

一、元来宇津違乱之儀者以㆓故四辻存知之時之由緒㆒及㆓競望㆒候条、是不㆓私曲㆒候、

一、今度徳岡又三郎曲事之段者勿論不㆑能㆓是非㆒候、最前之義者已勅免之条、私所為をも先閣候、今度又々重罪露見事は所㆑及可㆑加㆓成敗㆒之覚悟候、就㆑其愚拙一向不㆓存知㆒之儀連々申候き、然処此砌奉行職之事被㆓召放㆒候儀、悉皆徳岡曲事許容仕候様に叡慮も被㆓思食㆒候歟、以㆓彼等越度㆒被㆑懸㆓身上㆒儀甚不㆑致㆓分別㆒候、但随分不㆑存㆓疎略㆒候へ共、自然之越度或者人の中成など於㆑有㆑之者、御

改易以前可レ被レ遂二糾明一事候や、殊に只今御調法之仔細候由候、然者其段も可レ被二仰聞一事候、凡御
改易も其罪科治定之上にて及二御沙汰一候へき事候哉、
一昨日被二仰下一候分者其儀にも非候へは、併被レ寄二事於左右一連々被二召放一度との御内儀に相似候、惣別此御料所之事被二仰付一候も　叡慮御改易の勅命にて候へは、是非の言上は如何候へ共、御沙汰之次第無二分別一候間述二愚意一候、此申状奉行職之事懇望にはあらす候、一往可レ預二御披露一候はゝ可二畏入一候、恐惶謹言、

八月二十七日　　秀房

西三条殿

＊＊＊＊＊＊＊＊＊＊＊＊＊＊＊＊＊＊＊＊＊＊＊＊＊＊＊＊＊＊

仰のおもむきかしこまりてうけたまはり候ひぬ、御料地の事につきて一日も申入候いつることく、召使候徳岡又三郎と申ものに付て、この程宇津方より御詫事申入候事候、いつれとも曲事のうへに、猶ほしきまゝの乱暴いたし候につきてたち入うけ給候にをよはす、重ねて申きかせ候はゝ曲事たるへきよしかたくめし仰せ、このうへにいまた兎角に及ひ候はてそれかくせ事たるへきよし、くりかへし申つけ候所に、地下人とあひ談しまかり下り候まゝ、一向申つけ候はぬ事をとくおか所行定の事候か、やかて両奉行として国へ申下候事候、
さたのかきりあらす候まゝすなはちせいはいをくはへ候へきを、すくにちくてん仕り候事候、仰に及はす私に対し徳岡かくせ事のたんのかれかたく候まゝ、猶々かたく申つけ候へきかくこにて候、かんよう御料所の事めしつかい候もの、或は地下人なとゝしていかやうの事を申しあはせ候とも、それはいたつ

ら事にて候まゝ、とりあけられ候に及はぬ事にて候へは、このあひたの通りかたく仰出され候てしかるへく存候、

すなわち山国荘で起きた不正事件は、すべて万里小路秀房が召し使っていた在地代官徳岡又三郎の所為であり、その背後には鳥居氏殺害の張本宇津氏がいたという。なおここに至っても秀房は、すべては徳岡が勝手にやったことで、自分は何も知らなかったこと、部下の落ち度で責任を取らされるのは納得いかないこと、そもそも宇津氏の違乱は四辻季経が山国奉行であった時以来の由緒によるもので[20]、自分の利益誘導ではないことなどを縷々陳述しているが、その一方、自分が山国奉行になれたのも後奈良天皇の叡慮による高倉範久改易の勅命によるとして、奉行職辞退を受け入れている。

ところで、この事件が起きる一年半ほど前の天文二年十二月二十四日、もう一方の山国奉行庭田重親が春日大社七箇夜神楽笛所作奉仕のために下向した奈良で急死し（『公卿補任』『言継卿記』）、その時嫡男重保はわずか八歳であったという事実が注目される。二名体制となって以来「概ね庭田家の世襲[21]」で続いてきた一方の奉行職は事実上欠員状態であり、これこそ万里小路秀房が宇津氏と結託できてしまった要因に相違ない。そこで後奈良天皇は天文四年七月以降、山国の雑事を三条西公條に相談するようになり（『後奈良天皇宸記』同月一日条）、同年十一月以降は公條が万里小路秀房とともに事実上の山国奉行として活動している（同十一月二十九日・十二月八日・九日・二六日条など）。しかしどうやら三条西公條は、本来の山国奉行庭田重保幼少時の一時的な代行に過ぎず、正式な奉行ではなかったらしい。なぜならその翌年、天文五年十一月以降に出された次々頁以降の「請取状」（鳥居家文書、【写真6～8】）を見ると、雑掌幸種の名の下に庭田重保その人の花押

（【参考2】）が据えられているからである。[22] そしてこれこそ雑掌の名の下にその主人である山国奉行が花押を据えた請取状の始まりであった。このことは一体何を意味しているのであろうか。それでは以下節を改め、いよいよこの謎について検討していくことにしよう。

三　雑掌の花押を奉行が据えるということ

そもそも次頁以降の請取状（【写真6～8】）を見ると、雑掌幸種の花押は庭田重保のそれ（【参考2】）に違いないが、一方の雑掌信久の花押は万里小路秀房の花押（【参考5】）とは全く異なり、信久自身の花押と思われる。ところがこの五年後の天文十年（一五四一）八月、上述したように万里小路秀房が不正事件の責任を取って山国奉行を辞任。その後任に同年九月、高倉永家が選ばれると（『御湯殿上日記』同月二十日条）、同年十二月以降の請取状には、山国奉行高倉永家・庭田重保自身の花押が署されるようになるのである（「はじめに」【写真1・2】）。以上の経緯から考えて、山国荘の請取状に山国奉行自身の花押が署されるようになった背景には、天文四年に発覚し、天文十年に決着した不正事件が大きく関わっていたとしか考えられない。

前掲した天文十年八月二十七日付「万里小路秀房書状」（菊亭家所蔵記録）によれば、秀房辞任の最大の原因は山国荘の「諸公事物未納」にあった。さらにその「緩怠」に対する「成敗」がないことを不満に思った「山国沙汰人其外番頭以上五十一人」が逃散を企てていること（『後奈良天皇宸記』天文四年七月十一日条）を考え合わせるならば、恐らくは「山国沙汰人」たちの納めた「諸公事物」が、在地代官徳岡又三郎（とその背後にいる宇津氏および秀房）の横領によって、「未納」とされてしまったのであろう。再発防止のため、沙汰人たち

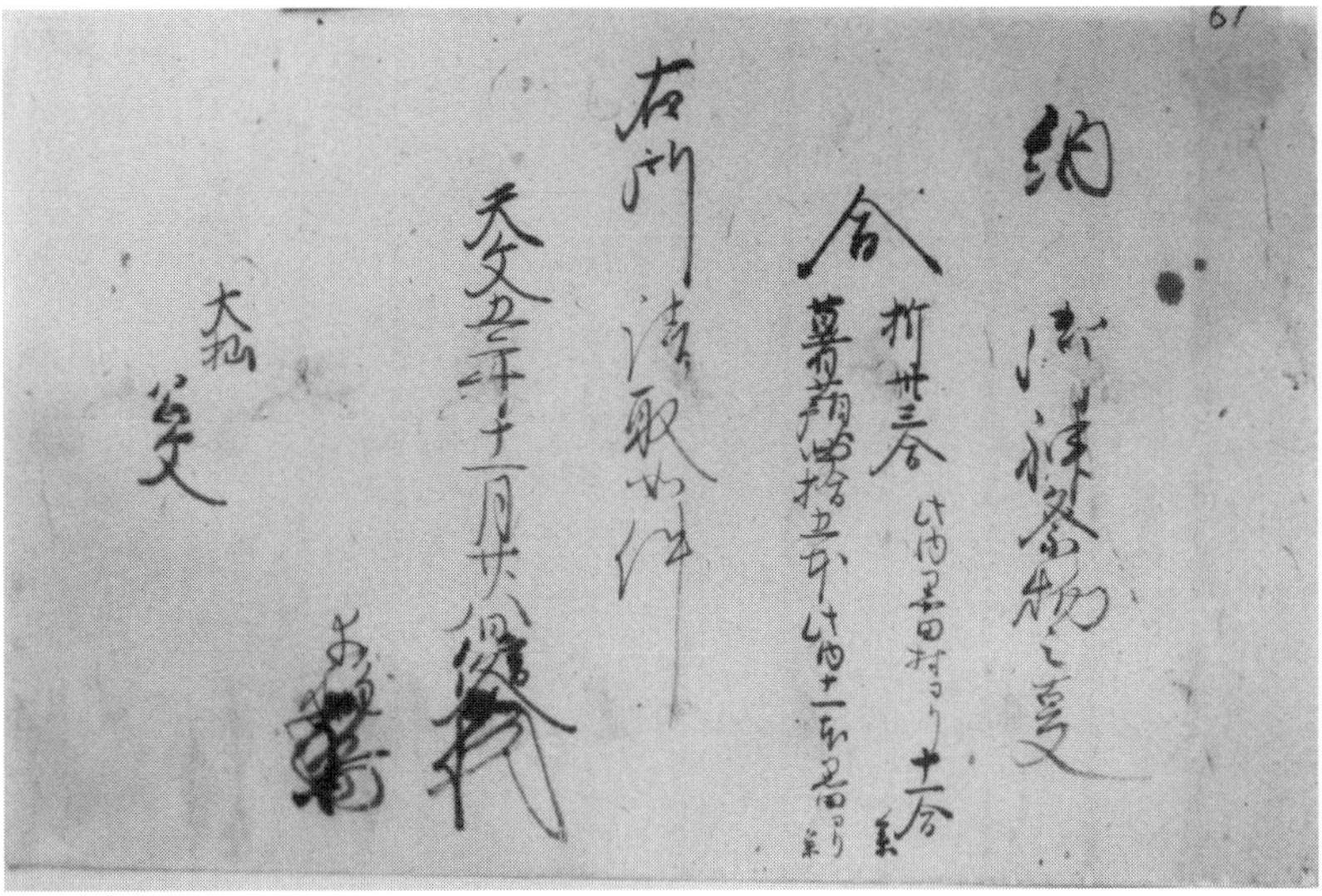

【写真 6】天文 5 年 11 月「請取状」

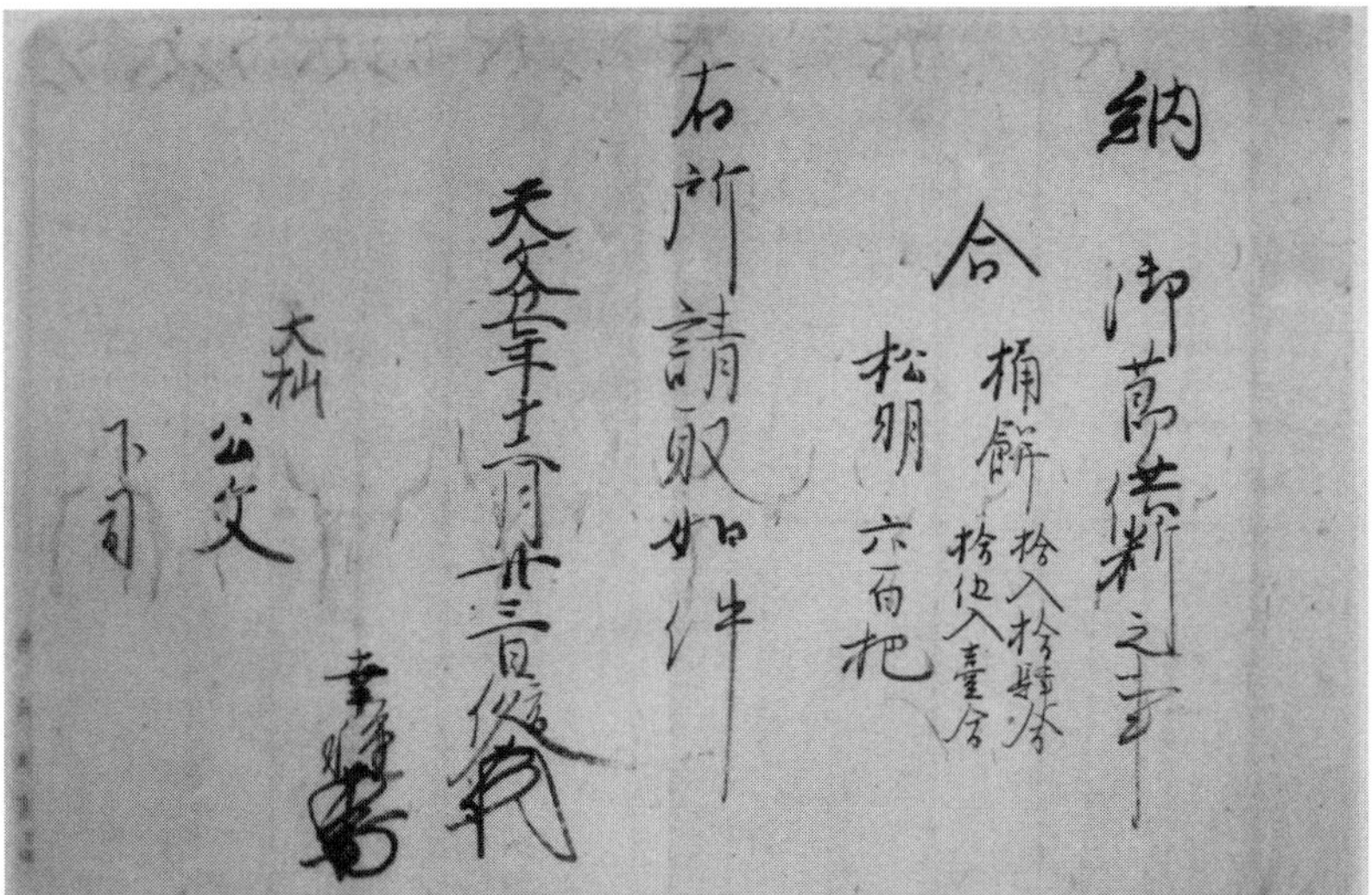

【写真 7】天文 5 年 12 月「請取状」

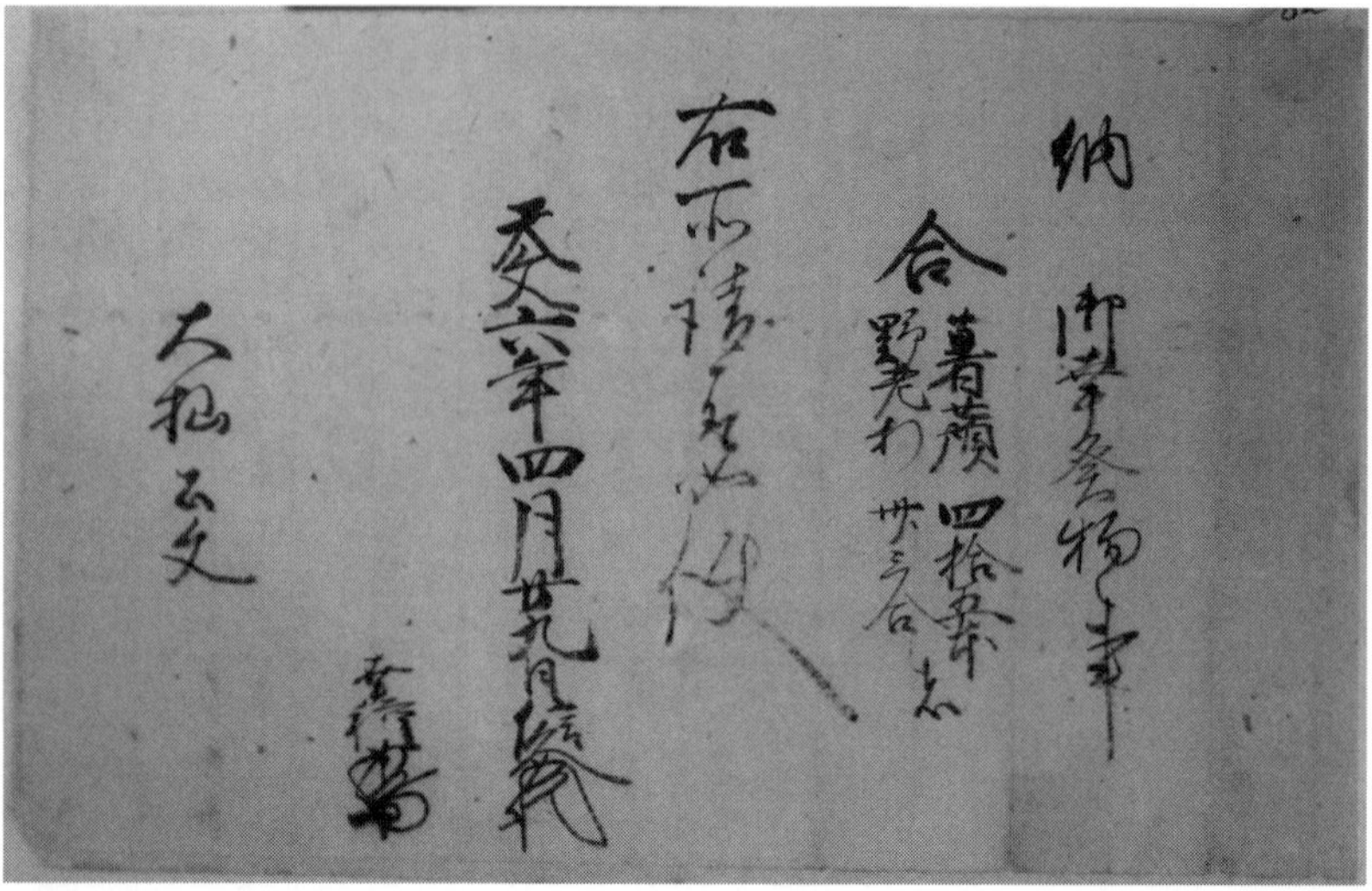

【写真8】天文6年4月「請取状」

【参考5】万里小路秀房花押

が山国奉行に求めたもの、それこそ二度と納付済の公事物が「未納」とされることのないよう、公事物の請取状に奉行本人の署判を受けることだったのではないか。山国荘の沙汰人たちは、毎年正月に禁裏から交付される「修理職初任庁宣」(三箇条吉書)の袖判を通じて、山国奉行の花押を知悉していた。沙汰人の手元に残される三箇条吉書の袖判と請取状花押の一致は、沙汰人たちに大きな安心を与えるものであったに違いない。参考のため、次頁以降にそれぞれ庭田重親・高倉永家・庭田重保の袖判(【参考4・1・2】)の据えられた三箇条吉書(鳥居家文書、【写真9~11】)を掲げよう。

それにしても、沙汰人たちから署判を要求された山国奉行たちは、なぜ永家・重保という実名ではなく、栄舎・幸種という雑掌の名の下に署判したのであろうか。もとより当時従二位権中納言・正五位下右少将という官位にあった永家・重

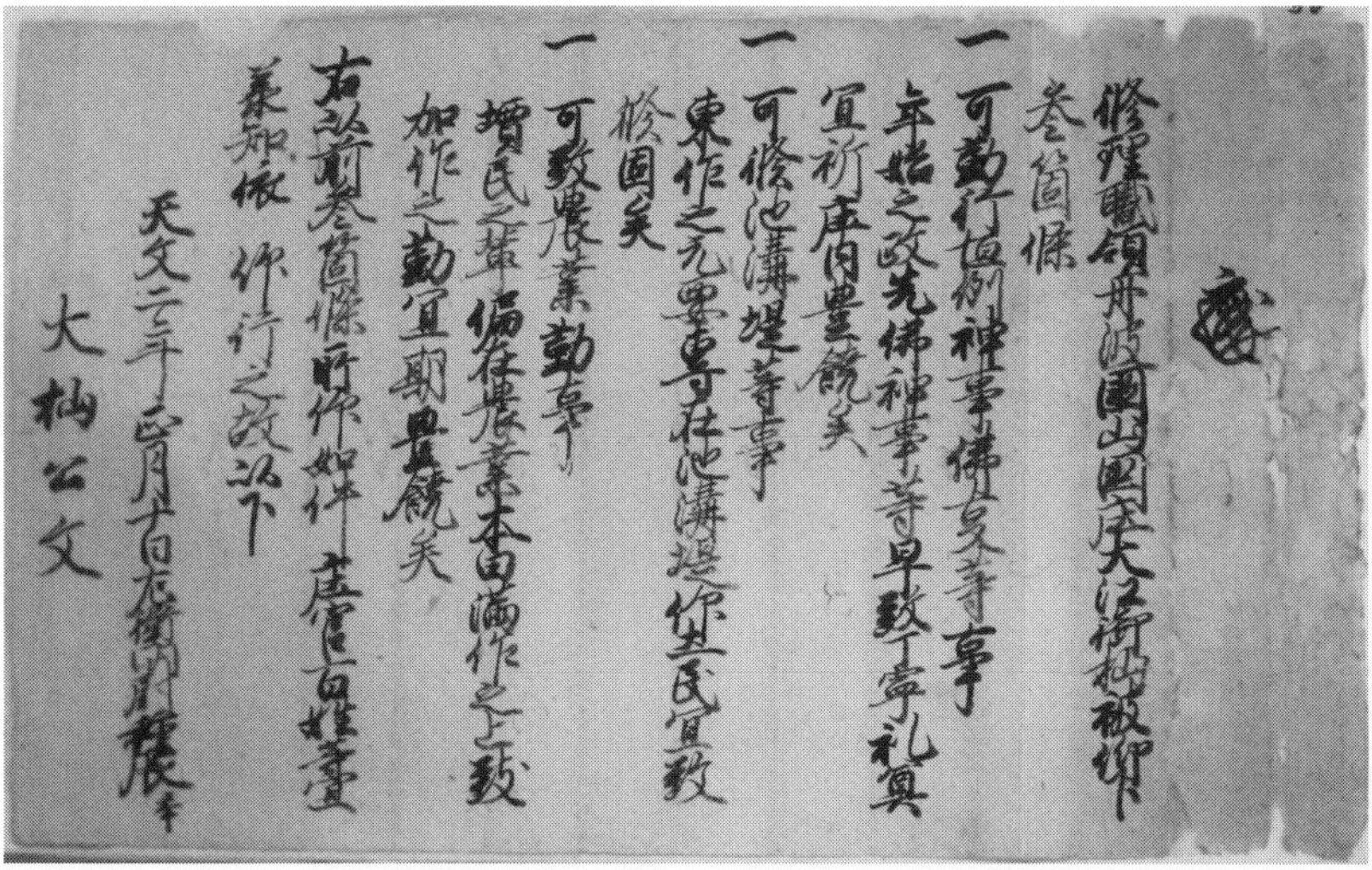

【写真9】天文2年「庭田重親袖判三箇条吉書」

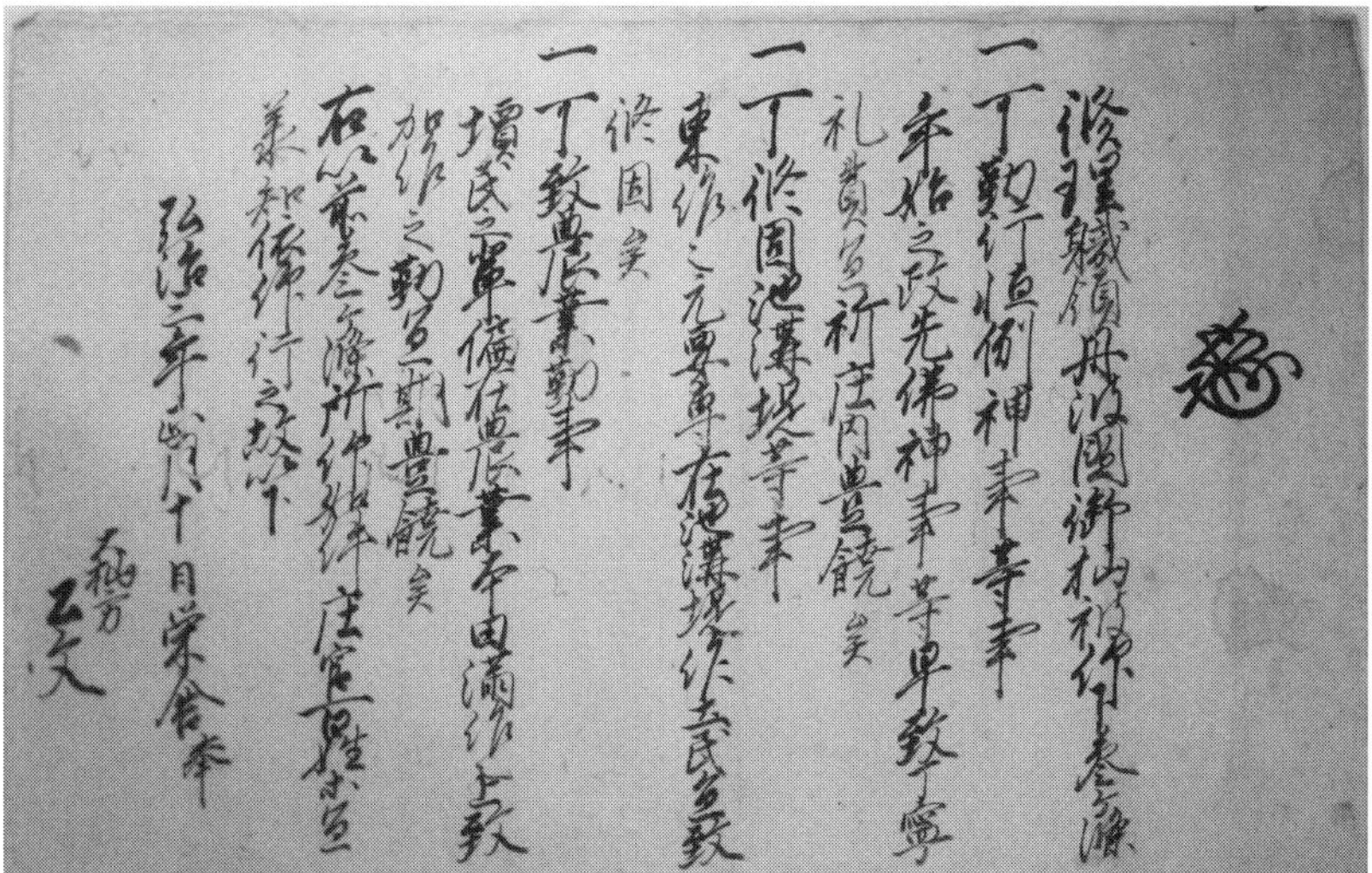

【写真10】弘治3年「高倉永家袖判三箇条吉書」

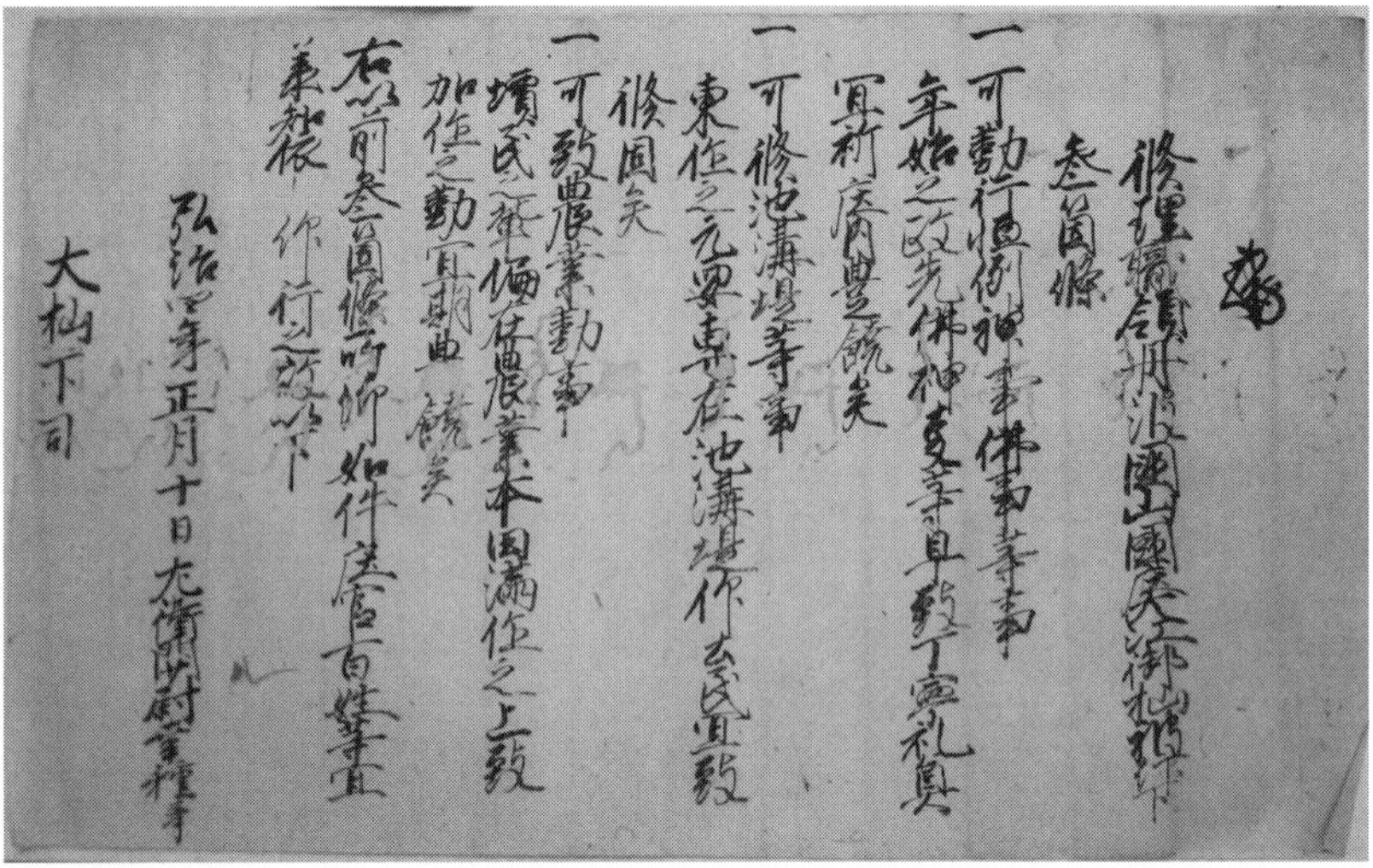

【写真11】弘治4年「庭田重保袖判三箇条吉書」

保が、荘園文書に実名を記すことを忌避したということは容易に推察できるが、それでは栄舎・幸種は、山国奉行が荘園文書に身をやつすための仮名だったのか、それとも山国奉行の下に実在した雑掌だったのであろうか。

前頁と上に掲げた三箇条吉書（【写真9〜11】）の書止文言を見ると、「依㆑仰行㆑之、故以下」という奉書文言があり、形式上の発給者はそれぞれ奉者の種辰・栄舎・幸種である。しかも種辰と幸種はいずれも「左衛門尉」という官途を名乗っており（【写真9・11】）、種辰に至っては自身の花押すら確認できる（【写真5】）。種辰はもとより、左衛門尉幸種という雑掌も実在したことは確実であり、そこから推して、雑掌栄舎もまた実在したと考えて良かろう。なおこの栄舎・幸種について、かつて私は同時期に高倉・庭田両家の青侍として活動している粟津・加田に人名比定したことがあるので[23]、その反省も込め、改めてこの関係について確認しておきたい。

『言継卿記』天文十四年正月十五日条を見ると、清涼殿東庭で行われた三毬杖行事において「修理職之者藤中納言内粟津修理亮、庭田内加田左馬助」の二人が、後奈良天皇の書いた吉書を三毬杖に入れている。「御吉書の三毬杖」と呼ばれる正月十五日の宮中三毬杖は、天皇が吉書始めに書いた吉書を、勾当内侍が硯蓋に入れて御簾の下からさし出し、蔵人がこれを受けて修理職に渡し、修理職がこれを牛飼童に渡して三毬杖に結びつけて焼くという行事であったが（『国史大辞典』「左義長」）、ここで重要な役割を果たす「修理職」とはすなわち山国奉行の二人であり、[24]天文十四年で言うと高倉永家と庭田重保の「内者」粟津修理亮と加田左馬助であった。この二人は天文十七年には粟津修理亮と加田弥三郎に代わっており、加田家で代替わりがあったらしい。そしてこの粟津修理亮・加田弥三郎の二人は、同じく天文二十二年正月十五日条に「両奉行之物、粟津修理亮通清・加田弥三郎保景」と見え、その実名がそれぞれ通清・保景であったことがわかる。粟津通清は『地下家伝』にも見える地下官人で、高倉家被官ではあるが、同時期の請取状や三箇条吉書に見える高倉家雑掌栄舎とは全くの別人である。一方の加田保景は、第一節でも触れた「景」を通字とする山国案内者で、この時は庭田重保の被官としてその偏諱を受けていたらしい。もとより庭田家雑掌左衛門尉幸種とは全くの別人である。

さらに『御湯殿上日記』永禄二年（一五五九）九月二日条には「あわつしゆりくろたよりのほりて、み山しきみ、かき一折進上申」、同年十一月二十四日条には「よるかん田（加田）・あわつなかはしへまいりて、山国よりふくろ卅まいりたるよし申」とあり、粟津・加田の二人が山国・黒田からの公事物を禁裏に届けている。彼らは京都にいて請取状や三箇条吉書を作成した栄舎・幸種たちとは異なり、京と山国の間を往来して年貢・公事の徴収に当たる「下使」と呼ばれる人々であった。

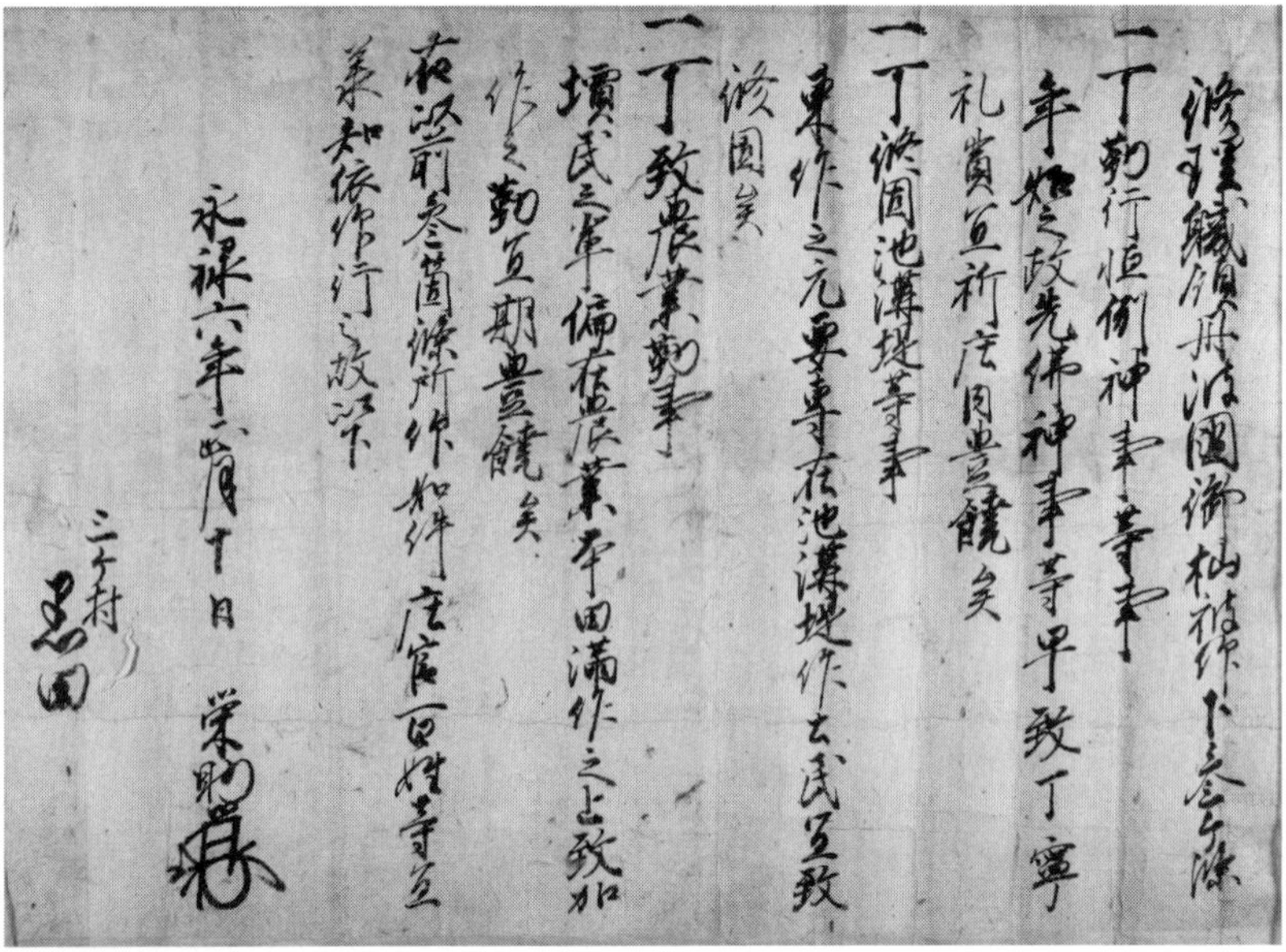

【写真12】永禄6年「高倉永相日下判三箇条吉書」

【参考6】高倉永相花押

さて弘治三年（一五五七）に高倉永家が出家すると（『公卿補任』）、形式上の奉行は嫡男の永相に代わったらしく、万里小路惟房の『惟房公記』永禄元年四月十二日条では「新中納言重保卿、永相朝臣参、家君山国条々事申談云々」として、庭田重保・高倉永相の二人が元山国奉行万里小路秀房と「山国条々」を相談している。しかし、『御湯殿上日記』永禄五年五月四日条に「山くにの事、藤大なこん入道、庭田におほせらるゝ」とあるように、事実上の山国奉行は大納言入道常昭＝高倉永家であり続けたらしい。そのような状況下の永禄六年、高倉永相の花押（【参考6】）が雑掌栄助の名の下に据えられた上掲の三箇条吉書（上黒田春日神社文書、【写真12】）が出された。(25)

なるほどこの三箇条吉書（【写真12】）と、同じく高倉永

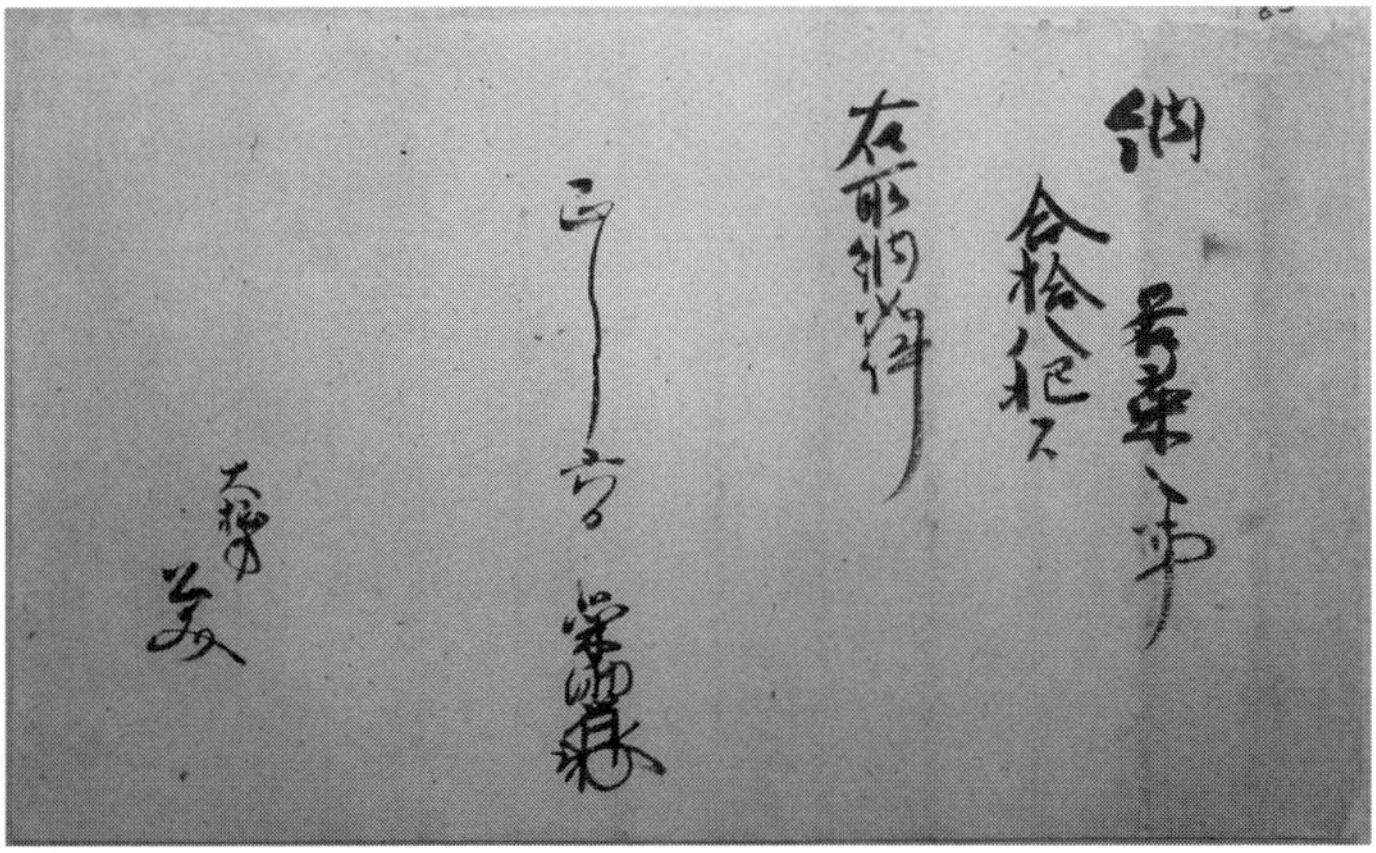

【写真13】年未詳「請取状」

相の日下判のある上掲の年未詳請取状（鳥居家文書【写真13】）を見ると、確かに栄助は高倉永相の仮名のようにも見える。しかしこの三箇条吉書を、写真【9～11】のような通常の三箇条吉書と比較すると、本来袖に署されるべき山国奉行の花押が、何らかの事情で奉者の名の下に署されたものと考えた方が妥当であろう。

ここで、本来袖に署されるべき主人の花押が、日下の奉者の名の下に署された同様の事例として、南北朝合一後、宝徳四年（一四五二）以前に発給された伊勢国司北畠満雅・教具の御教書を参照したい。詳しい考察は別稿に譲るが、[26]これらの御教書は、南朝から正式な伊勢国司に任命されていた北畠顕泰の継承者に過ぎない満雅・教具が、「国司として在地に臨んだ」ものの、「国宣を発給する資格を持たない」ために「袖判を据えることを自己規制」した結果生まれたものと考えられる。とするならば、永禄六年の高倉永相もまた、形式上の山国奉行に過ぎず、事実上の山国奉行である父永家が入道により袖判を控えたため、その代わりに日下判を据えたと考えられるのではなかろうか。いずれにせよ伊勢国司御教書のような類似例から推して、やはり奉者の栄助は永相の仮名ではなく、実在した雑掌と考えて間違いあるまい。

おわりに

永禄十一年（一五六八）九月、織田信長が足利義昭を擁して入京すると、高倉永相は「違二武命一」として大坂に出奔（『公卿補任』）。後任の奉行には万里小路惟房が選ばれた。翌永禄十二年正月十五日の『言継卿記』を見ると、

両奉行青侍次第相論移レ刻、山国大杣之御使為レ上、仍万里内大藤左衛門尉御吉書納レ之、御蝋燭等取レ之、庭田内加田新左衛門尉親王御方御吉書納レ之、

とあり、万里小路家の青侍大藤左衛門尉と庭田家の青侍加田新左衛門尉の相論で、「山国大杣之御使」を上とするとの判断から、大藤が正親町天皇の吉書を、加田が誠仁親王の吉書を三毬杖に納めている。山国奉行の交代によって、万里小路家の青侍大藤が山国の下使を勤めていたことがわかる。しかしこの当時、山国奉行から山国荘に発給された請取状は一通も残っておらず、当時の山国雑掌の名前も、山国奉行万里小路惟房がそこに花押を据えていたか否かも判然としない。同じ永禄十二年と推定される四月十六日付「明智光秀外三名連署披露状」[27]に、

禁裏御料所山国庄之事、数年宇津右近大夫押領仕候を、今度信長遂二糺明一、宇津ニ可レ停二止違乱一之由申付、両御代官へ信長以二朱印一申渉候、（以下略）

とあることから、既に当時、山国荘は宇津領化していたとも考えられるが、だとすると大藤氏が務めた「山国大杣之御使」の役割は何だったのであろうか。あるいはこの当時、かつて宇津氏と対立して当主を暗殺された鳥居氏が、永禄七年に宇津長成の息虎千代丸を女婿として養子に入れていることも(28)、永禄七年以降の山国雑掌が確認できなくなることと関係があるのかも知れない。しかし、それはもはや本稿の守備範囲を大きく超える。後考を期したい。

その後、元亀四年（一五七三）六月に万里小路惟房が急死すると（『大日本史料』第十編之十六、同月九日条薨去記事）、その後任が選ばれた形跡は認められない。そして天正三年（一五七五）、『御湯殿上日記』六月十九日条に庭田重保の在任が確認できるのを最後として、山国奉行は歴史から姿を消した。以上、本稿の考察を通じて明らかになった文明十五年（一四八三）から天正三年に至る山国奉行と雑掌の変遷を年表にまとめたものが、次頁の【表】である。

以上本稿では、山国奉行と雑掌の変遷を辿りつつ、雑掌の名の下にその主人である山国奉行の花押が据えられた請取状が、どのようにして生まれたのかを検討してきた。そしてそれは、天文四年に発覚し、天文十年に決着した山国奉行不正事件の再発防止のため、沙汰人たちが公事の請取状に山国奉行本人の署判を求めるようになった結果と考えて、ほぼ大過なかろう。

思えば戦後の山国荘研究は、山国における有力百姓集団の結束を高く評価することで、中世惣村史研究に豊かな具体像を提供してきた(29)。しかるに近年、山国地域に残る由緒書類の史料批判が進むにつれ、中世の山国に「名主」身分が存在しなかったことが明らかにされるなど(30)、山国における村落共同体「惣」の実態は、いま大きな見直しが進みつつある。もとより、近世に作成された由緒書類に対する史料批判が不可欠であることに異論はない。しかしその集団を「名主層」と呼ぶか否かは別にして、戦国時代、「山国沙汰人其外番頭以上五十一人」と呼ばれた人びとが、逃散まで企てて山国奉行と対立し、その結果として高位の公卿・殿上人である山国奉行を、公事請取状の署判者にまで引きずり出したことの意義は、改めて高く評価されてしか

【表】山国奉行・雑掌年表

年		山国奉行		山国雑掌	
文明15年	1483	白川忠富	庭田雅行	↑	↑
文明16年	1484	白川忠富	庭田雅行	↑	↑
明応2年	1493	↓	↓	孝久	種寿
明応4年	1495	↓	↓	↓	↓
文亀元年	1501	↓	（庭田重経） ↑	↓	? ↑
文亀3年	1503	白川忠富	庭田重親	孝久	定秀
永正2年	1505	↓	↓	↓	↓
永正5年	1508	白川忠富	↓	孝久	定秀
永正6年	1509	↓	↓	孝久	種辰
永正7年	1510	白川忠富 四辻季経	↓	↓	↓
永正14年	1517	四辻季経	↓	?	↓
大永4年	1524	四辻季経 高倉範久	↓	↑	↓
大永5年	1525	高倉範久	↓	久保	種辰
大永6年	1526	高倉範久 万里小路秀房	庭田重親	↓	↓
大永8年	1528	↓	↓	久保	種辰
享禄5年	1532	↓	↓	信久	種辰
天文2年	1533	↓	↓	↓	種辰
天文4年	1535	万里小路秀房	（三条西公條）	↓	?
天文5年	1536	↓	庭田重保	信久	幸種
天文6年	1537	↓	庭田重保	信久	幸種
天文8年	1539	万里小路秀房	庭田重保	↓	↓
天文10年	1541	万里小路秀房 高倉永家	庭田重保	↓ 栄舎	幸種
天文14年	1545	高倉永家	庭田重保	↓	↓
天文21年	1552	高倉永家	庭田重保	↓	↓
弘治2年	1556	↓	↓	↓	↓
弘治3年	1557	高倉永家	↓	栄舎	幸種
弘治4年 永禄元年	1558	高倉永相	庭田重保	↑	幸種
永禄5年	1562	（高倉永家）	庭田重保	↑	↓
永禄6年	1563	高倉永相	↓	栄助	↓
永禄11年	1568	↓ ↑	↓		
永禄12年	1569	万里小路惟房	庭田重保	?	?
元亀4年	1573	↓	↓		
天正3年	1575	?	庭田重保		

※山国奉行・雑掌の在任が一次史料によって確認できる年にその人名を、また前後の状況証拠から在任が推定できる年には矢印、もしくは括弧内に人名を記した。

るべきではないかと私は思う。中世山国有力百姓集団の結束は、やはり間違いなく存在していたのである。

註

（1）以下、参考として掲げた花押は原則として『書の日本史』第九巻（平凡社、一九七六年）「花押・印章総覧」による。なお東京大学史料編纂所花押データベースも参照のこと。

（2）丹波国山国荘調査団大貫茂紀・柳澤誠「史料紹介丹波国山国荘鳥居家文書の中世文書―三箇条吉書―」（『中央史学』四一号、二〇一八年）では、高倉永家と栄舎、高倉永相と栄助の関係について、この後者の仮説を提示している。

（3）熱田順はこれら「栄舎」署名の下にある高倉永家の花押を栄舎自身の花押と捉え、同じ高倉永家の花押が袖に据えられた弘治三年（一五五七）の「三箇条吉書」（鳥居家文書）を、「本来代官の花押があるべき袖に奉者である雑掌が花押を据えるという異様な様式」として、これらを偽文書と認定した（熱田順「偽文書作成の意義と効力―丹波国山国荘を事例に―」春田直紀編『中世地下文書の世界―史料論のフロンティア―』勉誠出版、二〇一七年）。しかし、むしろ本当に「異様な様式」なのは、雑掌の名前の下にその主人である代官が花押を据えた、これら請取状の方と言える。

（4）岡野友彦「修理職領から禁裏領へ」（坂田聡編『禁裏領山国荘』高志書院、二〇〇九年）。

（5）奥野高廣『皇室御経済史の研究』（畝傍書房、一九四二年）、野田只夫『丹波国山国荘史料』（史籍刊行会、一九五八年）「解説」。

（6）桜井英治「三つの修理職―非官司請負制的体系と天皇支配―」（『遙かなる中世』八号、一九八七年）。

（7）前掲註（4）拙稿。

（8）明石治郎「後土御門天皇期における伝奏・近臣」（羽下徳彦編『中世の政治と宗教』吉川弘文館、一九九四

年）、小堀貴史「戦国期朝廷の合議と禁裏小番・伝奏」（『国史学』二四〇号、二〇二三年）。

（9）『御湯殿上日記』長享元年八月九日条、『忠富王記』文亀三年正月六日条、『実隆公記』永正五年九月二日条・永正七年四月十四日条など。

（10）『忠富王記』文亀三年（一五〇三）正月十日条に「山国灰方吉書、当年自、庭田下レ之」とある。

（11）続史料大成『忠富王記』には不載。国立歴史民俗博物館所蔵重要文化財「伯家記録」の自筆本「忠富王記」から翻刻した。なお原本の閲覧に当たり、国立歴史民俗博物館教授小倉慈司氏より格段のご高配を賜った。記して厚く御礼申し上げる。

（12）前掲註（4）拙稿。

（13）『実隆公記』同月十四日条に「山国事、此間伯御代官之分、被レ仰二付四辻新大納言一云々」とある。この時「四辻大納言」は実仲と再従兄弟の季経の二人いるが、実仲は文亀元年任権大納言、季経は永正三年任権大納言なので（『公卿補任』）、永正七年の「新大納言」は季経に当たる。ちなみに前掲註（6）桜井「山国奉行表」は、白川忠富と四辻季経の間に実仲を入れているが、過誤であろう。

（14）『御湯殿上日記』明応四年八月十六日条には「山くにへ二らうさゑもん、庭田のひんこつかはされて、御くそくとものむしはらゐさせらるゝ」とあり、山国に遣わされた加田二郎左衛門と庭田家臣備後なる者が具足の曝涼を命ぜられている。また『忠富王記』明応七年九月三日条（宮内庁書陵部所蔵本）には、八升壇左近と長男衆の山相論に際し、その裁許を壇左近に伝えるよう命ぜられた宛名として「加田次郎左衛門」（原本ママ）が見え、加田は大布施・八升を含む山国荘全域に影響力を持つ存在であったことがわかる（大貫茂紀氏のご教示による）。

（15）前掲註（6）桜井「山国奉行表」は四辻季経と万里小路秀房の間に高倉永家を入れているが、大永六年の少納言は範久（『公卿補任』）。なお高倉範久は藤原氏南家貞嗣流の高倉家、すなわち近世の藪家であり、藤原氏北家冬嗣の孫清経を家祖とする高倉流の高倉永家とは全くの別家である。

（16）大永五年、高倉範久の下で山国雑掌を務めていた久保は、奉行が万里小路秀房に代わった後の大永八年も引き続き雑掌であったことが確認できる（「久保・種辰等材木請取状写」『丹波国黒田村史料』三一二号）。急な奉行更迭のため雑掌まで変更できなかったのであろうか。

（17）『京都府北桑田郡誌』（一九二三年）第四編第一章「本郡と公家との関係」、前掲註（5）奥野著正篇第二章「室町時代の皇室御領」、仲村研『荘園支配構造の研究』（吉川弘文館、一九七八年）Ⅱ第一「丹波国山国荘の名体制」など。

（18）『後奈良天皇宸記』同日条には「山国地下人寺田ト云者鳥居生害サスル由」とあるのみだが、後述する菊亭家所蔵「万里小路秀房書状」に「宇津□先年鳥居河内守依レ令二生害一」とあることから、殺害されたのは山国荘公文鳥居河内守であったことがわかる。当時の公文鳥居河内守は康清であった（『丹波国山国荘史料』二一号）。

（19）当該文書の日付は「八月二十七日」のみで年未詳だが、『御湯殿上日記』天文十年八月二十六日条に「山くにの事色〳〵ちうやうなる事とも、又三らうくせ事せひもなき事にて、までのこうち大納言御代くわんをまつしたひさせらるゝ」とあり、同年八月、山国の（徳岡）又三郎の「曲事」により、万里小路秀房が山国奉行を辞退させられていることから、天文十年と考えて間違いない。

（20）ここで注目されるのは、前掲年未詳「四辻季経自筆消息」で、季経が加田氏に加え四辻家の青侍を一名山国荘下使に任命したいと要請していることである。ことによると徳岡又三郎はこの際、四辻季経によって加えられた山国荘下使だったのかもしれない。

（21）前掲註（6）桜井論文。

（22）『鹿苑日録』天文八年閏六月扉書に「山国常照寺（中略）万里小路殿・庭田殿両奉行云々」とあり遅くとも天文八年以降、庭田重保が山国奉行であったことが確実である中、前掲（天文十年）八月二十七日付「万里小路秀房書状」（菊亭家所蔵記録）の宛先が三条西公條になっていることも、三条西公條の立場があくまでも万里小路秀房不正事件処理のための起用であったことの証左となろう。

（23）前掲註（4）拙稿。

（24）修理職＝山国奉行については、前掲註（6）桜井論文参照。

（25）高倉永相の花押については『大日本史料』第十一編之二十四、天正十三年十二月二十三日高倉永相薨去記事所収「花押彙纂」参照。

（26）岡野友彦「奉者の判を主人が据えるということ」（『重要文化財佐藤家文書の世界―動乱の時代を生きる―』公益財団法人石水博物館、二〇二一年）、同「伊勢国司北畠氏は「公家・貴族」か」（倉本一宏編『貴族とは何か、武士とは何か』思文閣出版、二〇二四年）。

（27）国民精神文化文献『立入宗継文書』（国民精神文化研究所、一九三七年）二、山国庄直務連署状。

（28）この婚姻関係については、前掲註（17）仲村論文、坂田聡「戦国期土豪層の婚姻と相続」（峰岸純夫編『日本中世史の再発見』吉川弘文館、二〇〇三年）、柴﨑啓太「宇津氏の動向と鳥居家文書」（坂田聡編『禁裏領山国荘』高志書院、二〇〇九年）等参照。

（29）前掲註（17）仲村論文、黒川正宏『中世惣村の諸問題』（国書刊行会、一九八二年）第六章「丹波国山国荘の村落構造について」、峰岸純夫「村落と土豪」（歴史学研究会・日本史研究会編『講座日本史』3、東京大学出版会、一九七〇年）など。

（30）吉岡拓「中近世「名主」考」（坂田聡編『古文書の伝来と歴史の創造―由緒論から読み解く山国文書の世界―』高志書院、二〇二〇年）。

第八章　「奥山」における施薬院領の形成と寛文期の争論

大貫茂紀

はじめに

本稿は、延宝四年（一六七六）に行政村となった広河原村のうち、広河原・船ヶ原の両集落と、隣接する大布施・八舛・別所の三ヶ村[1]に注目し、これらの地域が如何なる歴史的過程を経て山国十ヶ村[2]と寛文期（一六六一―七三）に争論となり、延宝二年（一六七四）の裁許に至ったのかをあきらかにするものである。

右の争論を始まりとして、明治時代に至るまで断続的に発生した山国十ヶ村と広河原村との争論の詳細については、児玉幸多[3]や富井康夫[4]の論考がある。

また、先の拙稿においても広河原村からの視点で争論の展開を追った。[5] そのなかで、寛文期の争論については、①「奥山」（広河原村を指す山国十ヶ村側からの呼称）が丹波・山城両国の境目に位置したことから国境争論に発展したこと、②のちに行政村「広河原村」となった地域のなかでも広河原・船ヶ原両集落の住人が大布施・八舛両村を巻き込んで山国十ヶ村と対立したこと、③寛文十三（延宝元）年（一六七三）、山国十ヶ村が大布施・八舛両村を相手に京都町奉行所へ出訴し、翌二年三月四日の裁許により村境（国境）が画定したこと、などに言及した。

一方、寛文期より前の状況については概観したのみで、特に考察はおこなわなかった。富井も慶安四年（一六五一）以降、「奥山」住人が「山国年寄中」へ提出した証文類については言及しているものの、それより前の時期と寛文期の争論自体については概観したのみである。[6]加えて、明治時代に至るまでの争論全体については「枝郷による本郷からの実質的独立の獲得のうごき」と捉えている。

右の点について拙稿では、文政十二年（一八二九）の争論に至るまで、広河原村内部の各集落は一致した行動をとっておらず、広河原・船ヶ原両集落と山国十ヶ村との争論が中心だったことを指摘した。つまり、少なくとも寛文期の争論については単に「枝郷」広河原村の独立への動きとして捉えるのではなく、広河原・船ヶ原両集落が対峙した要因、その前提をあらためて解明する必要があると考える。

もうひとつ注目すべきは、山国側で書かれた史料において、いつから「十ヶ村」という文言が使用されはじめたのかという点である。これは自らを「本郷」と称していた山国八ヶ村と、彼らから「枝郷」とみなされていた小塩・黒田三ヶ村が連携したからこそはじめて使用される文言であるため、登場した時期を明らかにすることは「奥山」争論の端緒を考える上で重要である。

村上絢一は「本郷と枝郷を併せた広義の山国荘の領域が住民に意識されるのは、八舛村・大布施村・広河原村などに対して「山国十ヶ村」として対応を迫られた、十七世紀後半の寛文・延宝年間に下るのではないだろうか」と推測し、中世には「「山国十二ケ村」に相当する宛所を持つ文書が存在しない」ことを指摘する。[7]

これを受けて吉岡拓も「中世期段階から山国と小塩・黒田の有力百姓が一つの社会集団を形成していた、

と見るのは、現状では無理のある理解」と結論づけている。[8]

したがって、「十ヶ村」文言の登場は、山国八ヶ村と小塩、黒田三ヶ村の住人がひとつの社会集団として自らを認識した段階と位置付けられるのである。

そこで注目すべきは、高橋雅人の研究成果である。[9] 高橋は「奥山」の住人が山国側に宛てた証文の宛先に注目し、そこに「十ヶ村」文言が初めて現れるのが延宝三年（一六七五）であり、それ以前は「山国年寄中」あるいは「山国中」宛だったことを指摘した。

さらに、「山国年寄中」という名主集団を包摂するかたちで寛文・延宝期に「山国十ヶ村」が成立し、それは「奥山」、のちの広河原村に利害関係をもつ村々の連合体だったと推測する。ただし、高橋が注目したのは「奥山」の住人が書いた証文であるため、彼らの認識変化については確認できるが、山国側内部において「十ヶ村」が形成される過程・理由についてはさらなる検討が必要である。

以上のことから、本稿では次の二点を解明すべき課題としたい。一点目は「奥山」争論の前提となる戦国・織豊期の「奥山」を含めた大布施地域の状況と、寛文期の争論に至る過程について詳細を明らかにすること。二点目として、山国八ヶ村と小塩・黒田三ヶ村との連合体である「山国十ヶ村」がいつどのような理由によって形成されたのかを一次史料から明らかにすることである。

そこで第一節では、寛文期より前の大布施地域の政治状況についてみていく。とりわけ江戸時代を通じて大布施地域の領主であり、寛文期の争論においても争点のひとつになっていた施薬院との関わりの解明は重要である。続く第二節では、寛文期の争論の過程を追っていきたい。そして最後にこれまでの考察を踏まえたうえで、「山国十ヶ村」の形成について論じることとする。

一　大布施地域の政治状況

1　戦国期の大布施地域

（1）大布施地域は山国荘に含まれるのか

山国荘において、大布施地域はどのような位置づけだったのか、そもそも同地域は山国荘に含まれるとみなしてよいのか、この点について確認することからはじめたい。

山国荘として大布施地域が確認できる初出史料は、大悲山峰定寺（花脊原地町）所蔵の永仁四年（一二九六）銘の銅鐘で、文正元年（一四六六）六月十八日の追銘に「此鐘者丹波國桑田郡山國庄於大悲山買得畢」とある。[10]また、『忠富王記』明応七年（一四九八）七月二十六日条には「別所檜皮千百六十一把、明応五年分也」と、別所が単独で檜皮を禁裏へ貢納している記事がみえる。[11]さらに同年九月三日条に記されている写を次に掲げる。

【史料1】『忠富王記』明応七年九月三日条[12]

八舛壇左近与長男衆相論山在所サスナヘノ壱之子谷事、以書違両方治定上者、於向後令違乱者、共以可被処罪科者也、此旨可被下知壇左近由也、仍執達如件、

明応七
九月二日　藤久判
種久判

加田次郎《（ママ）》左衛門殿

八舛村の檀左近と「長男衆」との山をめぐる相論の裁決について、檀左近に下知せよとの内容である。発給者の藤久・種久は「久」を通字とする白川伯王家雑掌であろう。ただし、本郷・黒田を担当する当時の雑掌は孝久だった。宛所の加田は山国荘の「案内者」として散見される。[13]

このほか、文亀三年（一五〇三）五月十四日条の頭書に、大布施・八舛「地下損失」による減免要求に関して記されており、貢納を免じる決定が下された際の担当が庭田家雑掌の定秀で、加田氏が先と同様現地に通達していたようである。

『お湯殿の上の日記』では、永禄九年（一五六六）四月九日条と天正三年（一五七五）四月十四日・同六月十九日条に大布施・八舛からの貢納、元亀三年（一五七二）十二月十七日条に別所からの貢納の記事がみえ、禁裏では本郷・黒田からの貢納と区別していた。[14]

以上のことから、大布施地域は山国荘に含まれていたと考えられるが、禁裏では本郷・黒田と区分けしており、担当雑掌も異なっていた。さらに同地域内においても大布施・八舛と別所とに分けられていたことが窺える。

ちなみに江戸時代、山国十ヶ村によって記された「丹州山国境内之目録」では「大布施・八舛弐ヶ村ハ、古ハ山國之枝郷無紛也、去天正年中ノ検地モ丹波ノ奉行早川主馬頭之棹尓今用之、然るに當時ノ知行依為施薬院、俗山城ト云々」と記されており、大布施・八舛の二ヶ村について、昔は明らかに山国の枝郷であったが、検地当時の知行が施薬院であったため、山城国に編入されたとしている。[15] 史実とは異なる部分もあるため、大布施・八舛がなぜ枝郷とみなされたのか、なぜ山城国に編入されたのかについては後述する。

（2）大杣方公文鳥居氏と大布施地域

次に山国荘の大杣方公文鳥居氏が大布施地域と関係を持ち始めた天文後期に注目したい。

【史料2】宇津秀信書状(16)

別所・大布施・八舛御知行分事、如先々可被仰付候、不可有別儀候、猶同名大蔵大夫可申候、恐々謹言、

宇津次郎左衛門尉
秀信（花押）

（天文十八年カ）極月八日

比賀（果）殿

鳥居左衛門太郎殿

御宿所

本史料の発給者である宇津秀信は、山国荘の西に位置する宇津郷を本拠とする領主で、父元朝の頃から細川高国・晴元など細川京兆家の被官として活動していた。また、山国荘へ度々侵攻していたため、禁裏からは「違乱者」とみなされていた(17)。

秀信が単独で発給している文書の初出は、天文十八年（一五四九）十月二十八日付波多野秀親宛書状写である(18)。柴﨑によれば、宇津氏は同年以降、基本的に細川晴元方として活動し、「山国荘においても、代官職を

称して活動し、違乱をおこなっていた可能性が高い」とする。

次に、宛所にみえる二人は、山国荘大杣方下司の比果氏、同公文の鳥居河内守康清の子清重と推定されている。[19]『厳助往年記』天文十八年八月の記事に「少将、山国江下向、其度鳥居一跡安堵還住、宇津二郎与縁辺之儀申合、属太平間、為其礼云々」とある。[20]奥野高廣は「公文鳥居氏は遂に逃亡したが、天文十八年に宇津二郎と姻戚関係を結び、漸く還住した」と、鳥居氏が宇津秀信と姻戚関係を結んだことによって、山国荘へ還住を果たしたとする。[21]

宇津氏と鳥居氏の関係について、馬部は宇津元朝と鳥居氏（庶家）との寄親寄子関係の存在を指摘する。[22]また、姻戚関係は以後も継続されており、永禄七年（一五六四）四月十六日には、宇津長成子息と鳥居清重息女の縁組契約がなされている。[23]

この縁組の目的について、坂田聡は「宇津氏にとって鳥居氏との婚姻は、単に山国荘への合法的進出の橋頭保となっただけでなく、自らの傘下に組み入れた鳥居氏にも軍役を課すことによって、軍事力の強化をはかる意味あいを持っていた」「鳥居氏にとっても山国荘内部において他と隔絶した地位を築く上で不可欠」だったと述べている。[24]つまり、宇津・鳥居双方にメリットがある縁組だったのである。

以上、秀信の動向、鳥居氏の山国荘還住からみて【史料2】は天文十八年以降のものであろう。さらに踏み込んで推測するならば、同年中に宇津氏は大布施地域を鳥居・比果両氏の知行地として認めることで、山国荘の東端に至るまで間接的にではあるものの影響力を及ぼそうと考えていたのではなかろうか。

【史料2】についてまとめると、天文十八年に鳥居清重が山国還住を果たし、姻戚関係を結んだ宇津秀信は、自らの影響力が及んでいなかった大布施地域を大杣方公文・下司の鳥居・比果両氏に所領安堵のかたちで宛行った。「如先々」かどうかは不明だが、少なくともこれ以降、鳥居氏は宇津氏との結びつきを背景として、大布施地域を所領化していったのであろう。

（3）宇津「押領」と織田政権

禁裏からの視点でみると、宇津氏による山国荘への違乱は、永禄九年（一五六六）前後にピークをむかえたようである。『お湯殿』の同年四月九日条では「大ふせ《大布施》・やまそ《八舛》へんしよ《返書》の事。両ふきやう《奉行》に。うつ《宇津》いらん《違乱》し候はぬさきにとゝ《届》け候てへちき《別儀》なきやうにとおほ《仰》せらるゝ。」と、大布施・八舛に対する宇津氏の違乱を懸念し、山国荘両代官（山国奉行／庭田重保・高倉永相）に指示を出している。鳥居・比果両氏の所領化後も同地からの貢納が継続していたことを窺わせる内容である。

しかし、大布施・八舛が当時、差し迫った状況にあったことは間違いない。本郷・黒田地域については、すでに宇津氏によって貢納が止められてしまったことも九日条の文面から推測できる。柳澤誠によれば「永禄九年の売券案が、山国地域の中世文書の中で鳥居氏が「大杣公文」として署名したことが確認できる最後の文書」であるとともに「四荘官の連署が確認される最後の文書」だという[25]。こうした状況は、山国荘内における宇津氏の影響力が強まったことを示唆しており、同年中に貢納が止まったこととの傍証となろう。

『お湯殿』にみえる貢納について確認すると、本郷は永禄三年のあと、次が天正七・八・九年（一五七九・八〇・八一）となる。黒田は永禄三年から八年まで毎年確認できるが、その後はみえなくなる。

同日記の永禄九年閏八月二十六日条には「藤さい相《藤宰相：高倉永相》よりくろ《黒》田の御事に、ひうか《日向：三好長逸》所への文申いたさるゝ」とある。黒田の貢納が宇津氏によって止められた件について、山国荘代官高倉永相は、当時の畿内における最有力者の一人である三好長逸へ連絡をとっていたことがわかる。

また『言継卿記』永禄十一年十月二十一日条には、諸本所・雑掌中宛織田信長朱印状写が掲載されており、「禁裏御料所諸役之儀、如先規被任御当知行之旨、為御直務可被仰付之状如件」との文言がみえる。(26)

以上、永禄九年から十一年にかけて、禁裏では宇津氏による禁裏領違乱に対処するため、時の権力者である三好氏や信長への働きかけがおこなわれていたのである。

次に、同時期における宇津氏の動向が確認できる史料を掲げる。

【史料3】宇津長成書状(27)

態令啓候、仍奥郷より立申候料足、御忩々可有急用之儀候間申入候、四五日中ニ半分成共頼申候、為其令啓候、人々いか様ニ雑説申候共、可御心安候、弥々　公儀其廻無別儀候、信長十八日ニ御下向候由申候、波右太（波多野右衛門大夫）身上之事も無別儀候、大慶まて候、恐々謹言、

十月十六日（永禄十一年カ）　長成（花押）

暮々料足之事、頼申候、此外不申候、

（端裏）「より

宇津右近大［　］

鳥河まいる」

まず、本史料の年次比定について、柴﨑は織田信長の下向は永禄十一・十二・元亀二年であることから、

そのいずれかとしている。

『信長公記』[28]によれば、信長は永禄十一年九月に上洛し、翌十月二十六日に下向、二十八日岐阜へ帰城している。翌十二年は十月十一日に上洛、同月十七日に帰城した。しかし、同年四月に信長は宇津氏に対して違乱停止命令を出しているため、史料内容を踏まえると永禄十一年の可能性が高い。禁裏が宇津氏による違乱への対処を信長に働きかけていたのと同時期にあたる。

その内容だが宇津長成は鳥居河内守に対して、奥郷からの料足を至急送達するよう要請している。また、公儀とその周辺については問題なく、信長は十八日に御下向すること、さらに波多野右衛門大夫の身上についても問題ないと伝えている。

柴﨑は本史料から、宇津長成が将軍足利義昭に近侍していたことを指摘する。「奥郷」については「少なくとも本郷地域ではない」として限定を避けているが、【史料2】を踏まえると大布施・八舛ではなかろうか。

翌十二年四月十六日、信長は禁裏御蔵職の立入左京亮（宗継）へ宛てて、宇津長成に違乱停止を命じたことを報じた[29]。内容は「禁裏御料所山国庄之事、数年宇津右近大夫押領仕候、今度信長遂糺明、宇津ニ可停止違乱之由申付、両御代官へ信長以朱印申渉候、如前々為御直務可被　仰付之由、御収納不可有相違候、宇津かたへも堅申遣候」というもので、山国荘を「数年」宇津長成が「押領」していたことを言明している。先に触れたように、永禄九年以降、宇津氏によって貢納が止められたことを禁裏は「押領」と捉えていたのだろう。「数年」とは「永禄九年以来」を意味する可能性が高い。

さらに二日後の十八日付で「禁裏御料所山国庄枝郷所々、小野・細川如先規、自　禁中可被仰付候旨、信長以朱印被申渉候、聊不可有御違乱候」と、直接宇津長成へ違乱停止命令が発せられた[30]。「枝郷所々」のなかには大布施地域も含まれていると考えられる。

　こうしてみると、先に掲げた『お湯殿』永禄九年四月九日条には、やはり宇津長成による「押領」がついに大布施地域にまで迫ってきたことに対する禁裏側の危機感があらわれていたことがわかる。柴﨑によれば、永禄十二年の信長による介入によって「山国荘直務回復に関する記事はあらわれなくなり」「一定の効果をあげた」という。

　同年以降の『お湯殿』の記事を確認すると、元亀三年（一五七二）十二月十七日条で、別所より檜皮五百把が進上され、天正三年（一五七五）四月十四日・六月十九日条では、大布施・八舛からそれぞれ送状・材木が到来したことが確認できる。ちなみに右の記事が『お湯殿』における大布施地域の最後の記録となる。

　また、本郷については先述した通り天正七年に再び貢納がみえる。同年、宇津氏は明智光秀に攻められて逃亡し、消息がわからなくなる。『信長公記』七月十九日条に「維（惟）任日向守、丹波へ出勢の処に、宇津構明退候を、人数を付け追討に数多討捕り、頸を安土へ進上」とあり、『お湯殿』の九月十三日条には「のふなか（信長）山国を御ちきむ（直務）にかへしまいらせ候よし申さるゝ。」と記されている。

　その後、天正九年、明智光秀が黒田の年貢米収納をおこなっていたことが確認できる史料を次に掲げる。


【史料4】明智光秀年貢米請取状(31)

納宇津領内年貢米之事
合参石者　壱斗五升者夫米也　黒田 瀬竜 両所分并、
右、攸請取如件、
（花押）（黒印）

天正九年十二月四日

「瀬竜」は芹生のことで、上黒田から貴船に至るルート上にあり、江戸時代には黒田三ヶ村の枝村的村落とみなされていた。(32)つまり、光秀は黒田周辺地域の年貢収納業務を担っていたのである。さらに注目すべきは光秀が「宇津領」と記していることである。おそらく、禁裏から「押領」していた地域一帯も含め、宇津氏の支配領域を指す言葉として使用していたのだろう。大布施地域もそこに含まれていた可能性が高い。『お湯殿』天正八年十月六日条には「あけちより山くにのふくろまいりて」とあり、光秀が山国の袋（米）を禁裏へ貢納していたことが確認できる。つまり、宇津氏逃亡後、光秀は旧宇津領を管轄し、山国荘域の年貢・公事などを禁裏に納めていたのである。

2　豊臣政権と施薬院全宗

明智光秀没後、豊臣秀吉政権下において大布施地域の領主となったのが施薬院全宗である。(33)彼は医者としてはもとよりのこと、秀吉に近侍していたことにより、諸大名との交渉を担当するなど、取次役として政権内において重要な役割を果たしていた。

また、全宗の私宅は秀吉の宿所として、参内の際には休憩所として利用された。参内の際の慣例は徳川家康以降も、歴代将軍へと引継がれていく。ここでは大布施地域が全宗の所領となる過程を追っていこう。

天正十年（一五八二）六月、いわゆる清須会議において丹波国は秀吉の所領とされ、(34)八月には養子の秀勝（於次丸）に宛行われた。(35)

天正十三年三月十日、全宗嫡男の秀隆が従五位下・施薬院主典となった[36]。同年七月十一日には、秀吉が関白に就任している。宮本義己は史料上においてそれまで「徳雲軒」と称されていた全宗が、「施薬院」に変化した契機として秀吉の関白就任を挙げ、「秀吉の奏請で施薬院が復興され、その官職に全宗父子が着任した」とする[37]。

そして同年十一月二十一日、全宗宛の領知宛行状が発給され、大布施・八舛・別所は施薬院領となった。

【史料5】豊臣秀吉領知宛行状[38]

城州御室戸《（三室戸）》・大鳳寺弐百石、八瀬六拾石、丹州大布施・八舛・別所百石、水尾八十六石、合四百五拾石付山林竹木事、令扶助之畢、全可領知候也、

天正十三

十一月廿一日（朱印）

施薬院

これ以前、公家・社寺への検地が実施されており[39]、本史料が発給されたのと同時期に公家・社寺へ所領が宛行われている。

翌十四年正月十一日には、秀隆が施薬院の長官である施薬院使に任命された[40]。この影響であろうか、『お湯殿』同年十一月二十四日条には、施薬院より禁裏へ三色三荷が納められたことが記されている。以降、毎年数回、施薬院との贈答の記録が散見されるようになる。官職を得たことによって、禁裏とのパイプができ

たのであろう。元々は禁裏領だった大布施地域が、全宗に宛行われたことも関係している可能性がある。

翌十五年十月二日には、大布施地域の所領が拡大している。

【史料6】豊臣秀吉領知宛行状(41)

丹波国桑田郡内大布施・八舛・別所三ヶ村、都合参百四石并船原壱石九斗之事、被宛行訖、但従右内定米百石毎年可運上候也、

天正十五

十月二日（朱印）

施薬院

本史料では大布施・八舛・別所の石高が百石から三百四石と三倍以上に加増され、さらに船ヶ原一石九斗が追加されている。大布施地域のほぼ全域が施薬院領になったと考えられる。

そして、のちに「奥山」争論の論所となる船ヶ原がここで登場している。次節で詳述するが、延宝二年（一六七四）の奉行所による裁許で船ヶ原は山国領としながらも、「越米」として一石九斗を施薬院へ納めることを命じている。おそらく奉行所は裁判中に本史料を確認したのであろう。

天正十九年、施薬院に対して知行のさらなる加増がおこなわれた。

【史料7】知行方目録写(42)

知行方目録

一　七百八拾壱石五斗　　山城国宇治郡
　　　　　　　　　　　　　大鳳寺
　　　　　　　　　　　　　御室戸
　　　　　　　　　　　　　志津川

一　百拾石五斗　　同愛宕郡
　　　　　　　　　　水尾

一　六拾五石五斗　　同
　　　　　　　　　　八瀬

一　参百七石　　丹波国桑田郡
　　　　　　　　　大布施
　　　　　　　　　八舛
　　　　　　　　　別所

一(衍)　合千弐百六拾伍石
　　此内　本知　四百拾五石五斗
　　　　　御加増　八百五拾石

右所々山林共令扶助畢、無役儀、永代全可領知候也、

天正十九年九月十八日　　御朱印

本史料が発給された九月中、秀吉は公家・社寺等の有する洛中地子の代替として近郊の地を宛行ったことが指摘されている。[43]【史料5】のところで言及したことも踏まえると、全宗の知行地は公家・社寺への検地を通じて宛行われたようである。

もう一つ注目しておきたいのは、水尾が大布施地域に先立ってこの時点で丹波国から山城国に編入されていることである。

以上、施薬院全宗の知行地について確認してきたが、大布施地域については、禁裏領に対する宇津の「押領」から明智光秀、豊臣秀吉の管轄を経て、全宗に渡ったことが明らかとなった。また、【史料6】天正十五年の加増は、全宗と禁裏とのパイプができたことによって実現した可能性が高い。

その後、全宗は嫡子秀隆の早世により、三雲三郎左衛門資隆の息で養子として迎え入れていた宗伯に家督を継がせた。[44]『お湯殿』慶長四年(一五九九)十月二十二日条には、「施薬院代替わりの御礼」として貢納があったことが記されており、この時点で施薬院宗伯が誕生していた。そして同年十二月十日、全宗は死去したとされる。[45]

3　徳川氏と施薬院

先行研究においても指摘されているが、施薬院全宗・宗伯をはじめとして、同家は徳川将軍家と良好・密接な関係を保っていく。

【史料8】徳川家康書状(46)

上様御咳気之由承候間、可罷下旨存候之処、各罷下之儀、相留申候得と堅御意之由、長束大蔵被申候条、不罷下候、御咳気も醒申候由、承目出満足不過之候、日夜御詰被成御苦労共察入候、頓而罷下萬々面談候て可申承候、恐々謹言、

正月十六日　家康（花押）

薬院

本史料は年未詳だが、傍線①によって秀吉の死去以前であることがわかる。よって慶長三年（一五九八）以前ということになり、宛所は全宗となる。傍線②では、秀吉の病気治癒に携わっている全宗に対して家康が慰労している。当時から家康と良好な関係を築いていたことが窺える。

次の史料は元和三年（一六一七）、徳川秀忠による宗伯への領知宛行状である。

【史料9】徳川秀忠領知宛行状写(47)

山城国水尾百拾石五斗、同八瀬郷之内六拾五石五斗、同別所・大布施・八舛三ヶ村之内三百七石、都合四百八拾三石事如前々全知行、弥不可有相違者也、仍如件、

元和三

八月廿四日　御朱印

知行地の総石高は秀吉時代より減じたものの、別所・大布施・八舛三ヶ村は三百七石と変化はなく、施薬院の主要な知行地となっていた。また、この時点で丹波国から山城国へ編入されていたことが確認できる。先の拙稿では先行研究に従い、正保二年（一六四五）の国絵図作成の際に山城国に編入されたと推測したが、本史料によりそれよりも遡ることが明らかとなった。(48) やはり、施薬院領だったことが大きく影響していたことは間違いない。

二　「山国十ヶ村」と「奥山」争論

1　寛文十一年までの状況

慶安四年（一六五一）以降、山国側は宗旨改・公儀法度の順守・山国年寄中への法度の順守など、様々な形で広河原各集落の組頭等から証文を取り、従属させようとしていた。(49)

しかし、寛文三年（一六六三）二月十三日付「奥山組頭連署請書」(50) 以降船ヶ原の署判が、さらに同十年八月二十一日付「奥山組頭十三人連判誓約状」(51) 以降は広河原の署判がみえなくなる。その後延宝三年（一六七五）四月まで、両集落の住人は山国側の証文に署判していない。富井はこれをもって「寛文末年には、すでに山国の支配から離脱しようという動きがあった」と指摘している。(52)

次に掲げる史料には、山国側からみた寛文十一年以前における杓子屋（船ヶ原）・広河原住人の動向が記されている。

【史料10】（杓子屋・広河原に新右衛門以下六名新規に切り開き山国側難儀出来し抗議するも施薬院御朱印地と主張する事につき下書）[53]

乍恐御断申上候

山国拾ヶ村ノ奥山東西壱里四方之間者往古ゟ惣百姓商売仕候、然者先年此山内ニ尺子屋・広河原と申弐ヶ所ニ木地引罷有拾ヶ村へ毎年山手銭を取抱置申候、其以後木地木もつき申候故、他所之山へ立のき先々ニ有付候者共も御座候、①又者此方領地へ立帰り山国拾ヶ村へ断を申、弐拾ヶ年余、右之広河原・尺子屋弐ヶ所ニ新右衛門・庄兵衛・惣三郎・甚右衛門・八兵衛・長二郎六人之者共ゟ則其後数通之証文も取置候て小屋場なはたをあてかひ抱置候処ニ四五年以来弐ヶ所之分新規ニ大分切畑仕、あまつさへ此方商売材木等之山落し迠難成様ニ仕候ニ付、②去年六月ニ何とて先規之法をも背、我ままいたし候哉と様子相尋候へハ相手之者共申候者尺子屋・広河原ハ先年御検地之棹ヲ請則施薬院様へ米弐石三斗御年貢相立候由申候。尤山国領分奥山之堺者大布施村・八舛村ト申候而薬院様之御知行所ニ続候へ共、③腰かけ岩ト申領さかい往古ゟ紛無御座候。④此段去年八月ニ伊兵衛様へ申上候へハ施薬院へ参御断申候ハヽ、下ニ而相済可申ト被成御意候ニ付、去年度々我々共薬院様之御家老中へ様子申達候得者尺子屋・広河原弐ヶ所之儀者薬院ニ御朱印在之由、御申候ニ付下ニ而も相済可申様無御座　御郡代様江御目安指上ヶ当二月四日ニ対決仕候得共、薬院より御朱印御座候とハ不被仰上候。⑤双方立合絵図仕可指上旨被為仰付候。絵図も出来仕候ニ付、来廿一日双方可罷出由御断申上候。とかく　御公儀様之御慈悲ニ丹波山国領之山内ゟ御年貢弐石三斗薬院へ可相立儀ニ御座候か。被とけ御詮議若薬院之御朱印之外ニ而御座候ハヽ、此方拾ヶ村ゟ　御公儀様江御年貢指上ヶ申度奉存候。（後略）

寛文十一歳八月十五日　（山国十二ヶ村差出名略）

先の拙稿においても本史料の冒頭部分について触れたが[54]、ここでは順を追って山国側が訴訟を起こすまでの経過をみていこう。

広河原・杓子屋（船ヶ原）に住み着いた木地師たちは、一度他所へ移ったものの、同地へ戻ってきたという。そして「二十か年余、六人から数通の証文をとって抱置いた」（傍線①）のである。本史料が作成された寛文十一年から二十か年余前というと、先述したように山国側が証文を取り始めた慶安四年がちょうど該当する。つまり、山国側は同年以降の証文類を管理保管しており、それらを根拠として奉行所へ訴えようとしていたのだろう。

続いて寛文十年六月、山国側が広河原・杓子屋の住人に対してなぜ先規の法に背き、身勝手なことをするのかと問いただしたところ、彼らは「先年の検地により、施薬院へ年貢二石三斗を納めている」と返答し、同地が施薬院領であると主張した（傍線②）。山国側は「大昔から腰掛岩を境として山国領・施薬院領に分かれている」とその主張を否定している（傍線③）。

同年八月、山国側は京都代官鈴木伊兵衛重辰に相談したところ、「施薬院に事情を申し上げれば、在地にて決着するだろう」との御意があったため、山国の者が度々施薬院の御家老中へ様子を伝えた。施薬院では「杓子屋・広河原の二か所は施薬院領とする朱印状がある」と言ってきたため、在地ではかたづかなくなった。そこで、郡代（京都代官）へ目安を差上げ、寛文十一年二月四日に「対決」したのだが、施薬院から御朱印の話はでなかった（傍線④）。

そして、双方立会のもと絵図が完成したため、同十一年八月二十一日に出仕する予定であることが記されている（傍線⑤）。[55]

ここで注目したいのは、寛文十年八月に代官の鈴木に相談し、「目安」を差上げたという点である。山国側が広河原・杓子屋を相手取って、はじめて訴訟を起こしたのがこの時だったのである。

寛文期の争論の経過について、簡単に【表】としてまとめた。[56]争論においてとりわけ重要な史料が「山」二–八四で、竪紙連綴の状態でまとめられており、おおよその争論の経過が確認できる。

【表】をみると、絵図が完成したにもかかわらず、八月以降も山の境界が決定されず、広河原・杓子屋の者による実力行使も止まなかった（【表】⑪〜⑬）。

2　寛文十二・十三年の状況

広河原・杓子屋の者たちが山国側と対峙した理由として、つねに主張していたのが施薬院に年貢を納めている、つまり同地が施薬院領であるという点だった。

しかし、寛文十二年（一六七二）五月四日付の京都町奉行へ上申された内容をみると（【表】⑭）、山国側は「御検地帳もないうえ、施薬院様御朱印内の土地でもない」として、山国領であることは明白だと主張している。さらに「御公儀様の御法度書出も請申さず」とあることから、以前に奉行所から裁許が下されたことが窺え、後掲する【史料11】（【表】⑲）によってそれは裏付けられる。

【表】「山国神社文書」にみえる争論の経過

No.	年月日	内容	典拠
①	慶安4年(1651)頃(寛文11年より20数年前)	・杓子屋・広河原に木地引が居り、山国10ヶ村は毎年山手銭を取って抱置く ・その後、他所の山へ立ち退いたが、**20か年余**、再び当地へ戻ってきた新右衛門・庄兵衛・惣三郎・甚右衛門・八兵衛・長二郎の6人を広河原・杓子屋に抱置いた	5-97
②	寛文3年2月13日	**船ヶ原組頭の署判なし**(寛文5年2月日は署判あり〈「山」5-102-1-0-2〉)	『黒』511
③	寛文6・7年(1666・7)(寛文11年からみて4，5年以来)	・6人が新規に切畑をおこない、山国の商売材木の山落としができない	5-97
④	寛文10年(1670)6月	・先規の法に背き勝手なことをする理由を問い質したところ「**杓子屋・広河原は先年の御検地により、施薬院様へ米2石3斗を御年貢として納めている**」と主張 ・山国領と施薬院領との境は「腰かけ岩」と昔から決まっている	5-97
⑤	寛文10年8月21日	**船ヶ原・広河原組頭の署判なし**	『黒』514
⑥	寛文10年8月	・京都代官鈴木伊兵衛へ6月の件について申し上げる →「施薬院に事情を申し上げれば、在地にて決着するだろう」との御意 ・度々山国の者たちが施薬院様の御家老中へ様子を報告したところ「杓子屋・広河原は**施薬院に御朱印あり**」と申されたため、在地ではかたづかない **・御郡代様へ御目安差上げ(➡最初の訴訟)**	5-97
⑦	寛文11年(1671)2月4日	・「**対決**」したところ、施薬院より御朱印有りとの仰せは無し →「双方立ち合いの上、絵図を進上するように」	5-97
⑧	寛文11年2月7日	絵師についての定書	2-84-2
⑨	寛文11年8月21日	・絵図完成(絵図写「山」1-65-2)→「8月21日に双方出仕するように」	5-97
⑩	寛文11年8月23日	**・施薬院御朱印について御公儀様よりご確認** ・杓子屋・広河原の者共の先年開いた畑は絵図の通りと決定 ・そのほかの山内は切畑・刈取をしてはいけないと命じていただきたい →すぐに新畑を広げ、山内へ踏み込み柴草をさんざん切る	5-31 2-84-4
⑪	寛文11年9月5日	・山国村々から見分に行ったところ「施薬院御朱印内の土地であり、御知行分であることは間違いない」と主張 →**施薬院の御朱印を御改めしていただき、山の境を決めていただきたい** ・惣三郎・勘右衛門・新右衛門・甚右衛門・庄兵衛・八兵衛・二郎左衛門を召出されて命じていただきたい	5-31

⑫	寛文11年9月14日	・書付で言上したところ、いまだ御裏判も頂戴できず →杓子屋・広河原の者共はいよいよ勝手な行動をしている	2-84-4
⑬	寛文11年9月17日	山国側が2人を派遣→木草を盗んだ者共を見つけ、鎌2丁を取り上げる→広河原の男女12、3人が弓鑓脇差を持ち、山国の2人を取籠める→鎌を取り返されつつ逃げ帰る →相手6人の者どもを召出されたい	2-84-4
⑭	寛文12年(1672) 5月4日	・**検地帳も無い上、施薬院様御朱印内の土地でもない** →山国領であることは明白 ・6人の者共が山国領内にいるので、**御公儀様による御法度を申し渡した** **(➡これ以前に一度裁許が下された)** ・連年の証文があるのに、現在も証文に背き御公儀様の御法度書出も請申さず ・先規のごとく施薬院様はお構いなさらぬようお命じいただきたい	2-84-5
⑮	寛文12年6月16日	・**御検使**による見分の上、山国領ではないと偽りを言ったならば御仕置してほしい	2-84-6
⑯	寛文12年9月	・**山城・丹波両国の境であるため、御訴訟申上げては曲事になる** ・国境の訴訟沙汰、そのうえ御公儀へ申上げれば御吟味遂げられがたい ・御公儀へ申上げる際には、古来の次第を内証吟味 ・もし不届きなる儀、申上げたならば曲事になる ・訴訟の場所は黒田山国十ヶ村の領内と絵図にあるので、御公儀へ御訴訟申上げる	2-84-7
⑰	寛文12年11月17日	・**当夏中にも御検使が下されるとの事だったが、ついに御沙汰なし** ・若狭守様は江戸→江戸へ御訴訟したいと9月に御前様へ→「**若狭守様御上洛まで待つように**」 ・落着延引のうちに地領を切広げられ、山林をも切られ迷惑 →**施薬院押領の年貢**、切畑開作の御停止願い	2-84-8
⑱	寛文13年(1673) 2月7日	・永々落着延引、**この訴訟沙汰は4年になる(➡寛文10年からの訴訟沙汰)** ・百姓共が難儀しているので、重ね重ね訴訟申上げている	2-84-9
⑲	寛文13年4月8日	・双方幷絵師ともに神文仕り、1枚絵図のうえに若狭守様御前にて対決→施薬院様への御知行御朱印・山国数通の証文を御吟味→御朱印内ではなく山国領と決まった ・御検使を遣わされ、6人の者共から誓約の一札を召上げていただきたいのに、**御検使延引**ゆえ、6人が決まりに背いている→**早く御検使を立てていただきたい**	2-84-10
⑳	延宝2年(1674) 3月4日	裁許…奥山総絵図作成	1-65-2

次いで「先規のごとく施薬院様はお構いなさらぬようお命じいただきたい」と訴えている。この点について、同年十一月十七日（【表】⑰）には「広河原・杓子屋住人たちによる切畑開作・山林伐採、施薬院による年貢「押領」を停止」するようにと、具体的に書かれている。山国側からみれば施薬院による年貢「押領」がおこなわれていたのである。

両集落の住人が裁許に従わず「切畑開作・山林伐採」をしていた背景として、施薬院が裁許を無視して積極的に年貢徴収をおこなっていたことが窺える。

同年六月十六日、山国側は検使の派遣を奉行所に要請している（【表】⑮）。九月には「御公儀様へ罷出儀様子申上候処、山城・丹波両国境之儀ニ候へハうろん成儀、御訴訟申上候而ハ曲事ニ御座候、国境之出入其上御公儀へ申上候儀ニ候へハ御吟味難被遂候、御公儀へ申可上候者、古来之次第内証吟味仕可申上候」と、山城・丹波国境問題として奉行所が慎重な姿勢を示していたことが確認できる（【表】⑯）。検使の派遣がすぐに実現しなかった理由であろう。山国側も再度の訴訟については十分検討すると伝えている。

十一月十七日、「当夏中に御検使が派遣されるとのことだったが、ついに御沙汰なし」だったことに触れ、検使の派遣を再び要請している（【表】⑰）。訴訟についても山国側は再度起こそうとしていたようだが、宮崎若狭守重成（初代京都東町奉行）[57]が江戸に滞在中だった。そこで山国側は江戸へ訴訟しようとしていたのだが、若狭守上洛まで待つようにと忠告された。

翌十三年二月七日には、「御検使ヲ被遣候か、左様ニも無御座候者、乍憚若狭守様御跡ヲしたい罷下御断申上度奉存候故、此段ヲ度々御訴詔申上候処ニ相待申様ニとの御諚意御座候ヲ違背仕ルニ而ハ無御座候へ共、右出入永々と相延候て当春迄四年ニ罷成候へハ百姓共草臥難義仕候付而重々御訴詔申上候」と奉行所へ訴えている（【表】⑱）。傍線に注目すると、寛文十年以来の訴訟沙汰であることが確認でき、【史料10】のところで述べたように同年から裁判が始まったことが裏付けられる。

そして四月八日、山国側が再び訴訟を起こした。

【史料11】（奥山住人の押領につき検使をよこしてほしい事につき）[58]

乍恐御訴訟申上候

一 五味藤九郎様御代官所丹波山国拾ヶ村之百姓共ニ而御座候、然ハ此方領内ニ居申ス路くろや并杓子屋六人之者共我かまゝの押領ヲ企、平地ニ切畑ヲ致シ、剰施薬院様ゟ御検地請ヶいたし、①此方領内ヲ以之外成ル押領致シ候出入ニ付双方并絵師共ニ神文ヲ仕候壱枚絵図之上ニ而 若狭守様御前ニ而対決仕候処、薬院様へ之御知行御朱印并此方所持仕候数通之証文共段々御吟味被為成候処ニ 御朱印之内ニ而ハ無御座、山国領ニ相極り候、然共御検使ヲ被遣其上ニ而可被仰付候間、右六人之者共ニ一鍬も畑ヲひろけ申間敷候、又草木壱本ニても切取候ハヽ、御仕置ニ可被仰付と一札ヲ被召上候処ヲ②御検使相延申ゆへニ右之御諚意ヲ相背、又候哉去年も新畑ヲ致シ、其上当年も大分之屋き畑仕り木草ヲ我がまゝニ切荒シ、剰我々商売之材木妨致シ、何共迷惑ニ奉存候、とかく公事相延申候故、重々の押領仕候間、御慈悲ニ早速御検使ヲ御立被為成出入御済シ被下候者、難有可奉存候、以上、

寛文拾三年　（山国十ヶ村差出署名・印判略）

丑ノ四月八日

御奉行様

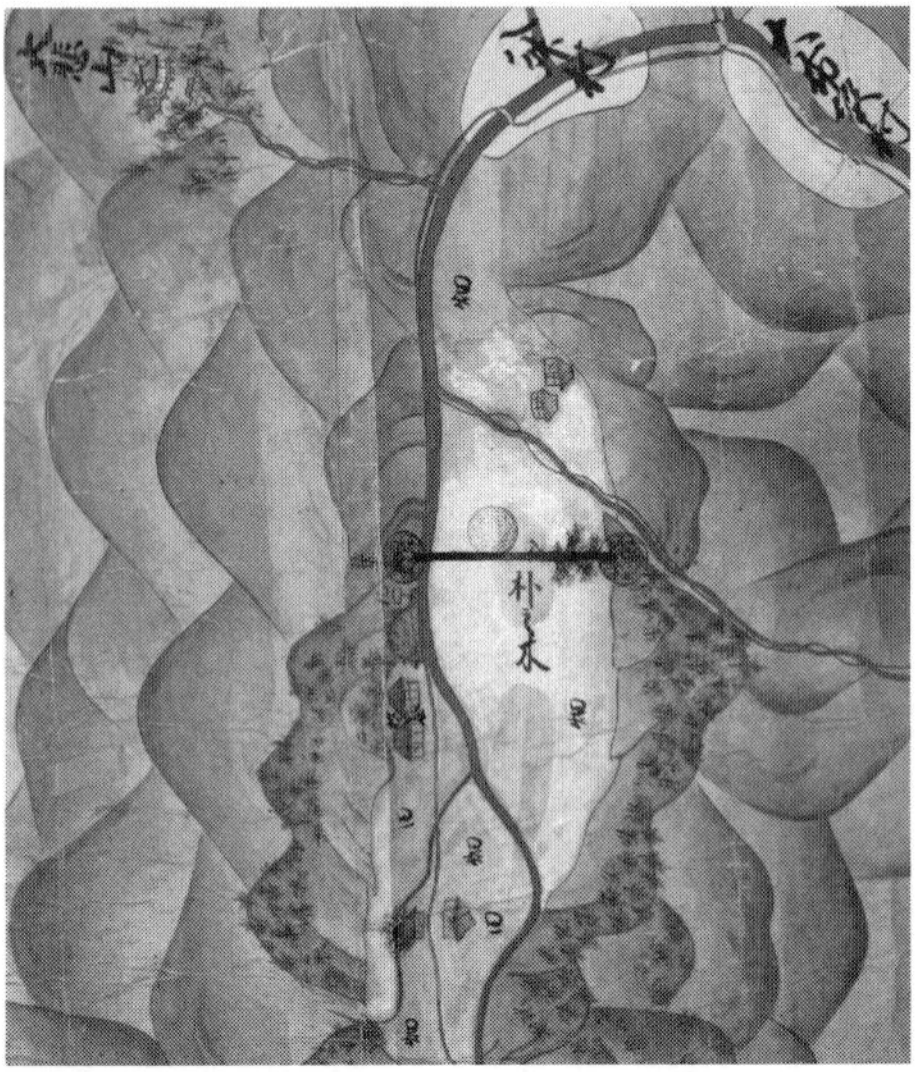

【写真】延宝2年3月裁許絵図写　拡大図（「山」3-130）

ろくろ屋・杓子屋六人が山国領内を「押領」したことにより裁判となり、双方と絵師が神文を認めた絵図をもとに若狭守様御前にて「対決」し、施薬院の知行宛行状と山国側が所持する数通の証文を奉行所において吟味した結果、山国領と決まった（傍線①）。

この裁判は宮崎若狭守が担当していた。彼は寛文十三年一月には江戸南町奉行へ移っているため、最初の裁判のあらましを説明しているくだりである。やはり、一度裁決が下されていたことが確認できる。

しかし、検使の派遣が延引したため、六人は新畑を開き、焼畑をおこない、木草を切り荒らし、山国の材木商売を妨害していると現状を説明している（傍線②）。

その後の動向については、翌延宝二年（一六七四）三月四日の裁許まで不明である。おそらく、山国側の訴状提出を受けて、奉行所側も裁判に本腰を入れたものと思われる。同裁許によって国境は山国側の言い分通りに画定されたものの、「越米」として毎年一石九斗を施薬院へ納めることとなった。そして広河原・杓子屋を含む行政村としての広河原村が成立するのだが、山国側との対立は継続していくこととなる[59]。

3 「山国年寄中」から「山国十ヶ村」へ

「はじめに」で述べたように、「十ヶ村」文言の登場は、山国八ヶ村と小塩、黒田三ヶ村の住人がひとつの社会集団として自らを認識した段階と位置付けられる。山国側で書かれた史料において「十ヶ村」の文言が登場するのはいつ頃であろうか。管見の限り最も早い時期のものが次に掲げる史料である。

【史料12】（惣山である奥山に関する取決めにつき）(60)

相究申一札之事

一、奥山者、従往古山国八ケ村・黒田村・小塩村合拾ケ村惣山に而御座候処ニ、四十ケ年以前、此山十ケ村配分仕、則先規従　御公儀様御定被成候国役人足数ニ割請所持仕候儀、無紛候、此谷之依所ニ少ツヽ空地御座候得共、是ハ分付不申致各別之儀ニ付、拾ケ村之空地ニ而御座候、尤筏場・小屋場・かま床以下ニ至迄、十ケ村之立合互ニ違乱有間敷候、為其庄屋・年寄判形仕候、仍末代証文如件、

寛文十年戌三月廿一日

（山国十ヶ村差出署名・印判略）

本史料が発給されたのは、最初の裁判が始まる年である。冒頭に「奥山」は往古より山国八ヶ村・黒田村・小塩村の十ヶ村惣山で、四十年以上前に「奥山」を十ヶ村で配分したことが記されている（傍線①）。そして末尾では、十ヶ村が立ち会い、互いに違乱しないことを誓約している（傍線②）。同年中に山国側が京都町奉行所へ出訴するわけだが、事前に「奥山」について十ヶ村内で取り決めを確認・誓約していたのである。

一方、すでに坂田・吉岡が触れているが、同年五月に黒田三ヶ村と片波村との間で、片波谷をめぐって争

論が勃発していた。[61] この争論は二年後の寛文十二年(一六七二)六月二十一日に和談となったようで、その際曖人として山国井戸村の者も名を連ねている。[62]

右の状況を踏まえると、黒田三ヶ村は片波村との争論を有利に進めるためにも、山国八ヶ村と連携することに前向きだったのではなかろうか。それに加えて、これまであいまいだった「奥山」の利権に関して、互いに確認することも悪い話ではなかったはずだ。

こうして、山国十ヶ村という連合体は、「奥山」をめぐって広河原・船ヶ原との対立が深まる過程で、争論を有利に進めるために結束し、形成されたのである。

高橋雅人は「奥山」住人が山国に宛てた証文のなかで、延宝三年(一六七五)以降、宛名が「山国年寄中」「山国中」から「十ヶ村」に変わったとする。[63]「奥山」、つまり行政村としての広河原村住人が自らの交渉相手として「十ヶ村」を認めたのは延宝二年の裁許後だった。

これに関連して、吉岡拓が「年寄中」から「名主」へと呼び名が変化していくことを指摘している。[64] 十七世紀前半から中頃にかけて、山国地域の有力百姓たちを指す文言として広く用いられていたのは「年寄」だったという。彼らは名主職を所持し諸役を担う存在で、太閤検地によって下作させていた土地を失ったものの、その後も地域の神社祭礼などを担う存在として、由緒のなかで語られていたとする。そして寛文十年八月に「丹州山国境内之目録」[65]が作成され、「年寄」と呼ばれていた集団が「名主」へ変容していくことを指摘し、「奥山の利権集団としての「名主」が、この「丹州山国境内之目録」によって誕生したのである」と結論づける。

ただし本史料が作成された年代について、吉岡はのちに「早くても貞享・天和期以降」として、史料に記載されている「寛文十年八月吉日」という記載は、時を遡って書かれたものとした(66)。

作成年代について、ここで考察する余裕はないが、なぜその年月が「丹州山国境内之目録」に記されたのかということでいえば、先述したように江戸時代を通じて対峙することとなる「奥山」(広河原村)と山国側との裁判が始まった年であり、山国十ヶ村にとって象徴ともいえる年だったことが大きな理由であろう。

また、【史料12】以降、黒田三ヶ村・小塩村を含めた「十ヶ村」が出現し、さらに有力百姓の集団としての名称は「年寄」から「名主」へと置き換えられていった。こうした変容は「年寄」があくまで山国八ヶ村に限定されていた集団だったことを示していよう。

おわりに

一次史料からわかる大布施地域の変遷と山国との関係性について、中世から近世を通してみてきた。戦国期に大布施地域は、宇津氏と結びついた鳥居・比果両氏の所領となったことにより、のちに山国本郷からは枝郷とみなされた。その後、豊臣政権期に施薬院領となったことで丹波国から山城国となり、山国地域とは完全に分離した。

ただし、船ヶ原は天正十五年(一五八七)に施薬院領とされたものの、同十九年・元和三年(一六一七)の知行宛行状に施薬院領として明記されなかったため、知行主体があいまいな地域として残されることとなった。これが船ヶ原・広河原の六名と山国側との争論に発展していった大きな要因といえよう。争論に広河原集落の者たちが入っていることを踏まえると、【史料6】の「船ヶ原」には同集落も含まれていたのであろう。

寛文期（一六六一―七三）、山国側が起こした裁判において、船ヶ原・広河原の六名は施薬院へ年貢を納めている（＝施薬院領である）ことを主張していた。結局、最初の裁許で山国領と決定したにもかかわらず、施薬院は積極的に年貢収納を継続していたため、それが六名の「切畑開作・山林伐採」といった行動につながっていた。

延宝二年（一六七四）の裁許において、論所は山国領としながらも「越米」一石九斗を施薬院に納めるよう命じたのは、年貢を納めていた実態を奉行所が認めたからであろう。また、「一石九斗」は奉行所が施薬院の所持する天正十五年の朱印状【史料6】を確認したことによって決定された可能性が高い。施薬院としては、どのような形であっても年貢さえ入ってくれば問題ないのであり、これ以降山国側と対峙する姿勢はみえなくなる。一方、広河原・船ヶ原を含めた広河原村の者たちは、引き続き様々な理由を掲げて山国側と対峙していった。

最後に、「山国十ヶ村」という連合体は、寛文十年に船ヶ原・広河原の六人との対立が深まった山国八ヶ村と、別の争論をかかえていた黒田三ヶ村、それに小塩村を含めて互いに「奥山」の利権を確認するとともに、争論を有利に進めるために結束し、形成されたものだった。その結果、山国八ヶ村に限定された有力百姓の集団「年寄」は、「名主」に置き換えられたのである。

註

（1）以下、本稿では三ヶ村と原地新田（現在の京都市左京区花脊大布施町・花脊八桝町・花脊別所町・花脊原地町）をまとめて大布施地域と呼ぶ。

（2）山国十ヶ村とは、井戸・大野・比賀江・中江・塔・辻・鳥居・下のいわゆる山国八ヶ村（本郷地域）と小塩、さらに黒田三ヶ村（下黒田・宮・上黒田）を一村とみなした呼称である。そのため、史料上では「山国十二ヶ村」と表現される場合もあるが、本稿では山国十ヶ村で統一する。

（3）児玉幸多「近世に於ける新村落成立の過程」（同『近世農村社会の研究』吉川弘文館、一九五三年、初出一九三四年）。

（4）富井康夫「近世枝郷広河原村の土地保有と抵抗」（同志社大学人文科学研究所編『林業村落の史的研究』ミネルヴァ書房、一九六七年）。

（5）拙稿「近世山国地域における境界認識と由緒」（坂田聡編『古文書の伝来と歴史の創造―由緒論から読み解く山国文書の世界―』高志書院、二〇二〇年）。

（6） 前掲註（4）富井論文。

（7）村上絢一「山国地域の文書と社会―荘園の村と供御人の村の比較を通して―」（前掲註（5）坂田編）。

（8）吉岡拓「「丹州山国境内之目録」について―丹波国桑田郡山国荘（山国郷）の中近世移行期像再考に向けて―」（『明治学院大学教養教育センター紀要：カルチュール』一六、二〇二二年）。

（9）高橋雅人「近世村落連合の歴史的変遷」（坂田聡編『禁裏領山国荘』高志書院、二〇〇九年）。

（10）峰定寺所蔵（東京大学史料編纂所拓本）。

（11）『京都府北桑田郡誌』（京都府北桑田郡、一九二三年）。

（12）本史料の翻刻は、宮内庁書陵部所蔵本に拠った。なお、自筆本「忠富王記」（国立歴史民俗博物館所蔵本）には不載（岡野友彦氏のご教示による）。

（13）山国荘代官（山国奉行）・雑掌や「加田次郎左衛門」については、本書第七章岡野論文を参照。

(14)『お湯殿の上の日記』(続群書類従補遺三)。以下、典拠はすべて同様で、本文中では『お湯殿』と略す。

(15)「山国神社文書目録」文書番号三―一二七(坂田聡代表『令和3~令和5年度科学研究費補助金・基盤研究(B)「地域における歴史意識の形成過程に関する研究―由緒関係文書の原本調査を踏まえて―」研究成果報告書Ⅱ』二〇二三年)。以下、「山」三―一二七のように略す。

(16)「鳥居剛家文書目録」文書番号二―一二三(前掲註(15)書)。以下、「鳥」二―一二三のように略す。

(17)宇津氏については、柴﨑啓太「宇津氏の動向と鳥居家文書」(前掲註(9)坂田編)を参照。以降、本稿で論ずる柴﨑の業績はすべて本論文のものである。なお、脱稿後に飛鳥井拓「戦国期丹波国宇津氏の基礎的考察」(『新潟史学』八七、二〇二四年)に接した。宇津氏の系譜や一族内の階層構造などに言及している。併せて参照されたい。

(18)「能勢文書」(亀岡市史編さん委員会編『新修亀岡市史』資料編第一巻、亀岡市、二〇〇〇年。文書番号一三〇五)。

ただし本史料とは別に、前日・同日付の二通を宇津元朝と連署で波多野秀親へ発給している。

(19)丹波国山国荘調査団(柳澤誠)「丹波国山国荘鳥居家文書の中世文書―宇津氏発給文書―」(『中央史学』三五、二〇一二年)。

(20)『改定史籍集覧』二五(臨川書店、一九八四年)。

(21)奥野高廣『皇室御経済史の研究』(畝傍書房、一九四二年)。なお、奥野は天文九年七月に宇津元朝が鳥居河内守を自殺せしめたとして、この事件が鳥居氏の山国逃亡の原因だったとするが、典拠となる史料は不明である。

ただ、天文四年に地下人寺田が鳥居氏を殺害したことは『後奈良院宸記』にみえる。また関連する史料として、万里小路秀房が御料所に関する疑獄について「西三条殿」へ弁明するなかで、「宇津□先年鳥居河内守依令生害」と記している(「菊亭家所蔵文書」〈其の六〉『京都府北桑田郡誌』)。岡野は本史料を天文十年のものとする(本書第七章岡野論文)。したがって、奥野は両史料の内容をそれぞれ天文四年・同九年の事件として分けて考えていた可能性がある。

(22)馬部隆弘「丹波山国荘の代官設置と三好長尚」(『大阪大谷大学歴史文化研究』二二、二〇二二年)。

(23)「鳥」一―七。このほか野田只夫編『丹波国山国荘史料』(史籍刊行会、一九五八年)にも掲載されている(文書番号四三。以下、『山』四三のように略す)。

なお、この契約は天正三年三月二十八日に破棄された(「鳥」四―六四〇・『山』五六)。

(24)坂田聡「戦国期土豪の婚姻と相続―丹波国山国荘の鳥居氏を例に―」(同『家と村社会の成立―中近世移行期論の射程―』高志書院、二〇一一年、初出二〇〇三年)。

(25)柳澤誠「鳥居家譜の成立―近世伝承と中世の実態―」(前掲註(9)坂田編)。

(26)『言継卿記』第四(国書刊行会、一九一五年)。

(27)「鳥」五―五二。なお、本史料の翻刻にあたって、岡野友彦・馬部隆弘両氏からご教示いただいた。

(28)『信長公記』(人物往来社、一九六五年)。

(29)「立入家文書」(名古屋市博物館編『豊臣秀吉文書集』一、吉川弘文館、二〇一五年。文書番号六)。以下、『豊』六のように略す。

(30)「立入家文書」(『豊』一〇)。

(31)中島寛一郎氏所蔵(亀岡市史編さん委員会編『新修亀岡市史』資料編第二巻、亀岡市、二〇〇二年。文書番号八七)。以下、『亀』八七のように略す。

(32)秋山國三「近世山国の領主支配と貢租」(前掲註(4)同志社大学人文科学研究所編)。

(33)施薬院全宗についての研究は、西田直二郎「〈雑纂〉施薬院」(『史林』四(一)、一九一九年)・宮本義己「豊臣政権の医療体制―施薬院全宗の医学行跡を中心として―」(『帝京史学』二、一九八六年)を参照。

(34)『太閤記』(『亀』一一三)。

(35)「池田氏家譜集成附録」(『亀』一一五)。

(36)「施薬院文書」京都大学文学部所蔵(東京大学史料編纂所影写本)。

(37)前掲註(33)宮本論文。ただし、全宗は僧体だったため「施薬院」号は勅許されたものの長官である施薬院使にはなれず、「施薬院代」としてその運営を任されたとする。
(38)前掲註(36)文書(『豊』一七五一)。
(39)『兼見卿記』(史料纂集古記録編、八木書店、二〇一四年)天正十三年十一月八・十六・二十三日条。
(40)前掲註(36)文書。
(41)前掲註(36)文書(『豊』二三三九)。
(42)「三雲文書」京都大学影写本(『豊』三八二一)。
(43)前掲註(21)奥野著。
(44)「施薬院(丹波氏)」の項『寛政重修諸家譜』。
(45)前掲註(44)書。
(46)「三雲文書(施薬院古文書)三」(東京大学史料編纂所写真帳)。
(47)前掲註(36)文書。
(48)前掲註(5)大貫論文。なお、『史料京都の歴史 第8巻(左京区)』(京都市編、平凡社、一九八五年)の「花脊村」文書番号二六「愛宕郡各町村沿革調」(明治十九年)には「正保二年、京都町奉行五味藤九郎支配ノ時、別所・大布施・八枡三ヶ村ヲ山城国愛宕郡ニ属ス。」と書かれている。
また、正保二年九月二十九日付で大布施村惣中から丹波亀山藩主菅沼定昭の家臣宛に「従　御公儀丹波一国絵図之儀、菅沼左近大夫殿　被仰付今度黒田村并山国之絵図被書付候ニ付而、山城之内大布施村之境メハ…」と国境確認の証書を提出している(「山」五-七二)。本史料においても、国絵図作成前から大布施が山城国に属していたことが確認できる。
(49)野田只夫編『丹波国黒田村史料』(黒田自治会村誌編纂委員会、一九六六年)文書番号五〇七~五一〇など。以下、『黒』五〇七のように略す。
(50)『黒』五一一。

（51）『黒』五一四。
（52）前掲註（4）富井論文。
（53）「山」五‐九七。なお、本節で掲げた史料の翻刻にあたって、冨善一敏氏からご教示いただいた。また、史料原本の中には、文章を修正・校正した部分が見られるものもあるが、本稿では修正済として掲げた。
（54）前掲註（5）大貫論文。
（55）この時の写とされる絵図には「奉行宮崎若狭守」と記載がある（「山」一‐六五‐一二）。
（56）以下、【表】に掲載されている史料を典拠とする場合は、本文中に【表】〈番号〉を記す。
（57）京都東町奉行として寛文五年八月六日から担当した。その後、彼は同十三年一月二十三日には江戸南町奉行へ異動している（『国史大辞典』）。
（58）「山」二‐八四‐一〇（【表】⑲）。
（59）これ以後の争論の経過については、前掲註（4）富井論文、前掲註（5）大貫論文や本書第九章冨善論文を参照されたい。
（60）「山」五‐七〇。
（61）坂田聡「由緒書と偽文書―中世・近世移行期における山国枝郷黒田三か村を例に―」（前掲註（9）坂田編）・前掲註（8）吉岡論文。
（62）『山』四二二・四二三。
（63）前掲註（9）高橋論文。
（64）吉岡拓「中近世「名主」考」（前掲註（5）坂田編）。
（65）前掲註（15）文書。
（66）前掲註（8）吉岡論文。

第九章　近世中後期の「奥山」争論
――山国十ヶ村と枝郷広河原村を事例に――

冨善一敏

はじめに

本章では、近世中後期に山国十ヶ村[1]とその枝郷広河原村との間で争われた「奥山」[2]と呼ばれる地域をめぐる争論について考察を行う。

山国十ヶ村（以下「十ヶ村」と略称する）と枝郷広河原村との関係については、主に以下の五つの先行研究がある。

児玉幸多「近世に於ける新村落成立の過程―その一例としての丹波広河原村―」[3]は、寛文五年（一六六五）から宝暦六年（一七五六）までの十ヶ村と広河原村との関係を時系列的に検討し、両者の関係を親村落と子村落とし、「子村落が親村落と全く対等の関係に達し得た場合に、これを自由村落と呼ぶ」[4]とするが、広河原村についてはその時期を明瞭にできなかったとする。

冨井康夫「近世枝郷広河原村の土地保有と抵抗」[5]は、広河原村の十ヶ村からの実質的独立の動向について、「奥山」住民の近世初期の存在形態、土地保有と林業経営のあり方、本郷支配に対する抵抗の三点から詳細に検討したものである。

高橋雅人「近世村落連合の歴史的変遷」(6)は、広河原村はその誕生以来幕末まで十ヶ村連合の紐帯であり続けたとし、慶安四年(一六五一)から近世中期までの両者の関係について、山年貢の負担、山国十ヶ村惣作地の支配、施薬院への越米上納の三点を中心に詳細に検討している。

柳澤誠「丹波国山国郷における文書保存・管理・利用」(7)は、山国神社及び比賀江村御霊神社の別当寺である高田《こうでん》寺宝蔵での山国関係文書の保存管理と利用のあり方について、本章でも問題となる寛文五年・貞享三年(一六八六)・元禄十二年(一六九九)の三通の証文の事例などを詳細に検討し、十ヶ村が「近世初頭以来奥山住人から取り置いた証文を保管し続け、広河原村側の主張を粉砕するため、訴訟のたびに証拠文書として提出している」(8)とする。

大貫茂紀「近世山国地域における境界認識と由緒」(9)は、広河原村内の各集落の関係性と十ヶ村との対立について、寛文末年から延宝二年(一六七四)にかけての十ヶ村と八舛・大布施両村との国境争論、広河原村での神社建立をめぐる十ヶ村との争論について、当時の境界認識のあり方と、船ヶ原・広河原に居住した木地師集団に由来する独自の由緒の獲得とをからめて検討したものである。(10)

これらの先行研究には、一部例外はあるものの、近世中後期の十ヶ村と広河原村との山論についての分析の欠如という共通の問題がある。明治四年(一八七一)に山国十二ヶ村惣代から広河原村へ金二千二百両で売却されるまで、近世期を通した広河原村の執拗な抵抗にもかかわらず、十ヶ村は「奥山」の用益権を保持し続けていた(11)、本章での検討により、その理由の一端を明らかにしたい。

以上の課題意識に立ち、本論文では山国荘調査団が一九九五年以降実施してきた史料調査により蓄積された成果をもとに、山国神社文書及び京都市左京区広河原広瀬家文書を中心に、宝暦六年から弘化四年（一八四七）まで両者の間で争われた「奥山」をめぐる争論について、山国神社文書中に豊富に残存する争論記録を素材に検討する。その際、京都市中に居住し、京都町奉行所に出入して訴訟等の上申文書の代筆を村方の依頼を受けて行った筆耕とのかかわりにも留意したい。[13]なお史料の出典については、山国神社文書は文書番号のみ、他の文書は略称＋文書番号の如く示す。

一　宝暦争論と明和元年の裁許

1　宝暦争論の経過

まず争論の経過について述べる。発端は宝暦六年（一七五六）八月に広河原村が、塔村山字仏谷及び杉谷、中江村山字八丁ヶ原で、領主杉浦氏の御普請所掛樋御用木として代銀五百匁で大野村に売却する予定の大杉三本を盗伐したことについて、閏十一月十六日に十ヶ村が京都町奉行所に出訴した。[14]十二月二日双方が対決し、四日には双方より相絵図が提出され、翌七年三月十一日にも相絵図が提出された。掛り役人は公事方本田（本多）金蔵である。

近隣の灰屋村与助と片波村五兵衛による内済（示談）調停は不調に終わり、両人は噯人（仲裁人）を辞退し、五月十五日十ヶ村が追訴した。十八日に町奉行小林伊予守は、十ヶ村が広河原から取った証文三通他に基づき吟味を行い、本田が下済を指示するが不調に終わった。六月十七日には広河原村が江戸から京都に登った御順見御奉行の乗物へ訴状を投げ込んだが、広河原村支配の大津代官石原清左衛門に訴状が返却され、広河

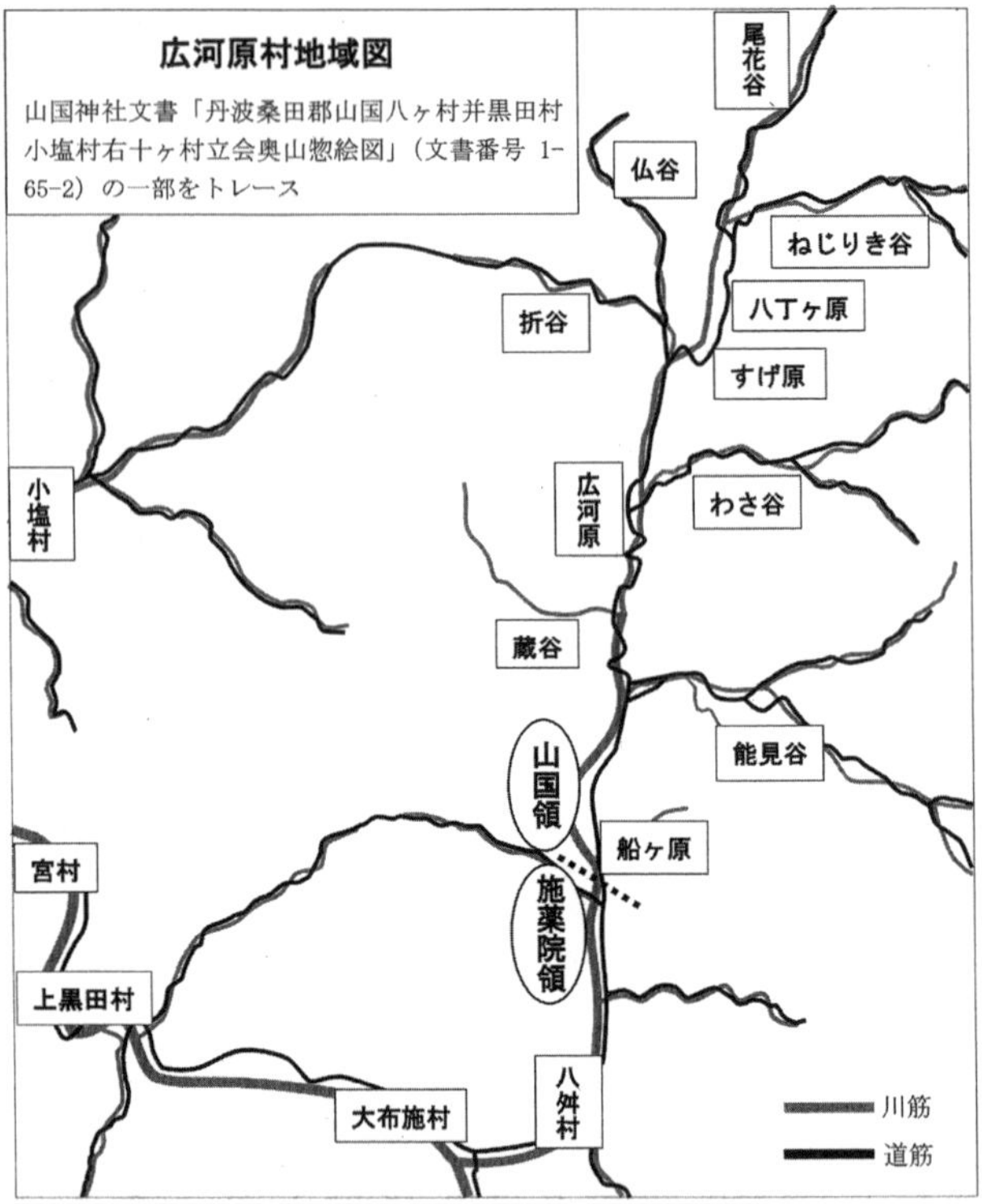

【図】「奥山」争論関係図（註（9）大貫論文243頁の図を転載）

原村が石原から厳しい吟味を受けた。二十八日には、十ヶ村が石原手代の徳田佐五右衛門へ、「山国十ヶ村与広河原村入訳ケ帳」を提出している。徳田及び京神泉苑町若狭屋長次郎による再度の下済調停は広河原の反対により不調に終わり、八月十五日十ヶ村は京都町奉行所へ追訴した。同二十日に町奉行小林は双方を召喚し、「段々遂吟味候処、広河原村之もの共胡乱ニ被存候、然レ共場所見分之上ならでハ裁許難申付候」と、広河原側の主張は怪しいが場所を実地見分しないと裁許できないと述べたが、小林の遠慮につき見分は延引となった。[15] 十月二十四日十ヶ村は冬になると山中が雪深になるとして見分の催促を願い、十一月一日にも再願している。

十二月二日には、広河原村の者共が十ヶ村支配の「奥山」を「無年貢地之様」に申し上げたので、十ヶ村に「山支配致候慥成書物」があれば持参するように命じられた。四日に十ヶ村惣代は、奉行所に延宝二年（一六七四）の国境争論裁許絵図の写と中江村検地帳の写を提出した。しかしながら広河原は本紙を見ないと納得しないと申したので、十ヶ村は八日に広河原に、十ヶ村の重要文書を保管していた高田寺で絵図と村々の検地帳の本紙を見せたが、広河原は依然として納得しなかった。また二十日に広河原は奉行所に、検地帳に記載されている山は十ヶ村の支配だが、記載のない数多くの山は自村が支配したいと願った。二十二日に十ヶ村は、京都滞在中の経費節減のため、惣代黒田宮村武兵衛、井戸村安左衛門、中江村庄蔵、塔村友右衛門の四人が本一件の全ての応答をすることを願い許可されている。(16)

翌宝暦八年に広河原村は、「山ケ所附帳面」を提出した。(17)十ヶ村惣代はそれを閲覧した上、正月二十三日に、広河原村が書き上げた場所は全て延宝年間に検地が行われた字内の小名であるとの口上書を提出したが、広河原村は帳面にない分の支配を願うと譲らなかった。二月二十七日に十ヶ村は論所（係争地）見分を願い追訴し、四月七日にも同様に追訴した。四月二十七日に至り双方が召喚され、両町奉行立会の上論所見分が命じられた。見分は代官多羅尾四郎右衛門手代河合小藤太、同角倉与一手代石原加右衛門の両名が担当し、旅宿は原地新田作兵衛であり、人足と絵師矢野長兵衛の入用は双方折半で負担することとなった。

また翌二十八日に十ヶ村惣代は、広河原村吉右衛門ほか大勢の者が十八日に比賀江村分の字からうど割の杣小屋を崩し山稼ぎを妨げたので、「奥山」裾の空地と十ヶ村惣作地と広河原村名前地の所々に傍杭を立て、地分ケ絵図を作成するように代官石原に出訴するが、翌五月大津宿中堀町温飩屋長兵衛の仲裁により、樽代として十ヶ村から銀二十匁を広河原村へ渡し、小屋掛けなどは其時々に相談し行う旨の内済証文を石原役所に提出している。

翌五月、検使の河井と石原の両人は、山国十ヶ村と広河原の双方へ、見分心得書二十二ヶ条の覚を下付した。十ヶ村は十日に提出した請書について、「奥山」の御用米は「杣役百八人ニ割村々へ配分仕、御年貢御上納仕候義ニ御座候ニ付、百八人として山支配」しており、残りの百姓は「奥山」に関わりがないので、請書には惣百姓全員ではなく百八人が印形したいと願い許可された。(18)十二日に十ヶ村は証拠書類として「寛文五年巳二月広河原惣連判証文一通、貞享三年寅九月惣百性連判証文一通、元禄拾二卯五月証文一通、寛保三年亥十月取替せ証文一通、〆四通」を帳面に認め提出したが、十九日に「此度伐木論所証拠ニ難相立旨被仰付奉承知候」と、四通の証文は本争論の証拠にしないとして却下された。また十ヶ村は「論所之内字仏谷并杉谷弐ヶ所伐木論所広河原村之者共焼払申、仏谷論所ニハ切畑仕掛申候」ことを訴えている。

同月「三ケ所論所地改帳　丹波桑田郡山国庄十ヶ村」「論所木数改帳　丹波桑田郡山国十ヶ村惣代　広河原村庄屋年寄」が河井・石原両名に提出され、見分は十九日に終了し、翌二十日に検使一行が帰京した。六月三日に論所絵図(19)の裏に双方が印形し、後は裁許を待つばかりとなった。七月三日には河合・石原が「御見分之節御吟味双方申口書付不残」を双方に読み聞かせ、間違いがない旨を確認している。(20)

2　裁許の延引

宝暦九年五月二十五日、十ヶ村惣代四名は本田から、広河原村が十ヶ村支配山を無年貢山と江戸表へも願い、江戸からも吟味するよう通達があったので、本一件裁許後に無年貢山一件の吟味をする、その吟味が落着するまでは「右山へ立入山伐荒し候儀仕間敷之旨被　仰渡」と、「奥山」への立ち入り禁止を命じられた。惣代は十ヶ村の「外聞」にかかわり難儀だと抗議するが聞き入れられず、支配代官小堀役所への訴えも却下された。旗本杉浦氏知行の五ヶ村（下・辻・中江・比賀江・大野）は領主杉浦氏にも同様に願い、二十七日に杉浦役人の広瀬直八郎は京都町奉行所に行き本田へ広河原の横道を掛け合い、十ヶ村は町奉行所に「奥山」立ち入り差し留めの解除を願った。本田は差し留めではないが、「奥山」への立ち入りは暫く見合わせるよう十ヶ村惣代に命じている。九日十ヶ村は、このままでは今年の春以来「奥山」山中に伐り散らしておいた諸材木が朽ちてしまう、広河原村も十ヶ村から山を買い現在も「奥山」へ立ち入り稼ぎをしており（不公平である）、現在は材木切り出しの旬の時期であり、山稼ぎを一日でも怠ると年末の年貢上納する手立てがないと、「奥山」への立ち入りを本田へ再度願った。

六月十七日、十ヶ村惣代は「奥山」への立ち入り許可の旨を追訴するが、本田は惣代を召喚し、この件は江戸へ窺っているので追々返事があり、そんなに時間はかからないので、十ヶ村と広河原村の双方とも「奥山」への立ち入りは見合わせるようにと応じなかった。惣代は十八日に帰村し、「弥十ヶ村之困究（窮）ニ可相成候間、御奉行所へ御届申、江戸へ惣代罷下り御願申筈ニ相談」と江戸出訴を決定し、町奉行所に許可を願った。本田は江戸からの返事が来るまで待つように命じた。十ヶ村は山国郷中へ申し聞かせたが、山稼ぎが差し止められ渡世ができない大勢の者が難儀しており、江戸表へ下り歎き申し上げ、「奥山」の支配を認められないと「十ヶ村惣百性相立不申」とし、惣代として上黒田村弥平次、鳥居村忠介（儀左衛門）、辻村恒八郎、比賀江村次郎右衛門（善四郎）、大野村善次郎の五人が江戸に下り、七月朔日に町奉行所へその旨を報告した。

惣代の江戸出訴が功を奏したようであり、[21] 七月二十一日に十ヶ村惣代は本田から、十ヶ村が難儀の旨願ったので、江戸表で評議の上、「山稼差留り難義致ス義ニ候ハヽ、論所之外ハ立入山稼仕候様ニ被仰付候間、其分相心得勝手ニ山稼可仕旨被仰渡、広河原村儀も十ヶ村ゟ買山致シ相稼候ハヽ、右同前ニ相心得可申」

と、十ヶ村と広河原村の双方に、論所以外の「奥山」立ち入り差し止めの解除が命じられている。

また、閏七月六日に十ヶ村惣代は、広河原村の十三人が鳥居村分仏谷、小塩村分才谷、比賀江村分字わさ谷の三ヶ村分の雑木立毛を勝手に伐り取り釜を拵えた件を出訴し、京都町奉行小林伊予守は十三人に手錠の処罰を命じた。同月十四日にも十ヶ村惣代は、「奥山」山中で広河原村の藤二郎が雑木を伐り取り炭竈を築いて炭焼きをした件を咎めたが、藤二郎が「広河原村方ゟ申付之由を申」し聞き入れないことを出訴した。二十一日に広河原村請山の外の十ヶ村の支配山内を伐荒した場合には厳しく咎め、伐り取った雑木は十ヶ村へ戻すよう命じられて解決している。広河原の「奥山」山内での伐木行為が続いていたことが分かる。

八月四日に至り、十ヶ村と広河原村の双方が京都町奉行所に召し出され、本田から「伐木出入御裁許之義御窺も相済、此度　御裁許可被　仰付之処、今少きまらぬ事有之候間、勝手次第罷下り可申候」と、本一件の裁許に際し未確定部分があることにより帰村を指示された。

八月十七日から二十九日にかけて、京都町奉行松前筑前守は十ヶ村惣代を直接吟味した。[22] 吟味の内容は、十ヶ村江戸惣代が閏七月十日に江戸で提出した願書の奥書中に、本一件の裁許が四年間延び十ヶ村が難儀していることについて、「伊予守様御存無之儀与乍恐奉存候（中略）勿論御役人本田金蔵殿ニも広河原村江御荷担者有之間敷奉存候得共、私共申上候儀者御信用無之、広河原村ゟ申上候儀者御聞済有之候様ニ奉存候」と書かれたように、本一件の吟味を担当した本田の広河原村寄りの態度に対する山国村々の不信についてである。十ヶ村は五月二十三日に証拠書類として提出した寛文五年（一六六五）・貞享三年（一六八六）・元禄十二年（一六九九）の三通の証文[23]について、証文の本紙を提出したのに本田からは何の吟味もなく裁許が延びたことは、「畢竟金蔵殿御吟味不行届」である、本田が吟味を担当しているので、三通の証文が本一件の証拠になるかどうか吟味をしないまま論所の見分が行われ、検使役人からは三通の証文が証拠にならない旨を仰せ渡されたが、それでは「御奉行様御上意も反古ニ罷成候」と申し立てた。また二十八日の吟味では、宝暦七年十二月に広河原の要求に応じ高田寺及び京都で検地帳を見せたが、検地帳は「村々内庄屋・年寄・頭百姓之外容易披見不仕、写し帳面ニ而万事相済候義ニ御座候、他之百姓ニ見せ候抔与申義者写し帳面ニ而も不相成候」と特別に扱われており、検地帳を京都へ持参すると費用が銀四百匁もかかるのに、広河原村からの上記の無法な願いがそのまま認められるのは納得し難いと主張している。

こうした本田の姿勢と、延宝二年（一六七四）の裁許絵図裏書及び証文三通の証拠採用をめぐって、十月朔日以降京都町奉行所の吟味が続き、広河原村支配代官石原清左衛門への照会もなされた。訴訟記録の記載は翌宝暦十一年三月七日までであり、以後の経過は不明である。しかしながら同年六月九日、十ヶ村は尾鼻山裾の杣小屋を広河原村の紋兵衛・作治郎ほかの若者が理不尽に取り壊したと代官石原に訴え、十五日に双方対決の上、紋兵衛・作治郎両人が取り壊された杣小屋の再建を半分手伝うことで内済したこと[24]、同年八月二十九日に論所再吟味として地改が行われ、広河原村の東禅寺に宿泊し、双方の村役人が「此度広河原村地内字折谷・仏谷おとな口・八町ヶ原右三谷之田畑屋敷御検地帳面御引合被成御改、私共御案内仕、表書絵図面之通相違無御座候、依之双方連判仕奉差上候」[25]ことが、他の文書から分かる。

3　裁許の内容

本争論は、明和元年（一七六四）七月に、京都町奉行小林伊予守・松前阿波守の両名から双方に裁許が出され解決した。紙幅の関係上裁許状の本文は省略するが[26]、その内容は以下のようなものである。

訴訟側十ヶ村は、塔村・中江村領山内字仏谷・折谷、同八丁ヶ原で相手広河原村が伐採した杉木三本は、大野村に用水懸ケ渡しの懸ケ樋用木に代銀五百目で売り渡したので迷惑であり、広河原に相当の大木を調達し返還することを求めた。

これに対し相手広河原村は、杉木三本は当村百姓小左衛門・喜兵衛・助左衛門の持畑の岸に先代より植え置いた杉であり、往還川筋の橋木に用いており、訴訟方村領内の立木ではなく持主も銘々あるので、無体な申し懸けはしないように反論した。

(京都町奉行所で)論所地改を代官多羅尾四郎右衛門手代河合小藤太と角倉与一手代石原加右衛門の両名が行い糺したところ、証拠として提出された、仏谷・折谷の件で大野村が塔村・中江村との間で取り交わした売買証文と、先年広河原村から取り置いた証文の四通は、いずれも「此度伐採候立木之証拠」には成り難いが、現在は山成になり小木も生い立っているので、広河原村の主張も紛らわしい。

以上をふまえ、京都町奉行所は以下のように判断した。

小左衛門ほか二名の持地小前帳と庄屋方年貢取立帳を照合したところ、高は合っているが、広河原が申し立てた畑岸の畑は小前帳にはない。仏谷は検地請けにない地所を相絵図に畑と色分けをし、論所に立ち入り「焼払刈立切畑仕」、折谷も検地帳にない字を書き出しており、広河原の主張は不都合なので「塔村是迄支配仕来候山内ニ決候」。字八丁ヶ原の論所についても、中江村検地帳に「八丁ヶ原西平杉雑木山十八町七反五畝歩村分此米三斗五升七合」とあるので、山国側の主張に相違ない。

十ヶ村惣代が提出した寛文五年二月の書き付けに「切畑不致、山国ゟ差図無之自分ニ杉桧山林商売ハ勿論、竹木茶樹諸色物致間敷」、貞享三年九月の出入書き付けにも「諸事拾ヶ村差図を請可申」の文言があり、元禄十二年五月の書き付けにも「広河原村ハ山国十ヶ村之出在家」とある。また十ヶ村が山国支配山の証拠として提出した延宝二年の丹波・山城領境争論の裁許絵図裏書にある北領の境を見届けたところ、「旁以山国支配山内ニ無紛候間」、字仏谷論所字松尾口に一ノ塚から四ノ塚を立て、そこを塔村山内とする。また字八丁ヶ原山神とちの木から一ノ塚、二ノ塚、三ノ塚を見通した長九間の地を中江村山内とする。懸け渡した杉木は、十ヶ村が支配する道筋橋木の流出や広河原村百姓家作の際、十ヶ村から木を遣わしているのでそのまま懸け置き、「向後広河原村前々ゟ山国江差出置候証文之通堅ク相用可申候」とする。

また字折谷・仏谷・八丁ヶ原の三谷での広河原村による切添・立出（耕地の開墾）については、今回多羅尾四郎右衛門手代木村卯左衛門と角倉与一手代石原嘉右衛門を遣わし再地改めを行ったところ、この三谷筋の山裾及び広河原村地先にある切開地一反八畝歩については、年貢上納もしておらず、この場所は山国庄支配山裾であり広河原村地内ではないので、掻き散らしを申し付ける。また切添地三畝歩余は広河原村の地先であるので、支配代官の改めを請け、相当の年貢を広河原村から上納せよ。

このように、十ヶ村が提出した証文三通と延宝二年（一六七四）の裁許絵図裏書が証拠として採用され、田畑の新開については広河原村の主張が一部認められたものの、ほぼ十ヶ村側の全面勝利で決着し、以後の「奥山」山論に大きな影響を及ぼしている。

なお翌々年の明和三年三月六・七両日に、十ヶ村から黒田と小塩の二ヶ村を除いた八ヶ村の名主中が、広河原村との山論勝利を祝い、氏神五社明神で楽舞の能を、京都から能役者三十八人を金十一両で招き奉納した。約四千人が参集し、本一件の解決に尽力した領主杉浦出雲守が銀二枚、同地方役人広瀬直八郎が金百疋を奉納し、神宮寺の座敷に「大明四百余州之絵図を掛ケ、参詣輩ニ令拝見」ている。(27)

二　天明四年〜文政元年の争論

1　天明四年の争論

天明四年（一七八四）十月、広河原村が「奥山」内の字和佐谷口と腰掛岩の二ヶ所の山神へ小社鳥居を建て、前者に神明宮、後者には八幡宮との額を掲げたことを十ヶ村が訴え、同年十二月に額と鳥居は撤去するが小社は残すことで決着した(28)。

2　天明八年の争論

天明八年五月二十七日広河原村は、延宝二年（一六七四）の裁許は国境を分けただけであり検地はしておらず、施薬院への山年貢一石九斗は自村が上納しているので、「奥山」は自村が支配すべき旨を十ヶ村に仰せ付けるよう京都町奉行所に訴えた(29)。

十ヶ村は二十八・二十九日の両日高田寺に参会し、宝蔵に納めた書き付けや証文類を改めた上で返答書の下書を作成し、本書を「筆耕新し町御池上ル町奥田九郎右衛門」に作成させ、六月二日に提出した。京都町奉行山崎大隅守は双方に証拠提出を指示し、十ヶ村は広河原から申し立てた施薬院領越米一石九斗について、施薬院とは支配が違い、「御領境を乗越し之御年貢」なので越米と名付けたと返答している。

本争論は、七月十一日に山崎が「明和元申年御裁許書ニも広河原村ニ者持山無之、山国領拾ヶ村支配之訳も相分り有之、其上貞享弐《ママ》年広河原村ゟ遣置候一札ニ諸事拾ヶ村之差図違背致間敷旨認有之、其外寛文五巳年以来追々右体之証文差遣置候上者、致困窮候迚山国十ヶ村之山内を支配いたし度旨申立候段難相立候間、改御裁許被仰渡候ニも不及、前之御裁許被仰渡置候通相心得、此上ニも可奉相願義有之候ハヽ、証拠を以御願可申上、其節御吟味可被成下旨被　仰渡候」と、明和元年（一七六四）の裁許及び寛文五年（一六六五）・貞享三年（一六八六）ほかの証文・一札類により「奥山」の十ヶ村支配が明白であり、改めて裁許する必要はないと命じており、十ヶ村の勝利で決着した。

3　寛政三年の争論

寛政三年（一七九一）三月二日広河原村は、自村が元来近江国愛知郡蛭谷村・君畑村から移住した木地杓子商売という由緒をもち、延宝二年の裁許絵図裏書の「領」は丹波・山城両国の国分けの領であり、その「北者山国拾ヶ村領」は実は「広河原領」だと京都町奉行所に出訴した。訴状は八ヶ条にわたり、村の由緒と「広河原領」を始めて体系的に主張したものである。[30]十ヶ村は五日に高田寺に参会し、返答書の下書きを作成した上で惣代八人が上京し、「御池通大宮西へ入町北側筆耕」の山辺弁蔵に返答書の清書を作成させている。[31]

本争論の詳細と意義については先行研究の大貫論文に譲り、[32]ここでは広河原村が、延宝四年の広河原村検地帳を預かり（隠し）近年提出した同村の伊右衛門は「先年新庄屋之子孫」であり、十ヶ村が延宝年間以降公事を目論み、「広河原村之新庄屋」を秘かに招き、金銀の賄賂を用い頼み事をして馴れ合っており、「何事ニよらす拾ヶ村之もの共相立申候」と述べていることに注目したい。十ヶ村は、江戸幕府から書物を頂戴し広河原から数通の証文も取り所持しているので、伊右衛門に賄賂を与えて馴れ合う筈がないと否定している[33]が、十ヶ村に対する広河原村内での意見不一致の状況が存在したことが分かる。

本争論も同年三月十四日に、明和元年(一七六四)の裁許を引用しながら、広河原村は田畑のみで山方は少しもなく、確かな証拠もないのに重ねて願い出はしないようにと、京都町奉行菅沼下野守が双方に申し渡しており、十ヶ村側の勝利に終わっている。

4　文化七年の争論

文化七年(一八一〇)三月十五日、広河原村の能見谷清兵衛ほか九名が、字膏砥口筏場沿いの芝間にある上黒田村の山小屋を鎌で持ち理不尽に打ち潰したため、十ヶ村は二十七日に代官小堀役所に訴えた。[34] 広河原村頭取清兵衛が圏入り(入牢)、他の九名が手錠宿預ケで吟味が行われた。吟味の場で清兵衛は、寛保三年(一七四三)十月に十ヶ村から受け取った証文[35]に「雑木之儀ハ古来より之通りおろし山ニ致シ可申と有之候ニ付(中略)拾ヶ村山林不残、是を以おろし山ニして支配被仰付被下度様」と申し上げた。十ヶ村は「前々従御公儀様被下置候御裁許書并広河原村より山国江差出シ置候諸書物之内ニて抜き書仕候」として、延宝二年三月四日御裁許書、明和元年七月御裁許書、寛文五年二月村中惣連印書付、寛文十一年十一月十一日惣連判之書付、延宝二年三月二十九日惣連印書付、延宝三年四月三日惣連印手形、貞享三年九月惣連判之一札、元禄四年(一六九一)六月庄屋・年寄・組頭・村役人十二人連印一札、元禄十二年五月村役人連印之一札、寛保三年十月村役人連印取リ為替一札、寛保三年十月三日惣百姓不残連印帖面、明和元年九月八日庄屋年寄組頭惣村役人連印一札、天明四年(一七八四)十二月在村役人十人連印一札の抜き書きを示した。清兵衛が問題にしたおろし(卸)山については、「古来より今日迄仕来之通、雑木之若きと古きと之品により、代品物相応之直段ニ而代銀を差出し、何ヶ年之内立毛伐取可申と、年月を限り山壱枚おろしニ御売被下候を、親買仕候もの壱竃とも小刻ニして小売仕候事」と、卸山は「奥山」雑木の年季付き伐採権であり支配権ではないと返答した。清兵衛も納得し、「自今以後広河原村より山国拾ヶ村へ差出置候数通書付通り相守り、則而前々之通証文之内抜キ文言之趣急度相守り、少も違背仕間敷候」との一札を、四月十一日に当人及び庄屋伊右衛門・年寄八兵衛・頭百姓三郎右衛門・村惣代小左衛門連名の上十ヶ村惣代へ提出し解決している。[36]

同年六月二十八日にも広河原村は、「御領内之山内を御他領江支配致シ申候証拠文書」として「山国拾ヶ村之内所持仕候御拝領御判物」及び検地帳の拝見を小堀役所に願った。十ヶ村は八月十一日にい〜ほ印として、慶安四年（一六五一）八月十五日奥山中不残連名書付ほか十三筆の文書を提出した。広河原村庄屋伝治郎ほか八名は十四日に、文書を披見し事情を了解したので、「以来山国拾ヶ村持山之義ニ付、山国相手取御願ヶ間敷義ハ決而仕間敷候」、また「尤広河原村之義ハ元来山国拾ヶ村出在家之義ニ候得ハ、山国よりも憐愍を加へ立行候様致シ可遣旨被仰渡承知奉畏候」との一札を小堀役所に提出している。十ヶ村が保有する文書の証拠能力により、広河原村は自村が十ヶ村の「出在家」であり、「奥山」につき十ヶ村に争論を起こさないことを誓約せざるを得なかったことが分かる。

5　文化八年の争論

翌年の文化八年七月十八日、代官小堀支配の山国七ヶ村惣代は、広河原村が「奥山」の十ヶ村の小物成山に入り込み杭を打ったことを庄屋伝治郎に抗議し、広河原村が自分で杭を抜き、重ねて同様のことをしない旨の書き付けの提出を求めたが、伝治郎が返事を延ばしたため、山々を廻り杭四十本余を抜き取ったことを小堀役所に届けた。[37]これに対し広河原村は、尾花奥三町の紋兵衛、尾花しやかの長左衛門の二名が九月十九日に江戸に下り、勘定奉行有田播磨守に訴訟を行った。同年十一月十五日には、庄屋伝治郎が「一此度村方難重《(渋)》ニ付御上様江御願申上ルニ付、御さいきやう《(裁許)》成シ下シ被置迄ハ、同心可致事」との起請文を作成し、脩日大明神、天照皇大神宮、八幡大菩薩、金比羅大権現に誓約している。[38]

　翌文化九年二月三日、広河原村柳谷口の小左衛門ほか一名が大野村庄屋又左衛門方へ行き、昨年七月の杭抜一件を京都町奉行所へ訴えたことを知らせ、十日には広河原村杓子屋の治郎左衛門ほか一名が黒田宮村平四郎方へ参り、裏判（奉行所の裏書が加えられた訴状）を渡した。十一日に十ヶ村は高田寺に寄合い返答書の趣意を相談し、翌日上京した大野村又左衛門ほか二名が十三日昼過ぎに返答書の下書きを認め、その清書を「方内筆耕藤井嘉兵衛」に頼んだ。嘉兵衛は多用のため弟の利介を紹介し、十四日の昼過ぎに返答書が提出されている。広河原村の訴状は、十ヶ村の杭抜き取り行為を非難し、杭の現状復帰と立ち会いを求めたものであるが、これに対し十六日付けの十ヶ村返答書は、山国の「出在家」である広河原村の歴史と前年十一月の広河原村の江戸訴訟を述べ、徒党血判した広河原村年寄清兵衛ほか十六名の吟味を願っている。

　二月十六日に京都町奉行三橋飛驒守による吟味が行われた。清兵衛は、今回開発を願った場所は広河原村のものでも十ヶ村のものでもなく、「殿様之物」なので願ったこと、昨年の江戸出訴は、紋兵衛と長左衛門の両人が去年「坂東廻り」で江戸表に出た際に、親類方に泊まって「村方之物語」をしたところ、「好キ次手成レハ」江戸で願うように言われたためだと述べている。十八日に十ヶ村は検地帳十三冊、免状（年貢割付状）十通、年貢皆済目録十六通など証拠物四十一品を提出している。

　二十八日の三橋の吟味では、広河原が元禄十二年（一六九九）に十ヶ村に差し入れた一札に「開発致ス間敷」とあるので、「何程ニ願出候而茂右一札之在之内ハ、何国何方江願出候而も、此役所ニ而不相成事ハ何方ニ而茂不相成（中略）其方共山国江参リ右一札ヲ取戻シ候歟、又者返《（反）》古ニいたし候上江願出候ハヽ、格別、右一札有之時者開発願ハ取上不申」と、元禄十二年の一札がある限り開発願いは認められないとして広河原の願いを却下した。開発願が許可されないと村方が亡所になるとの広河原の反論に対し、自分が知行する常陸国二ヶ村の農村荒廃現象を述べ説諭した。清兵衛はなお「山者沢山ニ乍在山国之者ニ被為押領、山猿之身過ヶ茂哀成ル暮仕候猿ニ而御座候、其上山国之者共私共ヲ乞食か穢多之様ニ見下シ、出在家抔与申而責徵《（懲）》難義」と訴えた。平地の農業民である十ヶ村の、木地師を由緒とする非農業民である広河原村に対する差別意識が窺え興味深い。

本争論は、三月九日に至り広河原側が「願之通リ少々心得違御座候ニ付、願書御下ケ被下候ハヽ、改メ御願申上度」と訴訟の取り下げを願い許可された。十ヶ村にも提出した証拠物の返却と帰村が命じられ、十ヶ村の勝利に終わっている。

6　文化十一年の争論

二年後の文化十一年十一月十三日に広河原村は、十ヶ村のうち大野村・比賀江村・塔村・黒田村の四ヶ村の十名に対し、文化九年の争論時に紛失していた広河原村の検地帳が「漸帳面見当リ、則拝見仕候処、当村領ニ相違無之義急度相分」ったので、自村領山への立ち入り禁止と、字能見谷・字早稲谷（わさ谷）・字折谷で伐採した立木の返還を求めて京都町奉行所に訴えた。[39] 四ヶ村は二十一日に返答書を提出し、翌二十二日に双方の吟味が行われ、広河原村が絵図を提出し、四ヶ村提出の絵図との引き合わせが行われた。二十三日に四ヶ村は筆耕の吉田喜兵衛方へ行き、二十二日の吟味の次第を話し、「其上文化七年能見清兵衛狼藉ニ付小堀様江願出、則御糺之上取置候一札」を見せ相談した。二十五日早朝にも四ヶ村は吉田に、多人数で無益に日々を送るのは迷惑なので惣代のみが訴訟を務めたいと相談したが、吉田から「未タ壱度も御召無之」ので見合わせるべきだとの助言を受けている。

二十八日には双方が召し出され、検地帳など証拠書類の吟味が行われた。十二月朔日には検地帳が返却され、六日の吟味後に、広河原から「扨今日之様子ニ而ハ辿茂公事ハ負候」ので、帰村して「委細申聞、此後決而公事巧ミ等不致様」取り計らいたいので、来春まで日延べしたいとの申し出があったが、四ヶ村は「其方達口与心と相違有之候」として拒否し、結局十六日に双方とも帰村している。

翌文化十二年正月二十六日、双方は吉田に済状の本紙を作成させ町代部屋に提出したが、連印者の印形を揃えるのに手間取り、二十九日に至り京都町奉行所に済状が提出された。その内容は「依之右已来小前百姓共江茂一同御理解之趣得と申聞候処納得仕、以来広河原村領抔と申立間敷候、本郷山国拾ヶ村ニ対し差支ケ間敷儀不申掛、古来ゟ差入置候書附之通相守可申筈」と、今回も十ヶ村の勝利に終わっている。(40)

7　文政元年の争論

文政元年（一八一八）八月十八日、広河原村役人及び小前惣代の年寄又四郎と百姓栄蔵の両人が江戸で勘定奉行に越訴し、広河原村支配代官の小堀へ差し戻されたので、小堀から十ヶ村惣代に召喚の差紙が届いた。(41)広河原村の江戸越訴願書は、自村が往古より山稼ぎをしている山林に十ヶ村が勝手に立ち入り諸木を我が儘に伐り取り、山林に立ち入るなと理不尽を申しかけ、小村と侮り難儀しているというものである。十ヶ村は翌十九日高田寺へ参会の上、塔村敬助と下黒田村市次郎が二十日に上京し、二十一日には奥山絵図ほか六点を小堀役所に提出した。二十五日小堀役所で双方の吟味が行われ、十一月十日十ヶ村惣代塔村敬助に、広河原の「村方難渋ニ付相続相成かたく候ニ付、山国所持之山林広河原村ニ有之候程ハ広河原村ゟ御年貢差出シ可申候間、山林支配いたし度旨願出候」願いが小堀役所から伝えられた。十七日に十ヶ村は参会し、広河原村の難渋者へ救米として銀二三百匁を遣わす旨返答したが、広河原は「山林支配出来不申候而者対談不承知」と拒否している。

三　文政二年の争論

文政二年（一八一九）二月二十二日、広河原村は「当村領山林境目之儀者、東ハ字腰懸岩、西ハ朴之木江見通、南ハ城州愛宕郡八舛村・大布施村限り、北者当村限ニ被仰付」たいので、十ヶ村惣代を召し出し、自村領に立ち入らせない旨、京都町奉行所に出訴した。(42)「奥山」は十ヶ村ではなく自村の領分だとの新主張である。

二十五日、広河原村よりこの訴状の裏判が到着した。十ヶ村は翌二十六日高田寺に参会し、同日夜返答書の案文を作成した。二十八日に下黒田村大江市次郎ほか三名が上京し、筆耕の吉田喜兵衛に証拠書類を全て見せ、返答書の作成を依頼した。翌二十九日の朝吉田から返答書の清書を受け取り相談し、晦日に返答書及び証拠書類を京都町奉行所に提出している。

三月七日両者は対決し、夕方十ヶ村惣代は筆耕の吉田方に行き吟味の次第を述べ、吉田は広河原が昨年江戸で越訴したので、京都町奉行所がきちんと吟味をしたいと推測している。二十二日には広河原から提出された絵図の吟味が行われたが、絵図は「是者御奉行様之印形も無之用ニ者不相立、乍併我等が勝手儘拵候」ものであった。

四月十六日、十ヶ村は絵図と検地帳にイロハの合印と下タ札を付けて提出することと、寺社のことを口上書にして提出するよう命じられた。吉田に下書きを依頼したが、吉田から丹波国弓削に検使を命じられ多忙なので、紙を持ち帰り自分で書いてほしいとの返答があり、同日中に宿で書いて提出した。担当役人下役の櫛橋平蔵が絵図の字と検地帳の相違箇所を確認し、寺社について尋ねがあった。十ヶ村は証拠として「元禄五年寺社改帳壱冊并ニ、天明四辰年字腰懸岩・字和佐谷口右弐ヶ所山神江神号ヲ附、鳥居建額等上候ニ付、其節当御役所様御願申上則為取払候節之一札壱通」を提出している。

閏四月十一日に双方へ呼び出しがあり、担当役人の石嶋五三郎は、広河原に山国との対談を指示した。十七日に広河原村庄屋の佐左衛門は、「銀談ニ而談置候而者もらひ候時斗りニ而何之間ニあひ不申、地所被呉候ハヽ、向後出入無之様之御法ヲ者此方ヨリおすへ可申候」と、金銭ではなく地所の譲渡を申し入れている。十ヶ村は在京の者で相談し、金銭の援助は実意があれば相談するが、「地所迚者聊ニ而も遣候義者決而得致不申候」と拒否した。

これを受け閏四月二十三日に広河原は返答書を提出し、十ヶ村の検地帳にある山年貢上納の記載は「村々地続之山年貢と相見へ、其御地頭江相納候義ニ而、御公納可仕当時論山ニ而ハ無御座候」と主張し、双方の主張の隔たりは埋まらなかった。(43) 二十八日に至り石嶋は、双方に「何分双方共申合仲人之以事済致候様」と仲裁人を立てて解決するように指示した。広河原は「難有仕合」と回答するが、山国は「何分是迄ニ茂数通差上置候通之証拠物も有之候義故、仲人之儀者御断申上候様、是悲共御吟味之儀」を願い、町代の奥田九右衛門や領主杉浦氏の役人青砥軍印を通して交渉した。筆耕の吉田へも相談し口上書の作成を依頼し、五月十二日の双方召し出しの際、延宝二年（一六七四）及び明和元年（一七六四）の裁許、文化十一年（一八一四）の争論の経過を述べ、「此度之義ハ春以来長々御吟味ニ相成、尚又証拠書物数通差上候得ハ、彼是利不尽申掛ケ候義ハ明白ニ相分候義と奉存候処、此度之出入ニ仲人差加へ候義ハ郷中一統不承知申之ニ付御断可申上」との断り書付を提出している。[44]

この後六月五日から十五日にかけて吟味や尋ねがあり、十九日に十ヶ村は在村の広河原村組頭伝左衛門ほか十名の召喚願書を提出したが実現しなかったようであり、七月十日以降追々帰村した。九月三日には担当役人中尾勇右衛門の指示により、在地で広河原と十ヶ村との対談が行われた。[45]広河原は「奥山」の「雑木之処丈ケヲ此方江支配致度」と申し入れたが、十ヶ村は拒否し、以後の吟味は町奉行佐野肥後守の江戸帰府により中断している。[46]

文政三年九月二十八日から吟味が再開され、担当役人の石嶋と中尾は、「御絵図之御案内」「古禁裏様御料之節年限等」「彼等田地ト山堺イ」「拾ヶ村惣作地此入証拠もの」などを細かく糺した。十月二十七日に広河原村名主の佐左衛門は、自村内の荒所の起返し（再開墾）を願い、十ヶ村との交渉が翌文政四年二月十一日まで続くが、不調に終わっている。

文政四年三月十八日、広河原村の佐左衛門は在京の十ヶ村惣代に、「以前延宝年中検地之節広河原村之絵図面亀山之城ニ有之而、是ヲ小堀様之御添翰ヲ願候処、漸昨日十六日之朝罷出候故、是ヲ取しらへ可差上候間、日延致御下候趣頼申候」と、新証拠の広河原村絵図の存在を示し、三十日間の日延べとなった。しかし在地での両者の交渉は不調に終わり、四月十九日には破談届が町奉行所に提出されている。[47]

四月十九日の吟味の際、担当役人の中尾は広河原と十ヶ村の双方に、延宝四年（一六七六）と同六年の検地帳の奥口及び十ヶ村惣作地の部分を写し提出するよう指示した。十ヶ村惣代の下黒田村市次郎が二十日から翌日にかけて検地帳を写し、二十三日の朝筆耕の吉田に清書を依頼し、二十五日晩に完成したので翌二十六日に町奉行所に提出した。その際広河原が提出した延宝四年検地の際の絵図について、「但し此絵面ニ者御代官之御印も、又者広河原村之印形も無之、誠麁絵図ニ御座候得共、但此絵図者亀山之御城ニ有之候を広河原之ものとも聞合候而写取差上申候、尤本紙も亀山之御城より五日朝に京都之御留主居屋敷持参有之候事」であるが、十ヶ村にこの絵図の写しはないかの尋ねがあった。五月七日に十ヶ村は「右麁絵図面之写し私とも村々ニ見当り不申候ニ付、此段御断奉申上候、乍併絵図之表ヲ百姓山と有之候義者、山国十弐ヶ村之御検地帳ニ字反畝歩御記有之候山国之百姓山ニ紛無御座候」と写しはないとの口上書を、「延宝四年ゟ元録十二年迄之広河原村之免御下ケ札之帳面を写し壱冊」と、明和元年の御裁許書二通の写しと共に町奉行所に提出した。

以後広河原村が提出した絵図の真偽について吟味が続いたが、担当役人の中尾が「五味藤九郎代官之節絵図写指上候へとも、本紙之絵図と者大意ニ相違致罷在候」と述べているように、その信憑性には疑問が存在した。六月十五日に広河原は訴えの取り下げを町奉行所に願い、十ヶ村も了承したので、二十二日に双方から願い下げの願書が提出され、本争論は十ヶ村に有利な形で終結した。

四　文政十二年の争論

文政十一年（一八二八）十二月、広河原村の村役人小前惣代の清兵衛と嘉兵衛が江戸表へ越訴した(48)。広河原村の開村事情と文政年間までの争論の経過を述べ、新発見の「松平紀伊守様（丹波亀山藩主）広河原村再御検地之節之御絵図面を以御検地帳江御引合被下置、十二ヶ村ゟ御本紙差出候様御糾明被成下置候」ことを願ったものである。翌文政十二年正月に、江戸越訴の広河原村両名が下村ほか七ヶ村の庄屋・役人を相手取り、ほぼ同文の訴状で京都町奉行所に訴えた(49)。三月には、上記訴訟につき広河原村百姓清兵衛ほか七十一名が連印し、相手山国への随心禁止、訴訟入用の毎月銀三匁ずつの出銀などを取り決めている(50)。

同年十二月二十五日に広河原村からの裏判が到着し、翌文政十三年正月十二日に高田寺で十ヶ村が参会し相談した(51)。塔村の草木敬助が諸文書を預かり上京し、十六日に返答書の清書を筆耕の吉田に依頼した。返答書は十八日に完成し、十ヶ村の各領主に広河原の願書と返答書を見せている。翌二十日京都町奉行所に、返答書と延宝三年（一六七五）四月十七日の広河原村検地の際に能見谷から取った手形など十点を証拠物として提出した。

同年閏三月二十五日、広河原村庄屋長左衛門ほか二名が、十ヶ村の村庄屋・年寄を相手取り出訴した(52)。その内容は江戸出訴の内容に加え、広河原村内にある十ヶ村の材木置き場八ヶ所の「右地所貸置為地代と雑木当村江伐採候筈ニ而熟談仕候処、近年右儀定も相破り、中江村・大野村・上黒田村三ヶ村重立、此上山手銀不差出候而ハ為伐採候事不相成候趣申懸ケ」と、十ヶ村に山手銀を支払わないと広河原村に雑木を伐採させないと主張したこと、及び文政十二年正月以後の訴訟の経過を記したものである。
十ヶ村では翌々二十七日の早朝に高田寺で諸書物を取り調べ、草木敬助ほか三名が上京した。翌二十八日に十ヶ村惣代の溝口が町代部屋で筆耕の吉田に面会し返答書の作成を依頼し、多用の吉田に事情を説明して承諾を得、二十九日に証拠物十一点を提出している。[53]
四月二日、十ヶ村の返答書が提出された。[54]広河原村開村以来の事情、元禄十二年(一六九九)の一札、明和元年(一七六四)の裁許、文化八年(一八一一)の杭抜き取りの事情を述べ、十ヶ村の筏下しにより広河原村の諸作の差し支えや水腐れになることは一切ないと反論し、文政十二年八月に広河原村庄屋長左衛門ほかに山国所持の書付類を見せたが、清兵衛のみが書類も見ず我意を申し募ると述べたものである。同日に京都町奉行の吟味があり、双方で対談し解決するよう命じられた。[55]
六月十九日に広河原村作兵衛ほか二名が、十ヶ村の庄屋・年寄を相手取り出訴した。[56]内容はこれまでの訴状と同内容であり、検地帳の写しが添えられたものである。広河原村からの裏判到着後、二十二日に上京した十ヶ村惣代の上黒田村藤左衛門は夕方に筆耕の吉田宅へ行き返答書の作成を依頼し、二十四日に受け取っている。十ヶ村の庄屋は二十四日に、年寄は二十五日に上京した。
二十五日、十ヶ村の返答書が提出された。[57]その内容は、四月二日の返答書に加え、その後の京都での広河原側との交渉の経過を述べ、広河原村が要求する「右御絵図面之儀ハ私共村々ニ一切無御座、勿論広河原村之もの共実意を打明シ取〆引合等仕候儀も無御座候」ので、広河原村へ自分たちを相手取り訴えないよう願い、訴状中の地頭杉浦房治郎、鳥居村庄屋健蔵、比賀江村仙之丞、下村太郎左衛門の文字違いを指摘している。

七月九日、双方は京都町奉行所の白砂で対決した。京都町奉行は広河原村清兵衛との応答の後、「コレヤ願方之もの共偽り而已申立、甚以不届至極なり、其方共ハ出在家ニ相違なし」と述べたが、清兵衛は「私共在所ハ雅高親王《(ママ)》御由緒有之、至而古き在所ニ而御座候」と反論した。これに対し奉行は「馬鹿を尽すな、山国江数通証文差入有之明白ニ相分り候、已レ等か公事を致度候ハヽナゼ百年も以前ニ生れぬぞ、是程之誤一札差入置候而ハ、何角と申而も相立かたく候得ハ、此上ハ帰村致篤と引合可申」と、両者に帰村後の交渉を命じた。十ヶ村は宿に帰り、翌十日に筆耕の吉田方に行き、吟味の次第を語り礼を述べており、結果不明のまま終わったようである。

五　天保七年の争論

天保七年（一八三六）八月五日、広河原村庄屋清右衛門と年寄作兵衛は、十ヶ村を相手取り京都町奉行所に訴えを起こした[59]。その内容は、広河原村開村の事情と文政十三年（一八三〇）までの争論の経緯を述べ、以後十ヶ村と交渉したが絵図面を渡さないので、天保三年三月に江戸表に下り老中水野出羽守（忠成）に駕籠訴し、大目付土方出雲守に引き渡され願書は差し戻された。帰村後は領主の京都代官小堀に訴え、翌四年八月には京都所司代太田備後守に駈込訴を行ったが、「此上御願申上候義も在之候ハヽ、其筋江御願申上候義者勝手次第可仕旨」仰せ渡され、願書と絵図は差し戻された。広河原村は再び領主小堀に追訴したが沙汰がないので、丹波亀山藩主松平紀伊守役場にある「当村御検地帳并御絵図共今一応拝見」を願い、領主小堀の添状を得て閲覧した。その結果「先達而当村江御役所様ゟ御下ケ被成下候当村御検地帳を引合候処相違無御座、尚又御絵図面之儀者写取候上得与引合候処、当村名并村高書載セ、其上山々之向百姓山与相記、尤四方他領境歴然と相記在之、御検地帳ニも符合仕候」ので、相手十ヶ村が支配する「奥山」は「当村百姓山ニ相違無御座候」であり、相手方と交渉したが埒が明かないので、「亀山様御役場ニ而写取候絵図面之儀者当村御検地帳ニも符合仕、証拠ニ可相成哉ニ奉存候付、右絵図奉入　御高覧」を願うというものである。

これに対し十ヶ村は同月十三日、京都町奉行深谷遠江守に返答書を提出した。前節で述べた文政十三年四月二日付の返答書と同内容を述べた上で、「亀山様ニ在之候絵図面と広河原村之御検地帳と符合仕候様申立候得とも、彼等村方御検地帳ニ者山林者少も無御座、御検地帳面と絵図面と符合仕候道理無御座候様奉存候（中略）勿論右絵図面之儀者私共村々に者一切無御座候」と、広河原村の検地帳に山林の記載はないので検地帳と絵図面の記載が符合する道理はなく、絵図面も所持していないと、広河原の主張を全面的に否定している。

双方は同日対決の上、京都町奉行から「願方彼是申立候得共、松平紀伊守役場ニ有之絵図ニ山々之向百姓山と認有之とも、何れも村々百姓山与申義不相分、差出候検地帳ニも右山之義書載せ無之（中略）又々及出入候者不穏事ニ候、依而是迄出入之節ニ申渡置候趣并右済状一札之趣をも猶会得いたし、此上実意を以穏ニ申談、下ニ而事済ニ候様可致候、其上にも難相済訳も有之ハ改而願出候義ハ勝手次第ニ可致候」と在地での交渉を指示され、双方が請書を提出し終了した。広河原の主張は認められず、以後の争論で絵図が論点となることはなかった。

二年後の天保九年四月に広河原村は、江戸幕府領巡見使勘定吟味役武嶋八重八・岡田利喜次郎、徒目付小川伊兵衛に、天保七年の争論の経過と、同年の飢饉により家数が八十軒余から五十軒に減少したことを述べ、広河原村と十ヶ村との境界を取り調べた上で、「相残リ候山林之分」(=「奥山」)を「御運上山ニ成共、又ハ御小物成増高ニ成共被成下、当村へ永々御下ケ」することを願ったが、[60] その結果は不明である。

六　弘化四年の争論

弘化四年(一八四七)十月七日、広河原村は十ヶ村を相手取り京都町奉行所に訴えた。[61] その内容は、「山国拾弐ヶ村当時支配致居候字広川原村山与唱江候当居村廻り之山方者一円当村江おろし山ニ相成来り候」であり、「立木之内木柴雑木之分者炭焼立或者薪ニ伐日々里方江持出売払、右助成を以百性相続致山稼重モニ相働」いていたが、十ヶ村は広河原村を「出在家」と見侮り、「卸山も不残引上ケ」山稼ぎが難しいので、やむを得ず「山手銀少々宛年季を定受山ニ致」稼ぎをしていたが、その受山(卸山の年季請負い)も「四五ヶ年以前ゟ一切為引請不申」、近年は「不当之山手銀を差出シ請山《受》」致させ、近頃では受山もさせないので、このままでは自村が退転してしまう、「卸山之義ハ田畑永小作同様之場所旨相心得申候間、先規之通り広川原村進退被仰付」を願ったものである。「奥山」の十ヶ村の支配権は認めた上で、雑木を用益する卸山について自村の進退権を主張したものといえよう。

十ヶ村は翌々九日に高田寺で寄合い相談し、十一日に惣代の高室吉右衛門が証拠物を持参し上京した。十二日には返答書の下書きを「仏光寺室町東江入北側西より六軒目西尾与申筆工」に頼み、自宅では場所が狭いので「烏丸松屋下ル町鍵屋新助と申宿屋ニ座敷借用」し、返答書を作成した。同月晦日に十ヶ村惣代が奉行所に提出した返答書は、まず広河原村開村以来の由緒を述べ、「広河原村おろし山」については、「広河原村山与申山者一切無御座、一円山国領山」であり、「卸山与申立候者山国村々支配之山林雑木之分斗、前々ゟ相対之上相応之直段を以右広河原村之者共へ米銀を定立木之儘売渡、其立木を卸炭ニ焼相稼罷在候」なので、卸山は「広河原村ゟ進退可仕筈者少茂無御座、甚以不当之申立方」であるとし、雑木についても、滞納分の雑木代金を返済した者及び「実意正路之者」へはこれまで通り売り渡していると反論した。奉行所での吟味は、町代の古久保新三郎の「おろしやま者此方に勝手ニ支配仕度候と申上候得者、夫者無理成事ニて、是迄仕来ニ銭出て買請候雑木立毛今更我儘自由致度抔と申候義者ならぬ事」との言に示されるように、広河原の主張に否定的であった。

十ヶ村は十一月七日に高田寺で庄屋・年寄・惣代列席の上、「此度之出入ニ付地改被仰付、地押相成候而、縦へ山国十ヶ惣作地ニ高増請ニ相成候而も不苦候間、惣代中ゟ厳重ニ御引合被下候旨、十ヶ村一同決定之事」と、地押（係争地の測量）が行われ、十ヶ村の惣作地の石高が増しても構わないとの強硬な姿勢で臨んだ。十七日には、広河原村が卸山と申し立てた山林は十ヶ村の支配山であり異議はなく、広河原村の検地帳に記載された田畑荒れ地の「起返」（再耕作地化）についても異議はないが、「樹立成之儀者先年　御裁許之御趣意ニ茂相背候義ニ付難相成」との口上書を町代に提出した。京都町奉行所で双方の交渉が行われた結果、二十五日に「広河原へ倹（検）地帳を以地境改ニ差越候事」と、広河原村耕地と十ヶ村惣作地との地境の改めが実現している。

翌弘化五年、十ヶ村と広河原村との間で願い下げの交渉が行われたが長引き、二月十八日に惣代の高室吉右衛門は、筆工（筆耕）の西尾に、広河原村が未だ上京しないことを町奉行所に訴える願書の作成を依頼している。願い下げ届書中の（広河原が）「是迄差入候証文相守可申」との文言を抜くことでようやく合意し、四月十四日に済状が京都町奉行に提出されている。

済状は、「広河原村ゟおろし山与申なし進退奉願候山者、一円山国所持ニ相違無御座候、且亦広河原村御高請之荒地江新規ニ諸木植付之儀者、明和度　御裁許御書下ケニ相背候ニ付難仕」と十ヶ村の主張を認める一方で、「広河原村領之荒地起返作毛」については、「双方立会地境篤と及見候」ところ、「広河原村御検地帳之内ニ荒地相見候ニ付、右荒地之分起返作毛之儀者勝手次第可仕旨、山国ゟ申聞候、且又古来ゟ仕来候通り、雑木立毛丈ケ新木古木之差別を以年限を切り、おろし直段ニ而売遣申候、猶亦材木置場之儀者、寛保三為取替候通之相対ニ御座候」というものであった。広河原村の検地帳に記載された荒れ地の起き返しと、「奥山」の雑木の広河原村への売買が古来通り認められており、広河原村にとっても一定の成果があったと思われる。

むすびにかえて

以上六節にわたり、近世中後期の山国十ヶ村と広河原村との「奥山」をめぐる山論について検討してきた。宝暦争論の結果である明和元年（一七六四）の裁許が、以後の山国十ヶ村と広河原村との山論に大きな影響を及ぼした。本争論で証拠として採用された延宝二年（一六七四）の裁許絵図裏書と、寛文五年（一六六五）・貞享三年（一六八六）・元禄十二年（一六九九）に十ヶ村が広河原村から取った三本の証文が、以後の山論でも証拠として採用され、十ヶ村に有利な結果をもたらした。これは、争論の度ごとに十ヶ村が証拠文書を保管した高田寺に寄り合い、その宝蔵に保管されていた証拠文書を十全に活用したことによるものである。

これに対し広河原村は江戸直訴を再三行い、丹波亀山藩から絵図面を入手するなど、様々な手段を用い山国十ヶ村と対峙し、「奥山」の用益権の確保をめざしたが、山国十ヶ村の証拠文書の壁と、天保年間以降の村方騒動の頻発や十ヶ村の広河原村民取り込み策[62]により村内の意思統一が困難となり、「奥山」の用益権を自村に獲得することはできなかった。

また各節で述べたように、天明八年（一七八八）の争論以降、筆耕の記載が争論記録にみられる。その記事を【表】にまとめた。天明期の奥田九郎右衛門、寛政期の山辺弁蔵、文化期の藤井嘉兵衛、文化〜文政期の吉田喜兵衛、弘化期の西尾の名前が見られる。[63]彼らは十ヶ村の願書を代筆・清書し、さまざまな相談に乗っており、十ヶ村が京都町奉行所で訴訟を進める際に大いに寄与している。彼等の京都市中での具体的な存在のあり方も含め、その詳細については今後の課題としたい。

最後に、本章では紙幅の関係もあり扱えなかったが、広河原村内にある山国十ヶ村惣作地の作徳米と施薬院領の越米不納をめぐり、現在確認できるだけでも延享二年（一七四五）、宝暦二（一七五二）・六・九年、明和二年、寛政六年（一七九四）、文政四年（一八二一）、天保三（一八三二）・十一・十四年、嘉永元年（一八四八）に十ヶ村と広河原村との間で争論が起こっている。これも今後の課題とさせていただき、拙い本章の結びとしたい。

【表】山国十ヶ村と広河原村との山論時の筆耕関係記事

No.	年月日	事項	出典（山国神社文書）
1	天明8年（1788）5月晦日	山国十ヶ村（以下「十ヶ村」と略す）、広河原村訴状への返答書（の清書）を「筆耕新し町御池上ル町奥田九郎右衛門」に認めさせる	2-98-2
2	寛政3年（1791）3月8日	8日十ヶ村、「御池通大宮西へ入町北側筆耕山辺弁蔵」を頼み、広河原村訴状への返答書を認める。9日、十ヶ村側の証拠物を山辺弁蔵に見せ相談する。10日返答書を認める	2-98-3
3	文化9年（1812）2月13日	十ヶ村、広河原村訴状への返答書の下書を認め、「方内筆耕藤井嘉兵衛」に（清書を）依頼するが、甚だしく多用で取り込んでいるので「弟利介」に書かせると言われる。利介に依頼したところ、今日は大いに取り込んでいるので、明日昼までに認めるとの返答あり。翌14日昼返答書出来、調印の上京都西町奉行所町代部屋に提出	2-100-1
4	文化11年（1814）11月23日	十ヶ村のうち大野・比賀江・塔・黒田の4ヶ村、早朝に吉田喜兵衛方へ参り、昨日の京都町奉行佐野肥後守の吟味の次第を「篤と物語」、文化7年の「能見清兵衛狼藉ニ付小堀様江願出則御糺之上取置候一札」を見せて相談したところ、次回の吟味の際に提出するように言われる。25日早朝吉田喜兵衛方に参り、多人数で無益に日を送るのは迷惑なので、「何卒勘弁ニ預度」と相談するが、まだ一度も御召しがないのに惣代で勤めたいとの願いは見合わせるよう吉田に言われ、一同相談。28日吉田に参り、4ヶ村1人宛残罷り出、残り6人が帰村する内容の「人減之願書」を認める	2-100-2・3
5	文化11年（1814）12月2日	十ヶ村吉田方へ参り、京都町奉行に書付を認め提出したき趣を相談するが、余りせわしいのもよくないので一両日見合わせるように言われる	2-100-2・3
6	文化12年（1815）正月26日	十ヶ村惣代3名と広河原村小左衛門ほか4名、住吉屋にて交渉、済状を吉田喜兵衛方にて本紙を認めさせ、29日四ツ時に双方連印にて町代部屋に提出	2-100-2・3
7	文政2年（1819）2月28日	十ヶ村惣代4名、夜吉田喜兵衛へ証拠物を全て見せ返答書の作成を依頼し、29日朝五ツ半時に吉田から書付を受け取る。また同日早朝吉田からの呼び出しを受け、惣代下黒田村大江市次郎・比賀江村溝口初助「証拠書もの持参何角及咄、数刻ニ委細申談置帰り」、木屋伊助方で相談	2-103
8	文政2年（1819）3月7日	十ヶ村惣代4名、京都町奉行所での双方吟味の次第を夕方に吉田喜兵衛方に参り話し、今後の様子はどうなるかを尋ねる。吉田は「右広河原村毎度之出入、其上昨年江戸表テ江も罷下タ候様子内々ニ而御聞被成候事故、右体糺ニ相成り篤と御吟味有之哉」と思う、外に委細はないと返答	2-103
9	文政2年（1819）4月16日	十ヶ村惣代、広河原の寺社等につき別紙口上書の下書作成を吉田に依頼するが、喜兵衛はちょうど丹波国弓削へ検使御用に行くので作成は難しく、紙を持ち帰り惣代自身で作成して提出するのがよいと返答。惣代は吉田から紙を受け取り口上書を自分で作成	2-103

10	文政2年(1819) 5月初日	十ヶ村、吉田喜兵衛方へ仲人断りの口上書の下書を持参し相談。8日同内容の口上書を吉田に認めるよう願い、下書を持参	2-103
11	文政4年(1821) 4月23日	十ヶ村惣代市次郎十二ヶ村検地帳を写し、23日朝吉田喜兵衛へ持参し清書を依頼。喜兵衛25日の晩までかけて写し取る	2-103
12	文政4年(1821) 6月13日	十ヶ村、吟味担当役人石嶋・中尾へ焼鮎各20疋、吉田喜兵衛に15疋、大宮通御池上ル町大エ及び神泉苑町鍵屋佐助に各10疋を差し上げ	2-103
13	文政12年(1829) 正月16日	十ヶ村惣代、広河原村訴状への返答書を取り調べ、「筆耕吉田」に作成を依頼。翌17日も返答書の取り調べ及び吉田喜兵衛方へ惣代3名返答書下書を持参、「証拠書物等手続等物語申置」八ツ時過帰宅。18日早朝吉田方へ返答書につき尋ねたところ完成していたので、惣代井清が持ち帰り。惣代銘々で写し取り、19日各村の領主に広河原村願書と山国返答書をご覧に入れる	2-101-16
14	文政12年(1829) 閏3月28日	十ヶ村惣代溝口初助、「筆工吉田喜兵衛」と町代部屋で面談、吉田は今日は甚だ多用なのでとりあえず内意を聞き、その趣意によっては断ることもあると話す。初助「(広河原村の)願書之様子并ニ返答書之次第逐一ニ物語申入候」ところ、吉田は「左様之儀ニ候ハヽ尚思召書入御座候由答候事」と答え、惣代と相談の上返答書を作成し、29日証拠物と共に提出	2-101-16
15	文政12年(1829) 4月3日	暮方に十ヶ村惣代溝口吉田方へ行き、京都町奉行の下済指示などの始末を物語り御礼	2-101-16
16	文政12年(1829) 6月22日	十ヶ村惣代吹上藤左衛門、夕方吉田宅へ参り返答書作成を依頼。24日八ツ時完成、25日提出	2-101-16
17	文政12年(1829) 6月27日	十ヶ村惣代吉田へ証拠物につき尋ね。吉田は29日に村々が京都町奉行所に出頭し、その上で御役所から下知があるが、諸書物は奉行所に持参する必要はないと述べる	2-101-16
18	文政12年(1829) 7月10日	十ヶ村惣代、前日の京都町奉行の吟味の次第を物語り御礼に吉田へ参る	2-101-16
19	弘化4年(1847) 10月12日	早朝より十ヶ村惣代高室吉右衛門ほか1名、広河原村訴状への返答書下調べに「西尾ト申筆工」方で相談。また、「仏光寺室町東江入北側西より六軒目西尾与申筆工」へ頼みに行ったところ、西尾から書物が多く自宅では作成ができないので、「烏丸松屋下ル町鍵屋新助と申宿屋」で座敷を借りて作業をしたいと言われる	2-107
20	弘化5年(1848) 2月18日	十ヶ村惣代高室吉右衛門筆工方へ行き、願書を認め差し上げたいと「西尾様」に相談。西尾は今日は書物が差し支えると難色を示すが、高室は夕方までに願書を認めるよう願い引き取る。また前日17日に分屋喜七が、広河原村がまだ上京しないことの願書を提出する旨内意を高室に伝えたので、その趣も「筆工西尾様」に頼み認めてもらう	2-107

註

（1）下村、鳥居村、辻村、塔村、中江村、比賀江村、大野村、井戸村、小塩村、黒田村の各村。黒田村は上黒田村、下黒田村、黒田宮村の三ヶ村からなり、近世後期には「山国十二ヶ村」と呼ばれることもある。本章では「十ヶ村」で統一した。

（2）「奥山」は、本郷内の馬場谷・蘇武谷・西谷の三つの谷と本郷の地廻りとの、いわゆる「里山」地域以外の呼称であり（広河原村を含む）、古来より本郷の支配地域である。本書第八章大貫論文及び後掲註（5）富井論文二五二頁を参照されたい。

（3）児玉幸多「近世に於ける新村落成立の過程―その一例としての丹波広河原村―」（同『近世農村社会の研究』吉川弘文館、一九五三年）。

（4）前掲註（3）児玉著、五七頁。

（5）富井康夫「近世枝郷広河原村の土地保有と抵抗」（同志社大学人文科学研究所編『林業村落の史的研究』ミネルヴァ書房、一九六七年）。なお本論文の原型として、富井「近世枝郷農民の抵抗と土地所有―丹波桑田郡広河原村の場合―」（『史朋』一、一九六二年）がある。

（6）高橋雅人「近世村落連合の歴史的変遷」（坂田聡編『禁裏領山国荘』高志書院、二〇〇九年）。

（7）柳澤誠「丹波国山国郷における文書保存・管理・利用」（佐藤孝之・三村昌司編『近世・近現代文書の保存・管理の歴史』勉誠出版、二〇一九年）。

（8）前掲注（7）佐藤・三村編、一〇九頁。

（9）大貫茂紀「近世山国地域における境界認識と由緒」（坂田聡編『古文書の伝来と歴史の創造―由緒論から読み解く山国文書の世界―』高志書院、二〇二〇年）。なお、以下本論で述べる「奥山」争論中の集落名や字名については、【図】を参照していただければ幸いである。

（10）この他、「広河原村の独立」（『北桑田郡誌　近代篇』、一九五九年）、「広河原村（解説）」（『史料京都の歴史　第8巻左京区』平凡社、一九八五年）なども、山国十ヶ村と枝郷広河原村との「奥山」争論についてふれている。

(11)野田只夫編『丹波国黒田村史料』(黒田自治会村誌編纂委員会、一九六六年)六四五。以下同書からの引用は、『黒』○○の如く略称する。
(12)『山国神社文書目録　鳥居剛家文書目録　高室美博家文書目録』(令和三年度~令和五年度科学研究費補助金・基盤研究(B)地域における歴史意識の形成過程に関する研究—由緒関係文書の原本調査を踏まえて—・研究成果報告書Ⅱ、研究代表者坂田聡、二〇二三年)。
(13)筆耕については、拙著『近世村方文書の管理と筆耕—民間文書社会の担い手—』(校倉書房、二〇一七年)第二部及び冨善「京都洛外近郊農村東塩小路村と筆耕」(『日本歴史』八四九、二〇一九年)を参照されたい。
(14)宝暦七年四月「広河原村之儀ニ付古来ゟ御公儀様并御代官様江差上候訴状写」二—九一、以下の記述は特記しない限り同史料による。
(15)宝暦七年七月に広河原村は、「奥山」を「無検地山」であるとし、自村に支配を命じられれば毎年山年貢として現米三十石を上納すると主張した(「乍恐御訴訟」菅河宏家文書A—c—五—一二三)。
(16)なお同月付けで「山国領奥山古実書并広河原村証文写」(『黒』六六)が作成され、十ヶ村で共有されている。
(17)「山ケ所附覚　写　丹州桑田郡広河原村」(上黒田春日神社文書B—三—七)がそれに当たると考えられる。
(18)以下の記述は特記しない限り、宝暦八年五月「山国領十ヶ村支配山内塔村中江村山ニ而杉立木三本広河原村盗伐取候ニ付子年閏十一月ゟ及出入此度論所御見分被仰付御検使御越被成双方へ御申渡御請書写御見分ニ付諸書付写其外広河原之儀ニ付諸事願書御請答書付留メ扣帳」(二—九二)による。
(19)一—六五—一。
(20)本盗伐一件とは別に、六月から八月にかけて、広河原村の者が徒党して木置場小屋場を妨げ奥山稼ぎに差し支え、同村の為右衛門が杉丸太三十本を盗伐した件、及び大野村分の杉立木を伐らせない件を十ヶ村が代官石原に訴え、領主杉浦氏の役人広瀬直八郎の尽力により山国に有利に解決している。
(21)十ヶ村の江戸出訴については、宝暦九年七月「江戸在府日記」(二—九三—一)、宝暦十辰六月より「江戸願御吟味日記」(二—九四—一)が残存する。十ヶ村江戸惣代は七月十五日から八月十二日まで江戸に滞在し、広瀬直八郎ほか領主杉浦役所の尽力、勘定奉行稲生下野守への駈込訴など興味深い記載が多いが、紙幅の関係上記述を略した。後日を期したい。
(22)以下の記述は特記しない限り、宝暦十年六月より「江戸願意御吟味日記」(二-九四-一)による。
(23)五-一〇二。『黒』六六及び二六四。この三通の証文は十ヶ村の最重要文書の一つであり、その保管方法については前掲註(7)柳澤論文一一九〜一二二頁に詳述されている。
(24)「宝暦十一巳年六月三日尾鼻山裾小屋ヲ広河原取破り右出入一件」四-一五三。
(25)「宝暦十一年巳九月双方ゟ御奉行所様江奉差上候山国拾ヶ村広河原村論所廣川原ゟ奥地改分限相絵図　但シ弐寸拾間弐分壱間之積り写シ」一-六五-一。
(26)『黒』五四三及び山国神社文書二-九二の末尾。
(27)「山国五社明神奉納舞楽翁三番三」五-一〇〇-六。また明和二年十一月には、「駿河次郎右衛門子息新次郎(大野村善次郎ヵ)に「其元近年広河原村争論出入ニ付東武へ下向御骨折勤功有之」ため、氏神祭礼の際の聴桟への出席と大井十二郎家の相続を許可した。辻村の藤野恒八にも同様の理由により、本家への取り立てと姓名改替を許可している(「覚」河原林成吏家文書一七六)。
(28)天明四年十二月七日「一札之事」二-九八-一。なお本争論については、前掲註(9)大貫論文二四六頁を参照されたい。
(29)以下の記述は特記しない限り、天明八年六月「広河原村出入ニ付在京日記」二-九八-二による。
(30)『黒』五五二。
(31)以下の記述は特記しない限り、「寛政三年亥三月広河原出入在京日記」二-九八-三による。
(32)前掲註(9)大貫論文二四六〜二四九頁。
(33)「寛政三辛亥年広河原村出入返答書」二-一〇一-六。
(34)以下の記述は特記しない限り『黒』七二による。なお本争論については、前掲註(7)柳澤論文一二一〜一二四頁を参照されたい。

(35)『黒』五三八。
(36)「卸山」は「奥山」各地の雑木の伐採権を、広河原村の買い付け人(「親買」「元買」)が十ヶ村と価格を相談し買い取り、広河原村内の各炭竃に割り当てるものであり、「惣中の共同体的資金集約と、原料木材購入の手段」であった(前掲註(5)富井論文二六八頁)。
(37)以下の記述は特記しない限り、「文化九壬申年二月十二日ヨリ三月十三日迄日並日記　広河原村ゟ新開御願申上候出入一件」二-一〇〇-一による。
(38)「神文之事」広瀬家文書J三-八。
(39)以下の記述は「広河原村ゟ山国四ヶ村ニ而拾壱人相手取願出候ニ付右願書并返答書在京日記　上・下」二-一〇〇-二・三による。
(40)十ヶ村惣代は二月一日に帰国しているが、その際「右一件似哥　またしても奥山猿が赤つらへ　雪の化粧をつけさかす哉」との戯れ歌が記されており、ここにも十ヶ村の広河原村に対する差別意識が窺える。
(41)以下の記述は、文政元年八月二十日「広河原村小前惣代又四郎百姓栄蔵江戸表江越訴ニ付小堀御役所ニ而御尋之一件」二-一〇一-一による。
(42)以下の記述は特記しない限り、文政二年二月二十八日ヨリ「広河原村ヨリ山国十ヶ村惣代相手取り願書返答書并有京之間日記　第一」二-一〇三による。
(43)「文政二卯年広河原村ゟ閏四月二十三日ニ差上候願書之写」二-一〇一-二。
(44)仲裁人断りの理由について、十ヶ村は五月十九日の吟味の際に「惣村出入と申ものハ七分三分、二分八分成共双方ニ利分可有之ものニ候処、此度之出入ハ無跡形も無法申掛ケ差縺候訳ケニ付、仲人も取計候場所無之(中略)彼等心得違之段申諭シ相詫ひさせ候ゟ外ニ取斗方無御座義」と、十ヶ村にとってメリットがないためと説明している。
(45)以下の記述は特記しない限り、文政二年二月二十八日ヨリ「広河原村ヨリ山国十ヶ村惣代ヲ相手取り願出候ニ付有京之間日記　第弐」二-一〇四による。

(46)吟味中断中の十二月十九日、十ヶ村は中尾へ「拾三《ママ》ヶ村之御検地帳者村々の庄屋宅ニ而毎年正月朔日ニ御鏡御涌致献上候事、尤御三判之御絵図并ニ明和元申年之御裁許書覚弐通者、山国一之宮江毎年正月十日高田寺之宝蔵ヨリ致持参候而、則一之宮様之御神前ニ而御涌ヲ御鏡ヲ奉献上、名主中参詣仕候事、往古ヨリ之先例ニ御座候」と、検地帳及び延宝二年の裁許絵図と明和の裁許状への尊敬の意識（＝物神化）について述べている。
また翌文政三年正月二十一日には、「此度郷中一統申談、格別之検約取究候而、右之出入縦令何ヶ年相掛り候而も、山国拾ヶ村仕来通り十分ニ相成候迄者いケ体之難渋筋出来候共、往古仕来通定法相立候様得と相考取締済方可仕存念ニ御座候、万一御裁許ニ相成山国江非分之儀被仰付候ハヽ、先年下シ被置候御裁許書ヲ以江戸表江罷出御願可申上存念ニ付、可相成丈ケ質素取斗、諸事万端検約之儀ヲ申談、当時出入ニ付在京惣代之義両三人ニ而御勤可被下候」と、本争論に際しての十ヶ村の意思統一を再確認し、倹約事項を取り決めている（「広河原村と公事出入ニ付示談連印帳」二―一〇一―五）。なお検地帳の物神化については、前掲註（13）拙著第一部第四章「検地帳所持・引継争論と近世村落」を参照されたい。

(47)以下の記載は特記しない限り、巳二月十二日「文政弐年卯二月廿八日ヨリ　広河原村ヨリ山国十ヶ村惣代ヲ相手取リ願出候ニ付有京之間日記　第一」二―一〇五による。

(48)「広河原村清兵衛嘉兵衛ゟ江戸表江越訴願書之写」二―一〇一―一五。

(49)『黒』五七四。

(50)『黒』五七五。なおこの取り決めについて大貫茂紀は、「能見谷の者が訴訟人となって、船ヶ原・広河原以外の地域の住人も加わり、広河原村全体で争論に臨んでいた」（前掲註（9）大貫論文二五五頁）と評価しているが、同年十月十九日に広河原村庄屋長左衛門は、「当村方ゟ山国村々江懸り山論之儀ニ付先達而山国江罷越、書類等及見熟談も仕候得共難相整、尚又御役所様ニ而も段々被及御利解之趣恐入奉承伏候付、願相止メ存心ニ御座候而、帰村之上小前之者江御利解之趣申聞候得共、私共之申儀迚も相用不申、可仕様無御座、私儀ハ右願引退申候間、此段御断奉申上候」（広瀬家文書H二―一四）と、この訴願からの撤退の意思を述べており、留保が必要であろう。

(51) 以下の記述は特記しない限り、文政十二《ママ》寅年正月十五日「広河原一件ニ付在京日記」二―一〇一―一六による。
(52)「山国拾ヶ村ヲ相手取広河原村より出訴願書写并ニ返答書写」二―一〇一―一九。
(53)「差上申候証拠書物扣へ帳」二―一〇一―一八。正月二十日に提出した証拠物十点に文政九年八月付能見谷清兵衛誤一札を加えた十一点である。
(54) 註(52)に同じ。
(55) 翌四月三日、十ヶ村惣代四名は訴訟の勝利を願い「安井金毘羅様御百度参詣」をし、北野天満宮にも参詣することを相談したが、当時の京都は伊勢神宮への「御影参世上一統抜参ニ而賑々敷事、誠ニ筆紙ニ難申述、前代未聞之仕合」であった。
(56)「広河原村山国拾二ヶ村庄屋年寄相手取御願候訴状并奉差上候返答書写」二―一〇一―二〇。
(57) 註(56)に同じ。
(58) 前掲註(9)大貫論文によると、広河原村が主張する由緒の木地屋の祖は惟喬親王であり、誤記であろうか。後考を俟ちたい。
(59) 以下の記述は、特記しない限り天保七年八月「広河原願出候而御裏判写」二―一〇七による。
(60)『黒』五八四。
(61) 註(59)に同じ。
(62) 寛政三年(一七九一)争論時には本文中で述べたように、広河原村伊右衛門の検地帳隠し行為が発覚した。また文政元年(一八一八)の争論を主導した広河原村庄屋佐左衛門は、天保四年(一八三三)に十ヶ村から広河原村の難渋人に送られた救米の一部を取り込み、「奥山」山内で広河原村小前百姓が桧を盗伐したとの虚偽の情報を十ヶ村に知らせたとして、組頭役を取り上げられ隠居した(『黒』五八〇・五八一)。その後離村し高槻に転居した佐左衛門は、弘化五年(一八四八)二月に十ヶ村惣代高室吉右衛門の求めにより、広河原村の田地絵図の写しを金三両三分で提供している(二―一〇七)。他の村方騒動の分析も含め、今後の課題としたい。

(63) 藤井嘉兵衛は「方内筆耕」すなわち雑色付きの筆耕であるが、他の者は町代付きの筆耕の可能性が高いと考えている。

第Ⅳ部　執筆者座談会

執筆者座談会

坂田聡（司会・進行）
柳澤誠／薗部寿樹／吉岡拓／谷戸佑紀／馬部隆弘／岡野友彦／大貫茂紀／冨善一敏　（本書執筆順）

※文中に（坂田編 二〇二〇）のように示した文献の書誌事項は、巻末の「山国地域史関係　主要文献リスト」を参照

はじめに

坂田　序章に書いたことと重なりますが、本書は、一九九五年から続けられている、山国荘調査団（代表坂田）による丹波国山国地域の古文書の調査・研究の成果をとりまとめた三冊目の論集で、いわばその集大成に当たります。

山国荘調査団による研究の歩みや、この第三論集のテーマ・コンセプトの詳細については、序章を読んでいただくとして、本日の座談会では、三十年にわたる山国荘調査団の到達点をふまえ、論集のメインタイトルである「名主・文書・由緒・争論」の四つのキーワードにそって、執筆者どうしで議論を交わしたいと思います。

名主論

坂田　最初に、名主の問題ですね。議論していただきたいことは大きく二点あり、一点目は、中世の名主と近世の名主の共通点と差異についてです。ここには、社会集団としての名主の成立はいつ頃とみなせるかという論点と、本書第二章の薗部さんの論考と関わってくる、山国神社の名主座と名主身分の関係という論点があります。

二点目は、本郷地域と黒田地域の関係をどう捉えるか、特に「惣荘」なるものの実態をどう捉えるの

左上から右へ
坂田聡、薗部寿樹、谷戸佑紀、岡野友彦、冨善一敏、柳澤誠、吉岡拓、馬部隆弘、大貫茂紀の各氏

かということですね。そして薗部さんのご研究や第三章の私の論考にも関わってくるところですが、山国神社の名主座と黒田住民の関係をどう捉えるのか。このあたりについてご意見をいただければと思います。

名主に関しては、吉岡さんが、山国荘調査団の第二論集（坂田編 二〇二〇）や、その後の論文（吉岡 二〇二〇）で書かれており、本書第四章でも論を深めています。最初に吉岡さんからご意見をお願いします。

吉岡　中世の名主と近世の名主の共通点と差異に関して、現状の私なりの結論を申し上げると、中世の名主と近世の、私の言い方だとカッコ付きの「名主」の共通点というのは、血縁的なつながりがあるという以上のことはないのではないかということになります。というのも、やはり太閤検地を挟んで、その前後では所有のあり方が根本的に変わっています。当然、中近世をまたいで生きていた人もいるでしょうが、そもそも存在の形態として変わっているわけです。本人たちの自覚としては、緩やかな変化かもしれませんが、私たち歴史学をやっている人間からすると、根本的な部分、社会集団として存立する条件みたいなものが変わっていると見るべきだと考えています。

その上で、そもそも中世山国において、惣荘的なつながりというのができた、つまり名主と呼ばれるような人たちによる運営が始まったのはだいぶ後、戦国末期に入るぐらいの時期なのではないかと考えています。それは、残存する史料の宛所や差出の中を検討することによって出した結果です——これは熱田順さんの論文（熱田 二〇二二）を生かしつつ、私なりに検討した結果なわけですが——。「山国惣中」という単語が、永禄期（一五五八～一五七〇）あたりに初めて出てきます。そこでいわゆる惣荘的なつながりになっていくのではないかと見ています。ただ、その後に、明智光秀なのかどうかわかりませんが、いわゆる戦国の動乱が山国地域にも入ってきた結果、一回その出来上がったばかりの惣荘的な結合が壊れてしまい、かなりうやむやなまま、近世に入っていって、また別の集団が徐々に形成されていく。そのように見るべきなのではないかというのが私の考えです。

坂田　名主なるものが、中世には荘園体制の下で存在したことは当然なのですが、社会集団としての名主の成立は、近世に入ってからであって、それは必ずしも中世の名主の単純な延長ではないというのが吉岡説のポイントだと、私は理解しています。

そしてもう一つ関わってくるのが、「惣荘」なるキーワードです。序章でも書いたのですが、仲村研さんが主に山国荘の事例をもとに論じ、山国荘調査団の活動にも長年関わってくださった峰岸純夫さんによって定式化された、「惣荘（惣郷）と惣村の二重構造」という理解があります。中世後期の村落史では、これは恐らくいまだに定説であり、少なくとも否定はされていないと思われますが、まずは中世の山国地域において、果たして惣荘的な結びつきがあったのかどうかという点を議論したいと思います。

仲村さんの惣荘のイメージというのは、各村の名主層が全員、惣荘として結合しているというものだと思うのですが、峰岸さんが理論化する段階では、各惣村の代表者としての土豪層が結集したのが惣荘組織である、という形で一般化が図られています。つまり、惣荘のメンバーは土豪クラスの一部有力名主のみであり、それ以外の名主は小百姓と同様に、惣荘のメンバーになれなかったと、峰岸さんはみなしているわけで、両説の間には微妙な違いが存在しますが、いずれにしても、「惣荘（惣郷）と惣村の二重構造」というような理解自体に対する、決定的な批判につながる議論が、薗部さんの名主座論だと思います。

薗部　私は、二〇〇五年頃に、坂田さんからのお誘いで山国荘調査団に入りました。その頃は家格制に興味があって、近世に宮座が家格制の組織になる事例として滋賀県の今堀などでも調査していたのです。その直後ぐらいから、名主頭役身分の者たちの集団である名主座について興味関心が出てきて、岡山とか広島とかにも調査へ入り出した時期でした。

調査団の一員として山国へ行くようになって、山国の本郷地域と黒田地域の違いというのが次第にわかってきて、本郷の方の宮座は名主座で、それに対して黒田は畿内近国的な臈次成功制宮座ではないかと考えるようになりました。臈次成功制宮座というのは、頭役と宮座に対する成功（費用負担）とによって、宮座成員が臈次階梯を上がっていくタイプの宮座です。そうすると、一つの荘園に二つのシステムがあるということになり、そのような事例は見たことがなかったので、どう考えたらいいのか、すごく悩みました。

結果的には、「村落内身分の地域分布と開発」（坂田編二〇〇九所収）に書いたように、宮座形態の違いには前提としてまず開発の違いがあるだろうということと、二つの荘園が一つになっているのは政治的な問題なのだろうということがわかりました。それから、次第に丹波国全体が見えてくると、丹波国が臈次成功制宮座と名主座が混合しているような、はざかいの場所であることもわかりました。その状況がたまたま山国荘という荘園の中ではっきりと見えたのです。

それ以降は名主座の研究を中心に続け、最終的に『中世村落の文書と宮座』（薗部 二〇二三）の終章で、名主座村落が中世の標準的な村落であって、畿内の惣村に見られるような臈次成功制宮座の村は、ある意味、先進的かもしれませんが少数派、そのため惣村を中世の村の代表にするのはダメではないか、という結論に至りました。吉岡さんからは「薗部の言うことが正しいとすると、山国荘の方がむしろ中世村落の一般的なあり方を示しているのではないか」というようなご感想をいただいて、まさにそうだと思いました。

ただ黒田の方も、これはこれからまた、若い方が研究されればいいと思うのですが、必ずしも畿内近国の惣村とドンピシャというわけではありません。宮座の形態は臈次成功制宮座でいいと思うのですが、文書所在のあり方などは、畿内近国の惣村とは異質なところがあると思っています。

坂田　私は第三章でも書いたように、黒田地域の有力百姓たちは、実際には山国神社の名主座にまったく関与していないのですが、あくまでも建前論のレベルではあるものの、自分たちも中世名主の家柄であり、山国神社が「惣荘」の宮座（名主座）を称するならば、その名主座の場で形成された名主集団のメンバーに本来ならば含まれて当然である——といった認識を彼らが持ち続けていたとしても、おかしくないのではないかと思っています。もとより、推測にとどまらざるをえませんが……。

吉岡　今の坂田さんのお話だと、依然として黒田は惣荘としての意識は持っていた、ということになるかと思うのですが、それこそ、薗部さんや坂田さん、あるいは熱田さんの研究の中で、惣荘という文言が出てくる文書のおおよそが、後世に作られたものではないかと言われている中で、そもそも黒田の人間がそういう意識を持っていたことを、どうやって担保するのか、というところから考え直す必要があるのではないかと思います。

この間の村上絢一さんの研究(坂田編 二〇二〇所収)で、山国荘というのは間違いなくあったが、ただいわゆる領域型荘園の典型みたいな形ではなくて、立荘などがされた形跡がない、つまり明確に境域が決まっているわけではなかったと想定される場所なわけです。惣荘文言があるから黒田もその範囲だったという前提でずっと考えてきたわけですが、現段階では、もうそこを疑うべきところなのではないかと考えます。その点も含めて、薗部さんのご意見はいかがでしょうか。

薗部 まず、もう少し話を原点に戻したいのですが、名主というのは、一般的な研究者の認識としては、田んぼ、つまり土地の開発収取をする単位であるという認識だと思います。ただ、この認識でずっと考えていった場合に、問題がいくつか出てきます。例えば山国の場合はあまり耕地がないですよね。むしろ山林の方が中心だということから考えると、山林と名との関わりがどうなのか、これは後々「奥山」とか「惣荘山」という形で出てきますけれども、たぶんそれ以前の問題があると思うのです。

あと、山国以外の名主座を見ていて、これは中世から近世の流れの中で気づいたことなのですが、もともと耕地が名の基本的な財産になっていて、それが江戸時代でもつながっている名主座がある一方で、名の基盤が必ずしも農業耕作ではないところがあります。例えば中国山地だと鉄の生産が名の財産ですし、また耕地から他の生業へ変わっていくところもある。山国の場合でも、山から鮎へと用益の重点が移っているのではないかと思います。名というのをずっと土地に固定した利権の単位だという考え方を再考する必要があります。

それから惣荘との関わりの中で考えてほしいのは、もともと山国荘の名というのがどういう形で生まれてきたかという点です。通常だと荘園の名というのは、開発領主の下司や公文に率いられている縦型の社会なわけです。そこから、山国の場合は名主相互で、または土豪相互なのかもしれませんが、横のつながりが出てきます。それがいつなのかというのは、先ほどの議論で出てきたように、結構遅いです。戦国時代だとか、室町の中期ぐらいだとかに横の関係が生まれてきて、惣荘というのが出てきます。

山国で惣荘というのが出てくる背景には、黒田や京都の他の地域で惣荘・惣郷というのが出てくることに結構関わるのではないかと思います。他の地域の名主座で惣荘というところはほとんどありません。中国地方や北九州の名主座は基本的に小領主が横のつながりを担保して、社会集団としての形を保っています。

また、名主座と村との関係も重要です。例えば名集落といって、名そのものが一つの集落になっているようなところもあります。さらには、村が出てきてそれが名主座と対抗していって、主導権争いになるというところもあります。

先ほど坂田さんが言われたように、惣荘の下に必ず惣村があるとか、惣村が集まって惣荘になるとかというのが今までの考え方でしたが、山国ではその考え方は成り立たないと思うのですね。山国荘では村の主導権はものすごく弱いです。名というつながりの方が、政治的なケースになってもたぶん強いのだろうと思います。「惣荘（惣郷）と惣村の二重構造」というのは、もはや実証的には成り立たないのではないかと私は思います。

それでは、名主座村落をこれから考えるにはどうしたらいいのかということですけども、山国荘は結構村レベルの史料がありますよね。今までそういう視点がないので研究があまりなかったのですが、名主座の下に村がどういうふうになっているのか、名主と村との関わりの問題と関係してくるのですが、そこら辺がこれからの一つの課題になると思っています。

坂田　薗部さんはご著書で、名主座を構成する名主頭役身分を「中世後期に成立した、名をもち宮座頭役を勤めることをステータス・シンボルとする村落内身分」（薗部 二〇二三、八頁）と書かれています。その上で、名主座は個別村落レベルの宮座ではなく、荘園（惣荘）レベルの宮座であるとみなし、中世後期には名主座が存在していたとご理解されているのではないかと思います。

山国神社の名主座の座衆に、黒田の有力百姓が含まれているか否かという点は、実態としては含まれていないと考えて構わないのですが、その上で、では名主座に結集する名主たち、これが一つの社会集団としての名主身分と理解可能かどうか。その点を議論したいと思います。吉岡さんは、少なくとも中世にいわゆる名体制の下での名主と言われるような存在はいても、一つの社会集団ではないと理解されているのですよね。

吉岡　私は、中世に社会集団として名主が結合していなかったということを言いたいのではないのです。先ほど説明した通り、永禄期ぐらいにそれができたが、その後に壊れてしまうという話です。近世との連続性がない、ということを申し上げました。一応集団としてのまとまりはできるが、ほどなくして崩壊し、近世に――どれぐらいの時期かというのは厳密に言えるわけではありませんが――、少なくとも元禄期（一六八八～一七〇四）の鮎をめぐる争論では間違いなく次の新しいものが出来上がっている。そういう理解です。

坂田　第二山国論集のご論考では、中世には社会集団としての名主は存在しないと吉岡さんが明言されていると私は理解し、拙稿（坂田 二〇二三）でそのことを指摘したのですが、改めて確認し直す必要があるものの、もしかすると私の理解が不十分だったのかもしれないし、あるいは、その後の吉岡さんのご見解の変更を、フォローしきれていなかったのかもしれません。ようするに、戦国期には名主と呼ばれる社会集団が存在しているけれども、それは少なくとも山国荘全体ではないし、近世には連続しなかったということが、現在の吉岡さんの見解の大前提ということですよね。

吉岡　あと、ついでに言うと、山国荘自体がそもそも黒田を含んでいないという言い方もできます。少なくとも現状では、史料的に山国荘が黒田を含んでいることを裏付けるものはない、というふうに私は理解しています。

薗部　吉岡さんの議論についてなのですが、他の地域の近世まで続いている名主座を見ていても、やはり中世から近世の中で変化があって、それは先ほど太閤検地の話がありましたけれども、何を宮座の基盤の財産にするのかという点で、そこのところをうまくすり抜けていかないと近世まで続いていけません。中世の名または名主がそのまま何も傷を受けずにスライドしているわけではありません。ただ形としては名主座という形を継続している、なおかつ政治的な発言力がものすごく強いというようなところがままあります。

一見するとそのまま継続しているように見えるところでも、資産などを示す史料があると、スライドをしているけれども実態は少し違う、ということがわかります。

ただ、本当に近世になっても全く変わってないところもあります。それは、水利を全く改良しようがない、当時の技術では名単位の水利しかできないようなところです。こういうところは近現代になっても、その名の水利が残っています。そういう意味で財産が変化しないということがはっきりわかるところも、ある程度あります。

いずれにしても、先ほどの吉岡さんの発言だと、血縁しかつながっていないということでしたが、実際には形としては中世の名の権威を背負っていることは明らかなので、その入れ物の中身というか、足元が違っていて、ほぼほぼ同じメンバーが続いているというのが、実際のところなのではないかと思っています。

岡野　惣荘の問題について申し上げますと、禁裏側の山国奉行(山国荘代官)である白川忠富が記した『忠富王記』の文亀三年(一五〇三)五月十四日条に、「山国惣庄」という記述があります。これは、私が執筆した第七章に翻刻を載せていますが、黒田三ヶ村とは別個に、山国惣荘は間違いなくこの段階で存在しています。先ほどの吉岡さんの議論だと、永禄期に現れるということですが、もう少し早く、少なくとも文亀三年の『忠富王記』には見えているということです。

それでこの記録には、山国惣荘と黒田三ヶ村、それから大布施・八舛も並列されていますので、山国惣荘と黒田三ヶ村が別というのは、はっきりわかると思います。山国惣荘、黒田三ヶ村、それから大布施・八舛をセットにして禁裏御料として支配する構造になっているということを、第七章では書きました。

坂田　この問題については、私も第三章で検討しました。山国地域史関係の史料で、惣荘文言が出てくる文書が七点あるのですが、うち五点は黒田側が作成した明らかな偽文書です。残り二点は本郷側のものです。したがって、戦国期の山国惣荘が本郷地域の組織であることは、もはや動かしがたく、その点で岡野さんのご意見に賛成します。

吉岡　これは、惣荘という文言があるというのはわかったのですが、山国の側が作っている文書ではないですよね。そうすると、ここで惣荘という文言が出ていることと、山国荘内で名主の結合がどれほど強固に存在したかというのは、分けて考えるべきなのではないかと私は思うのですが。

岡野　もちろん荘園領主側の認識ではありますが、前年の大洪水による年貢減免要求をする主体として、山国惣荘というものが出てくるわけです。惣荘として、年貢を減免してほしいと禁裏側に訴えてきているということですから、やはり年貢を払う側の紐帯として惣荘というものが存在したということは、はっきりしているのではないですかね。

吉岡　差出として、そういう部分がどう現れてくるか。これは熱田さんの研究から私が学んだ部分なのですが、文言の変化というのは重要な問題なのではないかと思います。自意識としてどうまとまって、代表して文書を発給するかというのは大事な問題で、この記録の場合、果たしてどういう文言で要求を出したかというのは、実際にはわからないですよね。

坂田　少し話を戻します。先ほど吉岡さんは、山国荘に黒田は含まれていない(黒田を含んでいることを裏付ける史料は見当たらない)といわれましたが、第三章で私が論じたように、山国荘に黒田も含まれていることを明確に示す一次史料は存在します。その詳細については第三章をご一読いただきたいのですが、中世前期以来、禁裏は黒田も含む山国荘全域を一括して支配しており、同一の百姓名が本郷と黒田にまたがって所在するケースや、本郷の有力百姓が黒田に所在する百姓名の名主であるケースも多々見受けられました(その逆のケースも存在)。したがって、本郷と黒田が一貫して別々の支配対象だった訳ではないし、両者が無関係に存在した訳でもないのですが、在地側の動向を受けて、戦国期に至ると禁裏は黒田と本郷を分けて支配するようになったと私は考えています。

■文書論

坂田　それでは次に、『名主・文書・由緒・争論』の二番目のキーワードに当たる「文書」の方に入っていきたいと思います。まず、山国の中世文書の具体的な残存状況を本書第一章で詳細にまとめられた柳澤さんからお願いします。

柳澤　第一章の関心の一つは、山国地域に中世文書が多い多いと言っているわけですが、そもそもどれぐらいあるのかを、目に見える形にしたかったということです。そしてどういうものがどれだけあるのかという分類を中世文書について示しました。地域別つまり本郷と黒田、それから家別、また内容別というふうに分類をしました。

しかし家別と言っても結局、その文書が現在伝わっている家にオリジナルで蓄積、あるいは伝わってきたものかどうかわからないものもあるという問題があります。例えば黒田の井本正成家は、家に残されてきた文書であるということが連続してわかるのですが、そうではない中世文書も結構あります。いずれにしても、中世の文書を共有して管理・保存をするというようなことではなくて、やはりそれぞれの家でそれぞれの家が受給した文書を保管して伝えていたのだろう、ということ以上は少しわからないところがあります。

また、鳥居家などは、中世後期に一旦山国から没落しているようですが、文書が残っているのはどうしてなのかという疑問もあります。その時点での本流が没落しても庶家が残って、それ以降文書を蓄積しているということもあるのかとも思っています。

吉岡　今、中世村落史研究では、惣村には必ず共有文書があったという議論になっているというふうに伺っておりますが、それをどう確認するのかというところが課題として残っているように思います。

坂田　とても重要な指摘だと思います。薗部さんは、中世村落においては文書で書き残すよりも、口頭伝達の方が主流だったとおっしゃっていますね。近世に近づくにつれて、文書として書き残すようになるとのご指摘とも関わるのではないでしょうか。

薗部　まず共有文書の共有という概念の問題なのですけれども、惣村の文書――惣村みたいなものでなくても、臈次階梯制の頭役をやっている村――だと、黒箱や当箱などという箱の中に、頭役帳があります。

これが基本的な共有文書です。

荘園文書で言うと、検注帳や検地帳というものを果たして共有文書ともともと言っていたのだろうかというのは疑問に思います。検地帳類は下司とか公文とかが持っていればいいものであって、それをどの家も写して持つとか、またはそれをみんなで見合うとかというようなことは、まず考えられないですね。菅浦文書や、得珍保の今堀日吉神社文書を見ていると、たぶん中世でもそこに集められていたとは思いますが。

近世になると、惣村地帯には家が固定されていない庄屋がけっこう多いです。そういう地域では庄屋をやめる時に、受け継いでいた文書の中核的なものは一旦お宮に戻し、私的な手紙の写しなどは自分で持っている。次の庄屋はまたその共有文書的なものを引き継いで使って、それを自分の役目が終われば戻す、というような形をとるということがいくつか確認できます。

そうすると共有文書と言っても、引き継ぎの時に渡すだけで、それ以前のもう使用しなくなったもの、または使えなくなった古い文書については、入れっぱなしという形で残っているということなのですね。ですから共有文書と言っても、みんなで「これはこの村の文書だよね」という形で残しているわけではなくて、とりあえず大事なものだから、お宮さんとかお寺さんとかに入れておこう、という発想なのですね。

これは、別に村だけではなくて、十五世紀の『看聞日記』を読んでいると、筆者の伏見宮貞成は、自分の家の大事な文書は自分の家に置いておきません。お寺や神社に預け、時々虫干しをかねて見に行き、必要な文書だけ持って帰るというようなことをしています。そういう場所の方が、文書は大事に保管できる、火事などから免れるという感覚だったのだろうと思いますね。それを私たちが共有文書だというふうに勘違いしているのだと思うのです。

そういうふうに考えた場合、山国の場合も、例えば鳥居家文書は、公文の鳥居家が荘務をする上で必要なものであるから持っているにすぎない、ということが見えてくるのだろうと思いますね。

以上のように、私も今まで村落文書と言っていましたけれども、私の理解も含めて考え直した方がいいのかなというふうに、少し反省しています。

柳澤　山国の文書管理の面でいくと、共有して管理するという意識が明確になってくるのは江戸時代中期ぐらいです。十八世紀の中頃までには、近世名主の共有文庫として、比賀江の高田寺《こうでんじ》の文庫に収められるということになります。

その前段階でどうだったかというのは、はっきりわからないのですが、家ごとに文書を持っていることが意識されてくるのが十五世紀で、それは家の継続性にも絡んでくると思います。今回第一章でとりあげた口宣案をいろいろ扱ってみると、そういう印象を受けました。

坂田　山国十ヶ村と広河原村（「奥山」）との争論に関する史料が、高田寺の宝蔵に残されたと思います。そのあたりのところ、冨善さんご意見いかがでしょうか。

冨善　高田寺に残された文書で主要なものは、やはり「奥山」関係と、「奥山」から切った木を筏で桂川に流して共同で販売することに関する文書です。引っかかるのは、広河原から山国が取った文書は蓄積されているのですが、山国側の訴状というのがあまりないのです。これはなぜかというと、訴状は、山国十ヶ村の共有ではなく、家文書として、その時々の十ヶ村惣代の家に残っていると考えられるのではないでしょうか。

柳澤　確かに全部を高田寺の宝蔵に入れているわけではないですね。広河原関係の訴状とか、筏関係の文書もそうなのですが、やはりそれぞれの惣代を務めた人の家に残っています。

最近、筏関係の文書を通覧しました。例えば高室家に幕末の筏関係の文書がたくさん残されているのですが、それは高室家の昔の本家が大川組惣代を慶応(一八六五〜一八六八)ぐらいに務めていたので、その時の文書が残っているのです。

以前の論文でも触れたのですが、共有で残しておこうと判断した文書を、複数年経った後に宝蔵に入れるということをしているので、必ずしも全部が全部高田寺宝蔵に残っていたわけではないのです。

冨善　高田寺の文書は、今の山国神社文書として残されているわけですが、山国神社文書として残されている残り方と、それから近世のいろいろな段階で、筏にしろ「奥山」にしろ、作られた文書が、当時は誰が持っていて、それがいつの時点に名主仲間なりで共有化されたかということは、別に扱うべき問題であって、今後の課題ですね。

私が第九章で扱った広河原との争論記録も、宝暦期(一七五一〜一七六四)のものは、山国神社文書の安永四年(一七七五)の「諸方書物目録帳」からすでに共有化されていますが、文政期(一八一八〜一八三〇)の争論記録は、いろいろな家の惣代の記録を、近世の末か近代のある時点で一つにまとめて綴ったものです。

家の文書が、名主なり地域のものとして共有化していくときに留意すべき点ではないかと思いました。

薗部　山国の文書の分散の仕方を改めて考えてみたいと思うのです。中世の荘園制支配の骨格としては、下司とか公文が全荘域に関する情報・文書を持っていて、名主レベルだと補任状とか、また補任状の中に出てくる、土地の広さとか場所とかを示すような、そういう情報があれば運営できるわけですよね。ですから、本来なら文書はその下司の家や、下司に仕えている下司代とか、または公文代とかが持っていると考えられます。鳥居家文書を第二章では使いましたが、改めて鳥居は公文であって、だから持っている文書があると思いました。

その中で、直接支配関係の文書ではなくて、例えば、柳澤さんが今回分析した口宣案や、いわば名誉関係のもの、また荘園制に関連することについて、鳥居家の文書を見て写す家があるわけですよね。今まで考えたことがなかったのですが、なぜこんなにもいろんな家に中世の文書が、仮に偽文書や写しだとしても、あるのかというところは、本来もう少し議論されなければいけないですね。

もう一つは、私がずっと考えている「村落内部文書」に関しての問題です。山国荘において内部文書というのはどういうものがあって、どういう機能で、どういうきっかけでつくられたのかということを、今回の論集では考えてみたのです。最終的には、時代的に近世になりますが、名主座関係の史料が、山国独自の文書として作成され、使われていたということが見えてきました。地下の内部文書が、その地域独自のあり方との関わりの中で作られてくるということですね。

ただ、やはり、先に述べたような、本来的になぜ文書が散らばっているのかということを、きちんと見ていかないといけないですね。それは、古い時代からでは恐らくありません。家の由緒の問題などの兼ね合いの中で、文書の見せ合いだとか写し合いだとか、さらには由緒書のようなものが出来てくる、という道筋があると思うのです。ある程度のそういう道筋は、研究者の皆さんはそれぞれ考えていると思うのですが、そこら辺のことを最終的にきちんと押さえる必要があります。そこから、山国の独自性の問題や、一般的なあり方と共通する面、共通しない面、というところの議論が出てくるのだろうと思います。

ではなぜ山国にこんなに文書の写し合いっこがあったかというと、やはり天皇家というところが、エートスというか動機としてはすごく大きいのではないかと、今のところ思っています。

岡野　薗部さんが鳥居家文書についておっしゃったことは、すごく重要だと思います。特に鳥居家文書を見た時に、本当に村落文書なのかという問題がありますね。我々もずっと、山国には村落に中世近世を通じて文書が残ってきた、と言ってきましたが、例えば馬部さんがお書きになった「丹波山国荘の代官設置と三好長尚」（馬部 二〇二二）では、鳥居重清と、あの三好が並んで山国代官の候補として出てきます。このことは、我々には衝撃的でした。鳥居というと百姓としてしかイメージしていなかったところを、馬部さんのご研究で、武士、というか地侍というかですね、そういう存在として位置づけてくださったのは、目から鱗でした。だから鳥居家文書のようなものは、村落文書よりは地侍の家の文書、これから成長過程にある武家文書と位置づけられるのではないでしょうか。

吉岡さんが、中世の名主と近世の名主の間には太閤検地があると言われましたが、大きな問題として、やはり兵農分離があり、その前の中世の名主と呼ばれる人たちは武装しているわけですから、様々な大名権力のような人たちによって、武力として期待されているということです。たまたま近世において帰農したから、結果的に村落文書ということになるわけですが、そのまま武士として発展していったら、大名の家臣クラスの人になっていたようなレベルの地侍というふうに位置づけた方が、むしろいいのではないかと思いますが、馬部さんはいかがでしょうか。

馬部　私は細川の視点からしか見ていないのですが、戦国期に急激に家格を上げた人、あるいは実力を身につけた人が、細川京兆家の被官化することによって、さらに名実ともに家格を上げるというイメージがあります。一貫して在地の武力としてずっといたというよりも、戦国の動乱期で力をつけたから、京兆家被官化できたというイメージですね。他にも、京都周辺でずっと商人だった人が、やはり戦国期に、商業を維持する上で武力も身につけないといけないとなって、武力を身につけてきた時に、ちょうど京兆家も被官化を進めて、地域を武力編成するという、お互いの意向が一致して被官化していくという流れがあります。なので、必ずしも一貫して鳥居家がずっと地域の武士だったかというのはなんとも言えませんが、他の京兆家被官化の流れからすると、戦国期あたりで力をつけたという感じがします。これはあくまで印象論で、史料的に何か言えるわけではないのですが。

坂田　上位権力との関わりが解明されつつあり、それが近年の山国研究をより豊かにしているように思います。上位権力との関わりについては、調査団に長年携わってこられ、今回、山国奉行について、その詳細を明らかにされた岡野さんにお話いただければと思います。

岡野　私と山国調査との付き合いは、このメンバーではたぶん私が一番古いですね。科研費での活動は一九九九年からですが、その前の九五年の手弁当で始めたときからの付き合いということになりますが、実はそれ以前に、私が國學院大學の学生だった一九八一年に、小川信先生と一緒に山国に入っているのです。

私の最初の論文集『中世久我家と久我家領荘園』（続群書類従完成会二〇〇二年）のあとがきにもちょっと書いたのですが、大学二年で山国に入ったことが、公家領荘園に興味を持つきっかけでした。山国で卒論を書こうと思っていたこともあります。ところが、山国にある大量の在地の文書は、そのほとんどが売券や土地証文ですから、荘園領主の側のことがわからないということで、山国で卒論を書くのはあきらめて、久我家領荘園について書いたのです。

今回の私の第七章は、ある意味その四十年遅れの卒業論文というか、卒論で最初にやりたいと思っていた山国の荘園領主側の動きですね、あの当時、まだ二十歳そこそこの私には到底わからなかったものが、四十年経ったらわかってきたということで、書いてみたということになります。

単純に言うと、何年から何年まで誰が山国奉行をやっていたか、誰が雑掌をやっていたかというのを確定できたというのが最大の成果です。章末に年表をあげました。ただそうなってしまうと、論集のメインタイトルである名主とか文書とか、由緒・争論と何も関係しないではないか、というお叱りをいただきそうだったので、名主と言っていいのかどうかわからないのですが、天文四年（一五三五）の万里小路秀房の不正事件に対して、「山国沙汰人其外番頭以上五十一人」が逃散を企てたという、昔からよく知られていた事件について、再考しました。事件の前後で、高位の公卿である山国奉行が、請取状に署判すると、これは滅多にないことだと思うのですが、そういうことと関係しているのではないかということを論じました。

この座談会の議論でもそうですが、山国荘調査団の最近の研究では、名主とか惣荘とか、戦後歴史学の中で仲村研さんや峰岸純夫さんが明らかにされてきたことが、むしろ間違っていたのだという方向での流れが強い中で、いやいや、やはり山国の百姓たちの団結というものがあって、その団結が荘園領主側を動かす力になったのだという、私らしからぬ戦後歴史学っぽい感じの結論を書くことで、名主論に寄与できたかなと考えています。

■由緒論

坂田　次に三番目の「由緒」について、議論をしていきたいと思います。山国地域の由緒論につきましては、いわゆる「名主家由緒書」（「三十六名八十八家私領田畑配分幷官位次第」）をどのように評価するかが最大の論点です。吉岡さんが、第四章で手際よく研究史をまとめてくださっていますが、仲村研さんが一九六六年に、「「由緒書」は山国荘名主連合＝惣荘を母胎とする共通の伝承」と位置づけ、その成立年代を天正年間とみなして以来、中世山国荘を研究する上での最重要史料の一つでした。そして、近年の西尾正仁さん、私、吉岡さん、谷戸さんの研究で、それが近世に作成されたものであることや、複数のバージョンがあることが実証されてきました。もっとも、成立年代については論者によって幅があります。

ここでは、主要な由緒書の成立時期、由緒に関する言説の変遷の過程等の問題に迫りたいと思います。

まず、谷戸さんから、「後小松天皇綸旨」と由緒のことをもう少し詳しく話してくださいますか。

谷戸　私は第五章で、応永六年(一三九九)に発給されたとされる「後小松天皇綸旨」について書いています。これは近世の偽文書なのですが、現在でも名主家であったとされる家々において複数の写しが伝わっています。それらを比べてみると、微妙に文言などが違っているということに気がついたのが、始まりです。

近世において名主たちが共通して大切にしているこの偽文書が、そもそもいつぐらいの時期に生まれて、どのように利用されてきたのかということを明らかにしようと思いました。

研究の結果、時期によって異なった綸旨が使用されていたということが判明しました。とりわけ、十八世紀半ば以降になると、宛所がない綸旨、小畠家に伝わった綸旨が本物である、つまり、「正文」だと認識されるようになることがわかりました。その契機は、享保年間(一七一六〜一七三六)の京都町奉行所による帯刀改めであると推測されます。

刊本の『丹波国山国荘史料』(一九五八年)の中に、上黒田の坂上谷家に伝わった、有名な「名主家由緒書」が収録されていますが、ここで使用されている「後小松天皇綸旨」は、この小畠家の「後小松天皇綸旨」を写して載せています。そう考えると、「名主家由緒書」は、十八世紀半ば以降に現在の形になったと理解しないと、整合性がとれないと思います。

坂田　「名主家由緒書」の成立期は十八世紀半ば以降にずれ込むという、ある意味、吉岡説を補強するようなご意見ということですね。

谷戸　はい。ただ、第五章で使用しましたが、宝永二年（一七〇五）に、鳥居村など七ヶ村が禁裏領へ編入される際に作成されたと推定される書付の中に、「名主家由緒書」で述べられているような話が出てきますので、「名主家由緒書」の元ネタになる話はこれ以前からあったのだと思いますし、そのような話をまとめた由緒書のようなものがあった可能性は捨てきれないと思います。

吉岡　今、谷戸さんがおっしゃったように、まず「後小松天皇綸旨」と我々が呼んでいるものができ、そして、第四章で書いたように、宝暦期（一七五一〜一七六四）に「古家撰伝集」と、それに対となるものとして「正治二年官位次第」（以下「官位次第」）と通称される由緒書が出来上がります。「官位次第」は、坂田さんの言うところの短いバージョンの「名主家由緒書」ですね。

　ただ、そこから「古家撰伝集」で書かれている内容が、必ずしも「名主」間で共有されていたわけではなくて、ここも第四章で私が書いている内容ですが、大枠としては同じような部分であっても、細部を見ていくとだいぶ違うものがいくつか確認できます。その統合を図ろうとして、文化四年（一八〇七）に「山国名主旧例規矩改正書」ができた。ただ、その内容がやはりいろいろな形で批判を受けて、最終的にそれが弘化四年（一八四七）の弘化版「古家撰伝集」につながっていくというのが、私の理解です。

　文化期の頃に、坂田さんが言うところの「名主家由緒書」の完成バージョンが、黒田の中で出来上がってきます。この完成バージョンは黒田の住民が作ったという坂田さんの主張は、私も同意します。それはどうしてかといいますと、近年の私の主張ですが、寛政期（一七八九〜一八〇一）に、「名主」が京都代官所公認身分になる際、その「名主」の中に黒田の有力百姓も含まれるようになります。なので、黒田の人間を含めた由緒というものが、少なくとも黒田の人間からすると非常に大事なものとなってくるのです。「官位次第」に仮託する形で、その内容を付け加える形で「名主家由緒書」が出来上がっていきます。

つまり、最終的に「名主家由緒書」はやはり一九世紀文化期以降にできたと見るべきだろうというのが私の説になります。

坂田　「名主家由緒書」の成立期については、私としてはもう少し考えたいと思っているところですが、そのことと関連して、ここで大貫さんに、第八章で書かれた、寛文十年(一六七〇)から始まる、近世の「山国十ヶ村」と広河原との争論の話を伺いたく思います。なお、「山国十ヶ村」とは、下・鳥居・辻・塔・中江・比賀江・大野・井戸の本郷八ヶ村と、小塩村、さらに黒田三ヶ村(下黒田・宮・上黒田)を一村とみなした総称です。

大貫　第八章で私が分析したのは、山国十ヶ村と広河原村との「奥山」の争論です。その中でも特に最初に争論になった寛文期の争論の詳細な展開を明らかにしました。これまでの研究では、その内容自体が明らかになっていなかったところです。

山国十ヶ村は寛文十年八月から間もない頃に訴訟を起こしています。さらに黒田三ヶ村では、片波村との争論が同年の五月ぐらいから始まっています。

坂田さんはじめ、吉岡さんたちの先行研究もふまえて、このころに、本郷と黒田が連合して共闘する必要性が出てきたのではないかと思っています。寛文十年三月の史料に、「山国十ヶ村」という文言がはじめて現れることも考えると、寛文十年を本郷と黒田との関係の一つの画期と見ることができるだろうと思います。

坂田　私は、この寛文の広河原との争論のあたりを契機にして、黒田側が本郷側に、自分たちも共闘するからには名主として認めろ、というような要求をしたのではないかと、かつて考えました(坂田 二〇一一著書、第1部一章)。黒田も含まれている由緒書のバージョンを提示して、それを本郷側に飲ませたのではないかと。そのあたりをふまえて、「名主家由緒書」の成立期を寛文・延宝期としたのですが、谷戸さんが論証された事実に誤りがないとすれば、吉岡・谷戸説の結論を受け入れるにやぶさかではありません。

ただ、寛文期の重要性をふまえた時、現存する「名主家由緒書」の比較から、本郷と黒田の有力百姓間のやり取りの実態を論証した前掲拙稿の結論にも捨てがたい部分があり、その結論が、はたして寛文・延宝期以降の時期でも成り立ちうるかどうかという課題も含めて、私なりに再検討したく思います。

吉岡　村の連合と「名主」の連合は違うものと考えるほうがよろしいかと思います。つまり、近世期に単一の社会集団しか存在しない、ということはありえず、社会集団というものは常に重層的に存在してきますので、山国十ヶ村というまとまりができたというのと、「名主」の由緒が共有されたというのは、やはり全然違う問題として捉えなければいけないというふうに思います。

坂田　ただ、「山国十ヶ村」といった形で、村連合の呼称を用いているものの、実態としては本郷と黒田の有力百姓の連合であるということもありえるのではないでしょうか。

吉岡　ありえるとは思いますが、実証できるかどうかが重要です。現状では、村の連合の成立と「名主」集団の形成は段階的ないし別個に捉えたほうがよろしいかと思います。

坂田　いずれにしろ、吉岡さんは段階説で捉えられているということですね。十九世紀あたりになって、最終バージョンが完成したと考える方がいいのではないかと。

ここでもう一つ論じたいことは、個々の由緒をめぐる言説が時代とともに変わっていく、という問題です。馬部さんは第六章で、椿井文書をとりあげて、その事実を強調されています。由緒というのは、言ってみれば上書きされていくものであり、今日目にする由緒の完成版が、最初からできあがっていたと考えるのは誤りだということですね。

馬部　今回私が書いたのは、山国とは直接関わりはないのですが、椿井文書についてです。椿井文書とは、江戸時代後期に椿井政隆によって量産された偽文書群の総称です。それらは、彼の没後に近畿地方に広く頒布されたうえ、各地で真正な史料として活用されてきました。

第六章では、椿井政隆の二代前の椿井家の当主が既に系譜を創作しており、椿井政隆自身がそれと齟齬を来さないように、主張していく由緒を再構成していっている様子が描けました。山国との関わりで言うと、由緒というのは固定的なものではなくて、個人でも考えがだんだん変わりますし、あるいは世代を越えてでもだんだん由緒が変わっていくという流れを描くことで、なにかしら山国の研究にも情報提供できたのではと思っています。

吉岡　馬部さんのご論考を読ませていただいて、大きな枠組みでみると、由緒を創造するというのは、同じような推移を辿っているのだということが、私の中では腑に落ちました。

椿井政隆が年次を間違えてしまった、そしてその年次がそのまま後々も書かれ続ける、というくだりが第六章の後半にありましたね。山国でも、名の数を三十二と間違えて申告してしまったら、それが京都の代官所の方に残ってしまったので、もうそちらに合わせるしかなくなって、三十二というのを書き始めるわけです。ただ、由緒書である以上は整合的に説明しなくてはいけないので、それらも含め、いろいろな説も全てひっくるめて載せたのが、十九世紀半ばの弘化の「古家撰伝集」だということを、私は第四章で主張しました。第六章の馬部さんの方は系図の話ですので、その点ではつながらないわけですが、そういった間違いもそのまま残っていくというのは、由緒書・由緒というものの性格を考える上では大事な問題だと感じました。

また、これも馬部さんが述べられている点ですが、由緒の内容が当初からそうだったと勝手に想定したり、あるいは異なる内容が併記されていることを研究者の側がなんとか整合的に理解しようとすると、ドツボにはまっていくというのを、由緒を研究に使用する際の注意点として強調するべきなのではないかと思っております。

馬部　全く同感です。一方で、変えてしまうと矛盾が生じるので、変えない中でいかに矛盾部分を解決していくかという、そういう折り合いをつけているのが、椿井文書、椿井政隆の発想の面白いところですね。意外と大胆に変えていることもあれば、先祖代々椿井家に伝わってきたものは、信憑性を確保するためにきちんとキープしているところもあります。変わる、という側面だけでは捉えない方がいいとは思います。

坂田　椿井文書と、山国の由緒や偽文書をめぐる問題との、共通点と差異について、馬部さんのお考えはいかがでしょうか。

馬部　一般論でしか言えませんが、椿井文書との共通点で言えば、結局人が文字を使って嘘をつく時は大体似たようなことをするというところです。もう少し言うと、山国で起こっていることは、畿内近国のどこの村でもたぶん当たり前のように起こっていることのように思います。文書の残り方の面で山国が少し目立っているだけで、起こっている現象そのものは、たぶん畿内近国全域で起こっていることだという印象ですね。

一方椿井文書に関しては、個人であああいうことをしていくというのは、かなり特殊なのかなと思います。たぶん、いわゆる偽文書作成業者的な専門的な人はあまり畿内ではいないのではないでしょうか。例えば甲斐でしたら、武田の偽文書を作る専門家がいましたから、あれだけの量が残っているのですが、畿内で文書整理していても、山国レベルのたわいもない偽文書はたくさん出てきても、業者が作ったようなものが紛れ込んでいるのはさほど見たことがありませんが。私があまり目配りができてないだけかもしれませんが。

■争論

坂田　最後に、広河原（「奥山」）をめぐる争論の問題をとりあげたいと思います。同争論は、名主論・文書論・由緒論を考える際の重要なポイントでもあるわけですが、争論の具体的な展開について、近世の前期の段階について大貫さん、中後期の段階について冨善さんがそれぞれ分析されました。この前期と中後期の共通点と差異について、お二人のお考えを披露していただきたいのですが、まず大貫さんいかがでしょうか。

大貫　寛文期の争論は、広河原と山国十ヶ村との争論と言っても、山国側が訴えているのは、六人なのですね。だから広河原・船ヶ原に住んでいるこの六人と山国側との争論だと言えると思います。この六人が何で山国側と対峙しているのかというと、豊臣政権期以来、広河原・船ヶ原は施薬院領として、施薬院側が年貢を積極的に収納していたということです。そういった背景があったからこそ、この六人が、というか六家がと言った方がよいかもしれませんが、自分たちの居住地は施薬院領であるという認識のもと、山国側に対峙して、畑を広げたりとか、材木を切ったりとかして抵抗していくのだと思います。寛文の争論の最後は、延宝二年（一六七四）に裁許が出て、「奥山」の総絵図が作成されます。それから二年後に行政村としての広河原村が出現しますので、その後の争論と、寛文期の争論は質が違ってくると私は思っています。

冨善　中後期は基本的に広河原村と山国十ヶ村という、村対村々の争論ですね。先ほどの延宝の裁許、それから明和元年（一七六四）の裁許があり、山国十ヶ村側が証拠文書の蓄積をしていき、何回もある訴訟の際ごとに、それを京都町奉行所に出すことによって、法廷の上ではやはり広河原に勝ち目はなくなっていくということがありますね。加えて、広河原村の庄屋が、山国と繋がっていることを広河原村の中で糾弾されたり、その他にも大きな村方騒動が起きたりすることで、山国十ヶ村と対峙する力をなくしていくということもあります。

大貫　第二論集（坂田編 二〇二〇）の時には、私は中後期の争論のことにも触れたのですが、広河原村の中でもいろいろ対立があり、その時その時の争論で、広河原村の中での様相は変わっていったという話をしました。村一体になって戦っていたとは言えないですね。

冨善　内部対立もありますし、山国の方から仕掛けて対立状況を作っていくというのが特徴的ですね。

坂田　一枚岩ではなくて、まあ内部でもいろいろと状況によって、対立したり懐柔されたりしたことを見ていく必要があるということですね。

■山国荘調査団の到達点と今後

坂田　最後のまとめに入ります。山国荘調査団三十年の活動の集大成として、この論集自体が、言ってみれば、同志社大学人文科学研究所の活動が築き上げた、あの大きな山国地域史関係の通説を、どこまで書き換えることができたのか、というところをポイントにしてきたのですが、それがどの程度成功したか、いかなる課題が残されたかという点について、ご意見いただいて終了したいと思います。いかがでしょうか。

吉岡　五十年年以上前の同志社人文研の研究と対置した場合、この調査団の取り組みの到達点であり、同志社の研究を超えた点といえるのは、やはり文書論ではないかと思っています。我々は、デジタルカメラなどの機器を利用することで、恐らく同志社の方々よりも圧倒的に多くの史料を、現物ではないけれども、データとして見ることができた。その結果、一見同内容に見える文書の微妙な違いや、伝来のあり方、あるいはその断絶とか、そういったものを確認することができました。そのことによって、書かれたことをそのまま正しいものとして受け止めるのではなくて、それがどういった背景・経緯の中で書かれた内容なのかというところを、現状で可能な限り突き詰めることができたのではないでしょうか。その積み重ねにより、結果的に同志社人文研が出した山国像、中世像あるいは近世像を、全体としてみると、かなり塗り替えることができている。そこがやはり大きいのではないかなと思います。

一方で、到達できなかった点としては、山国荘調査団としての共通認識ではないでしょうか。つまり、同志社人文研の研究は、一つのまとまった山国像を出したわけですが、我々はどちらかというと両論併記的にずっとやってきて、今回の論集でも、そこが解消されることはありませんでした。それが良いという考え方もあると思うのですが、個人的には、調査団としての共通認識を提示できなかったことを残念に思っています。

薗部　山国像を塗り替えることができたという、吉岡さんのご意見に賛成です。ただ、いろいろな意見が出てきて一つに収斂していないという点については、逆に私はそれだけ研究が深化したということで、むしろプラスに評価できると思います。同志社大時代のレベルとは比較にならないほど深く文書に沈潜したというところからすると、当然のことながら、個々の文書に対する評価は人によって変わってきますので、それを無理やり一つにまとめる必要はないでしょう。

その上で、残念に思っていることがあります。これだけ文書を撮影して、今まで知られていなかった文書や、知られていても活字以外では見ることができなかったものを、明らかにしてきたというのは、学界の研究水準にとっても非常に大きな足跡を残したと思います。ただ、今後の研究者に対して、この研究会がどういうことができるのか。例えば撮影した文書の写真版やデータを、どのような形で開示したり、学界に裨益したりできるのか、ということについては、問題として残っていると思います。コロナでなかなか現地に行けない時期もありましたし、また量が膨大だということで、一概に公開ができない。大学自体もその成員は五十年ぐらいすると変わってしまいます。私たちの今の段階での限界なのかもしれませんけれども、宝物をせっかくこれだけ掘り出したのに、その宝物を見せられないというのは、やはり残念です。

坂田　私も薗部さんの一点目、吉岡さんがあえて課題として挙げた、調査団の一致した見解を導き出せなかったというのは、それぞれの研究者の立場と責任で、自身の研究成果を提示したということの裏返しであり、現段階ではむしろプラスに評価できるのではないかと思います。

薗部さんの二番目の問題、すなわち、後進の研究者に対して何ができるかという問題はとても重要です。そのためにできる範囲のことを行おうと思い、本書には山国地域史関係の「主な史料集・文書目録リスト」と「主要文献リスト」を掲載しました。この座談会によって、山国地域史に対して少しでも読者の皆さんに興味関心を持ってもらえるようにしたのもその一環です。

ただ、文書写真の全面公開は、いろいろとハードルの高い難問があり、残念ながら現状ではむずかしいため、山国地域史の研究に興味を持ち、同地域の文書写真を閲覧したい方は、当面、本書の執筆者をはじめとする調査団のメンバーにご一報いただければと思います。

このあたりで座談会を終了したく思います。ご参加の執筆者の皆さん、長時間ありがとうございました。

（二〇二四年八月三十日、オンライン）

山国地域史関係　主要文献リスト

＊後年、著書（単著）に収録された論稿については、初出が論集のケース以外はリストアップせず、著書の方に初出年次のみを記した。
＊本リストは、本書によって山国地域史に関心を持たれた方に便宜を図るため、同地域に関する主要な文献を掲載したものであり、先行研究のすべてを網羅したリストではないことを、あらかじめお断わりしておきたい。

・奥野高廣『皇室御経済史の研究』（畝傍書房、一九四二年。一九八二年に国書刊行会より再刊）
・児玉幸多『近世農村社会の研究』（吉川弘文館、一九五三年）
　・二　近世における新村落成立の過程――その一例としての丹波広河原村――（初出一九三四年）
・西川善介「林業経済史論（2）――近世以前の山国杣――」（『林業経済』一三四号、一九五九年）
・井ケ田良治「封建社会における村落共有山林と村落構造――役山・名主山・年寄山に関する一資料――」（『同志社法学』六三号、一九六一年）
・富井康夫「近世枝郷農民の抵抗と土地所有――丹波国桑田郡広河原村の場合――」（『史朋』一号、一九六二年）→掲載誌の表紙に記されている本論文の副題は、「丹波国桑田郡～」であるが、一方、同論文の本文文頭に記されている題名中の副題は、「丹波桑田郡～」（「国」がない）となっている。ここでは、表紙の記載にしたがって、「丹波国桑田郡～」とした。
・仲村　研「禁裡領丹波国山国庄年表その一」（『史朋』一号、一九六二年）
・藤田叔民「近世丹波山国地方の材木商人と在株」（『文化史学』一七号、一九六三年）

・仲村　研「禁裡領丹波国山国庄年表その二」（『史朋』二号、一九六三年）
・水口民次郎『丹波山国隊史』（山国護国神社、一九六六年）
・同志社大学人文科学研究所編『林業村落の史的研究――丹波国山国郷における――』（ミネルヴァ書房、一九六七年）
・Ⅰ　山国盆地の集落景観とその歴史地理的考察　木下　良
・Ⅱ　中世山国庄の名体制　仲村　研
・Ⅲ　近世山国本郷の惣郷宮座　竹田聴洲
・Ⅳ　近世山国の領主支配と貢租　秋山國三
・Ⅴ　近世村落共有山林と村落構造――中江村を中心として――　井ケ田良治
・Ⅵ　近世枝郷広河原村の土地保有と抵抗　富井康夫
・Ⅶ　近世山国郷の林業経営　岡　光夫
・Ⅷ　近世山国材の流通構造　藤田叔民
・Ⅸ　丹波山村の同族組織と村落構造　松本通晴
・仲村　研「山国五社明神宮座の解体過程――丹波山国農兵隊成立史――」（『社会科学（同志社大学人文科学研究所）』三巻一号、一九六八年）
・仲村　研『山国隊』（学生社、一九六八年。一九九四年に中公文庫より再刊）
・竹田聴洲『近世村落の社寺と神仏習合――丹波山国郷――』（『竹田聴洲著作集』四巻、国書刊行会、一九九七年、初出（単行本）一九七二年）↓山国地域をフィールドとする書下ろし

・竹田聴洲『村落同族祭祀の研究』（『竹田聴洲著作集』第五巻、国書刊行会、一九九六年、初出（単行本）一九七七年）

前編　宮座慣行と同族祭祀

・第二章　郷氏神の宮座と同族規制——京都府北桑田郡山国村（現北桑田郡京北町の内）——（初出一九六七年）

後編　寺檀関係と同族集団

・第三章　村落墓地の形成と同族——京都府北桑田郡山国村大字名中江（現北桑田郡京北町中江）——（初出一九七〇年）

・仲村　研『荘園支配構造の研究』（吉川弘文館、一九七八年）

Ⅱ　荘園と名主

・第一　丹波国山国荘の名体制（初出一九六七年）

・第二　名主江口家の家譜と家産（初出一九七四年）

Ⅲ　在地領主制と村落

・第二　中世後期の村落（初出一九六七年）

・黒川正宏『中世惣村の諸問題』（国書刊行会、一九八二年）

・第六章　丹波国山国荘の村落構造について（初出一九六五年、一九六六年）

→遺稿集（本書）編纂の際、仲村の手により二論文が本章の形にまとめられる。

・第十二章　中世村落の基礎構造（初出一九七二年）

・本吉瑠璃夫『先進林業地帯の史的研究――山国林業の発展過程――』（玉川大学出版部、一九八三年）
・桜井英治「三つの修理職――非官司請負制的体系と天皇支配――」（『遥かなる中世』八号、一九八七年）
・坂田　聡『日本中世の氏・家・村』（校倉書房、一九九七年）
第一部　家と村――主に丹波国山国荘を例に
・第二章　中世村落の構造と家（初出一九八九年）
・第三章　氏連合的村落から家連合的村落へ――構成原理よりみた中世村落の歴史的変化の様相――（初出一九九〇年）
・第四章　中世後期百姓の苗字・家・同族――主に丹波国山国荘を例に――（初出一九八九年）
・第五章　中世末〜近世前期百姓の同族組織と村落構造――丹波国山国荘黒田宮村西家を例に――（初出一九九三年）
・高久嶺之介『近代日本の地域社会と名望家』（柏書房、一九九七年）
・第三章　明治前期地方名望家層の政治行動――民権運動から「民党」運動へ――（初出一九七七年）
・本郷恵子『中世公家政権の研究』（東京大学出版会、一九九八年）
第二部　公家政権存立の構造とその変質
・第二章　公家政権の経済的変質――諸官司の再編――
・岡野友彦「中世灌漑史の一齣――丹波国山国荘の塩野井堰――」（皇學館大学史料編纂所報『史料』一五八号、一九九八年）
・岡野友彦「丹波山国近世文書二件」（『皇學館史學』一七号、二〇〇二年）

・西尾正仁「近世宮座と家格伝承――京都府北桑田郡京北町山国の場合――」(『御影史学論集』二九号、二〇〇四年)
・坂田　聡『苗字と名前の歴史』(吉川弘文館、二〇〇六年)
・坂田　聡編『禁裏領山国荘』(高志書院、二〇〇九年)…略称「第一山国論集」

第1部　村と支配

・修理職領から禁裏領へ　岡野友彦
・山国荘の貢納と『御湯殿上日記』　野村和正
・村のなかの契約ごと　外岡慎一郎
・山国荘下黒田村の開発とその担い手　西川広平
・永禄九年の山国荘　峰岸純夫
・村落内身分の地域分布と開発　薗部寿樹
・近世村連合の歴史的変遷　高橋雅人
・近現代における山国隊像の変遷　吉岡　拓
・京都府北桑田郡の地域メディア『北桑時報』　多仁照廣
・(コラム1)「黒田地区文書」の公開まで　山田洋一
・(コラム2)山国荘調査団デジタル化の話　浜野雄一郎

第2部　家と由緒

・名主家由緒書の成立過程　西尾正仁

・由緒書と偽文書　坂田　聡
・近世の名主仲間と鮎漁・網株・鮎献上　山崎　圭
・村による家の存続戦略　森本一彦
・鳥居家譜の成立　柳澤　誠
・宇津氏の動向と鳥居家文書　柴﨑啓太
・名主家の寺庵と常照寺　前嶋　敏
・伊勢御師の動向と山国　千枝大志
・（コラム3）守り伝えられた地域の歴史　石川達也
・（コラム4）現地から学ぶ、実物から学ぶ、人から学ぶ　細谷昌弘
・薗部寿樹『日本の村と宮座――歴史的変遷と地域性――』（高志書院、二〇一〇年）
・第四章　家格制と宮座――江戸期――
・薗部寿樹『中世村落と名主座の研究――村落内身分の地域分布――』（高志書院、二〇一一年）
第三編　山陰道
・第五章　丹波国（初出二〇〇九年）
・坂田　聡『家と村社会の成立――中近世移行期論の射程――』（高志書院、二〇一一年）
第1部　宮座・家格・由緒と村落類型
・一章　由緒書と偽文書（初出二〇〇九年）
・二章　百姓の家・家格・由緒（初出二〇〇三年）

・三章　宮座の構造と村落類型（初出二〇〇七年）
第2部　中世後期村社会の実像
・五章　村社会と「村人神主」（初出一九九九年）
・六章　文書機能論より見た中世後期村社会の実像（初出二〇〇〇年）
・七章　戦国期土豪の婚姻と相続（初出二〇〇三年）
・坂田　聡「丹波国山国荘地域の調査をめぐって――古文書の整理・保存と研究のはざまで――」（『日本史研究』五九三号、二〇一二年）
・西川広平『中世後期の開発・環境と地域社会』（高志書院、二〇一二年）
第一部　山野の領域と生業
・第一章　畿内周辺山間地域における生業の秩序（初出二〇〇〇年）
第二部　開発と災害への対応
・第一章　井堰の開発と環境（初出二〇〇三年）
・第二章　耕地開発の展開とその担い手（初出二〇〇九年）
・奥中康人『幕末鼓笛隊　土着化する西洋音楽』（大阪大学出版会、二〇一二年）
・坂田　聡「丹波国山国荘地域の現地調査・その成果と課題」（『民衆史研究』八五号、二〇一三年）
・西尾正仁「丹波国山国郷の名主家伝承――「山国荘名主家由緒書」を中心として――」（兵庫教育大学史朋会編『河村昭一先生退職記念　史学論集』兵庫教育大学史朋会、二〇一三年、初出一九九六年）
・坂田　聡・吉岡拓『民衆と天皇』（高志書院、二〇一四年）

・淺川道夫・前原康貴『丹波・山国隊　時代祭「維新勤王隊」の由来となった草莽隊』（錦正社、二〇一六年）
・坂田　聡「中世後期における村の文書とリテラシー――丹波国山国荘下黒田村「井本正成家文書」を素材に――」（『新しい歴史学のために』二八九号、二〇一六年）
・吉岡　拓「近世後期地域社会における天皇・朝廷権威――丹波国桑田郡山国郷禁裏御料七ヶ村の鮎献上（網役）を事例に――」（『恵泉女学園大学紀要』二八号、二〇一六年）
・吉岡　拓「近世後期大嘗祭斎田抜穂の儀と地域社会――丹波国桑田郡鳥居村（山国郷内禁裏御料七ヶ村）、船井郡並河村の事例から――」（『恵泉女学園大学紀要』二九号、二〇一七年）
・吉岡　拓「近世畿内・近国社会と天皇・朝廷権威――丹波国桑田郡山国郷を主な事例に――」（『歴史学研究』九七六号、二〇一八年）
・熱田　順『『丹波国山国荘史料』『丹波国黒田村史料』の史学史的意義」（『日本史研究』六七〇号、二〇一八年）
・薗部寿樹『日本中世村落文書の研究――村落定書と署判――』（小さ子社、二〇一八年）
　第一部　村落文書の形成と村落定書
　・付論一　明応七年丹波国山国荘黒田下村の紛失定書二通（初出二〇一八年）
　第二部　村落文書の署判
　・第八章　丹波国山国荘における木印署判（初出二〇一六年）
　・付論二　山国荘井戸村江口家の木印（初出二〇一八年）
・薗部寿樹「『日本中世村落文書の研究』その後」（『生活文化研究所報告（山形県立米沢女子短大）』四六号、二〇一九年）

•吉岡　拓「戊辰内乱の記憶／記録と身分意識——京都府北桑田郡山国村を主な事例に——」（『日本史研究』六七九号、二〇一九年）

•岡野友彦・柳澤誠・石川達也「東京大学史料編纂所所蔵「横田文書」」（『東京大学史料編纂所紀要』二九号、二〇一九年）

•柳澤　誠「丹波国山国郷における文書保存・管理・利用」（佐藤孝之・三村昌司編『近世・近現代文書の保存・管理の歴史』勉誠出版所収、二〇一九年）

•坂田　聡「中近世移行期の在地社会と文書——丹波国山国荘地域における百姓のリテラシー論を踏まえて——」（『紀要（中央大学文学部）』史学六四号、二〇一九年）

•吉岡　拓「黒田の人々はなぜ山国隊に参加しなかったのか」（『カルチュール（明治学院大学教養教育センター紀要）』一四巻一号、二〇二〇年）

•吉岡　拓「「山国隊」隊名をめぐるあれこれ——誰が名づけたのか・何と読むのか——」（地方史研究協議会編『日本の歴史を解きほぐす——地域資料からの探求——』文学通信所収、二〇二〇年）

•坂田　聡編『古文書の伝来と歴史の創造——由緒論から読み解く山国文書の世界——』（高志書院、二〇二〇年）…略称「第二山国論集」

第Ⅰ部　名主家の由緒・伝承・系譜

•中近世「名主」考　吉岡　拓

•黒田宮村西家の家譜・由緒と「常照寺一件」　坂田　聡

•山国名主家伝承の諸相　西尾正仁

・由緒文書の作成・書写・相伝　柳澤　誠
・山国郷の由緒書と明智光秀伝承　谷戸佑紀
第Ⅱ部　山野用益・境界認識と偽文書
・料紙から見た山国の「偽文書」　岡野友彦
・山地領有の秩序と偽文書　熱田　順
・山地領有の由緒と文書　西川広平
・近世山国地域における境界認識と由緒　大貫茂紀
第Ⅲ部　在地文書の様式の変遷と伝来過程
・売券の変遷と地域社会　薗部寿樹
・山国地域の文書と社会　村上絢一
・黒田宮村菅河家文書の形成　前嶋　敏
・十九世紀の地域社会における文書管理　宮間純一

・吉岡　拓「十八世紀丹波国桑田郡山国郷における由緒書の編纂と「郷士」身分」（『カルチュール（明治学院大学教養教育センター紀要）』一五巻、二〇二一年）
・村上絢一「任官料足請取状（「饗料腰差酒肴」請取状）の検討」（『古文書研究』九一号、二〇二一年）
・熱田　順「中近世移行期における地域秩序の変容と村落――丹波国山国地域を題材に――」（『新しい歴史学のために』二九八号、二〇二一年）
・熱田　順『中世後期の村落自治形成と権力』（吉川弘文館、二〇二一年）

第Ⅲ部　中間層と「村落「自治」」
・第二章　中近世移行期における村落と領主の関係――丹波国山国荘を中心に――（初出二〇一八年）
・馬部隆弘「荘官家の細川京兆家被官化」（『戦国史研究』八四号、二〇二二年）
・馬部隆弘「丹波山国荘の代官設置と三好長尚」（『大阪大谷大学歴史文化研究』二二号、二〇二二年）
・吉岡　拓「「丹州山国境内之目録」について――丹波国桑田郡山国荘（山国郷）の中近世移行期像再考に向けて――」（『カルチュール（明治学院大学教養教育センター紀要）』一六巻一号、二〇二二年）
・坂田　聡「戦国期山国荘本郷地域における名体制と名主」（『日本歴史』九〇二号、二〇二三年）
・薗部寿樹『中世村落の文書と宮座』（小さ子社、二〇二三年）
第一部　村落文書
・第二章　売券と地域社会（一節　丹波国）（初出二〇二〇年）
・第三章　中世村人の署判（初出二〇二二年）
・西川広平『中近世の資源と災害』（吉川弘文館、二〇二三年）
第二部　山野における資源の調達
・第三章　山地領有の由緒と文書（初出二〇二〇年）
・第四章　丹波国山国・黒田地域における鮎漁の展開（初出二〇二〇年）
・飛鳥井拓「戦国期丹波国宇津氏の基礎的考察」（『新潟史学』八七号、二〇二四年）
・西尾正仁「京都近郊村落における歴史認識――丹波国山国郷の由緒改編事業を通して――」（『御影史学論集』四九号、二〇二四年）

山国地域史関係　主な史料集・文書目録リスト

＊本リストは、本書によって山国地域史に関心を持たれた方に便宜を図るため、同地域に関する主な史料集と文書目録を掲載したものである。

一　史料集

野田只夫編『丹波国山国荘史料』（一九五八年）
同志社大学人文科学研究所第三研究編「中世山国庄史料」（『紀要（同志社大学人文科学研究所）』六号、一九六三年）
同志社大学人文科学研究所第三研究編「中世山国庄枝郷史料」（『紀要（同志社大学人文科学研究所）』八号、一九六四年）
野田只夫編『丹波国黒田村史料』（一九六六年）
仲村研・宇佐美英機編『征東日誌』（国書刊行会、一九八〇年）
岡野友彦編「丹波国山国荘史料補遺」（『史友』七八号、一九八四年）
京都市編『史料　京都の歴史』第八巻・左京区（平凡社、一九八五年）→広河原村関係の史料が掲載されている。
高久嶺之介編「河原林安左衛門日記――丹波山国農兵隊親兵組の日記――」（一）～（四）（『社会科学（同志社大学人文科学研究所）』三九号・四〇号・四四号・四五号、一九八七年～一九九〇年）
峰岸純夫編「黒田３ヵ村中世文書翻刻」（平成十一年度～平成十四年度科学研究費補助金・基盤研究（B）（1）研究成果報告書『京都近郊山間村落の総合的研究』（研究代表者・坂田聡所収、二〇〇三年））

丹波国山国荘調査団（柳澤誠）編「丹波国山国荘鳥居家文書の中世文書——宇津氏発給文書——」（『中央史学』三五号、二〇一二年）
丹波国山国荘調査団（大貫茂紀・柳澤誠）編「丹波国山国荘鳥居家文書の中世文書——宇津氏受給文書——」（『中央史学』三六号、二〇一三年）
丹波国山国荘調査団（大貫茂紀・高島良太・柳澤誠）編「丹波国山国荘鳥居家文書の中世文書——名職・田地関係文書——」（『中央史学』三七号、二〇一四年）
丹波国山国荘調査団（大貫茂紀・柳澤誠）編「丹波国山国荘鳥居家文書の中世文書——送状・請取状——」（『中央史学』三八号、二〇一五年）
丹波国山国荘調査団（大貫茂紀・柳澤誠）編「丹波国山国荘鳥居家文書の中世文書——三箇条吉書——」（『中央史学』四一号、二〇一八年）
丹波国山国荘調査団（熱田順・大貫茂紀・柳澤誠）編「中央大学図書館所蔵丹波国桑田郡灰屋村文書」（『中央史学』四三号、二〇二〇年）
丹波国山国荘調査団（大貫茂紀・柳澤誠）編「三十六名八十八家私領田畑配分幷官位次第」（『中央史学』四四号、二〇二一年）
丹波国山国荘調査団（大貫茂紀・柳澤誠）編「永代売渡申私領田地之事」（『中央史学』四五号、二〇二二年）

二　文書目録

同志社大学人文科学研究所第三研究編『丹波国桑田郡井戸村江口九一郎氏所蔵文書目録』（一九六一年）

同志社大学人文科学研究所編『京都府北桑田郡京北町字小塩森脇良雄氏旧蔵史料目録・字小塩下水木儀一氏所蔵史料目録・字中地真継梶之助氏所蔵史料目録・字下宇津安威昇氏所蔵史料目録・字弓槻安田隆一氏所蔵史料目録』(一九六五年)

同志社大学人文科学研究所第二研究編『丹波国桑田郡比賀江村区有文書目録・同村岡本純一氏所蔵文書目録』(一九六六年)

同志社大学人文科学研究所第二研究編『丹波国桑田郡中江村西八郎氏所蔵文書目録』(一九六六年)

同志社大学人文科学研究所第二研究編『丹波国桑田郡中江村小畠久雄氏所蔵文書目録(上)』(一九六六年)

同志社大学人文科学研究所第二研究編『丹波国桑田郡中江村小畠久雄氏所蔵文書目録(下)』(一九六七年)

同志社大学人文科学研究所第二研究編『丹波国桑田郡大野村河原林孟夫氏所蔵文書目録』(一九六七年)

同志社大学人文科学研究所編『河原林文庫目録』(一九六七年)

同志社大学人文科学研究所第三研究編『丹波国桑田郡小塩村区有文書目録』(一九六一年)

同志社大学人文科学研究所編『丹波国桑田郡山国拾二ケ村並広河原村史料目録』(一九七一年)

東京大学法学部近代立法過程研究会編『河原林義雄関係文書　近代立法過程研究会収集文書一七』(一九七三年)

郷土史家湯口進による山国地域の「家別文書目録」(一九八〇年代後半~一九九〇年代前半)

→各文書所蔵者宅に、その家の文書に関する「文書目録」が寄贈される。

平成十一年度~平成十四年度科学研究費補助金・基盤研究(B)(1)研究成果報告書『京都近郊山間村落の総合的研究』(研究代表者・坂田聡、二〇〇三年)収録の「家別文書目録」

同志社大学人文科学研究所第十五期第四研究会編『同志社大学人文科学研究所寄託河原林文書中書簡目録』（二〇〇七年）

平成十七年度～平成十九年度科学研究費補助金・基盤研究（C）研究成果報告書『中世後期～近世における宮座と同族に関する研究』（研究代表者・坂田聡、二〇〇八年）収録の「家別文書目録」

令和三年度～令和五年度科学研究費補助金・基盤研究（B）「地域における歴史意識の形成過程に関する研究――由緒関係文書の原本調査を踏まえて――」（研究代表者・坂田聡）研究成果報告書Ⅰ『江口喜代志家文書目録・河原林成吏家文書目録』（二〇二三年）

令和三年度～令和五年度科学研究費補助金・基盤研究（B）「地域における歴史意識の形成過程に関する研究――由緒関係文書の原本調査を踏まえて――」（研究代表者・坂田聡）研究成果報告書Ⅱ『山国神社文書目録・鳥居剛家文書目録・高室美博家文書目録』（二〇二三年）

谷戸 佑紀（たにど ゆうき）
1986年生まれ。皇學館大学文学部准教授。主要著書・論文『近世前期 神宮御師の基礎的研究』（岩田書院、2018年）、「近世の地域大社と社家の布教活動 ―伊勢国多度神社と小串氏を事例として―」（皇學館大学編『皇学論纂』皇學館大学、2022年）、「徳川将軍家と天照大神 ―家光期を中心に―」（『神道宗教』270号・271号、2023年）

馬部 隆弘（ばべ たかひろ）
1976年生まれ。中京大学文学部教授。主要著書『戦国期細川権力の研究』（吉川弘文館、2018年）、『由緒・偽文書と地域社会』（勉誠出版、2019年）、『椿井文書 ―日本最大級の偽文書』（中央公論新社、2020年）

岡野 友彦（おかの ともひこ）
1961年生まれ。皇學館大学文学部教授。主要著書『中世久我家と久我家領荘園』（続群書類従完成会、2002年）、『北畠親房 ―大日本は神国なり―』（ミネルヴァ書房、2009年）、『中世伊勢神宮の信仰と社会』（皇學館大学出版部、2021年）

大貫 茂紀（おおぬき しげき）
1967年生まれ。中央大学商学部特任教授。主要著書・論文『戦国期境目の研究 ―大名・領主・住人―』（高志書院、2018年）、『境目の戦国時代 ―上杉・武田・北条のはざまを生き抜いた人びと―』（小さ子社、2022年）、「越後・越中境目と秋山定綱 ―天正十・十一年を中心に―」（『十六世紀史論叢』（19）、2023年）

冨善 一敏（とみぜん かずとし）
1961年生まれ。東京大学経済学部資料室学術専門職員。主要著書・論文『近世村方文書の管理と筆耕 ―民間文書社会の担い手―』（校倉書房、2017年）、「日本近世アーカイブズ資源研究（2004–2019）をふり返って ―文書管理史を中心に―」（『アーカイブズ学研究』33、2020年）、「現状記録と概要調査 ―ささやかな個人的体験から―」（『東京大学経済学部資料室年報』13、2023年）

【執筆者一覧】（執筆順）

【編者】

坂田 聡（さかた さとし）
1953年生まれ。中央大学名誉教授
［主な業績］
『日本中世の氏・家・村』（校倉書房、1997年）
『村の戦争と平和』（共著、中央公論新社、2002年）
『苗字と名前の歴史』（吉川弘文館、2006年）
『禁裏領山国荘』（編著、高志書院、2009年）
『家と村社会の成立 ―中近世移行期論の射程―』（高志書院、2011年）
『民衆と天皇』（共著、高志書院、2014年）
『古文書の伝来と歴史の創造 ―由緒論から読み解く山国文書の世界―』（編著、高志書院、2020年）

【執筆者】

柳澤 誠（やなぎさわ まこと）
1977年生まれ。八王子市郷土資料館文化財専門員。主要論文「室町期興福寺寺門雑掌の活動 ―柚留木氏を例として―」（『日本史研究』553号、2008年）、「丹波国山国郷における文書の保存・管理・利用」（佐藤孝之・三村昌司編『近世・近現代 文書の保存・管理の歴史』勉誠出版、2019年）、「由緒文書の作成・書写・相伝 ―井戸村江口家文書を中心として―」（坂田聡編『古文書の伝来と歴史の創造 ―由緒論から読み解く山国文書の世界―』高志書院、2020年）

薗部 寿樹（そのべ としき）
1958年生まれ。山形県立米沢女子短期大学名誉教授、中央大学兼任講師。主要著書『中世村落と名主座の研究 ―村落内身分の地域分布―』（高志書院、2011年）、『日本中世村落文書の研究 ―村落定書と署判―』（小さ子社、2018年）、『中世村落の文書と宮座』（小さ子社、2023年）

吉岡 拓（よしおか たく）
1978年生まれ。明治学院大学教養教育センター准教授。主要著書・論文『十九世紀民衆の歴史意識・由緒と天皇』（校倉書房、2011年）、「明治20年代後半クリスチャン青年の天皇観 ―階級意識との関連から―」（『明治学院大学キリスト教研究所紀要』55、2023年）、「江戸川筋御猟場から見る明治期日本の地域社会と天皇・天皇制」（『埼玉地方史』87、2023年）

● テキストデータ（文字データ）提供のお知らせ

視覚障害、肢体不自由、発達障害などの理由で本書の文字へのアクセスが困難な方の利用に供する目的に限り、本書をご購入いただいた方に、本書のテキストデータを提供いたします。（※テキストデータは文字情報のみです。図版は含まれません）
ご希望の方は、必要事項を添えて、下のテキストデータ引換券を切り取って（コピー不可）、下記の住所までお送りください。

【必要事項】 データの送付方法をご指定ください（メール添付 または CD-Rで送付）
メール添付の場合、送付先メールアドレスをお知らせください。
CD-R送付の場合、送付先ご住所・お名前をお知らせいただき、200円分の切手を同封してください。

【引換券送付先】 〒606-8233　京都市左京区田中北春菜町26-21　小さ子社

＊公共図書館、大学図書館その他公共機関（以下、図書館）の方へ
図書館がテキストデータ引換券を添えてテキストデータを請求いただいた場合も、図書館に対して、テキストデータを提供いたします。そのデータは、視覚障害などの理由で本書の文字へのアクセスが困難な方の利用に供する目的に限り、貸出などの形で図書館が利用に供していただいて構いません。

名主《みょうしゅ》・文書《もんじょ》・由緒《ゆいしょ》・争論《そうろん》
—京都近郊山国地域《きょうときんこうやまぐにちいき》の中世《ちゅうせい》・近世《きんせい》—

2024年11月30日　初版発行

編　者　坂田　聡

発行者　原　宏一

発行所　合同会社小さ子社
〒606-8233 京都市左京区田中北春菜町26-21
電話 075-708-6834　FAX 075-708-6839
E-mail info@chiisago.jp　https://www.chiisago.jp

印刷・製本　亜細亜印刷株式会社

ISBN 978-4-909782-25-0

テキストデータ引換券
名主・文書・由緒・争論